**ro ro ro computer**
**Herausgegeben von Ludwig Moos**

Jeder, der eine Web-Präsenz aufbauen möchte, steht vor einer Vielzahl von Aufgaben: Gästebuch, Besucherzähler, Chaträume, ein sicherer Passwortschutz für Log-in-Prozeduren, Formularauswertung, Mailversand, dynamische Webseiten bis hin zu Anbindung einer Datenbank. Diese Anwendungen werden durch serverseitige Skriptsprachen erst möglich. Unter PHP, das durch Einfachheit und Schnelligkeit besticht, die erfolgreichste. Mit diesem Grundkurs lernen Sie anhand praktischer Beispiele, die sofort auf der eigenen Website eingesetzt werden können, die Bestandteile der Sprache kennen und erfahren, wie PHP-Scripte in HTML-Dateien eingebunden werden.

Michael Seeboerger-Weichselbaum hat über zwanzig Computerbücher, meist zu den Key-Themen der Programmierung, veröffentlicht.

Michael Seeboerger-Weichselbaum

# PHP

**Webseiten dynamisch
programmieren**

Grundkurs
Computerpraxis

Rowohlt Taschenbuch Verlag

*Originalausgabe*

*Veröffentlicht im Rowohlt*
*Taschenbuch Verlag GmbH,*
*Reinbek bei Hamburg, Juni 2003*
*Copyright © 2003 by*
*Rowohlt Taschenbuch Verlag GmbH,*
*Reinbek bei Hamburg*
*Umschlaggestaltung Walter Werner*
*Satz Stone Serif und Stone Sans PostScript,*
*QuarkXPress 4.1 bei ETO, Hamburg*
*Gesamtherstellung Clausen & Bosse, Leck*
*Printed in Germany*
*ISBN 3 499 61233 X*

# Inhalt

# Editorial

Das Zusammenleben der Menschen wird immer stärker von informationsverarbeitenden Maschinen geprägt. Die meisten von uns werden direkt oder indirekt mit Computern zu tun haben. Eine besondere Rolle spielt dabei der millionenfach verbreitete Personalcomputer (PC). Schüler, Studenten und Angehörige aller Berufsgruppen spielen oder arbeiten heute mit diesem Gerät.

Der Einsatz des persönlichen Computers wird weniger von der Fähigkeit des Benutzers bestimmt, das Gerät in seiner Technizität (Hardware) zu verstehen, als vielmehr davon, es mit Hilfe der Computerprogramme (Software) zu bedienen.

Der «Grundkurs Computerpraxis» erklärt Informationsverarbeitung sehr konkret und auf einfache Weise. Dabei steht das, was den Computer im eigentlichen Sinne funktionieren lässt, im Vordergrund: die Software. Sie umfasst

▪ Betriebssysteme,
■ Anwenderprogramme,
▪ Programmiersprachen.

Ausgewählt werden Programme, die sich hunderttausendfach bewährt und einen Standard gesetzt haben, der Gefahr des Veraltens also nur in geringem Maße unterliegen.

Im «Grundkurs Computerpraxis» wird das praktische Computerwissen übersichtlich gegliedert, auf das Wesentliche begrenzt und mit Grafiken, Beispielen und Übungen optimal zugänglich gemacht.

Dem «Grundkurs Computerpraxis» liegt ein didaktisches Konzept zugrunde, das von Dipl.-Hdl. Rudolf Hambusch, Referatsleiter im Landesinstitut für Schule und Weiterbildung Soest, entwickelt wurde. Es will das Computerwissen für jedermann verständlich machen. Die Autoren sind erfahrene Berufspädagogen, Praktiker oder Mitarbeiter in Weiterbildungsprojekten.

# Vorwort

PHP ist eine faszinierende Sprache, die das Internet enorm bereichert. Zu den etablierten Internet-Sprachen HTML, JavaScript, Java und Flash gesellt sich mit PHP eine weitere Sprache hinzu, die schnell, einfach, unkompliziert und sehr effektvoll ist. PHP wird direkt auf dem Web-Server ausgeführt. Dadurch sind Anwendungen möglich, die mit klassischem HTML oder JavaScript nicht erreichbar sind, wie beispielsweise ein sicherer Passwortschutz, ein Gästebuch, ein Mailversand, ja sogar eine Datenbank-Anbindung wird zum Kinderspiel.

PHP besticht durch seine Einfachheit. Wenn Sie Erfahrungen mit JavaScript (oder einer anderen Programmiersprache) besitzen, können Sie sehr schnell PHP erlernen. Mit wenigen Codezeilen können Sie beispielsweise einen Besucherzähler erstellen oder Formulare auswerten. Sie können Ihr Wissen aus anderen Sprachen übernehmen, denn auch PHP besitzt die *if*-Abfrage, die *switch-case*-Unterscheidung sowie die *while*- und *for*-Schleife. Es ist aber für dieses Buch nicht nötig, in JavaScript oder Java programmieren zu können. Einzige Voraussetzung für dieses Buch ist die Kenntnis von HTML und deren Tags.

PHP hat seit der Version 3 aus dem Jahr 1998 dermaßen an Umfang zugelegt, das Ihnen dieses vorliegenden Buch einen guten Einstieg bietet. Eine Komplettreferenz ist aus Platzgründen nicht möglich. Hier bietet sich das Internet an, denn dort finden Sie die komplette Dokumentation zur jeweiligen aktuellen PHP-Version *(http://www.php.net)*.

Damit das Buch Ihnen eine gute Einführung in PHP bietet, wurde auf den praktischen Nutzen sehr viel Wert gelegt. Anhand konkreter Beispiele können Sie PHP erlernen und die Anwendungen gleich auf Ihrer Site einsetzen. Neben der Syntax von PHP lernen Sie auch gleich die Codes für Gästebücher, Counter, Diskussionsforen und Log-in-Prozeduren kennen – alles das, was eine moderne Web-Site benötigt!

Damit Sie den größtmöglichen Nutzen aus diesem Buch ziehen, können Sie die Quellcodes, die in diesem Buch verwendet werden, von meiner Site im Internet herunterladen. Dort finden Sie auch Support zum Buch und ein Diskussionsforum zu PHP. Ich lade Sie zu einem Besuch meiner Site ein (die natürlich auch umfangreich PHP auf dem Server nutzt):

*http://www.seebi.de*

Damit wünsche ich Ihnen jetzt viel Spaß bei PHP und Ihren eigenen Codes, die Sie in Zukunft mühelos erstellen werden. An dieser Stelle möchte ich mich bei dem gesamten Rowohlt-Team für die breite Unterstützung bedanken.

Michael Seeboerger-Weichselbaum

# 1 Was ist PHP?

In diesem Kapitel erhalten Sie einen Überblick über PHP: Was ist PHP, wie kann es genutzt werden, wie hat sich PHP in der Vergangenheit entwickelt und wie wird mit PHP programmiert. Natürlich beschäftigen wir uns auch mit den Voraussetzungen, die Sie benötigen, um PHP einzusetzen.

## 1.1 PHP – Skripting auf dem Web-Server

PHP-Codes sind in die HTML-Datei eingebunden, werden aber nur auf dem Web-Server ausgeführt. Die PHP-Codes in der HTML-Datei werden nie an den Internet-Surfer übertragen. Dadurch ergibt sich der Vorteil, das man Anwendungen entwerfen kann, deren Quellcode der Internet-Surfer nicht sehen kann – sehr wichtig für einen sicheren Passwortschutz, für Datenbankzugriffe oder für Dateioperationen. Die Ausführung eines PHP-Codes erfolgt dabei so:

- Der Internet-Surfer ruft in seinem Web-Browser eine Datei auf (z. B. *start.php*), die auf dem Web-Server liegt.
- Der Web-Server nimmt über das HTTP-Protokoll die Anfrage nach der Datei *start.php* entgegen.
- Der Web-Server ruft die Datei *start.php* auf und erkennt anhand der Dateiendung, dass es sich um eine PHP-Datei handelt.
- Der Web-Server führt den darin enthaltenen PHP-Code aus und fügt eventuelle Ergebnisse der Ausführung an die Stelle des PHP-Codes ein.
- Der Web-Server liefert über das HTTP-Protokoll die Datei *start.php* an den Web-Browser aus. In der Datei befindet sich jetzt kein PHP-Code mehr, sondern nur noch das Ergebnis des ausgeführten PHP-Codes.
- Der Web-Browser stellt die ausgelieferte Datei dar.

Anhand der Dateiendung erkennt der Web-Server, dass es sich um eine PHP-Datei handelt. Bevor der Web-Server die Datei an den Browser (d. h. den Client) ausliefert, führt der Server den darin enthaltenen PHP-Code aus. Daher bezeichnet man PHP auch als eine serverseitige Skriptsprache.

Der PHP-Code kann sehr viel auf dem Server ausführen: eine Datei laden oder schreiben, einen Datenbankzugriff durchführen oder einfach nur einen Text erzeugen. Das Ergebnis dieses ausgeführten PHP-Codes wird an die Stelle des PHP-Codes eingefügt. Dieses Endergebnis wird jetzt an den Browser ausgeliefert. Damit bekommt der Internet-Surfer immer nur das Endergebnis zu sehen, nie den originalen PHP-Quellcode.

In diesem Zusammanhang spricht man bei der Verwendung von PHP auch von dynamischen Web-Seiten. Der HTML-Code wird durch PHP verändert bzw. erweitert, je nachdem, was der PHP-Code genau ausführen soll.

### Unterschied zu JavaScript

JavaScript ist im Gegensatz zu PHP eine so genannte clientseitige Skriptsprache. Das bedeutet, dass der JavaScript-Code vom Client, d. h. vom Web-Browser, ausgeführt wird. JavaScript-Code wird ähnlich wie der PHP-Code in den HTML-Code integriert. Jedoch braucht der Internet-Surfer nur einen Blick in den HTML-Quellcode zu werfen und kann den JavaScript-Code einsehen bzw. nachvollziehen – sehr ungünstig beispielsweise für einen Passwortschutz. JavaScript kann auch keine Datenbanken anbinden und hat keine Schreibberechtigung auf dem Client und dem Server. Damit kann man mit JavaScript keine neuen Dateien erzeugen, aktualisieren oder dauerhaft speichern – sehr ungünstig beispielsweise für einen Besucherzähler.

Auch bei JavaScript spricht man oft von dynamischen Web-Seiten. Hier meint dies aber das nachträgliche Verändern von HTML-Tags von JavaScript aus, insbesondere das Bewegen von HTML-Tags und deren absolute Positionierung.

### PHP ist browserunabhängig

Dadurch, dass der PHP-Code auf dem Web-Server ausgeführt wird, kann jeder Browser eingesetzt werden, um PHP-Dateien aufzurufen und deren

Ergebnisse anzuzeigen. Dies ist anders als in JavaScript. Hier führt ja der Browser den JavaScript-Code aus. Unterstützt der Browser eine JavaScript-Methode nicht, kann es zu einem Fehler kommen. Mit PHP ist dies nicht der Fall. Dies ist einer der Vorteile der serverseitigen Skript-Technologien. Sie brauchen sich nicht darum zu kümmern, ob der Internet-Surfer den Internet Explorer 6 oder Netscape 7 einsetzt.

### PHP ist plattformunabhängig

Ein PHP-Code ist unter jedem Betriebssystem (mit dem entsprechenden Web-Server) lauffähig. Es ist egal, auf welchem Betriebssystem Sie den Web-Server mit PHP betreiben. Haben Sie beispielsweise Linux eingesetzt und wechseln Sie auf das Betriebssystem Windows, können Sie den PHP-Code, den Sie bisher unter Linux eingesetzt haben, direkt auch unter Windows weiterverwenden! Es sind keine betriebssystem-spezifischen Anpassungen im Code nötig. Dadurch ist der PHP-Code vom verwendeten Betriebssystem unabhängig. Die Abbildungen in diesem Buch zeigen Ihnen die Ausführungen der verschiedenen PHP-Codes auf den verbreitetsten Betriebssystemen (Windows, Linux, Mac OS X) und mit den verbreitetsten Browsern (Internet Explorer, Netscape, Opera).

# 1.2 Geschichte von PHP

Die Entwicklung von PHP begann im Herbst 1994. Der Däne Rasmus Lerdorf, der damals in Kanada lebte, benötigte für seinen Web-Auftritt eine Sammlung von kleinen Tools, die insbesondere statistische Funktionen boten. Er wollte wissen, wer auf seine Online-Bewerbung zugreift. Dazu hatte er ein kleines Skript geschrieben, das ein spezielles Tag in die HTML-Datei schrieb und die Daten der Besucher sammelte. Er nannte dieses Skript *Personal Homepage Tools* (PHP) und stellte eine kleine Sammlung von weiteren Skripten (die in alle in der Sprache Perl geschrieben waren) im Internet frei zur Verfügung. Im Sommer 1995 programmierte er die Toolsammlung neu. Statt Perl wurde C eingesetzt. Die neue PHP-Version, die 1996 veröffentlicht wurde, trug den Namen PHP/FI. Das Kürzel FI beschreibt die Hauptfunktion der neuen Version: *Formular Interpreter*. Neu hinzugekommen sind Funktionen, über die HTML-Formulare ausgewertet werden können. Gleichzeitig

verfügte PHP/FI über mehrere Datenbankschnittstellen. MySQL konnte angebunden werden, ebenso wie dessen Vorläufer mSQL. PHP/FI enthielt einen Großteil der Funktionen, die bis heute eingesetzt werden. Dazu gehören u. a. die Funktionen, über die Dateien geöffnet und geschrieben werden können (z. B. *fopen()*, *fputs()*, *fgets()* usw.), die String-Funktionen zum Manipulieren von Zeichenketten (*strstr()*, *substr()*, *strpos()* usw.) und die wichtigsten Funktionen zum Anbinden von MySQL (z. B. *mysql_connect()*, *mysql_close()* usw.).

Mit diesen Funktionalitäten machte PHP allmählich von sich reden. Die Jahre 1996 und 1997 standen eher noch im Zeichen von HTML, JavaScript und Java, denn von PHP und serverseitigen Skript-Technologien. Der Erfolg sollte erst später kommen.

PHP/FI war frei im Internet erhältlich, und andere Programmierer schickten Verbesserungen und Erweiterungen (z. B. auch die Datenbankanbindung der kommerziellen Datenbanken von Oracle und Sybase) an Rasmus Lerdorf. Dies nahm überhand, und die Weiterentwicklung musste neu gebündelt werden. Ab Mitte 1997 übernahmen Zeev Suraski (siehe vorhergehende Abbildung) und Andi Gutsmann in Israel die Weiterentwicklung von PHP. Die Idee war es, PHP mit einem Interpreter zu versehen, der den Code ausführt, und einen Parser hinzuzufügen, der vor dem Ausführen den PHP-Code auf korrekte Syntax überprüft.

Im Juni 1998 wurde PHP 3 veröffentlicht. Mit dieser Version trat PHP seinen Siegeszug an. Das Kürzel für PHP wurde auch geändert. Statt *Personal Homepage Tools* heisst PHP von nun an *PHP Hypertext Processor*.

Das Akronym ist eine typische Abkürzung, wie Sie auf dem Betriebssystem UNIX häufig benutzt wird. Dort werden Abkürzungen oft rekursiv verwendet (z. B. auch *GNU – GNU is not UNIX*).

Knapp zwei Jahre später folgt im Mai 2000 die erweiterte Version 4, die erhebliche Performance-Verbesserungen bot. Hinzugekommen sind zahlreiche neue Funktionen, u. a. auch XML-Funktionalitäten, das Sessions-Management und mehrdimensionale Arrays. Beflügelt durch den Erfolg von PHP, gründeten Zeev Suraski und Andi Gutsmann die Firma Zend Technologies (*http://www.zend.com*). Diese beschäftigt sich mit der Weiterentwicklung von PHP und bietet kommerzielle PHP-Tools an, u. a. den PHP-Editor *Zend Studio*.

Im Sommer 2003 erscheint die Version 5.0. Diese ist ebenfalls ein weiterer Schritt nach vorne. Die objektorientierte Programmierung, die auch schon in PHP 4 enthalten war, wurde erweitert und ein verbessertes Fehlerhandling integriert.

Diesem Buch liegt zwar die Version 4.3.2 von PHP zu Grunde, jedoch können alle Beispiele auch mit der Version 4.x oder 3.x ausgeführt werden. Wenn Sie PHP 4.x auf Ihren Computer oder Server installiert haben, können Sie die Codes dieses Buches auch mit dieser Version nutzen. Bietet Ihr Web-Hoster noch kein PHP 4.3.2 an, so brauchen Sie sich auch keine Sorgen zu machen. Viele der neuen Funktionen von PHP 4.3.2 sind dermaßen speziell, dass sie hier im Buch gar nicht angesprochen werden können.

## 1.3 Was braucht man für PHP?

In diesem Abschnitt klären wir, was Sie alles für den Einsatz und die Programmierung in PHP benötigen. Dies hängt ein bisschen von Ihren Gegebenheiten ab:

1. Haben Sie Web-Space bei einem Web-Hoster angemietet, der PHP (und eventuell auch die Datenbank MySQL) anbietet?
2. Wollen Sie PHP lokal auf Ihrem Computer installieren und ausführen (z. B. um Programmierungen zu testen, bevor Sie sie Online auf den Server aufspielen)?
3. Betreiben Sie einen eigenen Web-Server (z. B. im Büro)?

## 1.3.1 Der Web-Space bei einem Web-Hoster

Die einfachste Variante besteht darin, dass Sie Web-Space bei einem
Web-Hoster anmieten. Hier ist der Web-Server schon installiert. Ab bestimmten Tarif-Optionen ist PHP enthalten (und oft auch die Datenbank MySQL). Sie brauchen nichts zu installieren, sondern können
gleich mit einem Text-Editor oder einem PHP-Editor die Codes erstellen und per ftp auf den Server aufspielen. Die oftmals marktschreie-
risch angebotenen Web-Visitenkarten für unter einem Euro enthalten
in der Regel kein PHP. Einen Überblick über Web-Hoster, sortiert nach
Namen und Postleitzahlen, erhalten Sie über diese Adresse:

*http://www.webhoster.de/*

Web-Hoster, die PHP anbieten, können Sie bequem über das Provider-
Forum von PHP-Welt.de recherchieren:

*http://www.phpwelt.de/*

Auf der Site existiert eine Suchmaschine nach Web-Hostern, die eine
umfangreiche Kriteriensuche bietet. Man kann speziell nach der
benötigten Größe des Web-Space suchen, nach dem monatlichen
Grundpreis, nach speziellen Ausstattungsmerkmalen usw.

Es gibt mittlerweile auch Provider, die kostenlosen Web-Space mit PHP
und sogar MySQL anbieten. Im Gegenzug müssen Sie oft Werbung auf
Ihrer Site dulden. Für Testzwecke kann dies ein idealer Einstieg sein,
bevor man sich an einen Vertrag bei einem Web-Hoster bindet. Der
Provider Rockwall bietet dies an (*http://www.rockwall.de*) oder Lycos Tri-
pod (*http://www.tripod.lycos.de/*). Auch hier bewegt sich der Markt sehr
stark, sodass Sie sich am besten immer über *kostenlos.de* in der Rubrik
*Internet* informieren sollten:

*http://www.kostenlos.de/*

## 1.3.2 Die lokale Installation

Eine lokale Installation von PHP auf Ihrem Computer ist gut, um die
PHP-Codes zu testen, bevor Sie sie per ftp auf den Web-Server aufspielen. Um PHP lokal auf Ihrem Computer programmieren und ausführen
zu können, benötigen Sie folgende Software:

- Einen Web-Server (z. B. Apache).
- Das PHP-Modul.

■ Wenn Sie mit PHP Daten in Datenbanken speichern möchten, ist eine zusätzliche Datenbank nötig (z. B. MySQL).

■ Ein Administrationstool für die Datenbank (z. B. phpMyAdmin).

Minimal muss immer ein Web-Server mit PHP installiert werden.

### Der Web-Server Apache

Apache ist der verbreitetste Web-Server im Internet. Apache ist kostenlos und existiert seit 1995. Der Server hat sich als sehr stabil erwiesen. Sie benötigen einen Web-Server, damit Sie vom Browser aus die HTML-Datei aufrufen können. Die Installation von Apache erfolgt für die Betriebssysteme Windows, Linux und Mac OS X unterschiedlich. In Kapitel 12.1 finden Sie eine genaue Beschreibung der Installation, die Sie sorgfältig nachvollziehen sollten. Apache existiert zur Zeit in zwei Versionen. Die klassische Fassung ist 1.3.27. Seit 2002 ist die 2er Version erhältlich, hier ist die letzte Version 2.0.45 (Redaktionsschluss dieses Buches: Mitte April 2003). Beide Versionen arbeiten prima mit PHP zusammen. Der Server ist kostenlos über die Adresse im Internet zu beziehen:

*http://httpd.apache.org*

### PHP

Apache selbst besitzt keine PHP-Funktionalitäten, sondern liefert nur HTML-Dateien aus. Um Apache PHP beizubingen, muss dieses als so genanntes Modul nachinstalliert werden. Erst dann können PHP-Codes zum Zeitpunkt des Auslieferns der PHP-Dateien ausgeführt werden. Die Installation gestaltet sich wieder für die Betriebssysteme Windows, Lixus und Mac OS X unterschiedlich. In Kapitel 12.2 finden Sie ein detaillierte Beschreibung der Installation für die verschiedenen Systeme. Alle PHP-Versionen sind kostenlos über die zentrale PHP-Seite erhältlich:

*http://www.php.net*

Die aktuelle Version von PHP ist 5.0 (Redaktionsschluss dieses Buches: Mitte März 2003). Sie können diese Fassung verwenden, aber auch die Vorversion 4.3.x. Die Beispiele dieses Buches sind mit den Versionen 5, 4 und 3, teilweise sogar noch mit der älteren PHP/FI-Version 2.0 ausführbar (die Sie aber wirklich nicht mehr einsetzen sollten).

## Die Datenbank MySQL

Wenn Sie Daten in eine Datenbank schreiben oder aus dieser lesen möchten, benötigen Sie dazu eine funktionsfähige Datenbank. Neben kommerziellen Datenbanken gibt es eine Reihe von kostenlosen Datenbanken, die für viele Einsatzzwecke geeignet sind. MySQL ist die bekannteste kostenlose Datenbank, die auch von vielen Web-Hostern angeboten wird. PHP bietet eine sehr gute Unterstützung von MySQL an. Es kann aber auch eine andere Datenbank sein. PostgreSQL ist eine weitere kostenlose Alternative zu MySQL. Sie können aber auch beispielsweise eine vorhandene Oracle-Datenbank mit PHP anbinden! Diesem Buch wird MySQL zu Grunde gelegt. Die aktuelle Version von MySQL ist 4.0.12 (Redaktionsschluss dieses Buches: Mitte April 2003). Verbreitet ist auch noch die 3er Version, die Sie ebenfalls noch verwenden können. Die Installation von MySQL für die verschiedenen Betriebssysteme Windows, Linux und Mac OS X unterscheidet sich ebenfalls. In Kapitel 12.3 finden Sie eine detaillierte Anleitung zur Installation. Die kostenlosen MySQL-Versionen für die verschiedenen Betriebssysteme finden Sie auf der Site:

*http://www.mysql.de*

## phpMyAdmin

phpMyAdmin ist ein beliebtes Tool, um MySQL-Datenbanken zu verwalten. Da MySQL keinerlei grafische Oberflächen, Dialoge, Fenster usw. besitzt, ist phpMyAdmin das ideale Tool. Auf grafischem Wege können Sie Tabellen anlegen, die Datensätze einsehen, Datensätze löschen, hinzufügen und verändern. phpMyAdmin ist selbst in PHP geschrieben. Die Installation vollzieht sich einfach und ist in Kapitel 12.4 genau beschrieben. phpMyAdmin ist kostenlos und können Sie über diese Adresse herunterladen:

*http://sourceforge.net/projects/phpmyadmin*

## PHP-Erweiterungen

PHP ist sehr flexibel und kann über zusätzliche Module erweitert werden. Einige interessante Erweiterungen sind bei der Standard-PHP-Installation nicht enthalten. Dazu gehört beispielsweise die Möglichkeit, PDF-Dateien mit PHP on-thy-fly zu erzeugen. Dies gilt auch für Grafikfunktionen, um Bilder in Echtzeit von PHP aus zeichnen zu können.

Diese Erweiterungen sind nicht Gegenstand des Buches, denn dies erfordert weiteres Wissen zum so genannten Eincompilieren dieser Module in PHP. Dies würde den Umfang dieses Buchs sprengen.

### Komplette Distributionen

Das Herunterladen und Installieren dieser Programme ist zeitaufwändig. Hier bieten sich alternative Distributionen an. Es sind komplette Pakete, die Apache, PHP, MySQL und phpMyAdmin enthalten. Oftmals werde auch weitere Tools oder Sprachen (z. B. Perl, Python) installiert. Die Installation ist einfach gestaltet. Bekannte Komplettpakete sind FoxServ oder PHPTriad. In Kapitel 12.5 finden Sie einen Überblick über diese Pakete und deren Bezugsadresse im Internet.

## 1.3.3 Der eigene Web-Server

Der Betrieb eines eigenen, «echten» Web-Servers unterscheidet sich so gut wie gar nicht von dem Installieren von Apache/PHP/MySQL in einer lokalen Testumgebung (siehe vorhergehenden Abschnitt). Sie müssen den Web-Server installieren, PHP anschließend aufspielen und eventuell die Datenbank mit dem Administrationstool hinzufügen. Der Unterschied zur Testumgebung besteht jedoch darin, dass der Server über eine statische IP-Adresse verfügt, die sich während der Laufzeit des Servers nicht ändert. Auch muss bei der Installation von Apache und MySQL der echte Domain- und Servername angegeben werden. Die Programmierung in PHP ist völlig identisch mit der Programmierung von PHP auf der lokalen Testumgebung.

## 1.3.4 Text-Editoren

Der PHP-Quellcode muss über einen Editor eingegeben werden. Dies können Sie mit einem normalen Text-Editor durchführen. Die vorhandenen Tools in Ihrem Betriebssystem reichen dafür aus. Arbeiten Sie mit Windows, könnten Sie den Microsoft-Editor *Notepad* einsetzen. Arbeiten Sie mit Linux, könnten Sie unter KDE den Editor *Kedit* verwenden. Wenn Sie unter Mac OS X programmieren, dann ist *TextEdit* ein möglicher Editor.

Diese Editoren sind jedoch nicht sehr komfortabel. Es gibt weitere Text-Editoren, die über Funktionen verfügen, die das Programmieren erleichtern. Der Anhang 13.2 listet diverse Text-Editoren für verschiedene Betriebssysteme zusammen mit der Web-Adresse zum Download auf. Viele der dort aufgeführten Editoren sind Freeware-Tools, es gibt aber auch kommerzielle Editoren, von denen kostenlose Test-Versionen verfügbar sind.

Ich persönlich benutze zum Programmieren *Note Tab Light* von Eric Fookes. Der Editor ist Freeware und bietet sehr guten Komfort für die Programmierung. Der Editor kann neben PHP für viele andere Programmiersprachen genutzt werden (u. a. auch für Java, JavaScript, HTML usw.).

## 1.3.5 Spezielle PHP-Editoren

Neben den reinen Text-Editoren gibt es spezielle PHP-Editoren, die für das Programmieren in PHP besser geeignet sind. Diese Tools besitzen nützliche Funktionen, z. B. einen Debugger, um Fehler in einem Code aufzuspüren. Viele der Tools besitzen auch so genanntes Syntax Highlighting, d. h., bestimmte PHP-Befehle werden farbig markiert. Einige dieser Tools sind kostenlos (z. B. *PHPEdit*, siehe nachfolgende Abbildung), andere sind kostenpflichtig (z. B. *Zend Studio*). Der Anhang 13.3 listet einige dieser PHP-Editoren auf. Sie können statt eines Text-Editors auch diese PHP-Editoren zum Arbeiten verwenden.

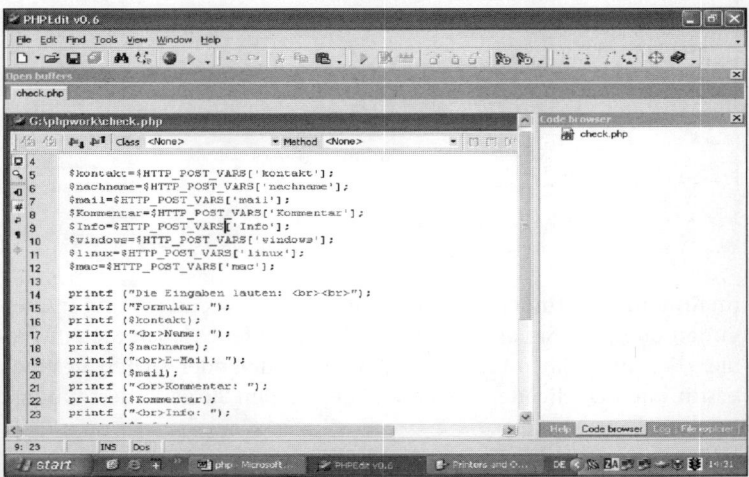

## 1.3.6 PHP im Internet

PHP ist ohne das Internet nicht denkbar. Abgesehen davon, dass neue PHP-Versionen über das Internet bereitgestellt werden, gibt es eine Vielzahl von Web-Sites, die sich mit dem Thema PHP beschäftigen. Es gibt Dutzende von Diskussionsforen, Codearchiven, Tutorials, FAQs und Nachrichten-Sites. Die wichtigste Seite ist

*http://www.php.net*

Hier gibt es neue PHP-Versionen zum Download und Neuigkeiten rund um das Thema PHP (siehe nachfolgende Abbildung).

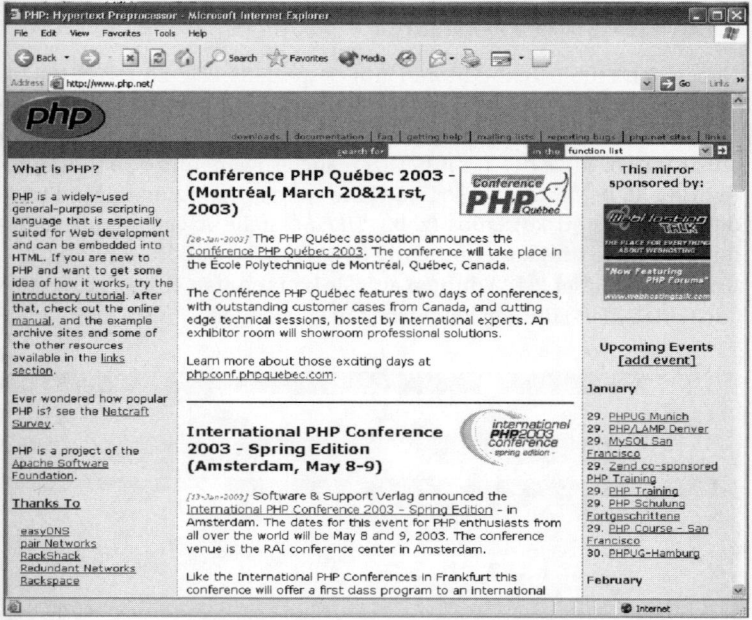

Im Anhang 13.1 finden Sie eine Auflistung von wichtigen und interessanten Sites, die Sie ab und zu besuchen sollten. Haben Sie ein Problem, kommen Sie mit einem Code nicht weiter, oder suchen Sie einen bestimmten Quellcode? Bei diesen Sites werden Sie garantiert fündig.

# 1.4 Alternativen zu PHP

PHP ist nicht die einzige Sprache, die serverseitig genutzt werden kann. Neben PHP stehen eine Reihe weiterer Sprachen zur Verfügung, die eingesetzt werden können:

- JSP (JavaServerPages)
- ASP (ActiveServerPages)
- Perl
- Python

JSP setzt intensives Wissen der Programmiersprache Java voraus. Vieles, was Sie hier im Buch kennen lernen, ist auch mit JSP (und den anderen Sprachen) möglich. Der Aufwand ist bei JSP größer als bei PHP, und viele Web-Hoster, bei denen man Web-Space mieten kann, bieten zur Zeit kein JSP an.

ASP ist eine Variante von Microsoft, die auf Visual Basic basiert und nur mit den Windows-Servern von Microsoft genutzt werden kann. Der Aufwand ist ähnlich hoch wie bei JSP, zudem kommen erhebliche Kosten auf Sie zu. Web-Hoster lassen sich einen dedizierten Windows-Server gut bezahlen, denn es werden bei dem Betrieb Lizenzkosten fällig. Hier hat es die Open-Sorce-Gemeinde mit Linux, Apache und PHP besser: Die Software ist umsonst, entsprechend günstig sind die Angebote der Web-Hoster.

Perl und Python sind weitere Sprachen, die zusammen mit PHP von vielen Web-Hostern angeboten werden. Auch diese sind Open Source und kostenlos, Sie können statt PHP auch diese Sprachen nutzen, wenn Sie sich dafür interessieren.

# 1.5 Buchleitfaden

Damit Ihnen die Arbeit mit dem Buch leicht fällt, gibt es hier bestimmte Schreibweisen. Komplette ausführbare Codes werden grau unterlegt abgedruckt:

```
<!DOCTYPE html PUBLIC "-//W3C//DTD HTML 4.01 Transitional//EN">
<html>
<head>
<title>PHP-Code</title>
```

```
</head>
<body>
<?php
   print("Hello World!");
   print("Wenn Sie dies lesen k&ouml;nnen, wird PHP
           korrekt ausgef&uuml;hrt!");
?>
</body>
</html>
```

Ausschnitte aus einem Code, der erläutert wird, hebt sich ebenfalls vom restlichen Text ab, wird aber nicht grau unterlegt abgedruckt:

```
//Hier kommt ein Codeausschnitt:
print("Wenn Sie dies lesen k&ouml;nnen, wird PHP
        korrekt ausgef&uuml;hrt!");
```

Variablen und Funktionen sind im Text kursiv geschrieben: *mysql_connect()* ist eine Funktion, *$test* ist eine Variable. Ebenfalls kursiv sind Dateinamen: *start.php* bezeichnet eine Datei. Web-Adressen sind ebenfalls kursiv gesetzt: *http://www.php.net* sollten Sie sich vielleicht einmal ansehen.

Besondere Hinweise für die Arbeit mit PHP oder Stolperfallen sind als Hinweis aufgeführt:

*Hinweis:*
Die Statements *if* und *else* dürfen nicht für Variablennamen benutzt werden. Es handelt sich bei *if* und *else* um reservierte Wörter.

# 1.6 Die Quellcodes zum Buch downloaden und testen

Sämtliche Quellcodes, die hier im Buch vorgestellt werden, können Sie von meiner Web-Site im Internet herunterladen. Ich kann Ihnen dies nur nachdrücklich empfehlen. Die Codes sind getestet und fehlerfrei. Der Download erfolgt über diese Adresse:
*http://www.seebi.de*
Klicken Sie auf der Startseite bitte auf den Link *Support* und wählen

dann das PHP-Buch aus. Sie gelangen auf die Support-Seite zum Buch, über der Sie die Datei mit den Quellcodes herunterladen können. Die Quellcodes stehen in verschiedenen Dateiformaten bereit: *zip* (für Windows), *tar* und *gz* (für Linux) und *sit* (für Mac OS X). Laden Sie sich die benötigte Datei herunter. Auf der Site erhalten Sie auch weiter gehenden Support zum Buch, u. a. ist auch ein Diskussionsforum zu PHP vorhanden, in dem Sie Fragen zu PHP stellen können.

# 2 Erste Schritte mit PHP

In diesem Kapitel wird es spannend. Sie werden Ihre ersten Schritte mit PHP machen und damit alle wesentlichen Aspekte von PHP kennen lernen: Wie werden PHP-Codes in HTML eingebettet? Wie sieht ein erster PHP-Code aus? Dieses und mehr erfahren Sie in diesem Abschnitt.

## 2.1 Ein erster PHP-Code

Um einen PHP-Code einzubinden, zu speichern und auszuführen, sind drei Schritte nötig:

1. Die PHP-Datei mit einem Text-Editor erstellen.
2. Die PHP-Datei lokal speichern oder per ftp auf den Web-Server aufspielen.
3. Die PHP-Datei im Browser aufrufen.

Wir erstellen dazu eine erste PHP-Datei, die noch keinen Inhalt hat. Im nächsten Schritt werden wir diese Datei mit einer Textausgabe im Browser erweitern. Starten Sie dazu Ihren favorisierten Text-Editor (eine Liste mit PHP- bzw. Text-Editoren und deren Bezugsmöglichkeit im Internet finden Sie in Anhang 13.2 sowie 13.3).

*Hinweis:*
Stellen Sie sicher, das der Web-Server Apache zusammen mit PHP (und eventuell auch MySQL und phpMyAdmin) bei Ihnen lokal installiert ist. Ohne Apache mit PHP ist ein Testen und Ausführen der Codes lokal auf Ihrem Computer nicht möglich. In Kapitel 12 ist für die verschiedenen Betriebssysteme genau beschrieben, wie eine Installation erfolgt.

## 2.1.1 PHP-Code in HTML einbinden

Der PHP-Code wird direkt in eine HTML-Datei eingebunden. Es wird
kein HTML-Tag verwendet, sondern der PHP-Code befindet sich innerhalb von

```
<?php

?>
```

Zwischen *<?php... ?>* wird der konkrete PHP-Code geschrieben. Ohne
diese Zeichen wird der PHP-Code nicht ausgeführt. Der nachfolgende
Code zeigt das Grundgerüst, das Sie für Ihre nächsten Codes immer verwenden können.

```
<!DOCTYPE html PUBLIC "-//W3C//DTD HTML 4.01 Transitional//EN">
<html>
<head>
<title>PHP-Code</title>
</head>
<body>
<?php

?>
</body>
</html>
```

Der Code sieht zunächst wie eine «normale» HTML-Datei aus. Sie ist es
auch, bis auf die Änderung, das sich innerhalb der HTML-Tags *<body>*
... *</body>* der Abschnitt *<?php ... ?>* befindet. Dies – und nur dies – ist
der Platz für zukünftigen PHP-Code. Es gibt noch weitere Alternativen,
die Sie verwenden können:

```
<? ... ?>
<script language="php"> ... </script>
<% ... %>
```

Wählen Sie ein Verfahren aus, das Ihnen näher liegt. *<? ... ?>* ist eine
Kurzform für *<?php ... ?>*. Die zweite Variante über *<script*

*language="php">* ... *</script>* ist von der Form her JavaScript entlehnt (das ähnlich eingebunden wird). Welche Variante Sie einsetzen, liegt bei Ihnen. Am deutlichsten ist *<?php ... ?>*, das auch hier im Buch verwendet wird. Sie ist auch am verbreitetsten. Dieser Version sollten Sie auch den Vorzug geben, wenn Sie noch weitere serverseitige Skripte in anderen Sprachen (z. B. ASP) in die Datei integrieren möchten. Wenn Sie aber nur PHP einsetzen wollen, können Sie auch die bequemere Variante *<? ... ?>* einsetzen.

Die letzte Variante ist ebenfalls eine Kurzform und verwendet das Prozentzeichen (<% ... %>) zum Einleiten des PHP-Codes. Diese Form ist Microsoft's ASP entlehnt (das ähnlich arbeitet wie PHP). Standardmäßig ist bei der Installation von PHP diese Form ausgeschaltet und muss nachträglich über die Datei *php.ini* eingeschaltet werden. Das Einbinden von PHP-Code über <% ... %> ist jedoch nicht sehr verbreitet.

Geben Sie den obigen Code in einen von Ihnen favorisierten Text-Editor ein (z. B. NoteTab für Windows, Kedit für Linux/KDE oder Tex-Edit für Mac OS X). Im nächsten Schritt werden wir die PHP-Datei speichern.

## 2.1.2 Speichern der PHP-Datei

Obwohl das Grundgerüst wie eine normale HTML-Datei aussieht, darf diese nicht als Datei mit der Endung *.html* oder *.htm* gespeichert werden. Stattdessen muss die Datei mit einer anderen Dateiendung gespeichert werden. Folgende Dateiendungen sind möglich:

```
.php
.php3
.php4
.php5
.phtml
.inc
```

Die Standardinstallation des Web-Servers Apache legt als Dateiendungen *.php* und *.php4* fest. Dies lässt sich manuell natürlich auch verändern (siehe dazu Kapitel 12.1 und 12.2). Die Dateiendung *.php* ist eine gute Wahl, während *.phtml* seltener zu finden ist. Die Dateiendungen *.php3* und *.php4* können Sie natürlich auch einsetzen. Diese empfehlen sich, wenn Sie einen PHP-Code geschrieben haben, der bestimmte

Funktionen verwendet, die nur in einer der PHP-Versionen enthalten sind. Würden Sie beispielsweise die XML-Funktionen von PHP nutzen wollen, so sind diese erst ab PHP 4.0 enthalten. Ein PHP-Datei, die diese Funktionen nutzt, könnte dann die Dateiendung *.php4* tragen. Dies macht deutlich, das in der Datei spezielle PHP-4-Funktionen eingesetzt werden. Mit PHP 3 kann dies dann nicht genutzt werden.

Bei einer Datei mit der Endung *.inc* handelt es sich ebenfalls um eine Datei, die PHP-Codes enthält. *inc*-Dateien sind so genannte *Include*-Dateien. Diese enthalten in der Regel selbst definierte Funktionen und werden von anderen PHP-Dateien aufgerufen. Mehr zu Include-Dateien in Kapitel 8.5.

Speichern Sie die Datei mit dem Namen *main.php* in dem Verzeichnis auf Ihrem Computer, das als *DocumentRoot*-Verzeichnis für den Apache-Server angegeben ist (siehe Kapitel 12.1). Das *DocumentRoot*-Verzeichnis wird bei der Apache-Installation angelegt. Standardmäßig ist dieses das Verzeichnis *htdocs* im Apache-Verzeichnis. Es kann auch ein anderes Verzeichnis verwendet werden. Dies muss dann als *DocumentRoot* angegeben werden. In Kapitel 12.1 und 12.2 ist dies für die verschiedenen Betriebssysteme genau beschrieben. Die PHP-Datei muss immer in diesem Verzeichnis liegen

### 2.1.3 Testen der PHP-Datei

Als Nächstes sollten wir uns die PHP-Datei im Web-Browser ansehen. Dazu testen wir die Datei lokal auf dem Computer. Um die Codes lokal testen zu können, müssen Sie den Apache-Web-Server mit PHP installiert, konfiguriert und gestartet haben (siehe dazu Anleitung in Kapitel 12.1 und 12.2). Starten Sie Ihren Web-Browser und geben dazu die Adresse ein:

*http://localhost/main.php*

Die «Adresse» *localhost* zeigt auf das *DocumentRoot*-Verzeichnis der Apache-Installation. Innerhalb dieses Verzeichnisses wird die Datei *main.php* geladen, vom Server ausgeführt und im Browser angezeigt. Welchen Web-Browser Sie zum Ansehen der PHP-Dateien verwenden (Internet Explorer, Netscape oder Opera), ist völlig egal. Alle Browser zeigen ein leeres Browser-Fenster. Das ist in Ordnung, denn wir haben noch keinen PHP-Code innerhalb des Abschnitts *<?php ... ?>* verwendet. Alternativ können Sie die PHP-Datei per ftp auf Ihren Web-Server aufspielen und direkt über Ihren Web-Server ausführen. Voraussetzung ist, dass Ihr Web-Server PHP unterstützt. Sie müssen dann die komplette URL, d. h. die Web-Adresse, inklusive Dateiname im Browser eingeben, dies kann beispielsweise so aussehen:

*http://www.meinedomain.de/main.php*

Statt *meinedomain* tragen Sie Ihren Domainnamen ein. Im nächsten Kapitel werden wir «echten» PHP-Code in die Datei einfügen, die zu einer Ausgabe im Browser führt.

## 2.2 Hello World!

Jetzt kümmern wir uns um eine Textausgabe. Das berühmteste Beispiel für einen ersten Testcode ist die Ausgabe des Textes *Hello World!*.

### 2.2.1 Eine einfache Textausgabe

```
<!DOCTYPE html PUBLIC "-//W3C//DTD HTML 4.01 Transitional//EN">
<html><head>
<title>PHP-Code</title></head>
<body>
<?php
print("Hello World!");
print("Wenn Sie dies lesen k&ouml;nnen, wird PHP
        korrekt ausgef&uuml;hrt!");
?>
</body></html>
```

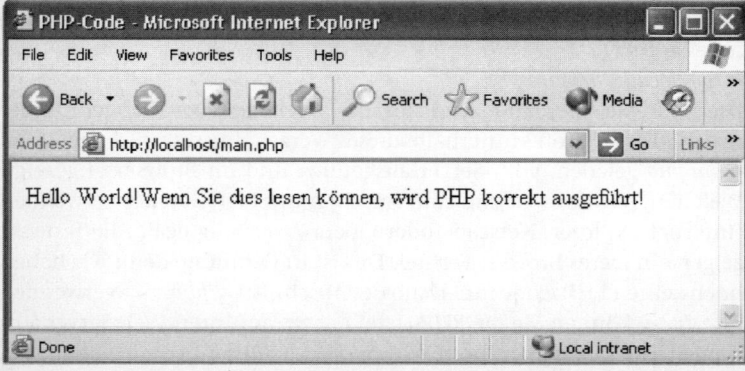

Die Abbildung zeigt das erfolgreiche Ergebnis im Internet Explorer 6 unter Windows XP. Das Ergebnis sollte bei Ihnen so oder ähnlich aussehen. Der Code enthält innerhalb von *<?php ... ?>* nur zwei Zeilen. Es wird *print()* eingesetzt:

```
print("Hello World!");
print("Wenn Sie dies lesen k&ouml;nnen, wird PHP
        korrekt ausgeführt!");
```

Nach dem Schlüsselwort *print* folgt in Klammern und in Anführungsstrichen der konkrete Text, der ausgegeben werden soll. Jede PHP-Codezeile wird mit einem Semikolon abgeschlossen.

*print()* ist eine Funktion. Dies können Sie an den runden Klammern erkennen. Eine Funktion führt etwas Bestimmtes aus. Dies kann wie in diesem Fall eine Ausgabe im Browser, das Öffnen einer Datei (*fopen()*) oder das Versenden einer E-Mail (*mail()*) sein. PHP ist voll von Funktionen, die für bestimmte Zwecke vorgesehen sind.

Das, was sich innerhalb der Klammern von *print()* in Anführungszeichen befindet, ist eine so genannte Zeichenkette, die auch als String bezeichnet wird. Zeichenketten lassen sich immer leicht daran erkennen, dass sie in einfachen oder doppelten Anführungszeichen stehen.

## 2.2.2 HTML-Tags in der Textausgabe

Der String, der über *print()* ausgegeben wird, kann neben beliebigem Text auch HTML-Tags enthalten. Dies ist der eigentliche Vorteil, der insbesondere später bei dynamischen Web-Seiten zum Einsatz kommt:

```
<?php
print("<h1>Hello World!</h1>");
print("<i>Wenn Sie dies lesen k&ouml;nnen, wird PHP
        korrekt ausgef&uuml;hrt!</i>");
?>
```

Die Abbildung auf der nächsten Seite zeigt das Ergebnis im Web-Browser. Der Schriftzug *Hello World!* wird als Überschrift über das HTML-Tag *<h1>* ausgegeben. Der zweite Text erscheint kursiv über das *<i>*-Tag. Sie können im String sämtliche HTML-Tags und deren Attribute verwenden. Dies gilt auch für die CSS. Das nachfolgende Beispiel verwendet eine Kombination aus HTML-Tags, Attributen und CSS.

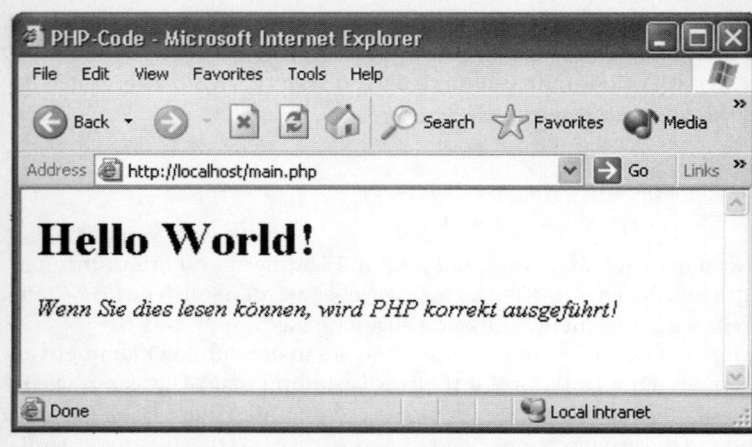

```php
<?php
print("<h1 style='color:blue'>Hello World!</h1>");
print("<hr align='center'><br>");
print("<div style='color:black;
        background-color:yellow;
        font-size:12pt'>
        Wenn Sie dies lesen k&ouml;nnen, wird
        PHP korrekt ausgef&uuml;hrt!</div>");
?>
```

Im PHP-Code werden insgesamt vier HTML-Tags erzeugt:

- *<h1>*: für die Überschrift.
- *<hr>*: für eine horizontale Linie.
- *<br>*: für einen Zeilenumbruch.
- *<div>*: für ein Tag ohne Formatierung.

Zuerst wird das Tag *<h1>* ausgegeben. Es besitzt ein *style*-Attribut. Dieses Attribut legt eine CSS-Eigenschaft fest, in diesem Fall verwenden wir *color:blue,* um die Schriftfarbe festzulegen. In der nächsten Zeile gibt *print()* gleich zwei HTML-Tags aus: *<hr>* und *<br>*. *<hr>* besitzt das Attribut *align*, das hier auf *center* gesetzt ist und die Linie zentriert. Das Tag *<br>* besitzt kein Attribut.

In der darauf folgenden Zeile wird ein *<div>*-Tag erzeugt. Dieses besitzt

keine Formatierungen. Über CSS-Eigenschaften müssen wir die gewünschten Formatierungen dem Tag zuweisen. Hier wird eine Schriftfarbe gesetzt (*color:black*), eine Hintergrundfarbe (*background-color:yel-
low*) und eine Fontgröße (*font-size:12pt*).

### 2.2.3 Anführungszeichen beachten!

Achten Sie besonders auf die Anführungszeichen. Hier werden zwei
verschiedene benutzt: die «normalen» doppelten Anführungszeichen
(") und die einfachen Anführungszeichen ('). In HTML müssen Attribute in Anführungszeichen gesetzt werden. Die doppelten Anführungszeichen verwenden wir schon für die gesamte Zeichenkette, die *print()*
ausgibt. Daher müssen für die «inneren» Anführungszeichen die einfachen Anführungszeichen verwenden. Würden Sie beispielsweise das
doppelte Anführungszeichen benutzen, meldet der PHP einen so genannten *Parse Error*:

```
print("<h1 style="color:blue">Hello World!</h1>");
```

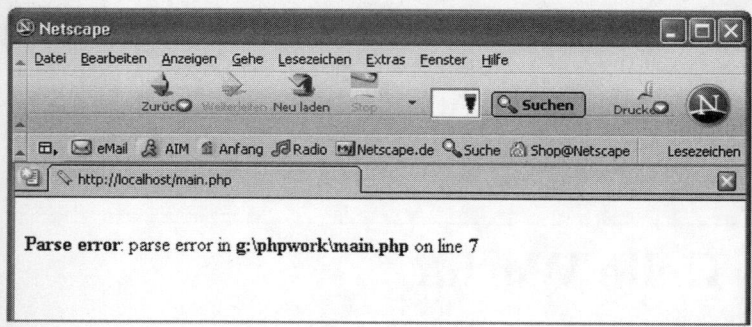

Bevor ein Code ausgeführt wird, muss dieser geparst werden. Dabei wird der Code auf die syntaktische Korrektheit überprüft und notfalls ein Fehler ausgegeben. Hier ist den Wert *color:blue* in doppelte Anführungsstriche gesetzt. Warum tritt hier ein Fehler auf? Die Zeichenkette beginnt mit dem doppelten Anführungszeichen. Nach *style=* folgt wieder ein doppeltes Anführungszeichen. PHP geht jetzt davon aus, dass die Zeichenkette beendet ist. Jetzt müsste ein Semikolon für das Zeilenende folgen. Jedoch setzt sich die Zeichenkette fort, und PHP meldet korrekt einen Fehler. Um dies zu umgehen, darf der Wert *color:blue* nicht in doppelte Anführungszeichen sondern in einfache Anführungszeichen gesetzt werden. Der String ist für PHP erst dann beendet, wenn das doppelte Anführungszeichen erscheint. Diese umschließen den gesamten String. Innerhalb dieser Zeichenkette kann dann ein anderer Wert gesetzt werden. Dieser muss dann in einfachen Anführungszeichen stehen.

Auch der umgekehrte Weg ist möglich: Die Zeichenkette, die *print()* ausgibt, kann in einfachen Anführungszeichen stehen. Dann muss der Wert *color:blue* in doppelten Anführungszeichen stehen. Würde diese wieder in einfachen Anführungszeichen stehen, würde PHP wieder einen Fehler melden, weil PHP von einem Zeilenende ausgehen würde. Deshalb die doppelten Anführungszeichen. Hier umschließen dann die einfachen Anführungszeichen den gesamten String, innerhalb des Strings müssen Sie dann die doppelten Anführungszeichen verwenden:

```
print('<h1 style="color:blue">Hello World!</h1>');
```

Das Übersehen der Anführungszeichen bzw. das Verwechseln von doppelten und einfachen Anführungszeichen ist eine beliebte Fehlerquelle. Achten Sie sehr genau darauf, dass das Anführungszeichen, das Sie am Anfang verwenden, auch am Zeilenende vor dem Semikolon steht. Innerhalb des Strings dürfen Sie dieses nicht wieder verwenden.

PHP kennt noch einen dritten Mechanismus, um Anführungszeichen zu verwenden. Wenn Sie innerhalb eines Strings, der mit doppelten Anführungszeichen beginnt, auch wieder doppelte Anführungszeichen verwenden, würde ein Fehler gemeldet werden. Wer bei dieser Schreibweise bleiben will, müsste vor das zweite Anführungszeichenpaar einen Backslash (\) einfügen. Damit wird PHP mitgeteilt, dass es sich hier nicht um das Zeilenende handelt, sondern der String noch weitergeht:

```
print("<h1 style=\"color:blue\">Hello</h1>");
```

Nach dem Gleichheitszeichen folgt ein Backslash sowie nach dem Wort *blue*. Diese Schreibweise ist durchaus gewöhnungsbedürftig. Dies teilt PHP mit, dass Anführungszeichen folgen. Sie werden innerhalb von PHP noch öfters mit den Backslashs vor den Anführungszeichen Kontakt haben (siehe Kapitel 5.2.4). Diese werden beispielsweise automatisch bei Formularfeldauswertungen, die vom Internet-Surfer in Anführungszeichen gesetzt werden, automatisch gesetzt.

## 2.2.4 Weitere Fehlerteufelchen...

PHP achtet viel stärker auf die korrekte Syntax als beispielsweise JavaScript. Eine typische Fehlerquelle ist das fehlende Semikolon am Zeilenende. Gewöhnen Sie sich das Semikolon auf jeden Fall an. In anderen Sprachen (C, C++, Java) ist das Semikolon am Zeilenende ebenfalls Pflicht. Andere Skriptsprachen wie z. B. JavaScript erwarten ein Semikolon am Zeilenende, sind aber fehlertolerant, wenn das Semikolon fehlen sollte. Bei PHP ist dies nicht der Fall. Sollten Sie das Semikolon vergessen, wird sofort von PHP ein Parse Error gemeldet. Der PHP-Code wird dann nicht ausgeführt und kein Ergebnis angezeigt.

Eine andere Fehlerquelle kann beispielsweise auch in der lokalen Installation Ihres Servers sein. Sollte Ihr Server nicht laufen oder PHP nicht korrekt installiert sein, wird das Ergebnis des PHP-Codes im Browser nicht angezeigt.

## 2.2.5 print(), printf() und echo

Neben *print()* kennt PHP zwei weitere Möglichkeiten der Ausgabe. Es ist dies *printf()*, das fast genauso funktioniert wie *print()*:

```
printf("Wenn Sie dies lesen k&ouml;nnen, wird PHP
        korrekt ausgeführt!");
```

Der Unterschied zwischen *print()* und *printf()* besteht darin, dass über *printf()* erweiterte Formatierungen möglich sind. Dies brauchen wir für die Ausgaben in HTML so gut wie nie, da wir Formatierungen über HTML bzw. CSS durchführen. *printf()* bietet z. B. die Möglichkeit, einen Text links oder rechtsbündig auszugeben:

```
printf("-","Wenn Sie dies lesen k&ouml;nnen, wird
        PHP korrekt ausgeführt!");
```

Diese Zeile setzt den Text *Wenn Sie dies lesen k&ouml;nnen, wird PHP korrekt ausgeführt!* linksbündig über das Zeichen -. Im Web-Browser wird dies jedoch nicht ausgeführt, denn in HTML erledigen wir dies über die CSS-Eigenschaft *text-align*.
Die dritte Möglichkeit der Ausgabe ist *echo*. Dies war die erste Ausgabemöglichkeit in PHP, *print()* und *printf()* kamen erst mit PHP 3 hinzu. *echo* ist angelehnt an den alten MS-DOS-Batch-Befehl *echo* und gibt wie *print()* einen Text aus:

```
echo "Wenn Sie dies lesen k&ouml;nnen, wird PHP
        korrekt ausgeführt!";
```

Der Unterschied zu *print()* und *printf()* besteht darin, dass *echo* keine Funktion ist. Sie können *echo* genauso verwenden wie *print()* oder *printf()*. Bei den Beispielen hier im Buch verwende ich *print()*.

## 2.2.6 Mehrere PHP-Codeabschnitte

Bisher haben Sie einen PHP-Codeabschnitt innerhalb von HTML verwendet. Sie können durchaus mehrere PHP-Codeabschnitte verwenden:

```
<!DOCTYPE html PUBLIC "-//W3C//DTD HTML 4.01 Transitional//EN">
<html><head>
<title>PHP-Code</title>
</head>
<body>
<?php
   print('<h1 style="color:blue">Hello
         World!</h1>');
?>
<br>
<?php
   print('<hr align="center">');
?>
<br>
<?php
   print('<div style="color:black;
            background-color:yellow;
            font-size:12pt">
            Wenn Sie dies lesen k&ouml;nnen, wird
            PHP korrekt ausgef&uuml;hrt!</div>');
?>
</body>
</html>
```

Jede *print()*-Zeile befindet sich in einem eigenen PHP-Abschnitt. Zwischen jedem dieser Abschnitte befindet sich ein normales *<br>*-Tag für einen Zeilenumbruch. Dieses Beispiel ist für eine einfache Textausgabe nicht sehr sinnvoll, aber bei späteren Anwendungen werden Sie öfters mehrere unterschiedliche PHP-Codeabschnitte integrieren müssen.

## 2.2.7 Position von PHP-Codes in HTML

Sie können PHP-Code an jeder beliebigen Stellen innerhalb einer HTML-Datei einfügen. Natürlich muss es einen Sinn machen. Die einfachen Textausgaben, die wir hier erstellt haben, dürfen natürlich nur innerhalb der HTML-Tags *<body> ... </body>* vorkommen. Aber auch innerhalb von *<head> ... </head>* können Sie PHP-Code platzieren, um z. B. JavaScript-Code von PHP aus zu erzeugen. Wenn Sie Frames verwenden, kann PHP auch innerhalb von *<frameset> ... </frameset>* stehen. In den nächsten Kapiteln befindet sich der meiste PHP-Code immer zwischen *<body>* ... *</body>*. Dies dürfte auch die gebräuchlichste Position für PHP-Codes sein.

## 2.3 Kommentare

In PHP-Codes können Sie jederzeit Kommentare schreiben. Diese werden von PHP übersprungen und nicht ausgeführt. Die Kommentare verbessern das Verstehen eines Codes und bieten dadurch eine Dokumentationsmöglichkeit. Je mehr Sie programmieren, umso wichtiger wird auch eine Dokumentation. Geben Sie Ihre Codes an Dritte weiter, können sich auch andere Programmierer in den Code besser einarbeiten, und Sie selbst finden sich auch noch später im PHP-Code zurecht. Es gibt zwei Varianten, Kommentare im PHP-Code einzubinden. Diese sind Ihnen vielleicht bekannt, denn Sie werden auch in anderen Sprachen wie Java, JavaScript, C und C++ verwendet:

- Mehrzeilige Kommentare über /* .... */.
- Einzeiliger Kommentar über //.

Die erste Variante setzt einen Kommentar zwischen /* und */:

```
<?php
    /* Hier beginnt mein neuer PHP-Code,
       der von mir dokumentiert wird
    */
?>
```

Die zweite Variante stammt aus C++ und ist auch in Java und JavaScript enthalten. Es handelt sich um einen einzeiligen Kommentar, der nur bis zum Zeilenende gehen darf. Der Kommentartext folgt direkt nach //:

```
<?php
    //Hier beginnt mein neuer PHP-Code
?>
```

Welche Kommentarform Sie verwenden, liegt bei Ihnen. Sie sollten jedoch bei größeren Codes auf jeden Fall kommentieren. Beachten Sie bei beiden Varianten das Zeilenende: Innerhalb eines Kommentars wird **kein** Semikolon verwendet.

## 2.4 So wird PHP auf dem Server ausgeführt

Nach den ersten Schritten mit PHP sehen wir uns an, wie PHP auf dem Server ausgeführt wird. Im Web-Browser (Client) erfolgt die Eingabe der Web-Adresse. Hier wird die PHP-Datei aufgerufen. Über das HTTP-Protokoll wird die Anfrage nach der Datei an den Web-Server geschickt. Dieser nimmt die Anfrage entgegen und ruft die PHP-Datei auf. Anhand der Dateiendung (.*php* oder eine alternative Endung) erkennt der Server, dass es sich um eine PHP-Datei handelt. Das auf dem Server installierte PHP lädt die Datei. Zuerst wird die Datei geparst, d. h., es wird geprüft, ob der Inhalt der PHP-Datei syntaktisch korrekt ist. Anschließend arbeitet PHP den Inhalt der Datei ab.

Der Web-Server liefert nun das gesamte Ergebnis (HTML plus ausgeführtem PHP-Code) aus. Dieses wird über das HTTP-Protokoll zurück an den Client geschickt. Im Web-Browser erfolgt dann die Anzeige.

Wenn Sie sich im Web-Browser das Ergebnis der gesendeten Datei ansehen, stellen Sie fest, dass keinerlei PHP-Codes enthalten sind. Der nachfolgende Code des Kapitels 2.2.2 zeigt die vom Server ausgelieferte Datei, wie Sie im Browser «ankommt»:

```
<!DOCTYPE html PUBLIC "-//W3C//DTD HTML 4.01 Transitional//EN">
<html><head>
<title>PHP-Code</title>
</head>
<body>
<h1 style="color:blue">Hello World!</h1>
<hr align="center"><br>
<div style="color:black;background-color:yellow;
    font-size:12pt">Wenn Sie dies lesen k&ouml;nnen,
    wird PHP korrekt ausgef&uuml;hrt!</div>
</body></html>
```

Der Client bekommt **nie** den originalen PHP-Code zu sehen. Auf dem Server wird der PHP-Code ausgeführt und das Ergebnis an den Client geschickt. Dadurch kann der Client zu keinem Zeitpunkt den PHP-Quellcode sehen, nur das Ergebnis der Ausführung.

Dies ist der wichtigste Vorteil einer serverseitigen Skriptsprache. Dadurch, dass der PHP-Code serverseitig ausgeführt wird und der Client nie den Quellcode sehen kann, sind viele Anwendungen möglich. Dazu gehört beispielsweise eine sichere Passwortprüfung, die in PHP durchgeführt wird. Oder dynamische Web-Seiten, die je nach Bedarf andere Inhalte zeigen. Dies werden Sie im Verlauf des Buchs genau kennen lernen. Andere serverseitige Sprachen (z. B. Perl, ASP, JSP, Python) arbeiten ähnlich. Dies ist einer der deutlichsten Unterschiede zu einer clientseitigen Skriptsprache wie JavaScript. Der Javascript-Code ist ebenfalls wie PHP in den HTML-Code eingebettet (über das Tag *<script>*). Der JavaScript-Code wird vom Web-Server zusammen mit der HTML-Datei an den Client ausgeliefert, und dort erfolgt die Ausführung des JavaScript-Codes. Oftmals ist es möglich, den JavaScript-Code einzusehen, zu analysieren und zu verstehen. Daher kann beispielsweise ein Passwortschutz auf der Basis von JavaScript unsicher sein. Ein Blick in den JavaScript-Code genügt, um das Passwort zu ermitteln.

# 2.5 Die PHP-Funktionen

In diesem Abschnitt beschäftigen wir uns mit den Funktionen und der PHP-Bibliothek. Wir werden einen kurzen Blick auf den Gesamtumfang von PHP werfen.

## 2.5.1 Funktionen und Bibliotheken

Anders als andere Sprachen (C++, Java, JavaScript) arbeitet PHP mit so genannten Funktionen. In diesem Kapitel haben Sie die *print()*-Funktion kennen gelernt. JavaScript kennt beispielsweise Methoden und Eigenschaften, die es so in PHP nicht gibt. Fast alles wird über Funktionen abgewickelt, die im Prinzip ähnlich zu Methoden aus JavaScript, Java und C++ sind. Sie erkennen sie an den runden Klammern, an die das so genannte Argument übergeben wird. Bisher war dies eine Zeichenkette, die an die *print()*-Funktion übergeben wurde und die dann das übergebene Argument ausgibt.

PHP besitzt über 1000 Funktionen. Der Übersicht halber wurden die Funktionen zu einzelnen Bibliotheken zusammengefasst. Dies ist ungefähr vergleichbar mit den Objekten in JavaScript und den Klassen in Java/C++. PHP besitzt über 100 Bibliotheken, die teilweise für sehr spezielle Anwendungen genutzt werden. Mit jeder neuen PHP-Version wächst die Zahl der Funktionen und der Bibliotheken an.

Die *print()*-Funktion gehört zur *String*-Bibliothek. Diese enthält Funktionen, über die Zeichenketten verändert werden können. Beispielsweise teilt die Funktion *chunk_split()* eine Zeichenkette in mehrere kleinere Zeichenketten auf. *strchr()* sucht in einem String nach einem bestimmten Zeichen, und *strtolower()* setzt alle Zeichen in Kleinbuchstaben. Die Liste der String-Funktionen ist sehr groß. Für eine Referenz aller Funktionen wäre ein separates Buch nötig.

Die wichtigsten Bibliotheken, die sie auch hier im Buch kennen lernen werden, sind:

▒ String: Bearbeitung von Zeichenketten.
▒ Datum- und Zeit-Funktionen: Wie spät ist es?
▒ Dateisystem: Laden und Speichern von Dateien.
▒ Mail: Versenden von E-Mails.
▒ MySQL: Funktionen zum Zugriff auf MySQL-Datenbanken.

In PHP gibt es keine genaue Bezeichnung für diese einzelnen Bibliotheken. Es gibt nur Funktionen, deren Name zu Anfang auf deren Bibliothek hinweist. Beispielsweise *mysql_drop_db()* ist eine Funktion, die eine Datenbank löscht. Der Anfang des Funktionsnamens *mysql* deutet schon an, dass es sich um eine MySQL-Funktion handelt. Oder anhand der Funktion *files_exists()* ist erkennbar, dass es sich um eine Funktion handelt, die bei den Dateizugriffen eingesetzt wird. Dies ist in PHP aber nicht durchgängig. Es gibt viele Funktionen, bei denen man nicht sofort erkennen kann, zu welcher Rubrik sie gehören. Beispielsweise die Funktion *trim()*. Es ist zunächst nicht ersichtlich, zu welcher Bibliothek sie gehört. Man muss es wissen oder in der offiziellen PHP-Referenz nachschlagen. Dies macht PHP durchaus unübersichtlich. *trim()* gehört wie *print()* zur String-Bibliothek. *trim()* entfernt Leerzeichen am Anfang und am Ende einer Zeichenkette.

Es gibt in PHP noch eine Vielzahl bestimmter Bibliotheken, die teilweise sehr speziell sind. Hier nur ein kurzer Eindruck:

▒ ZIP: Funktionen zum Lesen von ZIP-Archiven.
▒ Printer: Druckfunktionen.

- Spezielle Datenbank-Funktionen für bestimmte Datenbanken: Oracle, mSQL, PostgreSQL, dBase, Informix.
- FTP: Funktionen für ftp-Zugriffe.
- SWF: Funktionen zum Erstellen und Bearbeiten von Flash-Animationen.
- Session: Funktionen zum Verfolgen einer Sitzung (d. h. eines Users) auf der Web-Site.
- XML, XSLT: Funktionen zum Zugriff auf XML-Dateien und Formen mit XSLT.
- Mathematische Funktionen

In diesem Buch werden Sie Schritt für Schritt die wichtigsten Bibliotheken und Funktionen von PHP kennen lernen. Dazu gehören natürlich die String-Funktionen, die mathematischen Funktionen, die Funktionen für den Dateizugriff zum Laden und Speichern von Dateien und die Datenbank-Funktionen.

## 2.5.2 Unterschiede zu JavaScript

Wenn Sie Erfahrungen mit JavaScript haben, können Sie sofort die Unterschiede erkennen. Ist JavaScript neu für Sie, dann überlesen Sie bitte diesen Abschnitt.

In JavaScript ist immer ersichtlich, zu welchem Objekt eine Methode oder Eigenschaft gehört, beispielsweise beim Aufruf von *window.open()* (dies erzeugt ein neues Browser-Fenster). Es ist deutlich, dass *open()* zum *window*-Objekt gehört. Einen derartigen Aufbau gibt es bei den vordefinierten PHP-Funktionen nicht. Die PHP-Funktionen sind nicht nach Objekten geordnet. Ein Aufruf über ein Objekt gibt es nicht, die Funktionen stehen direkt zur Verfügung.

In JavaScript sind die einzelnen Methoden und Eigenschaften sehr übersichtlich in Objekte aufgeteilt, die auch teilweise hierarchisch angeordnet sind (z. B. ist das *document*-Objekt dem *window*-Objekt untergeordnet). Eine derartige hierarchische Ordnung gibt es auch nicht in PHP. Es gibt nur Funktionen, die man thematisch zu bestimmten Bibliotheken zusammengefasst hat. Diese sind nicht hierarchisch geordnet, sie stehen alle nebeneinander auf einer gleicher Ebene.

## 2.5.3 Unterschiede zu Java

Wenn Sie Erfahrungen mit Java (bzw. C++) haben, können Sie auch hier sofort die Unterschiede erkennen. Ist Java oder C++ neu für Sie, dann überlesen Sie bitte diesen Abschnitt.

In PHP gibt es keine Klassen, die über Methoden und Eigenschaften verfügen. Das Nutzen von PHP-Funktionen erfolgt durch den direkten Aufruf der Funktion. In Java oder C++ muss über einen Konstruktor ein Objekt erstellt werden, das dann über die Methoden der Klasse verändert wird. Diese Form der objektorientierten Programmierung gibt es in PHP nicht. Dies macht PHP einfacher als Java oder C++. In PHP stehen die Funktionen direkt zur Verfügung.

In Java sind die einzelnen Klassen auch sehr stark hierarchisch geordnet und zu Paketen zusammengefasst, um die sehr große Zahl von Methoden und Klassen in den Griff zu bekommen. Eine derartige Anordung gibt es in PHP nicht. Alle Funktionen stehen gleichberechtigt nebeneinander. Wer konsequente objektorientierte Programmierung gewöhnt ist, wird dies sicherlich etwas befremdlich und unübersichtlich finden. Dies hat aber auch seine Vorteile, da man nicht zu sehr auf vererbte Methode, Superklassen usw. zu achten braucht!

## 2.6 Zusammenfassung

- Der PHP-Code wird in den HTML-Code geschrieben und nur auf dem Server ausgeführt.
- Zum Ausführen von PHP-Code muss auf dem Web-Server PHP installiert und konfiguriert sein.
- Jede HTML-Datei, die PHP-Code enthält, muss eine der folgenden Dateieiendungen besitzen: *.php*, *.php3*, *.php4*, *.php5*, *.inc* oder *.phtml*.
- Der PHP-Abschnitt befindet sich innerhalb von HTML an beliebigen Positionen. Der PHP-Code wird durch *<?php ... ?>* umschlossen.
- Ausgaben werden über die Funktionen *print()*, *print()* und *echo* durchgeführt.
- Über *print()*, *print()* oder *echo* können auch HTML-Tags ausgegeben werden.

- Kommentare befinden sich im PHP-Code innerhalb von // für einzeilige und innerhalb von /* ... */ für mehrzeilige Kommentare.
- Jede PHP-Codezeile wird mit einem Semikolon abgeschlossen.

# 2.7 Übung

## Aufgabe 1

Der nachfolgende PHP-Code enthält fünf Fehler. Finden Sie diese und korrigieren Sie den Code.

```
<!DOCTYPE html PUBLIC "-//W3C//DTD HTML 4.01 Transitional//EN">
<html><body>
<?php
    /* Jetzt die Begrüßung:
    print("Guten Morgen, lieber Surfer)
    print("<h1>");
    print("Willkommen auf meiner Site");
>
</body></html>
```

## Aufgabe 2

Warum entsteht bei dem nachfolgenden Code eine Fehlermeldung? Erläutern Sie, warum und korrigieren Sie den Code!

```
<!DOCTYPE html PUBLIC "-//W3C//DTD HTML 4.01 Transitional//EN">
<html><body>
<?php
    print("<p style="color:black;font-size:15pt">
            Wir lieben PHP</p>");
    print('<span style='color:blue;font-size: 10pt'>
            PHP bereichert HTML</span>');
?>
</body></html>
```

# 3 Dynamische Web-Seiten

In diesem Kapitel beschäftigen wir uns damit, wie Web-Seiten dynamisiert werden können. Dies ist der eigentliche Vorteil gegenüber statischen HTML-Seiten. Dabei lernen Sie auch gleich weitere Funktionen von PHP kennen. Wir beschäftigen uns zu Anfang mit den Datums- und Uhrzeit-Funktionen, und Sie werden mit Variablen arbeiten.

Warum spricht man im Zusammenhang von PHP von dynamischen Seiten? Dies liegt daran, dass PHP den Inhalt von HTML verändern kann. Dies kann zunächt eine einfache Textausgabe sein. Dies kann aber auch wesentlich komplexer sein, z. B. je nach Eingaben eines Internet-Surfers in Formularfeldern andere HTML-Tags ausgeben.

## 3.1 Wie spät ist es?

Diese Frage stellen wir uns täglich und über einen kurzen PHP-Code können wir uns das aktuelle Datum und die aktuelle Uhrzeit ausgeben lassen. PHP verfügt über ausgeklügelte Datums- und Zeit-Funktionen, die wir für spätere Projekte immer nutzen können, z. B. bei einem Gästebucheintrag, wenn man dort das Datum und die Uhrzeit des Gästebucheintrages festhalten möchte. Dies gilt auch für einen Beitrag in einem Diskussionsforum.

Die Abbildung auf der nächsten Seite zeigt das Datum und die Uhrzeit mehrerer Beiträge in einem JavaScript-Diskussionsforum auf der Site *http://www.seebi.de* (hier im Internet Explorer 5 unter Mac OS X). Dieses wurde natürlich mit PHP erstellt.

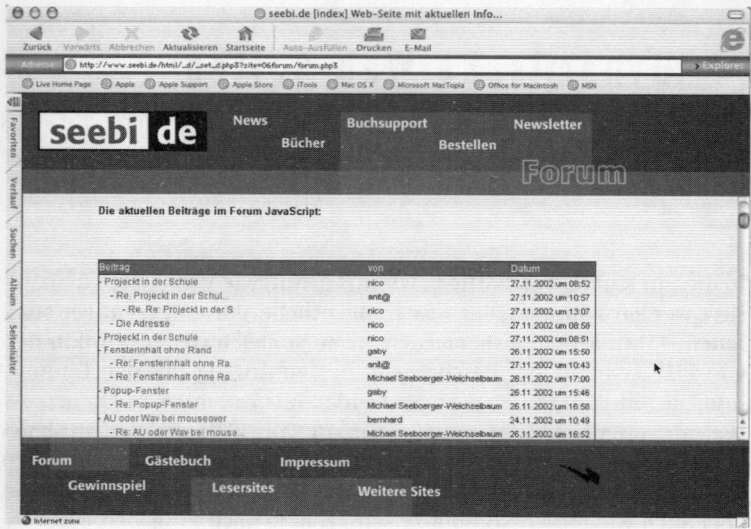

## 3.1.1 Die date()-Funktion

Wir befassen uns zunächst mit einer einfachen Ausgabe des aktuellen Datums und der aktuellen Uhrzeit:

```
<!DOCTYPE html PUBLIC "-//W3C//DTD HTML 4.01 Transitional//EN">
<html><head>
<title>PHP-Code</title></head>
<body>
<h1>Willkommen auf meiner Site!</h1>
<p>Heute ist
<?php
    print(date("r"));
?>
</body></html>
```

Die Ausgabe des Datums und der Uhrzeit erfolgt wie bekannt über *print()*. An *print()* wird wiederum eine Funktion übergeben – nämlich *date()*. Dies ist die zentrale Datums- und Zeit-Funktion. Die Funktion

*date()* gibt einen String zurück, der dann über *print()* ausgegeben wird. An die Funktion *date()* müssen wir wieder einen Parameter übergeben. Dieser ist selbst ein String, in diesem Fall ist es "r".

Die Funktion *date()* erwartet mindestens einen oder mehrere Übergabeparameter. Je nach Übergabeparameter werden bestimmte Daten und Zeiten zurückgegeben. Der Übergabeparameter "r" ermittelt das aktuelle Datum in internationaler Schreibweise: zuerst der aktuelle Tag in drei Buchstaben, dann das Datum, gefolgt von der Uhrzeit und zum Schluss die Zeitzone. Für Deutschland ist die Zeitzone CET (Central European Time) und damit die Ausgabe +0200 bei Sommerzeit und +0100 bei Winterzeit. Dies gibt Auskunft darüber, wie die Zeitdifferenz zur Weltzeit (GMT) ist.

### 3.1.2 Welche Zeit wird angezeigt?

Wenn Sie sich die Datei im Browser ansehen und nacheinander die Anzeige aktualisieren, stellen Sie natürlich fest, dass sich die Uhrzeit und gegebenenfalls das Datum verändert. Das Datum und die Uhrzeit, die angezeigt wird, ist die im Server eingestellte Zeit. Testen Sie den Code lokal, dann ist die angezeigte Zeit identisch mit der in ihrem Computer eingestellten Systemzeit. Spielen Sie diesen Code per ftp auf einen Web-Server und rufen Sie die Datei via Internet auf, dann wird die Uhrzeit angezeigt, die im Server eingestellt ist (und nicht die in Ihrem lokalen Computer eingestellte Zeit).

## 3.1.3 Die Parameter von date()

Der Übergabeparameter "r" an *date()* ist nur einer von vielen möglichen Parametern. Man kann sich verschiedene Werte rund um das Datum und die Uhrzeit ausgeben lassen. In der nachfolgenden Tabelle finden Sie einen Überblick über die möglichen Parameter.

| Parameter | Beschreibung und Beispiel |
|---|---|
| r | Ausgabe des Datums und der Uhrzeit nach internationaler Konvention. Beispiel:<br>`date("r");`<br>Ein Ergebnis wäre:<br>`Thu, 25 Jul 2002 10:32:05 +0200` |
| y | Ausgabe des Jahrs als zweistelliger Wert. Sollte wegen des Jahr-2000-Problems nicht mehr benutzt werden. Beispiel:<br>`date("y");`<br>Ein Ergebnis wäre<br>`02` |
| Y | Ausgabe des Jahrs als vierstelliger Wert. Beispiel:<br>`date("Y");`<br>Ein Ergebnis wäre:<br>`2002` |
| F | Ausgabe des aktuellen Monats als ganzes Wort in Englisch. Beispiel:<br>`date("F");`<br>Ein Ergebnis wäre:<br>`July` |
| M | Ausgabe des Monats in englischer Bezeichnung mit drei Buchstaben. Beispiel:<br>`date("M");`<br>Ein Ergebnis wäre:<br>`Jul (für Juli)` |
| m | Ausgabe des Monats von 01 bis 12. Die Ausgabe ist zweistellig und bei Werten unter 10 mit führender Null. Beispiel:<br>`date("m");`<br>Ein Ergebnis wäre:<br>`07` |
| n | Ausgabe des Monats von 1 bis 12. Die Ausgabe ist ein- oder zweistellig und bei Werten unter 10 ohne führende Null. Beispiel: |

| Parameter | Beschreibung und Beispiel |
|-----------|---------------------------|
|  | `date("n");`<br>Ein Ergebnis wäre:<br>`7` |
| d | Ausgabe des Tag des Monats von 01 bis 31. Die Ausgabe ist zweistellig und bei Werten unter 10 mit führender Null. Beispiel:<br>`date("d");`<br>Ein Ergebnis wäre:<br>`25` |
| j | Ausgabe des Tag des Monats von 1 bis 31. Die Ausgabe ist ein- oder zweistellig und bei Werten unter 10 ohne führende Null. Beispiel:<br>`date("j");`<br>Ein Ergebnis wäre:<br>`2` |
| D | Ausgabe des Tags der Woche in englischer Bezeichnung mit drei Buchstaben. Beispiel:<br>`date("D");`<br>Ein Ergebnis wäre:<br>`Thu (für Donnerstag)` |
| l | Ausgabe des Tags der Woche in englischer Bezeichnung. Der Parameter ist ein kleines l (nicht zu verwechseln mit den groß geschriebenen Buchstaben I). Beispiel:<br>`date("l");`<br>Ein Ergebnis wäre:<br>`Thursday (für Donnerstag)` |
| w | Ausgabe des Wochentags als Zahl zwischen 0 (für Sonntag) und 6 (für Sonnabend). Beispiel:<br>`$da=date("w");`<br>Ein Ergebnis wäre:<br>`4 (für Donnerstag)` |
| H | Ausgabe der aktuellen Stunde von 00 bis 23. Die Ausgabe ist zweistellig und bei Werten unter 10 mit führender Null. Beispiel:<br>`date("H");`<br>Ein Ergebnis wäre:<br>`11` |
| G | Ausgabe der aktuellen Stunde von 0 bis 23. Die Ausgabe ist ein- oder zweistellig und bei Werten unter 10 ohne führende Null. Beispiel:<br>`date("G");` |

| Parameter | Beschreibung und Beispiel |
| --- | --- |
| | Ein Ergebnis wäre:<br>1 |
| i | Ausgabe der Minuten von 00 bis 59. Die Ausgabe ist zweistellig und bei Werten unter 10 mit führender Null. Beispiel:<br>`date("i");`<br>Ein Ergebnis wäre:<br>08 |
| s | Ausgabe der Sekunden von 00 bis 59. Die Ausgabe ist zweistellig und bei Werten unter 10 mit führender Null. Beispiel:<br>`date("s");`<br>Ein Ergebnis wäre:<br>12 |
| t | Ermittelt, die Anzahl der Tage des Monats (28, 29, 30 oder 31). Beispiel:<br>`date("t");`<br>Ein Ergebnis wäre:<br>31 |
| I | Ermittelt, ob derzeit Sommerzeit (Ergebnis ist 1) oder Winterzeit (Ergebnis ist 0) ist. Beispiel:<br>`date("I");`<br>Ein Ergebnis wäre:<br>1 |
| L | Ermittelt, ob das Jahr ein Schaltjahr ist (Ergebnis ist 1), oder nicht (Ergebnis ist 0). Beispiel:<br>`date("L");`<br>Ein Ergebnis für das Jahr 2002wäre:<br>0 |
| O | Ermittelt die Zeitdifferenz zwischen der lokalen Zeit und der Weltzeit (GMT). Beispiel:<br>`date("O");`<br>Ein Ergebnis wäre:<br>+0200 (zwei Stunden voraus, für Deutschland in der Sommerzeit) |
| U | Ermittelt die Anzahl der verflossenen Sekunden seit dem 01.01.1970, 00:00:00 Weltzeit (GMT). Beispiel:<br>`date("U");`<br>Ein Ergebnis wäre:<br>1027588572 |

Die Parameter können durch einen einzelnen Aufruf von *date()* ausgegeben werden. Um den Tag, den Monat und das Jahr auszugeben, könnte man drei *print()*-Funktionen mit enthaltener *date()*-Funktion verwenden:

```
print(date("d"));
print(date("F"));
print(date("Y"));
```

Kommt noch die Uhrzeit hinzu, wird der Code länger. In PHP ist es möglich, die Parameter auch gemeinsam anzugeben:

```
<?php
    print(date("d F Y"));
?>
```

Die Parameter *d, F* und *Y* werden in eine Zeichenkette geschrieben und mit einem Leerzeichen voneinander getrennt. Dies ist sinnvoll, dann wird das jeweilige Ergebnis auch mit einem Leerzeichen im Browser ausgegeben. Verwenden Sie im String keine Leerzeichen, werden im Browser auch keine mit ausgegeben!
Auf der Site *http://www.xmlguru.de* (siehe nächste Seite) findet sich ein schönes Beispiel für eine Datumsfunktion. Dort steht in HTML *Aktuelle XML-News – Freitag, 07.02.2003*. Dieser wird natürlich durch PHP erstellt. Es kommen die bekannten Datumsfunktionen hinzu. Aber wie wird daraus die Ausgabe *Freitag, 07.02.2003*? Dafür ist wieder mehr PHP-Wissen nötig: wir müssen uns mit Variablen und der *if*-Abfrage befassen.

## 3.2 Mit Variablen arbeiten

Variablen gehören zu den wichtigsten Elementen einer Programmiersprache. In PHP können Sie wie in JavaScript, Java, C++ usw. mit Variablen arbeiten. Das besondere bei den Variablen mit PHP ist, das man nicht auf den Inhalt der Variablen achten muss. Variablen werden in PHP allgemein durch das Dollar-Zeichen (*$*) gekennzeichnet, gefolgt von einem frei wählbaren Variablennamen:

```
<?php
    $tag=date("d");
    print($tag);
?>
```

*tag* ist der Variablenname, und das Dollar-Zeichen direkt vor *tag* zeigt an, dass es sich um eine Variable handelt. Zwischen $ und *tag* darf sich kein Leerzeichen befinden. In diesem Code wird auch gleichzeitig der Variablen *$tag* ein Wert zugewiesen. Hier ist der Wert von *date("d")*, d. h. der aktuelle Tag. Man spricht hier von einem Rückgabewert der Funktion, die der Variablen *$date* zugewiesen wird. Die Zuweisung erfolgt über das einfache Gleicheitszeichen (=), das als Zuweisungsoperator bezeichnet wird.

Der Rückgabewert von *date("d")* ist ein String, sodass wir in der nächsten Zeile über die *print()*-Funktion den Inhalt der Variablen *$tag* ausgeben können. Dazu wird die Variable *$tag* an die Funktion *print()* übergeben und das Ergebnis im Browser angezeigt.

## 3.2.1 Der Inhalt von Variablen

Eine Variable in PHP kann verschiedene Inhalte besitzen:

- Einen String, z. B. "Guten Tag". Dies wird auch als Zeichenkette bezeichnet.
- Eine Zahl, z. B. 17 (so genannte Ganzzahl) oder -100.564 (Fließkommazahl).
- Einen Wahrheitswert, z. B. true für wahr und false für falsch.

Diese verschiedenen Inhaltstypen werden in PHP nicht voneinander unterschieden. Egal, was Sie z. B. in einer Variablen mit dem Namen *$supertest* auch speichern. Dies ist ein großer Vorteil von PHP. In anderen Sprachen muss man umständlich darauf achten, was für ein Typ in der Variablen gespeichert werden soll (z. B. eine Ganzzahl). Soll diese Zahl dann ausgegeben werden, muss diese Zahl in eine String konvertiert und ausgegeben werden. In PHP ist dieser Umweg nicht nötig!

*Hinweis:*
Es besteht in PHP auch die Möglichkeit, in einer Variable mehrere Werte zu speichern. Dies wird als *Array* bezeichnet. In einer Variable können gleichzeitig mehrere Inhalte (Zahlen, Zeichenketten, Wahrheitswerte) enthalten sein. Mehr dazu in Kapitel 6.5.

### Unterschiede zu JavaScript

Bei den Inhaltstypen von Variablen ähnelt PHP der Scriptsprache JavaScript. In JavaScript wird ebenfalls nicht unterschieden, welchen Inhalt die Variablen enthalten können – Ganzzahlen, Fließkommazahlen, Wahrheitswerte oder Zeichenketten ist auch JavaScript egal. Dort wird jedoch anders als in PHP eine Variable über das Statement *var* deklariert:

```
var test=23.546;
```

Eine Deklaration über *var* gibt es in PHP nicht.

## Unterschiede zu Java

Zwischen PHP und Java treten gerade bei den Variablen die Unterschiede zu Tage. In Java muss eine Variable deklariert werden, wobei sehr genau auf den Inhaltstyp der Variablen geachtet werden muss. Um beispielsweise eine Ganzzahl zu verwenden, muss der Datentyp *int* (für Integer) genutzt werden:

```
int test=43;
```

Die Variable *test* darf nur Integer-Wert enthalten und z. B. keine Zeichenketten oder Fließkommazahlen. Eine derartige genaue Differenzierung der Datentypen von Variablen gibt es in PHP glücklicherweise nicht. Dadurch entfällt in PHP das lästige Konvertieren, um in Java eine Ganzzahl als String auszugeben...

## 3.2.2 Der Name von Variablen

Variablennamen sind frei wählbar. Es gibt nur kleine Regeln, an die Sie sich bei der Vergabe eines Variablennamens halten müssen. Ein Variablenname besteht generell aus Buchstaben, Ziffern und dem Unterstrich. Diese sind miteinander kombinierbar. Nach dem Dollar-Zeichen darf ein Buchstabe oder ein Unterstrich folgen, nicht jedoch eine Zahl. Im weiteren Verlauf des Variablennamens sind Zahlen erlaubt. Folgende Varianten für einen Variablennamen sind in PHP erlaubt:

```
$eingabewert=33.56;
$_eingabewert=33.56;
$eingabewert_neu=33.56;
$eingabewert12=33.56;
```

Nicht korrekt wäre:

```
$5eingabewert12=33.56;
```

da eine Zahl nach dem Dollar-Zeichen folgt. Der Parser von PHP meldet hier einen Fehler. Die deutschen Umlaute *ä, ü, ö, ß* sind theoretisch auch als Variablenname möglich:

```
$änderung="nein";
```

Ich kann Ihnen jedoch nur empfehlen, sämtliche deutsche Sonderzeichen (und andere Sonderzeichen) zu vermeiden. Dies gilt beispielsweise auch für das @-Symbol, das Dollar-Zeichen sowieso (es ist ja für die Kennzeichnung der Variablen vorgesehen!) oder das Ausrufezeichen. Bei einem Variablennamen sollten Sie folgende Sonderzeichen nicht einsetzen:

```
* + ! " § $ % & / ( ) = ? \ ~ # . . ; : ^ ° @ µ < > | - , Ä ö ü Ö ä Ü ß
```

Des Weiteren sollten Sie bei den Variablennamen auf die Groß- und Kleinschreibung der Buchstaben achten. PHP beachtet die Groß- und Kleinschreibung sehr genau. Man spricht hier von *case-sensitive*. Eine Variable

```
$eingabe=5.65;
```

ist nicht identisch mit der Variablen

```
$Eingabe=5.65;
```

Dies sind zwei voneinander zu unterscheidende Variablen. Beachten Sie immer die Groß- und Kleinschreibung.
Ich möchte Ihnen noch den Tipp geben, deutliche und sprechende Variablennamen zu wählen. Ein Rechenergebnis ist vielleicht besser in einer Variablen *$ergebnis* zu speichern als beispielsweise in *$rg*. Durch deutliche Namen erhöhen Sie die spätere Wartung Ihres Codes, und Sie finden sich selbst besser zurecht. Auch wenn Sie die Codes an Dritte weitergeben, können sich andere Programmierer besser einarbeiten. In PHP gibt es leider viele Funktionsnamen, die relativ undeutlich sind. Hätten Sie gewusst, das sich hinter der Funktion *strstr()* eine Zeichenketten-Funktion verbirgt, die nach einem Buchstaben in einem String sucht? Der Funktionsame ist nicht sehr deutlich. In Java und JavaScript hingegen gibt es viel deutlichere Methoden und Eigenschaften (z. B.

*window.open()* öffnet in JavaScript ein neues Browser-Fenster). Verwenden Sie bei Variablennamen deutliche Namen und keine komplizierten Abkürzungen.

### Reservierte Wörter

Es gibt noch eine weitere Einschränkung bei der Vergabe von Variablennamen. Sie sollten keinen Namen für eine Variable wählen, die genauso lautet wie eine der Funktionen oder Befehle. Die *if*-Abfrage, die Sie im nächsten Abschnitt kennen lernen, gehört dazu und wird über *if* eingeleitet. Eine Variable

```
$if=4.34;
```

sollten Sie daher nicht einsetzen. Dies gilt auch für weitere Sprachbestandteile von PHP. Zusätzlich existieren in PHP auch noch vordefinierte Variablen, die einen bestimmten Wert besitzen. Dazu gehören z. B. die Servervariablen, die Informationen über den Server und PHP enthalten. Dazu gehört beispielsweise *$SERVER_SOFTWARE* (das die verwendete Server-Software ausgibt). Diese Variablen sollten Sie ebenfalls nicht einsetzen. In Anhang 13.5 finden Sie eine Liste mit reservierten Wörtern, die Sie nicht für eigene Variablennamen einsetzen sollten.

## 3.2.3 Konstanten

Eine Sonderform von Variablen sind die Konstanten. Diese können mit einem Wert belegt werden, der dann im Laufe eines PHP-Codes nicht mehr geändert werden kann. Diese werden in PHP aber etwas anders eingesetzt als die Variablen. Konstanten werden nicht über das Dollar-Zeichen dargestellt, sondern über die Funktion *define()* definiert:

```
<?php
    define("euro",1.95583);
    print(euro);
?>
```

Die Funktion *define()* erwartet zwei Parameter. Der erste Parameter ist der Name der Konstanten, der als String in Anführungszeichen geschrieben wird. Der zweite Parameter ist der Wert der Konstanten. Die Ausgabe der Konstanten *euro* erfolgt dann über die *print()*-Funktion. Wenn die Konstanten keine Zahl, sondern einen String als Wert haben sollen, wird der zweite Parameter als String geschrieben:

```php
<?php
    define("anrede","Sehr geehrte Dame,");
    print(anrede);
?>
```

Der Unterschied zwischen dem zweiten Parameter ohne und mit Anführungszeichen besteht darin, dass bei dem Wert ohne Anführungszeichen es sich um eine Zahl handelt, mit der gerechnet werden kann. Würde diese Zahl in Anführungszeichen stehen, würde es sich um einen String handeln, in dem mehrere Buchstaben hintereinander gehängt sind und mit denen nicht gerechnet werden kann.

### 3.2.4 Mit Variablen rechnen

Wenn in einer Variablen eine Zahl enthalten ist, können Sie mit diesen Werten rechnen. Dazu werden die arithmetischen Operatoren genutzt, z. B.:

```php
$a=5;
$b=6;
$c=$a+$b;
```

Der Plus-Operator (+) ist für die mathematische Addition zuständig. Die arithmetischen Operatoren decken die Grundrechenarten ab. Das Gleichheitszeichen zwischen der Variablen und einer Zahl ist der so genannte *Zuweisungsoperator*. Dieser weist der Variablen einen dedizierten Wert zu. Der nachfolgenden Tabelle können Sie die arithmetischen Operatoren aus PHP entnehmen.

| Arithmetischer Operator | Beschreibung und Beispiel |
|---|---|
| + | Eine Addition; Beispiel:<br>$a=5;<br>$b=6;<br>$c=$a+$b; |

| Arithmetischer Operator | Beschreibung und Beispiel |
|---|---|
| - | Eine Subtraktion; Beispiel:<br>$a=5;<br>$b=6;<br>$c=$a-$b; |
| * | Eine Multiplikation; Beispiel:<br>$a=5;<br>$b=6;<br>$c=$a*$b; |
| / | Eine Division; Beispiel:<br>$a=5;<br>$b=6;<br>$c=$a/$b; |
| % | Modulo (Restwert von $a geteilt durch $b); Beispiel:<br>$a=5;<br>$b=6;<br>$c=$a%$b; |

Über den Zuweisungsoperator und den Additions-Operator können Variablen automatisch hochgezählt werden:

```
$i=10;
$i=$i+5;
```

Hier wird die Variable *$i* um fünf erhöht und der neue Wert der Variablen *$i* wieder zugewiesen. Dies wird als *Inkrement* bezeichnet. Wird der Wert um eins erhöht

```
$i=$i+1;
```

lässt sich dies noch weiter vereinfachen zu:

```
$i++;
```

Diese Schreibweise stammt aus C/C++/Java/JavaScript. Diese Zeile bedeutet das Gleiche wie die vorherige, sie ist nur kompakter. Auch das Herunterzählen ist so möglich:

```
$i--;
```

Diese Zeile ist die Kurzform für:

```
$i=$i-1;
```

Die Variable *$i* wird um eins verringert. Dies wird als *Dekrement* bezeichnet. Gleichzeitig kann ++ oder -- sowohl links als auch rechts von der Variablen notiert werden:

```
$i++;
++$i;
```

Beide Varianten unterscheiden sich. Dies hängt von der Position von ++ ab (links oder rechts von der Variablen). Die erste Fassung wird als *Postinkrement* bezeichnet. Der nachfolgende Code verdeutlicht dieses Beispiel:

```
$a=5;
$b=$a++;
print($b);
```

Zuerst wird *$a* der Wert 5 zugewiesen, anschließend folgt eine Zeile, in der *$a* erhöht wird. Dieses Postinkrement weist zuerst der Variablen *$b* den Wert von *$a* zu und erhöht erst dann den Wert von *$a* (daher auch der Name Postinkrement). Die Variable *$b* erhält den Wert 5 und nicht 6. Bei dem Postinkrement wird also zuerst zugewiesen und dann der Wert erhöht (daher auch der Name Postinkrement).
Alternativ kann das so genannte *Präinkrement* eingesetzt werden:

```
$a=5;
$b=++$a;
print($b);
```

Die Variable *$b* erhält den Wert 6. Das Präinkrement ++$a erhöht erst den Wert der Variablen *$a* und weist diesen dann der Variablen *$b* zu. Es wird also zuerst erhöht und dann zugewiesen (daher auch der Name Präinkrement). Die Post- und die Prä-Variante kann natürlich auch für das Dekrement eingesetzt werden:

```
$b=--$a;
$b=$a--;
```

Wollen Sie nur die Variable um eins nach oben oder unten zählen, hat die Post- oder Prä-Fassung die gleiche Bedeutung:

```
$a=5;
$a++;
print($a);
```

und

```
$a=5;
++$a;
print($a);
```

ergeben in beiden Fällen den Wert 6. Es wird zwar im Postinkrement zuerst der Variablen $a der alte Wert (5) zugewiesen, aber anschließend wird $a um eins erhöht. Da hier die Variable, die der Wert zugewiesen wird ($a), und die Variable, die anschließend erhöht wird ($a), identisch sind, erfolgt für beide Fassungen das gleiche Ergebnis. Hier produziert die Post- und die Prä-Variante das gleiche Ergebnis.

Der Zuweisungsoperator (=) kann in PHP in verschiedenen Varianten verwendet werden. Die einfachste Variante ist natürlich:

```
$a=5;
```

Hier wird der Variablen $a der Wert 5 zugewiesen. Der Zuweisungsoperator = kann in weiteren Kombinationen genutzt werden, um die Schreibweise für andere Werte und mathematische Operatoren abzukürzen. In der nachfolgenden Tabelle finden Sie einen Überblick über diese lange und die kurze Schreibweise.

| Zuweisungsoperator | Lange Fassung | Kurze Fassung |
|---|---|---|
| += | $a=$a+10 | $a+=10 |
| -= | $a=$a-10 | $a-=10 |
| *= | $a=$a*10 | $a*=10 |
| /= | $a=$a/10 | $a/=10 |
| %= | $a=$a%10 | $a%=10 |
| ^= | $a=$a^10 | $a^=10 |

Speziell für Strings kann der Zuweisungsoperator auch folgendermaßen eingesetzt werden:

```
$name="Michael";
$name.=" Seeboerger-Weichselbaum";
print($name);
```

Die Ausgabe ergibt den gesamten String

```
Michael Seeboerger-Weichselbaum
```

An den Inhalt der Variablen *$name* (*Michael*) wird der String *Seeboerger-Weichselbaum* angehängt. Dies geschieht über den Punkt-Operator vor dem Zuweisungsoperator. Dies entspricht im Prinzip einer Verkettung von Strings, wie es in anderen Sprachen möglich ist, z. B. in JavaScript:

```
var name="Michael";
name=name+"Seeboerger-Weichselbaum";
```

Diese Verkettung über den Plus-Operator ist in PHP nicht möglich, dazu muss zum Punkt-Operator über .= gegriffen werden. Ein deratiger PHP-Code

```
$a="hallo";
$b=$a+"test";
```

hängt die einzelnen Zeichenketten nicht hintereinander an.

# 3.3 Die if-Abfrage einsetzen

In diesem Abschnitt werden wir die *if*-Abfrage verwenden, um eine programmiertechnische Entscheidung in PHP zu treffen.

### 3.3.1 Die if-Abfrage praktisch: Welcher Tag ist heute?

Um jetzt endlich mehr Dynamik in unsere Datums-Anwendung zu bekommen, benötigen wir noch die *if*-Abfrage. Der nachfolgende Code zeigt Ihnen, wie Sie eine einfache Ausgabe *Heute ist Freitag, der 26.07.2003* erreichen.

```
<!DOCTYPE html PUBLIC "-//W3C//DTD HTML 4.01 Transitional//EN">
<html><body>
Heute ist
<?php
$punkt=".";
//Datum generieren:
$tageszahl=date(w);
//Die if-Abfragen:
if($tageszahl=="0") {
    $tag=" Sonntag, der";
}
if($tageszahl=="1") {
    $tag=" Montag, der ";
}
if($tageszahl=="2") {
    $tag=" Dienstag, der ";
}
if($tageszahl=="3") {
    $tag=" Mittwoch, der ";
}
if($tageszahl=="4") {
    $tag=" Donnerstag, der ";
}
if($tageszahl=="5") {
    $tag=" Freitag, der ";
}
if($tageszahl=="6") {
    $tag=" Sonnabend, der ";
}
//Abfragen beendet, jetzt die Ausgabe:
$datum=$tag;
$datum.=date(d);
$datum.=$punkt;
$datum.=date(m);
$datum.=$punkt;
$datum.=date(Y);
print($datum);
?>
</body></html>
```

Im Code finden Sie eine Reihe von Neuerungen. Zu Beginn des PHP-Codes wird zunächst die Variable *$punkt* definiert, die als String einen Punkt enthält. Diesen benötigen wir ja für die deutsche Konvention bei der Datumsangabe. Dann wird die Funktion *date(w)* verwendet, um den Wochentag als Zahl auszulesen. Der Rückgabewert von *date(w)* liegt zwischen 0 (für Sonntag) und 6 (für Sonnabend). Diesen speichern wir in der Variablen *$tageszahl*. Dann folgen mehrere *if*-Abfragen untereinander. Die erste lautet:

```
if($tageszahl=="0") {
    $tag=" Sonntag, der";
}
```

Hier vergleichen wir den Inhalt der Variablen *$tageszahl* mit dem String *"0"*. Die Prüfung wird durch den Befehl *if* eingeleitet. Ein Befehl wird auch als *Statement* bezeichnet. Wenn (*if*) der Wert von *$tageszahl* gleich (==) dem String *"0"* ist, dann ist heute Sonntag. Damit ist diese Prüfung wahr. Das doppelte Gleichheitszeichen ist ein so genannter Vergleichsoperator. Es darf nicht dem einfachen Gleichheitszeichen, d. h. dem Zuweisungsoperator, verwechselt werden. Das einfache Gleichheitszeichen weist einer Variablen einen Wert zu, während das doppelte Gleichheitszeichen einen Vergleich zwischen dem Inhalt einer Variablen und einem Wert durchführt.

Im Programmblock belegen wir anschließend die Variable *$tag* mit der Zeichenkette *" Sonntag, der"*. Dies erfolgt in einem so genannten Programmblock, der sich zwischen der geöffneten und der geschlossenen geschweiften Klammer befindet. Alles das, was zwischen { ... } steht, wird ausgeführt, wenn die *if*-Abfrage ein wahres Ergebnis liefert. Ist der Wert in *$tageszahl* ein anderer (z. B. 5 für Freitag), ist diese *if*-Prüfung falsch. Der Programmblock wird übersprungen. PHP führt dann den Code aus, der sich nach der geschlossenen geschweiften Klammer befindet. Die ist in unserem Fall die zweite *if*-Abfrage:

```
if($tageszahl=="1") {
    $tag=" Montag, der ";
}
```

Hier prüft PHP, ob der Wert der Variablen *$tageszahl* mit dem String *"1"* identisch ist. Sollte dies der Fall sein, wird der nachfolgende Programmblock betreten, der sich hier wieder zwischen den beiden geschweiften Klammern befindet. Ist der Wert in *$tageszahl* ein anderer, wird der Programmblock übersprungen, und PHP geht zur nächsten *if*-Abfrage über.

## 3.3.2 Syntax der if-Abfrage

Die *if*-Abfrage prüft eine Variable auf einen bestimmten Wert. Allgemein sieht die *if*-Abfrage in PHP so aus:

```
if(Bedingung) {
    //Dieser Code wird ausgeführt, wenn
    //die Bedingung zutrifft
}
else {
    //Dieser Code wird ausgeführt, wenn
    //die Bedingung nicht zutrifft. Der else-Block
    //ist optional
}
```

Über das Statement *if* wird die Abfrage eingeleitet. In Klammern folgt die Bedingung, die geprüft wird. Ist die Bedingung wahr, dann wird der Codeteil ausgeführt, der sich in den nachfolgenden geschweiften Klammen bis zum Statement *else* befindet. Der *else*-Teil ist optional und kann auch wegfallen (wie Sie es im letzten Beispiel auch gesehen haben). Der *else*-Teil sollte dann geschrieben werden, wenn ein Code ausgeführt werden soll, wenn die Bedingung nicht wahr ist, d. h. die Prüfung in der *if*-Zeile falsch ist. Dann wird der Code ausgeführt, der sich in den geschweiften Klammern nach *else* befindet.

*Hinweis:*
Die Statements *if* und *else* dürfen nicht für Variablennamen benutzt werden. Es handelt sich bei *if* und *else* um reservierte Wörter.

Die *if*-Abfrage könnte man sich ungefähr so ins Deutsche übersetzen:

```
wenn(bedingung) {
    //Dieser Code wird ausgeführt, wenn
    //die Bedingung zutrifft
```

```
}
dann{
    //Dieser Code wird ausgeführt, wenn
    //die Bedingung nicht zutrifft
}
```

*Hinweis:*
Die Codezeilen mit dem *if-* und dem *else*-Befehl werden nicht mit einem Semikolon beendet.

Die geöffnete geschweifte Klammer ({) nach *if* oder *else* (oder nach anderen Schleifen und Abfragen) kann auch in die nächste Zeile geschrieben werden:

```
if(Bedingung)
{
    //Code
}
else
{
    //Code
}
```

Es hat sich jedoch eingebürgert, die geöffnete geschweifte Klammer ({) direkt nach *if* oder *else* zu schreiben. Dies ist auch bei anderen Abfragen oder Schleifen der Fall.

### 3.3.3 Verkürzung der Schreibweise

PHP kennt noch eine Vereinfachung der Schreibweise. Sie können bei *if-else* auf die geschweiften Klammern verzichten. Sie müssen statt dessen nach *if* und *else* einen Doppelpunkt schreiben (:) und die gesamte *if*-Abfrage über *endif* abschließen:

```
if(Bedingung):
    //Dieser Code wird ausgeführt, wenn
    //die Bedingung zutrifft
else:
    //Dieser Code wird ausgeführt, wenn
```

```
    //die Bedingung nicht zutrifft. Der else-Block
    //ist optional
endif;
```

Alle geschweiften Klammern müssen entfernt werden und nach *if* und *else* der Doppelpunkt gesetzt werden. Damit das Ende der *if*-Abfrage deutlich wird, muss der Befehl *endif* genutzt werden. *endif* wird wie jede herkömmliche Codezeile über ein Semikolon beendet.

Welche Variante Sie bei der Schreibweise verwenden, ist Ihnen überlassen. Diese Kurzform ist einerseits sehr praktisch. Andererseits ist in anderen Sprachen (JavaScript, Java, C++) diese Kurzform nicht möglich. Wer auf diese anderen Sprachen umsteigt oder von diesen Sprachen auf PHP einsteigt, sollte vielleicht eher bei der «traditionellen» Schreibweise mit den geschweiften Klammern bleiben.

*Hinweis:*
*endif* kann ebenfalls nicht für Variablennamen benutzt werden, da es sich auch hier um ein reserviertes Wort handelt.

## 3.3.4 elseif

Der *else*-Teil wird bei der klassischen *if-else* immer dann ausgeführt, wenn die Prüfung der Bedingung falsch ist. *else* wird immer dann ausgeführt, ohne dass eine erneute Prüfung stattfindet. Man müsste nun innerhalb von *else* wieder eine *if*-Abfrage schreiben. Dies ist kompliziert, daher kennt PHP noch eine Präzisierung von *if-else* unter dem Namen *elseif. elseif* ist im Prinzip ein *else*-Block, der aber wiederum über eine Prüfung auf eine Bedingung über *if* verfügt:

```
if(Bedingung1) {
    //Dieser Code wird ausgeführt, wenn
    //die Bedingung1 zutrifft
}
elseif(Bedingung2) {
{
    //Dieser Code wird ausgeführt, wenn
    //die Bedingung1 nicht zutrifft, wohl aber
    //Bedingung2 zutrifft
    //Der elseif-Block ist optional
```

```
}
else {
    //Dieser Code wird ausgeführt, wenn
    //die Bedingung1 und Bedingung 2 nicht zutrifft
}
```

*elseif* ist im Prinzip der *else*-Teil zu der *if*-Abfrage, die aber wiederum eine *if*-Abfrage enthält. *elseif* wird dann ausgeführt, wenn die Prüfung in der *if*-Abfrage falsch ist. Somit wird zuerst ein vorhandener *elseif*-Block angesprungen. Hier wird nun die zweite Bedingung geprüft. Der Programmblock nach *elseif* wird dann aus geführt, wenn die Bedingung wahr ist.

*Hinweis:*
*elseif* kann ebenfalls nicht für Variablennamen benutzt werden, da es sich um ein reserviertes Wort handelt. Die Befehlszeile *elseif* wird ebenfalls nicht mit einem Semikolon beendet.

Wie *if* und *else* können Sie bei *elseif* auch auf die geschweiften Klammern verzichten, wenn Sie den Doppelpunkt nach *elseif* verwenden:

```
elseif(Bedingung2):
    //Dieser Code wird ausgeführt, wenn
    //die Bedingung1 nicht zutrifft, wohl aber
    //Bedingung2 zutrifft
    //Der elseif-Block ist optional
```

## 3.3.5 Unterschiede zu JavaScript und Java

Die *if-else*-Abfrage ist einer der Grundbestandteile von vielen Programmiersprachen. Die Syntax von *if-else* in PHP ist mit der Syntax in JavaScript und Java identisch. Wenn Sie *if*-Abfragen in JavaScript oder Java erstellt haben, können Sie dieses Wissen direkt in PHP übernehmen. Der Befehl *elseif* ist in JavaScript und Java nicht vorhanden. Auch die abkürzende Schreibweise über den Doppelpunkt *(:)* und damit der Verzicht auf die geschweiften Klammern ist in JavaScript und Java nicht möglich. *endif* existiert in JavaScript und Java ebenfalls nicht.

### 3.3.6 Die Vergleichsoperatoren

In diesem Kapitel haben Sie die Vergleichsoperatoren kennen gelernt. Hierüber werden Vergleiche oder Abfragen durchgeführt, z. B.: *if(a==15)*. Das doppelten Gleichheitszeichen darf nicht mit dem einfachen Gleichheitszeichen, d. h. dem Zuweisungsoperator verwechselt werden. Das einfache Gleichheitszeichen weist einer Variablen einen Wert zu, während das doppelte Gleichheitszeichen einen Vergleich zwischen dem Inhalt einer Variablen und einem Wert durchführt. Das Ergebnis dieses Vergleichs ist entweder wahr *(true)* oder falsch *(false)*. Neben dem doppelten Gleichheitszeichen gibt es noch weitere Vergleichsoperatoren, die eingesetzt werden können. Nachfolgend finden Sie eine Tabelle, die die einzelnen Operatoren erläutert.

| Vergleichsoperator | Beschreibung und Beispiel |
|---|---|
| < | Kleiner als<br>if($a<5) |
| <= | Kleiner als oder gleich<br>if($a<=5) |
| > | Größer als<br>if($a>5) |
| >= | Größer als oder gleich<br>if($a>=5) |
| != | Ungleich<br>if($a!=5) |
| == | Gleich<br>if($a==5) |
| === | Identisch<br>if($a===5) |

### 3.3.7 Die logischen Operatoren und die Wahrheitstabelle

Die logische Operatoren dienen dazu, Abfragen miteinander zu verknüpfen, z. B.:

```
if($i<5 && $m<=10)
```

Hier wird in der *if*-Abfrage geprüft, ob *$i* kleiner 5 und *$m* kleiner gleich
10 ist. Beide Bedingungen müssen wahr sein, damit der nachfolgende
Programmblock betreten werden kann. Das bedeutet: Erst wenn der
Wert der Variablen *$i* kleiner 5 und (&&) der Wert von *$m* kleiner
gleich 10 ist, wird der Programmblock der *if*-Abfrage betreten. Hier finden zwei Vergleiche statt (*$i<=5* und *$m<=10*), die auch noch miteinander verknüpft sind. Im Nachfolgenden finden Sie eine Tabelle, die die
logischen Operatoren aus PHP enthält.

| Logischer Operator | Beschreibung und Beispiel |
|---|---|
| && <br> and | Und <br> if($i<5 && $m<=10) <br> if($i<5 and $m<=10) |
| \| \| <br> or | Oder <br> if($i<5 \|\| $m<=10) <br> if($i<5 or $m<=10) |
| xor | Entweder-Oder <br> if($i<5 xor $m<=10) |
| ! | Nicht <br> if(!$i) |

Sehen wir uns noch einmal dieses Beispiel an:

```
if($i<5 && $m<=10)
```

Erst wenn beide Vergleiche wahr sind, d. h. jeder der beiden Vergleiche
ein *true* ergibt, wird der Programmblock der *if*-Abfrage betreten. Sobald
einer der beiden Vergleiche falsch ist, wird der Programmblock nicht
betreten. Für derartige Kombinationen gibt es die Wahrheitstabelle.
Anhand der Wahrheitstabelle können Sie das gesamte Ergebnis einer
Abfrage ermitteln.
Aus der nachfolgenden Tabelle können Sie das Ergebnis, d. h. den
Wahrheitswert der gesamten Abfrage, ermitteln. In der Tabelle steht *1.
Vergleich* für einen Vergleich (z. B. *$a<=5*) und *2. Vergleich* für einen an-
deren Vergleich (z. B. *$m<=10*).

| 1. Vergleich | 2. Vergleich | 1. && 2. | 1. \|\| 2. | 1. xor 2. |
|---|---|---|---|---|
| true | true | true | true | false |
| true | false | false | true | true |
| false | true | false | true | true |
| false | false | false | false | false |

# 3.4 Alternative zu if: switch-case

PHP kennt eine weitere Abfragen-Variante, die statt der *if*-Abfrage eingesetzt werden kann. Diese lautet *switch-case* und arbeitet sehr ähnlich wie *if-else*.

## 3.4.1 Beispiel für eine switch-case-Abfrage

Wenn mehrere *if*-Abfragen aufeinander folgen, in der der Inhalt einer Variablen geprüft wird, kann alternativ auch die *switch-case*-Abfrage genutzt werden. Diese fasst mehrere *if*-Abfragen zusammen. Sie ist zwar nicht unbedingt kürzer, aber dafür etwas übersichtlicher. Bei der Ermittlung des Datums aus Kapitel 3.3 stellen wird jetzt die *if*-Abfragen auf *switch-case* um:

```php
<?php
$punkt=".";
$tageszahl=date(w);
switch($tageszahl) {
    case "0":
        $tag=" Sonntag, der";
        break;
    case "1":
        $tag=" Montag, der ";
        break;
    case "2":
        $tag=" Dienstag, der ";
        break;
    case "3":
```

```
        $tag=" Mittwoch, der ";
        break;
    case "4":
        $tag=" Donnerstag, der ";
        break;
    case "5":
        $tag=" Freitag, der ";
        break;
    case "6":
        $tag=" Sonnabend, der ";
        break;
    }
//Abfragen beendet, jetzt die Ausgabe:
$datum=$tag;
$datum.=date(d);
$datum.=$punkt;
$datum.=date(m);
$datum.=$punkt;
$datum.=date(Y);
print($datum);
?>
```

Die Abfrage wird über *switch* eingeleitet. In Klammern wird die Variable
angegeben, deren Inhalt geprüft werden soll (*$tageszahl*). Anders als bei
*if* wird hier nicht der Inhalt der Variablen geprüft. Dies erfolgt in den so
genannten *case*-Blöcken. Nach *switch* öffnet sich eine geschweifte Klammer. In den nachfolgenden *case*-Blöcken werden alle möglichen Inhalte
der Variablen *$tageszahl* über einen eigenen *case*-Block geschrieben:

```
case "0":
    $tag=" Sonntag, der";
    break;
```

Ist der Inhalt von *$tageszahl* 0, wird der Block nach *case "0"* ausgeführt,
und zwar bis zum nächsten *case*-Block. Ist der Inhalt von *$tageszahl* 1,
wird der *case*-Block *case "1"* bis zum folgenden *case*-Block ausgeführt
usw. Hatten wir vorher mehrere *if*-Abfragen benutzt, werden diese jetzt
auf die einzelnen *case*-Blöcke aufgeteilt. Nach dem Statement *case* folgt
der auszuführende Code, und über *break* wird die weitere Ausführung

beendet. Das *break*-Statement ist sehr wichtig. Würde dieses fehlen, würden auch alle weiteren *case*-Blöcke ausgeführt werden! Durch *break* wird die *switch-case*-Anweisung verlassen. PHP-Code, der nach der geschlossenen geschweiften Klammer der *switch*-Abfrage folgt, wird jetzt ausgeführt.

### 3.4.2 Allgemeine Syntax

Allgemein lautet die Syntax der *switch-case*-Abfrage:

```
switch(variable) {
    case inhalt1:
        // Hier folgt Code
        break;
    case inhalt2:
        // Hier folgt Code
        break;
    case inhalt3:
        // Hier folgt Code
        break;
}
```

Beachten Sie, das eine *case*-Zeile mit einem Doppelpunkt beendet wird. Alternativ kann der Inhalt des *case*-Blocks zusätzlich in geschweiften Klammern geschrieben werden, um die Übersichtlichkeit zu erhöhen:

```
case inhalt1: {
    // Hier folgt Code
    break;
}
case inhalt2:
    // Hier folgt Code
    break;
}
```

*Hinweis:*
Die Statements *switch, case* und *break* dürfen nicht für Variablennamen benutzt werden. Es handelt sich bei *switch, case* und *break* um reservierte Wörter.

Ob Sie eine *if-else*-Abfrage oder eine *switch-case*-Abfrage benutzen, liegt bei Ihnen. Es gibt keine Regel, die eine oder andere Abfragenvariante zu bevorzugen.

*Hinweis:*
Die Codezeilen mit dem *switch*- und dem *case*-Statement dürfen nicht mit einem Semikolon beendet werden.

### 3.4.3 Unterschiede zu JavaScript und Java

In Java und JavaScript ist ebenfalls die *switch-case*-Abfrage enthalten. Die Syntax ist identisch mit der PHP-Syntax. JavaScript und Java besitzen jedoch noch eine Erweiterung der *switch-case*-Abfrage, die der PHP-Fassung fehlt: den *default*-Block. Dieser Block, der sich am Ende nach dem letzten *case*-Block befindet, wird dann ausgeführt, wenn der Inhalt der Variablen, die in *switch* angegeben ist, über keine der aufgelisteten *case*-Fälle abgedeckt wird. PHP besitzt diesen *default*-Block nicht.

## 3.5 Zusammenfassung

■ Über die Funktion *date()* kann die aktuelle Uhrzeit und das Datum ermittelt werden.

■ Die Funktion *date()* besitzt verschiedene Übergabeparameter, die die verschiedenen Informationen zum Datum und zur Uhrzeit auslesen.

■ Variablen in PHP werden durch das Dollar-Zeichen *($)* gekennzeichnet.

■ Der Inhalt von Variablen kann eine Zahl, eine Zeichenkette oder ein Wahrheitswert sein.

■ In PHP wird der Variablentyp nicht über einen Code differenziert.

■ Mit Variablen können mathematische Rechnungen durchgeführt werden.

■ Konstanten werde in PHP über die Funtion *define()* definiert.

■ Die *if*-Abfrage prüft auf den Inhalt einer Variablen. Dazu wird ein Vergleich durchgeführt. Hier kommen die Vergleichsoperatoren zum Einsatz.

■ Zu einer *if*-Abfrage kann der optionale *else*-Block geschrieben werden. Dieser wird immer dann ausgeführt, wenn die Bedingung in der *if*-Abfrage falsch ist.

▪ *if*- und *else*-Blöcke sollten in geschweiften Klammern stehen.

▪ Über eine verkürzte Schreibweise mit Hilfe des Doppelpunkts *(:)* kann auf die geschweiften Klammern verzichtet werden. Dazu wird die *if*-Abfrage über *endif* beendet.

▪ Sollen mehrere Bedingungen in einer *if*-Abfrage geprüft werden, müssen die logischen Operatoren eingesetzt werden.

▪ Die Wahrheitstabelle gibt bei verknüpften Bedingungen Auskunft darüber, ob das Gesamtergebnis der zu prüfenden Bedingung wahr oder falsch ist.

▪ Statt einer *if*-Abfrage kann auch die *switch-case*-Abfrage eingesetzt werden.

▪ Im Unterschied zur *if*-Abfrage muss bei *switch-case* für jeden möglichen Fall ein eigener *case*-Block geschrieben werden.

▪ In jedem *case*-Block muss sich ein *break*-Statement befinden, damit die Abfrage abgebrochen wird und nicht die weiteren *case*-Blöcke ausgeführt werden.

# 3.6 Übung

## Aufgabe 3

Ist die nachfolgende Codezeile korrekt? Begründen Sie Ihre Entscheidung!

```
$ätzende_$variablen=100;
```

## Aufgabe 4

Worin unterscheidet sich eine Konstante von einer Variablen?

## Aufgabe 5

Warum wird der nachfolgende Code innerhalb der *if*-Abfrage nie ausgeführt?

```php
<?php
    define("t",20);
    define("x",30);
    $wert1=1;
    $wert2=2;
    $wert3=t*x;
    $wert4=$wert1*$wert2*$wert3;
    if($wert4==1000) {
        print("Bingo!");
    }
?>
```

## Aufgabe 6

Der nachfolgende Code enthält eine *if*-Abfrage. Schreiben Sie den Code so um, dass sich im Code statt einer *if*-Abfrage eine *switch-case*-Abfrage befindet.

```php
<?php
    define("t",2);
    define("x",2);
    $wert1=2;
    $wert2=t*x;
    $wert3=$wert1*$wert2;
    if($wert4<=8) {
        print("Bingo!");
    }
?>
```

# 4 Formulare mit PHP auswerten

PHP ist ideal, um den Inhalt von HTML-Formularen auszuwerten und weiterzuverarbeiten. Formulare werden Sie immer brauchen: für Log-in-Prozeduren mit einem Passwortschutz, für ein Gästebuch oder für ein Diskussionsforum. Die Behandlung von Formularen mit PHP ist sehr wichtig. Wir werden uns in diesem Kapitel die einzelnen Elemente zur Formularauswertung mit PHP genau ansehen.

## 4.1 Ein sicherer Passwortschutz

Eine der großen Vorteile von PHP liegt darin, dass man eine komfortable Log-in-Prozedur erstellen kann, die sehr sicher ist. Serverseitig werden der Benutzername und das Passwort auf die getätigten Eingaben hin überprüft. Da die Prüfung nur auf dem Server abläuft, werden keinerlei Informationen über den echten Benutzernamen und das echte Passwort an den Client, d. h. den Web-Browser, übertragen. Das, was an den Server übertragen wird, sind lediglich die Eingaben des Internet-Surfers.

Die Abbildung zeigt zwei Formularfelder, die per PHP ausgewertet werden können. Es muss der Benutzername und das Passwort eingegeben werden. Ein PHP-Skript prüft die Eingaben und leitet bei einer korrekten Eingabe auf den geschlossenen Bereich für Mitglieder weiter. Dafür sind drei Dateien nötig:

- Eine HTML-Datei mit den Eingabefeldern (*start.html*).
- Eine PHP-Datei, die die Auswertung vornimmt (*check.php*).
- Die HTML-Datei für den geschlossenen Bereich (*test.html*).

Entscheidend ist nur die HTML-Datei mit den Eingabefeldern und die PHP-Skriptdatei. Die Datei *start.html* sieht so aus:

```
<!DOCTYPE html PUBLIC "-//W3C//DTD HTML 4.01 Transitional//EN">
<html><head>
<title>Login-Prozedur</title></head>
<body>
<p>Bitte einloggen:</p><br>
<form name="Eingabe" action="check.php">
Benutzername: <br>
<input type="text" name="benutzer" size="20"><br>
Passwort:<br>
<input type="password" name="pass" size="20"><br><br>
<input type="submit" value="Login">
<input type="reset" value="Reset">
</form>
</body></html>
```

Das *<form>*-Tag enthält vier *<input>*-Tags. Die ersten beiden *<input>*-Tags erstellen die beiden Eingabefelder:

```
<input type="text" name="benutzer" size="20"><br>
Passwort:<br>
<input type=" password " name="pass" size="20"><br><br>
```

Wichtig in den beiden Tags ist das Attribut *name*. Dieses enthält einmal den Wert *benutzer* und *pass*. Dieses sind Variablen, die in HTML gesetzt werden können. Der Inhalt dieser Variablen sind die Werte, die in den Eingabefeldern eingegeben und an PHP übergeben werden. Unter den hier vergebenen Namen stehen sie als Variable in PHP zur Verfügung! Die zweiten *<input>*-Tags erstellen die beiden Schaltflächen zum Absenden und zum Löschen:

```
<input type="submit" value="Login">
<input type="reset" value="Reset">
```

Die Daten werden bei einem Klick auf den Button *Login* an das PHP-Skript gesendet. Diese Aktion wird im *<form>*-Tag festgelegt, in dem die *action*-Methode eingesetzt wird:

```
<form name="Eingabe" action="check.php">
```

Hier wird im *action*-Attrubut das PHP-Skript angegeben, das die Daten auswerten soll. Hier ist es *check.php*. Die Datei sieht so aus:

```
<!DOCTYPE html PUBLIC "-//W3C//DTD HTML 4.01 Transitional//EN">
<html><body>
<?php
    $benutzer=$HTTP_GET_VARS['benutzer'];
    $pass=$HTTP_GET_VARS['pass'];
    if($benutzer=="guten tag") {
        if($pass=="hallo17") {
            print("<b>Login korrekt</b>");
            print("<p>Klicken Sie hier zum
                    Zugang:</p>");
            print("<a href='test.html'>Gesch&#252;tzer
                    Bereich</a>");
        }
        else {
            print("Benutzername korrekt, Passwort NICHT
                    KORREKT!<br><br>");
            print("<a href='start.html'>Noch ein
                    Versuch...</a>");
        }
    }
    else {
```

```
        print("Benutzername NICHT KORREKT!<br><br>");
        print("<a href='start.html'>Noch ein
               Versuch...</a>");
    }
?>
</body></html>
```

Zu Beginn müssen wir die übergebenen Variablen aus den beiden Formularfeldern ermitteln. Dies erfolgt über zwei Zeilen:

```
$benutzer=$HTTP_GET_VARS['benutzer'];
$pass=$HTTP_GET_VARS['pass'];
```

Der PHP-Variablen *$benutzer* weisen wir hier den Inhalt der Variablen *benutzer* aus dem Formularfeld zu. Dazu müssen wir *$HTTP_GET_VARS* verwenden. Die beiden Variablen und deren Werte werden beim Aufrufen des PHP-Codes (nachdem auf *Login* geklickt wurde) an die HTTP-Adresse angehängt (siehe nachfolgende Abbildung). Damit sind sie im Browser und für den Benutzer sichtbar!

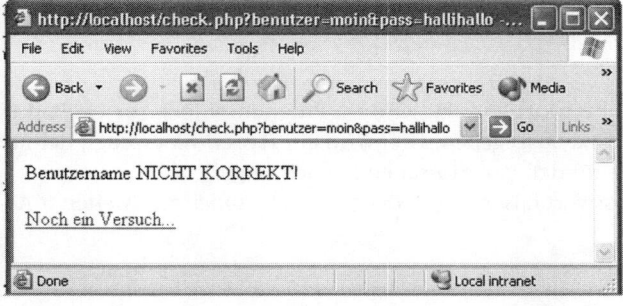

Die Variablen werden über ein *?* angehängt. Es können beliebig viele Variablen angehängt werden. Jede weitere Variable wird über ein &-Symbol angehängt. Wir können dies auch manuell durchführen. Das werden wir auch insbesondere bei dem Diskussionsforum durchführen. Man spricht in diesem Zusammenhang von der *GET*-Methode, über die die Variablen an den PHP-Code übermittelt werden. Als Alternative gibt es noch die *POST*-Methode, die wir später kennen lernen werden.

Alle Variablen und deren Werte, die an den PHP-Code übermittelt werden, liegen in der globalen Variablen *$HTTP_GET_VARS* vor. Um eine bestimmte Variable und deren Wert zu ermitteln, geben Sie in den eckigen Klammern und in Anführungsstrichen den Namen der Variablen an, die in dem HTML-Formular angegeben wurde. Damit steht in diesem Fall der Wert von *benutzer* in *$benutzer* und der Wert von *pass* in *$pass* zur Verfügung. Bei *$HTTP_GET_VARS* spricht man von so genannten *assoziativen Arrays* – mehr dazu in Kapitel 6.5.4.

Der weitere Code besteht im Prinzip nur aus *if-else*. Im PHP-Code prüfen wir gleich direkt auf den Benutzernamen:

```
if($benutzer=="guten tag") {
```

Wenn dies wahr ist, wird im Programmblock zur ersten *if*-Abfrage gleich eine zweite *if*-Abfrage durchgeführt, die auf das Passwort prüft:

```
if($pass=="hallo17") {
    print("<b>Login korrekt</b>");
    print("<p>Klicken Sie hier zum Zugang:</p>");
    print("<a href='test.html'>Gesch&#252;tzer
          Bereich</a>");
}
```

Ist auch das Passwort korrekt, wird im Programmblock zur zweiten *if*-Abfrage ein Text ausgegeben. Hier wird ein Hyperlink erzeugt, der auf die Startseite für den geschlossenen Bereich zeigt.

Sollte das Passwort falsch sein, existiert ein *else*-Block zur zweiten *if*-Abfrage:

```
else {
    print("Benutzername korrekt, Passwort NICHT
          KORREKT!<br>");
    print("<a href='start.html'>Noch ein
          Versuch...</a>");
}
```

Hier wird ausgegeben, dass zwar der Benutzername richtig war, nicht aber das Passwort. Es erscheint ein Hyperlink, der auf die Log-in-Prozedur zurückverweist. Der PHP-Code enthält noch einen weiteren *else-*

Block, der zur ersten *if*-Abfrage gehört. Dieser wird dann ausgeführt, wenn die erste *if*-Abfrage falsch ist, d. h. der Benutzername falsch eingegeben wurde. Auch das Passwort braucht dann nicht mehr geprüft zu werden. Hier wird ebenfalls ein Hinweistext ausgegeben und auf die Log-in-Prozedur zurückverwiesen:

```
else {
    print("Benutzername NICHT KORREKT!<br><br>");
    print("<a href='start.html'>Noch ein
            Versuch...</a>");
}
```

*Hinweis:*
Dieses Codebeispiel verwendet einen allgemeinen Benutzernamen und Passwort. Jeder Anwender muss diese beiden Werte kennen. Mit individuellen Benutzenamen und Passwörtern beschäftigen wir uns in Kapitel 6.6 und 10.1. Dort kann sich jeder Internet-Surfer einen eigenen Benutzernamen und ein eigenes Passwort ausdenken, mit denen er sich dann einloggt. Dafür ist weiteres PHP-Wissen nötig.

## Änderungen ab PHP 4.1.0

Ab PHP 4.1.0 sind einige Änderungen eingetreten. Statt *$HTTP_GET_VARS* kann auch *$_GET* zum Einsatz kommen:

```
$id=$_GET['forums_id'];
```

Verwenden Sie PHP 4.0.x oder eine 3er Version, sollten Sie weiterhin *$HTTP_GET_VARS* einsetzen. Dies gilt auch für die zweite Änderung: Die Variablen, die in einem HTML-Formular angegeben werden, stehen ab PHP 4.1.0 als Variable unter dem gleichen Namen zur Verfügung. Bedingung dabei: In der Konfigurationsdatei *php.ini* (siehe Kapitel 12.2) ist die Einstellung *register_globals* auf *On* gesetzt:

```
- register_globals=On
```

Bei dieser Einstellung können Sie ab PHP 4.1.0 auf *$HTTP_GET_VARS* bzw. *$_GET* verzichten und die Formularvariable in PHP direkt über dessen Namen ansprechen. Der Anfang des letzten PHP-Codes würde dann so aussehen:

```
<?php
    if($benutzer=="guten tag") {
        if($pass=="hallo17") {
```

Sie benötigen hier kein *$HTTP_GET_VARS* bzw. *$_GET*, um diese Variablen erst zu ermitteln – Sie stehen direkt als globale Variablen zur Verfügung! Das ist ungemein praktisch.

Der Nachteil dieser Methode liegt jedoch darin, dass die Datei *php.ini* eventuell von Ihnen verändert werden muss, indem Sie die Einstellung auf *On* setzen. Haben Sie Web-Space bei einem Web-Hoster angemietet, haben Sie in der Regel keinen Zugriff auf diese Datei! Hat Ihr Web-Hoster die Einstellung auf *Off* gestellt, können Sie diese nicht selbst verändern. Benutzen Sie in diesem Fall weiter hin *$HTTP_GET_VARS*, um die Variablen zu ermitteln. Das ist die universellste Lösung, die ich auch in diesem Buch verwende.

Wie können Sie feststellen, ob Ihr Provider *register_globals* auf *on* oder *off* eingestellt hat? Ganz einfach: Führen Sie den nachfolgenden Code im Browser aus.

```
<?php
phpinfo();
?>
```

Die Funktion *phpinfo()* gibt genaue Informationen über die Einstellungen von PHP aus (siehe Abbildung rechte Seite).

Weiter unten in der Tabelle, die *phpinfo()* erzeugt, finden Sie den Eintrag *register_globals* (siehe nachfolgende Abbildung). Hier ist *register_globals* auf *off* gesetzt. Sollte diese Ausgabe auch bei Ihnen erscheinen, können Sie *$_GET* nicht verwenden.

| register_globals | Off | Off |
|---|---|---|

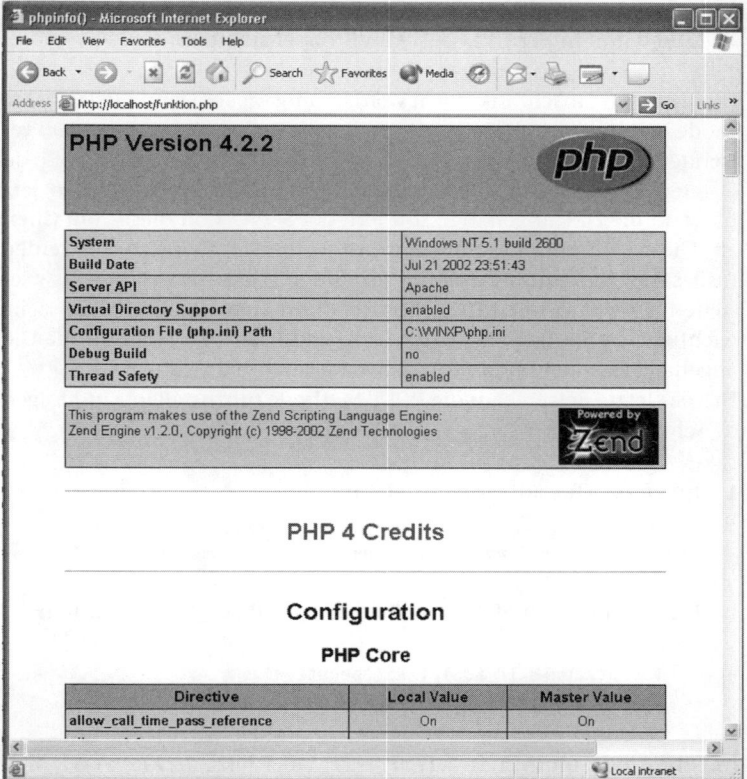

## 4.2 POST statt GET

Zu Beginn des Kapitels haben wir die Daten aus Formularen mit der
*GET*-Methode verschickt. Dazu wurden die Variablen und deren Werte
an die URL angehängt. Die alternative *POST*-Methode ist besser geeignet, um Daten zu versenden. Das hat mehrere Gründe:

1. Mit Hilfe der *GET*-Methode können in der Regel maximal 4 Kbyte
   an Daten verschickt werden.

2. Die Variablen und deren Werte werden an die URL angehängt und sind damit in der URL-Leiste im Browser sichtbar.

Diese beiden Einschränkungen werden umgangen, wenn die *POST*-Methode benutzt wird. Dazu muss im *<form>*-Tag das Attribut *method* verwendet und auf *post* gesetzt werden. Die Beschränkung der Größe der Dateien entfällt, und die Variablen sowie deren Werte werden jetzt nicht an die URL angehängt, sondern der Server holt diese vom Client ab. Dieses Verfahren ist sehr gut und sollte *GET* vorgezogen werden, insbesondere wenn Sie Log-in-Prozeduren, Diskussionsforen usw. erstellen möchten. Der Internet-Surfer fühlt sich sicherer, wenn seine wichtigen Daten (z. B. Benutzername und Passwort) nicht an die URL angehängt werden und nicht im Browser sichtbar sind...

Um das letzte Beispiel auf die *POST*-Methode umzustellen, sind folgende Schritte nötig:

1. Im *<form>*-Tag auf *post* umstellen:

```
<form name="Eingabe" action="check.php" method="post">
```

2. Die Variablen im PHP-Code über *$HTTP_POST_VARS* ermitteln:

```
$benutzer=$HTTP_POST_VARS['benutzer'];
$pass=$HTTP_POST_VARS['pass'];
```

Im PHP-Code muss statt *$HTTP_GET_VARS* jetzt *$HTTP_POST_VARS* eingesetzt werden, da wir die *POST*-Methode zum Senden der Daten aus dem Formular verwenden.

Alternativ kann auch *$_POST* ab PHP 4.1.0 eingesetzt werden. Wie bei *$HTTP_GET_VARS* gilt auch für *$HTTP_POST_VARS*, dass ab PHP 4.1.0 die Variablen aus dem Formular als direkte Variablen im PHP-Code zur Verfügung stehen, wenn die Einstellung *register_globals* auf *On* gestellt ist. In diesem Fall kann auf *$HTTP_POST_VARS* bzw. *$_POST* verzichtet werden. Die Variablen aus dem Formular stehen dann direkt unter dem gleichen Namen als Variable im PHP-Code zur Verfügung. In den weiteren Kapiteln verwende ich immmer die *POST*-Methode zusammen mit *$HTTP_POST_VARS*. Dies stellt sicher, dass der Code mit jeder PHP-Version funktioniert.

## 4.3 Eingaben prüfen

Die Auswertung weiterer Formularfelder vollzieht sich ähnlich wie bei dem Passwortschutz. Beispielsweise bei einem Kontaktformular oder bei Formularen, in denen die Daten eines Internet-Surfers gespeichert werden sollen (Name, Adresse, Telefon usw.). Vor einer Speicherung dieser Informationen (in einer Datenbank oder einer Textdatei im Format CSV) sollte geprüft werden, ob in den Formularfeldern überhaupt etwas eingegeben wurde. Es gibt Felder, in denen Eingaben Pflicht sind (z. B. Name und Adresse), während andere Felder optional sind (z. B. die Web-Adresse einer eigenen Homepage). Gleichzeitig müssten wir im Code prüfen, ob die Telefonnummer nur aus Zahlen besteht und nicht etwa aus Buchstaben. Gleiches gilt für die Postleitzahl…

### 4.3.1 Auf leere Felder prüfen

Die Abbildung zeigt mehrere Formularfelder, von denen nur zwei Felder optional sind (Telefax und Homepage). Wir benötigen einen PHP-

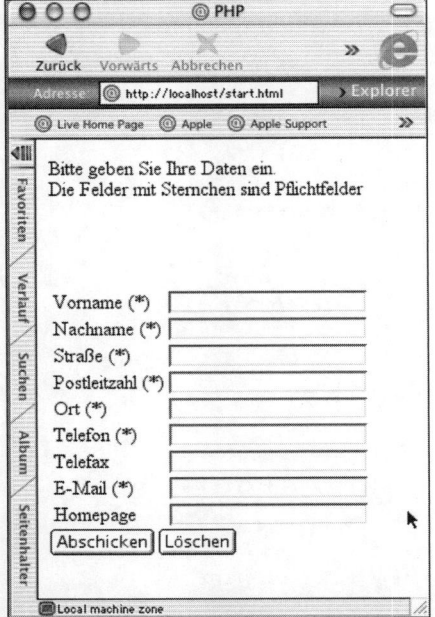

Code, der prüft, ob in den Pflichtfeldern etwas eingegeben wurde. Sind die Pflichtfelder nicht ausgefüllt worden, werden die Felder angezeigt, die noch ausgefüllt werden müssen.

Für diese Anwendung benötigen wir zwei Dateien:

- Eine HTML-Datei mit den Eingabefeldern *(start.html)*.
- Eine PHP-Datei, die die Auswertung vornimmt *(check.php)*.

Die HTML-Datei *start.html* mit den Formularen sieht so aus:

```
<!DOCTYPE html PUBLIC "-//W3C//DTD HTML 4.01 Transitional//EN">
<html><body>
<p>Bitte geben Sie Ihre Daten ein.<br>
Die Felder mit Sternchen sind Pflichtfelder</p><br><br>
<form name="Eingabe" action="check.php" method="post">
<table border="0">
<tr>
<td>Vorname (*)</td>
<td align="left"><input type="text" name="vorname"></td></tr>
<tr>
<td>Nachname (*)</td>
<td><input type="text" name="nachname"></td></tr>
<tr>
<td>Stra&szlig;e (*)</td>
<td><input type="text" name="strasse"></td></tr>
<tr>
<td>Postleitzahl (*)</td>
<td><input type="text" name="plz"></td></tr>
<tr>
<td>Ort (*)</td>
<td><input type="text" name="ort"></td></tr>
<tr>
<td>Telefon (*)</td>
<td><input type="text" name="telefon"></td></tr>
<tr>
<td>Telefax</td>
<td><input type="text" name="telefax"></td></tr>
<tr>
```

```
<td>E-Mail (*)</td>
<td>
<input type="text" name="mail"></td></tr>
<tr>
<td>Homepage</td>
<td>
<input type="text" name="homepage"></td></tr>
</table>
<input type="submit" value="Abschicken">
<input type="reset" value="Löschen">
</form>
</body></html>
```

Jedes *<input>*-Tag hat ein *name*-Attribut, damit die Variablen im PHP-Code auch deutlich den Inhalt kennzeichnen. Der PHP-Code, der auf generelle Eingaben in den Pflichtfeldern prüft, sieht so aus:

```
<!DOCTYPE html PUBLIC "-//W3C//DTD HTML 4.01 Transitional//EN">
<html><body>
<?php
    $vorname=$HTTP_POST_VARS['vorname'];
    $nachname=$HTTP_POST_VARS['nachname'];
    $strasse=$HTTP_POST_VARS['strasse'];
    $plz=$HTTP_POST_VARS['plz'];
    $ort=$HTTP_POST_VARS['ort'];
    $telefon=$HTTP_POST_VARS['telefon'];
    $mail=$HTTP_POST_VARS['mail'];
    if($vorname=="") {
        print("<b>Bitte Vornamen eingeben</b><br>");
    }
    if($nachname=="") {
        print("<b>Bitte Nachnamen eingeben</b><br>");
    }
    if($strasse=="") {
        print("<b>Bitte Strasse eingeben</b><br>");
    }
    if($plz=="") {
        print("<b>Bitte Postleitzahl
                eingeben</b><br>");
```

```
    }
    if($ort=="") {
        print("<b>Bitte Ort eingeben</b><br>");
    }
    if($telefon=="") {
        print("<b>Bitte Telefonnummer
                eingeben</b><br>");
    }
    if($mail=="") {
        print("<b>Bitte Mailadresse
                eingeben</b><br>");
    }
?>
</body></html>
```

Zu Beginn des PHP-Codes ermitteln wir die Variablen und deren Werte aus den Formularfeldern. Der weitere Code besteht nur aus *if*-Abfragen. Stellvertretend sehen wir uns nur die erste *if*-Abfrage an:

```
if($vorname=="") {
    print("<b>Bitte Vornamen eingeben</b><br>");
}
```

Hier wird geprüft, ob in der Variablen *$vorname* nichts enthalten ist, d. h., wir prüfen hier auf einen Leerstring. Ist dies der Fall, erstellt *print()* eine Ausgabe, die darauf hinweist, dass im Feld nichts eingegeben wurde. Dies wird nacheinander mit allen Pflichteinträgen durchgeführt. Die optionalen Felder werden nicht geprüft.

## 4.3.2 Auf Inhalte prüfen

Im nächsten Schritt müssten die Inhalte der Eingaben geprüft werden. Beispielsweise sollte die Postleitzahl nur Zahlen enthalten und keine Buchstaben. Gleichzeitig sollte die Eingabe fünfstellig sein (für Postleitzahlen innerhalb von Deutschland). Gleiches gilt auch für die Telefonnummer und die Fax-Nummer. Die E-Mail-Adresse kann daraufhin geprüft werden, dass ein @-Zeichen in der Eingabe vorliegt. Die Web-Adresse der Homepage könnte auf *http://* getestet werden. Bei dem Vor- und Nachnamen sowie dem Ort sollten nur Buchstaben erlaubt sein –

Zahlen machen hier natürlich keinen Sinn. Im Nachfolgenden sehen wir uns an, wie in PHP diese Inhalte geprüft werden können.

Zuerst beschäftigen wir uns damit, wie wir das Telefonnummern-Feld auf Zahlen überprüfen können. Neben den Zahlen 0 bis 9 sind noch folgende Eingaben möglich:

```
/-+()
```

Der Querstrich (/) wird dazu genutzt, die Vorwahl von der Durchwahl zu trennen. Dies gilt auch für den Bindestrich (-) oder die runden Klammern. Das Pluszeichen (+) symbolisiert einen internationalen Vorwahlcode. Folgende Eingaben müssen also gültig sein:

```
0228-000001
0228/000001
(0228)000001
+49-0228-000001
```

oder weitere Kombinationen daraus. Wie kann jetzt in PHP auf den Inhalt geprüft werden, damit dort z. B. keine Buchstaben eingegeben werden können? Der Trick ist folgender: Wir erstellen einen String mit den erlaubten Zeichen (*0123456789/-+()*). Dann wird die Eingabe der Telefonnummer in die einzelnen Zeichen zerlegt und geprüft, ob jedes eingegebene Zeichen eines dieser erlaubten Zeichen ist. Sind alle eingegebenen Zeichen erlaubte Zeichen, ist alles in Ordnung, andernfalls wird eine Fehlermeldung angezeigt. Bei diesem Vorgehen lernen Sie mehrere neue String-Funktionen und die *for*-Schleife kennen.

Die HTML-Datei braucht nicht geändert zu werden. Die Änderungen in der PHP-Datei befinden sich nur in der *if*-Abfrage zur Telefonnummer. Diese muss durch den nachfolgenden Code ersetzt werden:

```php
$zeichen_telefon="0123456789/-+()";
if($telefon=="") {
    print("<b>Bitte Telefonnummer eingeben</b><br>");
}
else {
    $laenge=strlen($telefon);
    for($a=0;$a<$laenge;$a++) {
        $b=substr($telefon,$a,1);
```

```
    if(strstr($zeichen_telefon,$b)==false) {
        print("<b>Telefonnumer: Bitte nur Zahlen
                    eingeben, keine Buchstaben</b>");
        break;
    }
  }
}
```

Der Code unterscheidet sich vom vorherigen Code durch die Erweiterung der *if*-Abfrage um den *else*-Block. Dieser wird dann ausgeführt, wenn die *if*-Abfrage falsch ist, d. h. im Eingabefeld der Telefonnummer etwas eingegeben wurde. Im *else*-Block prüfen wir jetzt, was eingegeben wurde. Dazu wurden einige Variablen definiert. Wichtig ist die erste Variable *$zeichen_telefon*:

```
$zeichen_telefon="0123456789/-+()";
```

Diese Variable enthält alle erlaubten Zeichen, die im Eingabefeld zur Telefonnummer eingegeben werden dürfen. Die Variable *$a* ist eine Zählervariable, und *$b* wird ein einzelnes Zeichen aus dem Eingabefeld enthalten. *$laenge* enthält die Anzahl der Zeichen, die im Eingabefeld eingetippt wurden.

Der *else*-Block beginnt gleich mit einer neuen Funktion: *strlen()* stellt fest, wie viele Zeichen im Eingabefeld eingegeben wurden (die Abkürzung *strlen* steht für *string length*). Der Übergabeparameter an *strlen()* ist die Variable *$telefon*. Der Rückgabewert ist die Anzahl der Zeichen im Eingabefeld. Diesen Wert weisen wir der Variablen *$laenge* zu. Jetzt haben wir die Anzahl der eingegebenen Zeichen und können diese einzeln durchgehen. Dabei separieren wir jedes einzelne Zeichen aus der Eingabe. Es wird dann geprüft, ob jedes einzelne separierte Zeichen in der Variablen *$zeichen_telefon* enthalten ist.

Um einen derartigen Durchlauf zu ermöglichen, benötigen wie einen Automatismus, der die Zeichen einzeln durchgeht. Dazu setzen wir die *for*-Schleife ein:

```
for($a=0;$a<$laenge;$a++) {
    $b=substr($telefon,$a,1);
    if(strstr($zeichen_telefon,$b)==false) {
        print("<b>Telefonnumer: Bitte nur Zahlen
```

```
              eingeben, keine Buchstaben</b>");
     break;
   }
 }
```

Über die *for*-Schleife wird eine Zählervariable (hier *$a*) automatisiert hochgezählt, bis ein bestimmter Wert erreicht ist. Das Hochzählen beginnt bei *0*, und die *for*-Schleife wird so lange durchlaufen, wie der Wert der Variablen *$a* kleiner *$laenge* ist. Dies ist die so genannte *Laufbedingung*. In jedem Schritt wird die Variable *$a* um eins nach oben gezählt (*$a++*).

Nach dem Beginn der *for*-Schleife müssen wir das erste Zeichen aus der Variablen *$telefon* separieren. Dazu benutzen wir die String-Funktion *substr()*. Die Abkürzung steht für *substring* und schneidet aus einem vorhandenen String einen Teil aus:

```
$b=substr($telefon,$a,1);
```

In diesem Fall nutzen wir natürlich die Variable *$telefon*, aus der ein String ausgeschnitten werden soll. Dies ist der erste Übergabeparameter an *substr()*. Es handelt sich um einen sehr kleinen String, den wir ausschneiden wollen, nämlich immer nur ein Zeichen. Dies ist der dritte Übergabeparameter an *substr()*. Die Zeichenposition verändert sich ja mit dem Hochzählen der Variable *$a* und endet, wenn der Wert von *$laenge* erreicht ist (und damit auch das Ende des Strings in *$telefon*). Der aktuelle Wert von *$a* ist der zweite Übergabeparameter an *substr()*. Der Rückgabewert ist damit das aktuelle Zeichen innerhalb von *$telefon*. Diesen Rückgabewert speichern wir in der Variablen *$b*.

Im nächsten Schritt müssen wir prüfen, ob das Zeichen, das sich in *$b* befindet, auch in der Variablen *$zeichen_telefon* enthalten ist. Ist dies der Fall, handelt es sich um ein «erlaubtes» Zeichen. Ist dies nicht der Fall (z. B. liegt der Buchstaben *a* vor), handelt es sich um ein verbotenes Zeichen. Da der Buchstabe *a* nicht in der Variablen *$telefon_zeichen* enthalten ist, können wir eine Textausgabe schreiben, die darauf hinweist. Diese Prüfung auf ein erlaubtes Zeichen führen wir mit der klassischen *if*-Abfrage durch:

```
if(strstr($zeichen_telefon,$b)==false) {
    print("<b>Telefonnumer: Bitte nur Zahlen
```

```
                eingeben, keine Buchstaben</b><br>");
    break;
}
```

In der Bedingung der *if*-Abfrage befindet sich der Aufruf einer weiteren Funktion: *strstr()*. Diese String-Funktion ermitteln das erste Vorkommen eines Strings (hier *$b*) innerhalb eines anderen Strings (hier *$zeichen_telefon*). Der Rückgabewert von *strstr()* ist *false*, wenn *$b* in *$zeichen_telefon* nicht gefunden wurde. Darauf prüfen wir hier. Wurde der Inhalt von *$b* in *$zeichen_telefon* gefunden, wird ein String zurückgegeben, der den gesuchten String enthält und alle weiteren Zeichen, die nach der Fundstelle in *$zeichen_telefon* vorhanden sind.

Es interessiert uns jedoch nur der Fall, dass der String aus *$b* nicht in *$zeichen_telefon* gefunden wurde. Wenn dies der Fall ist, wird in dem Programmblock über *print()* eine Textausgabe erstellt, die darauf hinweist, dass in dem Eingabefeld ein «verbotenes» Zeichen steht.

Abschließend folgt noch ein *break*-Befehl. Dieser beendet die *for*-Schleife. Dies ist auch sinnvoll, denn sobald ein verbotenes Zeichen, d. h. ein Zeichen, das nicht in *$zeichen_telefon* enthalten ist, gefunden wurde, braucht die Prüfung auf weitere erlaubte Zeichen nicht durchgeführt zu werden. *break* bricht nur die *for*-Schleife ab, nicht die *if*-Abfrage. *break* kann nur innerhalb von *for* genutzt werden, nicht innerhalb von *if-else* oder *elseif*. *break* befindet sich zwar hier innerhalb eines Programmblocks einer *if*-Abfrage, jedoch befindet sich diese innerhalb einer *for*-Schleife. Daher kann *break* innerhalb von *if* genutzt werden. Haben Sie jedoch eine *if*-Abfrage ohne *for*, kann *break* NICHT verwendet werden.

## 4.3.3 Die weiteren Inhalte prüfen

Das Beispiel mit der Telefonnummer sollte Ihnen demonstrieren, wie eine Prüfung auf Inhalte vorgenommen wird. Das Vorgehen für die anderen Felder ist ähnlich. Sehen wir uns dies jetzt für den Vornamen an. Der Code kann fast genauso übernommen werden, nur die erlaubten Zeichen, die beim Vornamen angegeben werden können, sind andere:

```
$zeichen_name="aAbBcCdDeEfFgGhHiIjJkKlLmMnNoOpPqQrRsStTuUvVwWxXyY-
zZäÄöÖüÜß- ";
```

Bei dem Vor- und Nachnamen kann geprüft werden, ob nur Buchstaben eingegeben wurden. Dazu verwenden Sie das gesamte Alphabet in Groß- und Kleinschreibung, das sich in der Variablen $zeichen_name befindet. Beachten Sie den Bindestrich und die Leerstelle (wichtig bei Doppelnamen!). Zahlen sind natürlich hier nicht sinnvoll.

Bei der Prüfung auf den Straßennamen sind Buchstaben und Ziffern (für die Hausnummer) erlaubt (einschließlich Punkt für Abkürzungen), jedoch keine Doppelpunkte, Ausrufezeichen usw. Die erlaubten Zeichen werden in der Variablen $zeichen_strasse gespeichert:

```
$zeichen_strasse ="0123456789aAbBcCdDeEfFgGhHiIjJkKlLmMnNoOpPqQrRs-
StTuUvVwWxXyYzZäÄöÖüÜß -. ";
```

Die Postleitzahl funktioniert ähnlich wie die Telefonnummer. Hier sind auch nur Ziffern erlaubt. Die erlaubten Zeichen befinden sich in der Variablen $zeichen_plz:

```
$zeichen_plz="0123456789";
```

Bei der Ortsangabe richten wir uns wieder nur nach Buchstaben, können also die Variable $zeichen_name auch für die Prüfung auf den Ort nutzen. Die Prüfung auf die Telefax-Nummer folgt dem Prinzip der Telefonnummer. Die Variable $zeichen_telefon können wir hier auch weiternutzen.

Bei der Mail-Adresse wird es schwieriger. Die erlaubten Zeichen sind auf jeden Fall eine Kombination aus Buchstaben und Zahlen, jedoch ohne deutsche Umlaute. Sonderzeichen sind auch nicht gestattet, jedenfalls nur der Punkt, das @-Symbol und Unterstrich sowie Gedankenstrich:

```
$zeichen_mail="0123456789aAbBcCdDeEfFgGhHiIjJkKlLmMnNoOpPqQrRsSt-
TuUvVwWxXyYzZ-._@";
```

Bei der Web-Adresse müssen neben dem @-Zeichen (für die so genannten @-Domains!) noch weitere Zeichen hinzukommen:

```
$zeichen_homepage="0123456789aAbBcCdDeEfFgGhHiIjJkKlLmMn-
NoOpPqQrRsStTuUvVwWxXyYzZ-._@:/#?";
```

Insbesondere der Doppelpunkt *(:)* und der Schrägstrich *(/)*, die inner-

halb von *http://* zum Einsatz kommen, sowie die Raute (#) für Sprung-
marken innerhalb einer HTML-Datei und das Fragezeichen (?) für Daten,
die an den Server geschickt werden sollen, müssen Sie berücksichtigen.
Damit ist alles komplett, und wir können uns die Prüfung auf die Inhalte genauer ansehen. Jede *if*-Abfrage folgt im Prinzip dem gleichen
Muster:

```php
<?php
    $vorname=$HTTP_POST_VARS['vorname'];
    $nachname=$HTTP_POST_VARS['nachname'];
    $strasse=$HTTP_POST_VARS['strasse'];
    $plz=$HTTP_POST_VARS['plz'];
    $ort=$HTTP_POST_VARS['ort'];
    $telefon=$HTTP_POST_VARS['telefon'];
    $telefax=$HTTP_POST_VARS['telefax'];
    $mail=$HTTP_POST_VARS['mail'];
    $zeichen_name="aAbBcCdDeEfFgGhHiIjJkKlLmMnNoOpPqQ
        rRsStTuUvVwWxXyYzZäÄöÖüÜß- ";
    $zeichen_strasse="0123456789aAbBcCdDeEfFgGhHiIjJk
        KlLmMnNoOpPqQrRsStTuUvVwWxXyYzZäÄöÖüÜß -. ";
    $zeichen_plz="0123456789";
    $zeichen_telefon="0123456789/-+()";
    $zeichen_mail="0123456789aAbBcCdDeEfFgGhHiIjJkKlL
        mMnNoOpPqQrR sStTuUvVwWxXyYzZ-._@";
    $zeichen_homepage="0123456789aAbBcCdDeEfFgGhHiIjJ
        kKlLmMnNoOpPqQrRsStTuUvVwWxXyYzZ-._@:/#?";
    $a=0;
    $b="";
    $laenge=0;
    if($vorname=="") {
        print("<b>Bitte Vornamen eingeben</b><br>");
    }
    else {
        $laenge=strlen($vorname);
        for($a=0;$a<$laenge;$a++) {
            $b=substr($vorname,$a,1);
            if(strstr($zeichen_name,$b)==false) {
                print("<b>Vorname: Ung&uuml;ltige
                        Zeichen, bitte
```

```
                          &uuml;berpr&uuml;fen</b><br>");
        break;
      }
    }
}
if($nachname=="") {
    print("<b>Bitte Nachnamen eingeben</b><br>");
}
else {
    $laenge=strlen($nachname);
    for($a=0;$a<$laenge;$a++) {
        $b=substr($nachname,$a,1);
        if(strstr($zeichen_name,$b)==false) {
            print("<b>Nachname: Ung&uuml;ltige
                    Zeichen, bitte
                    &uuml;berpr&uuml;fen</b><br>");
            break;
        }
    }
}
if($strasse=="") {
    print("<b>Bitte Strasse eingeben</b><br>");
}
else {
    $laenge=strlen($strasse);
    for($a=0;$a<$laenge;$a++) {
        $b=substr($strasse,$a,1);
        if(strstr($zeichen_strasse,$b)==false) {
            print("<b>Strasse: Ung&uuml;ltige
                    Zeichen, bitte
                    &uuml;berpr&uuml;fen</b><br>");
            break;
        }
    }
}
if($plz=="") {
    print("<b>Bitte Postleitzahl
            eingeben</b><br>");
}
```

```
    else {
        $laenge=strlen($plz);
        for($a=0;$a<$laenge;$a++) {
            $b=substr($plz,$a,1);
            if(strstr($zeichen_plz,$b)==false) {
                print("<b>Postleitzahl: Ung&uuml;ltige
                        Zeichen, bitte
                        &uuml;berpr&uuml;fen</b><br>");
                break;
            }
        }
    }
    if($ort=="") {
        print("<b>Bitte Ort eingeben</b><br>");
    }
    else {
        $laenge=strlen($ort);
        for($a=0;$a<$laenge;$a++) {
            $b=substr($ort,$a,1);
            if(strstr($zeichen_name,$b)==false) {
                print("<b>Vorname: Ung&uuml;ltige
                        Zeichen, bitte
                        &uuml;berpr&uuml;fen</b><br>");
                break;
            }
        }
    }
    if($telefon=="") {
        print("<b>Bitte Telefonnummer
                eingeben</b><br>");
    }
    else {
        $laenge=strlen($telefon);
        for($a=0;$a<$laenge;$a++) {
            $b=substr($telefon,$a,1);
            if(strstr($zeichen_telefon,$b)==false) {
                print("<b>Telefonnummer: Ung&uuml;ltige
                        Zeichen, bitte
                        &uuml;berpr&uuml;fen</b><br>");
```

```
                  break;
            }
        }
    }
    if($telefax!="") {
        $laenge=strlen($telefax);
        for($a=0;$a<$laenge;$a++) {
            $b=substr($telefax,$a,1);
            if(strstr($zeichen_telefon,$b)==false) {
                print("<b>Telefonnummer: Ung&uuml;ltige
                        Zeichen, bitte
                        &uuml;berpr&uuml;fen</b><br>");
                break;
            }
        }
    }
    if($mail=="") {
        print("<b>Bitte Mailadresse
                eingeben</b><br>");
    }
    else {
        $laenge=strlen($mail);
        for($a=0;$a<$laenge;$a++) {
            $b=substr($mail,$a,1);
            if(strstr($zeichen_mail,$b)==false) {
                print("<b>Mail: Ung&uuml;ltige Zeichen,
                        bitte &uuml;berpr&uuml;fen</b>");
                break;
            }
        }
    }
    if($homepage!="") {
        $laenge=strlen($homepage);
        for($a=0;$a<$laenge;$a++) {
            $b=substr($homepage,$a,1);
            if(strstr($zeichen_homepage,$b)==false) {
                print("<b>Homepage: Ung&uuml;ltige
                        Zeichen, bitte
                        &uuml;berpr&uuml;fen</b><br>");
```

```
          break;
      }
    }
  }
?>
```

Stellvertretend für alle *if*-Abfragen sehen wir uns die erste *if*-Abfrage an, in der auf den Vornamen geprüft wird:

```php
if($vorname=="") {
    print("<b>Bitte Vornamen eingeben</b><br>");
}
else {
    $laenge=strlen($vorname);
    for($a=0;$a<$laenge;$a++) {
        $b=substr($vorname,$a,1);
        if(strstr($zeichen_name,$b)==false) {
            print("<b>Vorname: Ung&uuml;ltige Zeichen,
                    bitte
                    &uuml;berpr&uuml;fen</b><br>");
            break;
        }
    }
}
```

In dem *else*-Block wird zuerst die Anzahl der Zeichen des Vornamens (*$vorname*) festgestellt. Die *for*-Schleife beginnt bei *0* und endet, wenn die Variable *$a* den Wert der Zeichenlänge des Vornamens erreicht hat. Innerhalb der *for*-Schleife wird das Zeichen, das sich an der Zeichenposition *$a* befindet, über *substr()* ausgeschnitten. In der *if*-Abfrage erfolgt über *strstr()* die Prüfung, ob das ausgeschnittene Zeichen in *$zeichen_name* vorhanden ist, d. h. ein gültiges Zeichen ist oder nicht. Der Rückgabewert ist *false*, wenn das Zeichen nicht in *$zeichen_name* enthalten ist. Entsprechend erfolgt dann eine Textausgabe, und über *break* wird die *for*-Schleife abgebrochen. Der PHP-Code wird dann mit der nächsten *if*-Abfrage fortgesetzt.

# 4.4 Weitere Formulartypen

HTML kennt neben den einzeiligen Eingabefeldern (*<input type="text">*) noch eine Reihe weiterer Typen, die mit PHP genauso wie die einzeiligen Eingabefelder ausgewertet werden können. Folgende Formularfelder sind in HTML enthalten:

- Mehrzeiliges Eingabefeld über das Tag *<textarea>*.
- Kontrollkästchen über *<input type="checkbox">*.
- Radioknöpfe über *<input type="radio">*.
- Unsichtbare, d. h. für den Internet-Surfer nicht sichtbare Felder über *<input type="hidden">*.

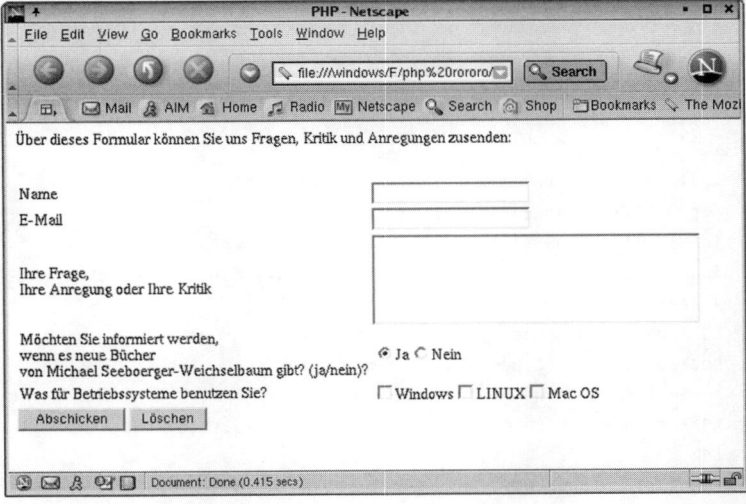

Der nachfolgende HTML-Code erstellt ein klassisches Kontaktformular, über das ein Internet-Surfer Kritik, Anregungen oder Fragen an den Betreiber einer Site versenden kann. Bevor wir uns mit der Weiterleitung der Daten befassen, interessiert es uns, wie die einzelnen unterschiedlichen Formularfelder in PHP ausgewertet werden können. Das Kontaktformular enthält die oben aufgeführten typischen Formularfelder, bestehend aus einzeiligen und mehrzeiligen Eingabefeldern, den Kontrollkästchen und Radioknöpfen sowie einem unsichtbaren Formularfeld.

```
<!DOCTYPE html PUBLIC "-//W3C//DTD HTML 4.01 Transitional//EN">
<html><body>
<p>&Uuml;ber dieses Formular k&ouml;nnen Sie uns Fragen, Kritik
und Anregungen zusenden:<br><br>
<form name="Kontaktformular" action="check.php" method="post">
<input type="hidden" name="kontakt" value="Internet-
Kontaktformular">
<table border="0">
<tr>
<td>Name</td>
<td><input type="text" name="nachname"></td></tr>
<tr>
<td>E-Mail</td>
<td>
<input type="text" name="mail"></td></tr>
<tr>
<td>Ihre Frage,<br>Ihre Anregung oder Ihre Kritik</td>
<td>
<textarea name="Kommentar" cols="40"
rows="5"></textarea></td></tr>
<td>M&ouml;chten Sie informiert werden,<br> wenn es neue
B&uuml;cher <br> von Michael Seeboerger-Weichselbaum gibt?
(ja/nein)?</td>
<td><input type="radio" name="Info" value="InfoJA"
checked>Ja<input type="radio" name="Info"
value="InfoNEIN">Nein</td></tr>
<td>Was f&uuml;r Betriebssysteme benutzen Sie?</td>
<td>
<input type="checkbox" name="windows">Windows
<input type="checkbox" name="linux">Linux
<input type="checkbox" name="macos">MacOS
</td></tr></table>
<input type="submit" value="Abschicken">
<input type="reset" value="Löschen">
</form>
</body></html>
```

Das Formular wird durch die PHP-Datei *check.php* ausgewertet und die
Daten über die *POST*-Methode an den Server geschickt. Das erste Tag

nach dem *<form>*-Tag ist ein verstecktes Formularfeld. Über *<input type="hidden">* wird es erstellt und verfügt über die Attribute *name="kontakt"* und *value="Internet-Kontaktformular"*. Dieses versteckte Feld ist für Beschriftungen usw. sehr praktisch.

Im HTML-Code folgen dann zwei *<input>*-Tags, die die einzeiligen Eingabefelder für den Namen und die E-Mail-Adresse erstellen. Es schließt sich ein mehrzeiliges Eingabefeld an:

```
<textarea name="Kommentar" cols="40" rows="5">
```

Dann folgen zwei Radioknöpfe:

```
<input type="radio" name="Info" value="InfoJA" checked>Ja
<input type="radio" name="Info" value="InfoNEIN">Nein
```

Beide verfügen über das Attribut *name="Info"*. Dies ist auch notwendig, denn von den Radioknöpfen kann nur einer der beiden ausgewählt sein. Der Inhalt der späteren PHP-Variablen kann dann entweder nur *InfoJA* oder *InfoNEIN* sein. Diese möglichen Inhalte werden in den Attributen *value="InfoJA"* und *value="InfoNEIN"* festgelegt. Zusätzlich wird der erste Radioknopf mit dem Attribut *checked* versehen, d. h., der erste Knopf ist standardmäßig ausgewählt.

Zum Abschluss werden die Kontrollkästchen erstellt:

```
<input type="checkbox" name="windows">Windows
<input type="checkbox" name="linux">Linux
<input type="checkbox" name="macos">MacOS
```

Diese Kontrollkästchen sind zwar ähnlich wie die Radioknöpfe, jedoch können bei den Kontrollkästchen mehrere ausgewählt sein. Wenn Sie beiden Kästchen über das *name*-Attribut den gleichen Wert zuweisen würden, würde immer nur ein Wert in der Variablen in PHP stehen. Sind beide Kästchen aktiviert, steht immer die letzte Auswahl in der Variable – das ist nicht sehr gut! Besser ist es, beiden über das *name*-Attribut unterschiedliche Variablennamen zu geben (hier: *window* und *linux*). Die erste Variable besitzt in PHP den Inhalt *on*, wenn das entsprechende Kästchen aktiviert ist. Ansonsten ist die Variable leer. Gleiches gilt auch für die zweite Variable. Die nachfolgende Abbildung zeigt die einzelnen Werte der Formularfelder in einer Ausgabe über PHP.

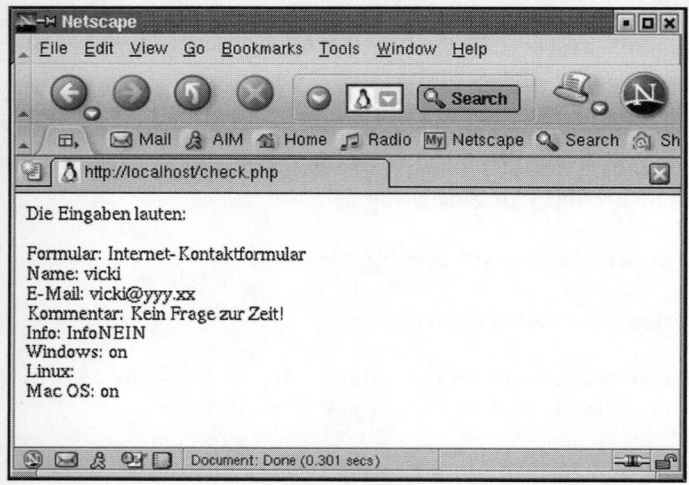

## 4.5 Weiterverarbeitung der Daten aus den Formularfeldern

In den letzten Abschnitten hatten wir uns mit der Auswertung der Formularfelder befasst. Es fehlt die Möglichkeit der Weiterverarbeitung der Daten. Was kann man jetzt mit den Eingaben aus den Formularfeldern machen? Die Einträge aus den Formularfeldern können über folgende Verfahren serverseitig weitergenutzt werden:

1.   Versenden der Daten per E-Mail vom Server aus.
2.   Schreiben der Daten in Dateien auf dem Server.
3.   Schreiben der Daten in eine Datenbank auf dem Server.

Diese drei Verfahren werden Sie im Laufe des Buches kennen lernen. Dazu ist jeweils weiteres Wissen nötig. Das Schreiben der Daten in eine Datei ist natürlich der nächste wichtige Schritt. Dazu müssen wir uns mit den Datei-Operationen von PHP befassen, die zum Laden und Speichern von Dateien genutzt werden (siehe Kapitel 5 und 6). Dann beschäftigen wir uns mit der E-Mail-Funktion von PHP (siehe Kapitel 7). Mit deren Hilfe können Sie Daten aus den Formularfeldern per E-Mail an E-Mail-Adressen versenden. Am Ende des Buches befassen wir uns intensiv mit dem Zugriff auf Datenbanken und wie die Eingaben aus Formularfeldern in einer MySQL-Datenbank gespeichert und abgerufen werden können (siehe Kapitel 9 bis 11).

# 4.6 Die for-Schleife

Die *for*-Schleife ist eines der wichtigsten Elemente einer Programmiersprache. Sie ist seit den ersten Sprachen aus den 50er und 60er Jahren (FORTRAN, BASIC) enthalten.

## 4.6.1 Allgemeiner Aufbau

Allgemein sieht die *for*-Schleife folgendermaßen aus:

```
for(Initialisierung;Laufbedingung;Schrittweite) {
    // Hier folgt ein Code
}
```

Das Statement *for* leitet die Schleife ein. Die Parameter in Klammern werden als so genannter Schleifenkopf bezeichnet. Die *for*-Schleife erwartet drei Parameter im Schleifenkopf, die alle durch ein Semikolon voneinander getrennt werden. Der erste Parameter ist die Initialisierung, bei der einer Variablen ein Anfangswert zugewiesen wird. Die Laufbedingung gibt an, wann die Schleife abgebrochen werden soll. Die Schrittweite gibt die Zählung der Variablen an, die im Schleifenkopf initialisiert worden ist.

*Hinweis:*
Die Codezeile mit dem *for*-Befehl darf nicht mit einem Semikolon beendet werden. Das Statement *for* darf auch nicht für Variablennamen benutzt werden. Es handelt sich wie bei *if* und *else* um ein reserviertes Wort.

Eine *for*-Schleife kann immer über den Befehl *break* abgebrochen werden. Beispielsweise:

```
for($zahl=0;$zahl<100;$zahl++) {
    if($zahl==80) {
```

```
      break;
   }
}
```

Stößt PHP auf diese Schleife, wird die Variable *$zahl* auf *0* gesetzt und bei jedem neuen Schleifenschritt um eins nach oben gezählt. Da die Variable *$zahl* kleiner *100* ist, wird der Programmteil in den nachfolgend geschweiften Klammern ausgeführt. Dieser Programmblock würde so lange durchlaufen, bis *$zahl* den Wert *100* erreicht hat. Innerhalb des Programmblocks wird jedoch eine *if*-Abfrage durchgeführt, die auf den Wert *80* prüft. Ist dieser in *$zahl* enthalten, wird der Programmblock der *if*-Abfrage ausgeführt. Dort befindet sich das *break*-Kommando, und die *for*-Schleife wird (frühzeitig) abgebrochen.

*Hinweis:*
*break* wird mit einem Semikolon abgeschlossen. Das Statement *break* darf nicht für Variablennamen benutzt werden. Es handelt sich wie bei *for* um ein reserviertes Wort.

### 4.6.2 Unterscheide zu JavaScript und Java

Die Syntax der *for*-Schleife in PHP ist mit der Syntax in JavaScript und Java identisch. Dies gilt auch für *break*, über das Sie auch in Java und JavaScript eine *for*-Schleife abbrechen können.

## 4.7 Die String-Funktionen im Überblick

PHP 4.x kennt mehr als 70 String-Funktionen, über die Zeichenketten manipuliert werden können. Zu den String-Funktionen zählen beispielsweise auch *print()* zum Ausgeben von Strings. Die in diesem Kapitel kennen gelernten Funktionen wie *strlen(), strstr()* oder *substr()* sind hier natürlich auch vorhanden. Es sind auch viele spezielle Funktionen vorhanden, die eher selten zum Einsatz kommen. Beispielsweise die Funktion *hebrev()*, die hebräischen Text in sichtbaren Text konvertiert. Die nachfolgende Tabelle gibt einen kurzen Überblick über die wichtigsten und gängigsten Funktionen.

| Funktion | Beschreibung und Beispiel |
|---|---|
| *chop(text)*<br>*rtrim(text)* | Entfernt Leerzeichen und Tabulatoren am Ende des Strings *text*. Alternativ kann auch die Funktion *rtrim()* benutzt werden. Beispiel:<br>`$t=chop("Hallo        ");`<br>`print($t);`<br>Ein Ergebnis wäre:<br>`Hallo` |
| *chr(ascii)* | Gibt ein einzelnes Zeichen zurück, dessen ASCII-Wert als Parameter übergeben wurde. Beispiel:<br>`$t=char(100);`<br>`print($t);`<br>Ein Ergebnis wäre:<br>`d` |
| *explode<br>(trenner, text)* | Teilt einen String *text* anhand eines Trennzeichens *trenner* auf. Die aufgeteilten Strings sind in einem Array gespeichert. Beispiel:<br>`$t=explode(" ","Halli Galli");`<br>`print($t[1]);`<br>Ein Ergebnis wäre:<br>`Galli` |
| *implode<br>(trenner, text)*<br>*join<br>(trenner, text)* | Fügt mehrere Strings des Arrays *text* anhand des Trennzeichens *trenner* zusammen. Alternativ kann auch die Funktion *join()* benutzt werden. Beispiel:<br>`$t=explode(" ","Halli Galli");`<br>`$u=implode("-",$t);`<br>`print($u);`<br>Ein Ergebnis wäre:<br>`Halli-Galli` |
| *htmlentities<br>(text)*<br>*html-<br>specialchars<br>(text)* | Wandelt sämtliche im String enthaltenen Sonderzeichen (z. B. deutsche Umlaute) in die Namensentitäten von HTML um. Beispiel:<br>`$t=htmlentities("Ein schöner Tag");`<br>Ein Ergebnis wäre:<br>`Ein sch&ouml;ner Tag` |
| *ltrim(text)* | Entfernt sämtliche Leerzeichen am Beginn des Strings *text*. Beispiel:<br>`$t=ltrim("        Hallo");`<br>Ein Ergebnis wäre:<br>`Hallo` |

| Funktion | Beschreibung und Beispiel |
|---|---|
| *nl2br(ausgabe)* | Ersetzt in dem String *ausgabe* alle Zeilenumbrüche über die Escape-Sequenz \\*n* durch einen HTML-Zeilenumbruch *<br>*. Beispiel:<br>`$t=nl2br("\nHallo");`<br>Ein Ergebnis wäre:<br>`<br>Hallo` |
| *ord(zeichen)* | Gibt den ASCII-Wert von *zeichen* zurück. Beispiel:<br>`$t=ord("d");`<br>`print($t);`<br>Ein Ergebnis wäre:<br>`100` |
| *parse_str(text)* | Wandelt den String *text* und dessen Inhalte in Variablen um. Die Funktion kann nur bei der *GET*-Methode verwendet werden. Der zu wandelnde String muss an die URL über das Fragezeichen (*?*) angehängt sein.<br>Beispiel:<br>`$t="name=michael&ort=bonn";`<br>`parse_str($t);`<br>Aus dem String werden zwei Variablen extrahiert (*$name* und *$ort*), die die Werte *michael* und *bonn* enthalten. |
| *str_pad (text, anz)*<br>*str_pad (text, anz, text2, typ)* | Erweitert den String *text* um eine bestimmte Anzahl von Leerzeichen am Stringende. Der gesamte String hat dann eine Länge von *anz* Zeichen. Optional kann noch der dritte Parameter *text2* verwendet werden, der an das Ende des Strings angehängt wird und eventuell um *anz* Zeichen vervielfältigt wird. Der vierte optionale Parameter *typ* legt fest, ob *text2* an das Ende *(STR_PAD_RIGHT)*, an den Anfang *(STR_PAD_LEFT)* oder sowohl am Anfang wie auch am Ende *(STR_PAD_BOTH)* angehängt werden soll.<br>Beispiel:<br>`$t="Achtung";`<br>`$u=str_pad($t,15,"!!!");`<br>`print($u);`<br>Ein Ergebnis wäre:<br>`Achtung!!!!!!!!`<br>Zweites Beispiel:<br>`$t="Achtung";`<br>`$u=str_pad($t,5,"!!!", STR_PAD_BOTH);`<br>`print($u);` |

| Funktion | Beschreibung und Beispiel |
|---|---|
| | Ein Ergebnis wäre:<br>`!!!!Achtung!!!!` |
| str_repeat<br>(text, anz) | Hängt einen String *text* an sich selbst an. Wie oft dieser angehängt wird, wird durch *anz* angegeben.<br>Beispiel:<br>`$t="Achtung";`<br>`$u=str_repeat($t,3);`<br>`print($u);`<br>Ein Ergebnis wäre:<br>`AchtungAchtungAchtung` |
| str_replace<br>(text1, text2,<br> text3) | Ersetzt den String *text1* durch den String *text2* innerhalb des Strings *text3*. Sämtliche gefundenen Strings *text1* innerhalb von *text3* werden durch *text2* ersetzt.<br>Beispiel:<br>`$t="Dies ist ein Beispiel zum Ersetzen von Texten. Dies ersetzt das Wort 'Dies' durch das Wort 'Das'";`<br>`$u=str_replace("Dies","Das",$t);`<br>`print($u);`<br>Ein Ergebnis wäre:<br>`Das ist ein Beispiel zum Ersetzen von Texten. Das ersetzt das Wort 'Das' durch das Wort 'Das'.` |
| strip_tags(txt) | Entfernt sämtliche HTML- oder PHP-Tags aus dem String *txt*. Beispiel:<br>`$t="<b>Guten Morgen!</b>";`<br>`$u=strip_tags($t);`<br>Ein Ergebnis wäre:<br>`Guten Morgen!` |
| stripslashes | Entfernt sämtliche Backslashs *(\)* aus dem String *txt*. *(txt)*<br>Beispiel:<br>`$t='\"liebe Surfer\"...';`<br>`$t=stripslashes($t);`<br>Ein Ergebnis wäre:<br>`'liebe Surfer'` |
| strlen(txt) | Ermittelt die Anzahl der Zeichen im String *txt*.<br>Beispiel:<br>`$t="Guten Morgen!";`<br>`$u=strlen($t);`<br>Ein Ergebnis wäre:<br>`13` |

| Funktion | Beschreibung und Beispiel |
|---|---|
| *strpos* *(txt1,txt2,pos)* | Sucht nach dem String *txt2* in dem String *txt1*. Wurde dieser gefunden, ist der Rückgabewert die Zeichenposition, an der *txt2* das erste Mal in *txt1* auftaucht. Das erste Zeichen in *txt1* hat immer die Zeichenposition 0. Wurde *txt2* in *txt1* nicht gefunden, ist der Rückgabewert *false*. Der dritte Parameter *pos* ist optional und gibt an, ab welcher Zeichenposition in *txt1* die Suche gestartet werden soll. Beispiel: `$t="Guten Morgen!";` `$u=strpos($t,"e");` Ein Ergebnis wäre: 3, d. h. das vierte Zeichen in *$t*. |
| *strrchr* *(txt1,txt2)* | Sucht nach dem letzten Auftauchen des Strings *txt2* in dem String *txt1*. Wurde dieser gefunden, ist der Rückgabewert ein String, der ab der gefunden Position bis zum Ende des Strings *txt1* reicht. Wurde *txt2* in *txt1* nicht gefunden, ist der Rückgabewert *false*. Beispiel: `$t="Guten Morgen!";` `$u=strrchr($t,"e");` Ein Ergebnis wäre: en! |
| *strrev(txt)* | Dreht den String *txt* um und schreibt diesen von hinten nach vorne. Beispiel: `$t="Guten Morgen!";` `$u=strrev($t);` Ein Ergebnis wäre: !negroM netuG |
| *strrpos* *(txt1,txt2)* | Sucht nach dem Zeichen *txt2* in dem String *txt1*. Wurde dieser gefunden, ist der Rückgabewert die Zeichenposition, an der *txt2* das letzte Mal in *txt1* auftaucht. Das erste Zeichen in *txt1* hat immer die Zeichenposition 0. Wurde *txt2* in *txt1* nicht gefunden, ist der Rückgabewert *false*. Im Unterschied zu *strpos()* darf der Übergabeparameter *txt2* nur ein Zeichen, kein String sein. Beispiel: `$t="Guten Morgen!";` `$u=strrpos($t,"e");` Ein Ergebnis wäre: 10, d. h. das elfte Zeichen in *$t*. |

| Funktion | Beschreibung und Beispiel |
|---|---|
| *strstr (txt1,txt2)* *stristr (txt1,txt2)* | Sucht nach dem ersten Auftauchen des Strings *txt2* in dem String *txt1*. Wurde dieser gefunden, ist der Rückgabewert ein String, der ab der gefundenen Position bis zum Ende des Strings *txt1* reicht. Wurde *txt2* in *txt1* nicht gefunden, ist der Rückgabewert *false*. Die Funktion *strstr()* beachtet die Groß-/Kleinschreibung. Soll diese nicht berücksichtigt werden, kann alternativ zu der Funktion *stristr()* gegriffen werden. Beispiel:<br>`$t="Guten Morgen!";`<br>`$u=strstr($t,"e");`<br>Ein Ergebnis wäre:<br>`en Morgen!` |
| *strtok (text, trenner)* | Teilt einen String *text* anhand eines Trennzeichens *trenner* auf. Der Rückgabewert ist ein String, der nur den ersten Teil enthält. Beispiel:<br>`$t="Guten Morgen!";`<br>`$u=strtok($t, "e");`<br>Ein Ergebnis wäre:<br>`Gut` |
| *strtolower(txt)* | Setzt den String *txt* in Kleinschreibung. Beispiel:<br>`$t="Guten Morgen!";`<br>`$u=strtolower($t);`<br>Ein Ergebnis wäre:<br>`guten morgen` |
| *strtoupper(txt)* | Setzt den String *txt* in Großbuchstaben. Beispiel:<br>`$t="Guten Morgen!";`<br>`$u=strtoupper($t);`<br>Ein Ergebnis wäre:<br>`GUTEN MORGEN` |
| *substr (txt,pos,len)* | Schneidet aus dem String *txt* einen Teil aus. *pos* gibt die Zeichenposition an, ab der ausgeschnitten werden soll. Der dritte Parameter *len* ist optional und gibt die Anzahl der Zeichen an, die ausgeschnitten werden sollen. Wird *len* nicht mit angegeben, wird immer von *pos* bis zum Ende des Strings *txt* ausgeschnitten. Beispiel:<br>`$t="Guten Morgen!";`<br>`$u=substr($t,3);`<br>Ein Ergebnis wäre:<br>`en Morgen!` |

| Funktion | Beschreibung und Beispiel |
|---|---|
| *substr_count (txt1, txt2)* | Gibt eine Zahl zurück, die angibt, wie oft der String *txt2* in *txt1* vorkommt. Beispiel:<br>`$t="Guten Morgen!";`<br>`$u=substr_count($t,"e");`<br>Ein Ergebnis wäre:<br>`2` |
| *substr_replace (txt1, txt2, start, len)* | Ersetzt in dem String *txt1* ab der Zeichenposition *start* die vorhandenen Zeichen durch *txt2*. Der vierte Parameter *len* ist optional und gibt die Anzahl der Zeichen an, die ersetzt werden sollen. Wird *len* nicht mit angegeben, wird bis zum Ende des Strings *txt1* ersetzt. Der Rückgabewert ist ein neuer String. Beispiel:<br>`$t="Guten Morgen!";`<br>`$u=substr_replace($t,"Abend",6);`<br>Ein Ergebnis wäre:<br>`Guten Abend` |

# 4.8 Zusammenfassung

▓ PHP kann HTML-Formulare auswerten. Jeder HTML-Formulartyp (*text, textarea, checkbox, radio, hidden*) kann Daten an das PHP-Skript schicken.

▓ Die Inhalte der HTML-Formulare können über die *GET*- oder *POST*-Methode übermittelt werden. Dies wird über das Attribut *method* im *<form>*-Tag angegeben.

▓ Das PHP-Skript, das die Variablen entgegennimmt, wird über das *action*-Attribut im *<form>*-Tag angegeben.

▓ PHP ermittelt den Inhalt der Variablen über *$HTTP_GET_VARS* bzw. *$_GET* oder über *$HTTP_POST_VARS* bzw. *$_POST*.

▓ PHP kennt mehrere String-Funktionen, über die Zeichenketten nachbearbeitet oder manipuliert werden können.

▓ Zu den String-Funktionen gehören *strlen()*, *strstr()* und *substr()*.

▓ Über die *for*-Schleife kann ein bestimmter Codeabschnitt mehrfach durchlaufen werden. Die Bedingung für den Durchlauf muss in der Laufbedingung des Schleifenkopfs angegeben werden. Die *for-*

Schleife wird so lange durchlaufen, bis die Laufbedingung nicht zutrifft.

▓ Die *for*-Schleife kann über *break* abgebrochen werden.

# 4.9 Übung

## Aufgabe 7

Erläutern Sie den Unterschied zwischen der *GET*- und der *POST*-Methode.

## Aufgabe 8

Über den nachfolgenden HTML- und PHP-Code soll eine Auswertung der Eingabe im Formularfeld erfolgen. Selbst wenn die korrekte Zahl (10) eingegeben wird, erfolgt keine Ausgabe. Begründen Sie dies und korrigieren Sie den Code. Der HTML-Code sieht so aus:

```
<!DOCTYPE html PUBLIC "-//W3C//DTD HTML 4.01 Transitional//EN">
<html><body>
<form action="raten.php">
Bitte Zahl eingeben: <br>
<input type="text" size="5"><br>
<input type="submit" value="Absenden">
<input type="reset" value="Reset">
</form></body></html>
```

Die dazugehörige PHP-Datei *raten.php* sieht so aus:

```
<!DOCTYPE html PUBLIC "-//W3C//DTD HTML 4.01 Transitional//EN">
<html><body>
<?php
    $zahl=$HTTP_POST_VARS['zahl'];
    if($benutzer=="10") {
        print("<b>Richtig geraten!</b>");
    }
?>
</body></html>
```

## Aufgabe 9

Erläutern Sie den Unterschied zwischen den String-Funktionen *strstr()* und *substr()*.

## Aufgabe 10

Was für eine Ausgabe ergibt sich in der nachfolgenden *for*-Schleife?

```php
<?php
    $wert=10;
    for($test=0;$test>$wert;$test=$test+2) {
        print($test);
    }
?>
```

# 5 Dateioperationen mit PHP

Das Laden und Speichern von Dateien ist mit PHP eine leichte Aufgabe. Es ist sehr oft nötig, Dateien mit PHP zu laden oder zu speichern. Dadurch können auch Änderungen an bestehenden Dateien (z. B. HTML-Dateien) vorgenommen werden! Auf diese Art und Weise lassen sich die klassischen Anwendungen realisieren, die auf fast jeder Web-Site zu finden sind:

■ ein Besucherzähler,
■ ein Gästebuch,
■ Speichern von Daten aus Formularfeldern in Dateien (z. B. CSV, HTML usw.).

Diese Anwendungen werden wir uns in diesem Kapitel ansehen. Dateioperationen mit PHP sind die ideale Ergänzung zu der Auswertung der Formularfelder. Beispiel Gästebuch: Ein Internet-Surfer füllt mehrere Formularfelder aus. PHP liest die Felder aus und schreibt die Informationen in die Gästebuch-Datei, die eine HTML-Datei ist.

Ein anderes Beispiel: Auf Ihrer Web-Seite hinterlässt ein Kunde seine Daten (Adresse, Telefonnummer usw.). PHP liest die Formularfelder aus und fügt diese Daten in einer CSV-Datei ein, in der sich auch andere Kundendaten befinden. CSV-Dateien können von Tabellenkalkulationsprogrammen (z. B. Excel, OpenOffice) und Datenbanken (z. B. MySQL, Access) gelesen und weiterverarbeitet werden.

Erst über eine serverseitige Technologie wie PHP erhalten Sie die Fähigkeit, Änderungen an Dateien auf dem Server durchzuführen. Als Einstieg beschäftigen wir uns mit dem klassischen Besucherzähler.

# 5.1 Ein Besucherzähler

Ein Counter ist eine einfache, aber sehr effektvolle Anwendung. Der Counter zählt die einzelnen Besucher und zeigt den aktuellen Wert auf der Web-Site an. Für diesen Zähler sind die Dateizugriffe nötig.

## 5.1.1 So funktioniert ein Counter

Der Ablauf des Zählers funktioniert so:

- Ein Internet-Surfer ruft die Startseite auf, die eine PHP-Datei sein muss.
- Das PHP-Skript lädt eine Textdatei (z. B. *counter.txt*), die die aktuelle Besucherzahl enthält.
- Der Inhalt der Datei (die Besucherzahl) wird in PHP als Variable verfügbar gemacht.
- Der Wert der Variablen wird um eins erhöht.
- Der Wert der Variablen wird im Browser angezeigt.
- Der aktuelle Wert wird über PHP in die Datei neu hineingeschrieben.

Es ergibt sich bei diesem Ablauf ein ständiger Zugriff auf die Textdatei, die die aktuelle Besuchszahl enthält. Die entscheidenden Schritte sind das Laden der Textdatei, Auslesen des aktuellen Zählers aus der Datei und das Schreiben der Datei mit dem neuen Wert.

Für einen Counter sind zwei Dateien nötig:

1. Die Startseite, die das PHP-Skript enthält, z. B. *counter.php.*
2. Die Textdatei, die den aktuellen Wert des Counters enthält, z. B. *counter.txt.*

Die Textdatei, die den Wert des Zählers enthält, ist eine normale Textdatei, die nichts anderes als eine Zahl enthält. Sie können dadurch den Counter auch mit einem Anfangswert belegen (z. B. 1000). Die PHP-Datei sieht so aus:

```
<!DOCTYPE html PUBLIC "-//W3C//DTD HTML 4.01 Transitional//EN">
<html><head>
<title>Counter</title></head>
<body>
<?php
    //Counter-Datei laden...
    $datei=fopen("counter.txt","r");
    $dateigroesse=filesize("counter.txt");
    $counter=fread($datei,$dateigroesse);
    fclose($datei);
    //Jetzt Counter um eins erhöhen
    $counter++;
    //Anzeige des Zählerstandes
    print("<h2>Sie sind der ");
    print($counter);
    print(". Besucher auf meiner Site!</h2>");
    //Jetzt aktuellen Zählerstand schreiben:
    $datei=fopen("counter.txt","w");
    $output=fwrite($datei,$counter);
    fclose($datei);
?>
</body></html>
```

Innerhalb des PHP-Abschnitts werden alle drei Operationen (laden, Ergebnis anzeigen und Counter-Datei neu schreiben) durchgeführt. Zuerst muss die Datei *counter.txt* geladen werden, die den aktuellen Zählerstand enthält. Dies geschieht über vier Zeilen:

```
$datei=fopen("counter.txt","r");
$dateigroesse=filesize("counter.txt");
$counter=fread($datei,$dateigroesse);
fclose($datei);
```

Das Öffnen der Datei *counter.txt* geschieht über die Funktion *fopen()*.
Die Funktion erwartet zwei Übergabeparameter. Der erste Wert ist der
Dateiname (*counter.txt*). Der zweite Parameter gibt an, was mit der Datei geschehen soll: Soll Sie nur zum Lesen oder auch zum Schreiben
geöffnet werden? Hier wird der Parameter *r* übergeben. Dies steht für
*read* und öffnet die Datei nur zum Lesen. Es gibt noch weitere Einstellungen (*w* zum Schreiben und *a* zum Anhängen), die Sie noch kennen
lernen werden.

Der Rückgabewert der Funktion *fopen()* ist ein so genannter Dateizeiger,
der hier in der Variablen *$datei* gespeichert wird. *$datei* enthält noch
nicht den Inhalt der Datei, sondern zeigt nur auf die Datei *counter.txt*.
Dies ist wichtig, falls Sie mehrere Dateien nacheinander öffnen sollten
(was hier aber noch nicht der Fall ist).

Jetzt kann die Datei *counter.txt* im Prinzip geladen werden. Wir machen
aber noch einen Zwischenschritt: Wir ermitteln über die Funktion *file-
size()* die Größe der Datei in Byte. Der Übergabeparameter an *filesize()*
ist noch einmal der Name der Textdatei *counter.txt*.

Warum müssen wir die Dateigröße überhaupt wissen? Der Grund liegt
in der nächsten Zeile: Hier wird der konkrete Inhalt der Datei *counter.txt*
gelesen. Dazu wird die Funktion *fread()* eingesetzt. Die Funktion *fread()*
erwartet nämlich zwei Übergabeparameter: zuerst den Dateizeiger, der
in *$datei* enthalten ist, und als zweiten Wert die Größe der Datei in
Bytes. Hier geben wir *$dateigroesse* an. Damit weiß PHP, wie viel Bytes
geladen werden müssen. In dieser Zeile liest PHP die Datei *counter.txt*
ein und weist den Inhalt der Datei der Variablen *$counter* zu. Damit be-
findet sich der aktuelle Wert des Zählers in einer Variablen! Dieser
kann jetzt erhöht werden. Bevor dies geschieht, müssen wir die Datei,
die wir über *fopen()* geöffnet haben, über *fclose()* schließen. An *fclose()*
wird wieder der Dateizeiger (*$datei*) übergeben.

*Hinweis:*
Achten Sie darauf, das Sie immer eine geöffnete Datei (*fopen()*)
schließen (*fclose()*). Sonst bleibt die Datei geöffnet!

Jetzt können wir die Variable *$counter* um eins erhöhen und den aktu-
ellen Wert im Browser ausgeben lassen:

```
$counter++;
print("<h2>Sie sind der ");
print($counter);
print(". Besucher auf meiner Site!</h2>");
```

Der letzte Schritt besteht darin, den neuen Wert des Zählers in die Datei *counter.txt* zu schreiben, d. h. die bestehende Datei mit einem neu-
en Wert zu überschreiben. Das Vorgehen ist ähnlich wie beim Laden:

```
$datei=fopen("counter.txt","w");
$output=fwrite($datei,$counter);
fclose($datei);
```

Zuerst öffnen wir wieder die Datei *counter.txt* über die Funktion *fopen()*.
Der erste Übergabeparameter ist wieder *counter.txt*. Der zweite Parameter hat sich aber verändert. Da wir die Datei überschreiben wollen, geben wir als zweiten Parameter nicht *r*, sondern *w* (dies steht für *write*)
an.
In der nächsten Zeile wird die Variable *$counter* in die Datei *counter.txt*
über den Dateizeiger *$datei* geschrieben. Dazu wird die Funktion
*fwrite()* eingesetzt. Der Rückgabewert der Funktion *fwrite()* ist eine Zahl,
die die Anzahl der Bytes angibt, die geschrieben wurden. In der letzten
Zeile wird über *fclose()* die geöffnete Counter-Datei geschlossen – das
war's!
Wenn Sie den Code ausführen, wird der aktuelle Zählerstand angezeigt
und bei jedem neuen Besuch oder über ein Aktualisieren der Site im
Browser der Wert um eins erhöht.

## 5.1.2 Problem: Fehlende Schreibrechte

Führen Sie den Code aus dem letzten Abschnitt aus, kann es zu einem
Problem kommen. Der PHP-Code kann eventuell die Datei *counter.txt*
überhaupt nicht schreiben. Bei dem Versuch, den aktualisierten Wert
in die Datei zu schreiben, bricht PHP mit einer Fehlermeldung ab
(siehe nachfolgende Abbildung).

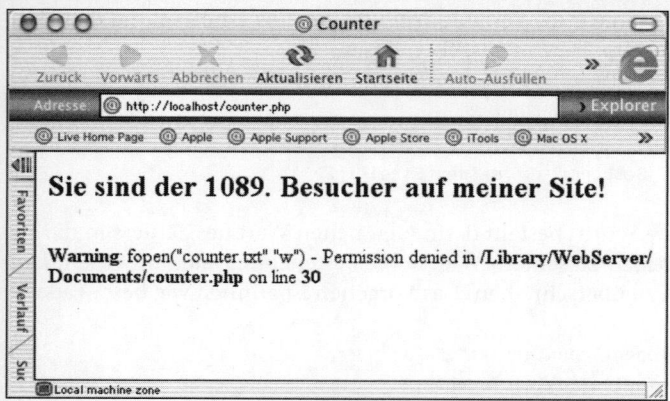

Unter Windows werden Sie damit nicht konfrontiert, die Datei *counter.txt* wird in der Regel ohne Probleme aktualisiert. Dies tritt insbesondere bei Linux, Mac OS X und auch anderen UNIX-Betriebssystemen auf. Der Grund liegt darin, das unter Linux, Mac OS X und UNIX allgemein für die zu schreibende Datei *(counter.txt)* die Schreibberechtigung vergeben werden muss. Diese müssen Sie manuell durchführen. Für jede Datei, die geändert werden soll, müssen Sie dies einzeln erledigen. Haben Sie Web-Space angemietet, verwendet der Web-Hoster in der Regel ein UNIX-Betriebssystem (Linux, Solaris, ...). Sie müssen dann auch auf Ihrem Web-Server bei dem Web-Hoster die Schreibberechtigung für diese Datei (und auch eventuell andere Dateien) vergeben – egal, was für ein Betriebssystem Sie auf Ihrem lokalen Rechner verwenden.

Unter Linux (oder einem anderen UNIX-Betriebssystem) öffnen Sie dazu die Konsole. Unter Mac OS X öffnen Sie das Terminal im Finder über das Menü *Gehe zu/Programme/Utilities/Terminal*. Wechseln Sie in das Verzeichnis, in dem Ihre PHP-Dateien mit der Datei *counter.txt* liegen. Hier vergeben Sie jetzt die Berechtigung, dass die Datei *counter.txt* geschrieben (und natürlich auch gelesen) werden darf. Dazu geben Sie in der Konsole bzw. dem Terminal diese Zeile ein:

```
chmod 777 counter.txt
```

*Hinweis:*
Unter Windows ist dieser Schritt nicht erforderlich.

Haben Sie Web-Space bei einem Web-Hoster angemietet, müssen Sie diese Schreibberechtigung dort ebenfalls einstellen. Dazu benötigen Sie ein so genanntes Telnet-Programm, mit dem Sie sich auf dem Web-Server einloggen. Dieses Programm gibt es für jedes Betriebssystem.

Spielen Sie Ihre Dateien *(counter.php, counter.txt)* zunächst per ftp auf den Web-Server auf. Starten Sie anschließend das Telnet-Programm auf Ihrem lokalen Computer und loggen Sie sich mit Ihrem bekannten Benutzernamen und Passwort auf dem Web-Server ein. Wechseln Sie jetzt in das Verzeichnis, in dem die Datei liegt, die die Schreibberechtigung erhalten soll. Geben Sie dann im Telnet-Programm diese Zeile ein:

```
chmod 777 counter.txt
```

Damit ist alles erledigt. Die Datei *counter.txt* kann damit überschrieben werden.

Alternativ können Sie auch die PHP-Funktion *chmod()* einsetzen. Dies ist dann nützlich, wenn Sie kein Telnet-Programm haben. Der Nachteil ist dabei, dass Sie einen kurzen PHP-Code schreiben müssen, der nur einmal ausgeführt werden muss. Zusätzlich können Sie diese Funktion *chmod()* nur dann unter Linux und Mac OS X einsetzen, wenn Sie als Adminstrator (d. h. als Benutzer *root*) eingeloggt sind (unter Windows ist dieser Schritt nicht nötig!). Der PHP-Code unter Verwendung der Funktion *chmod()* sieht so aus:

```
<!DOCTYPE html PUBLIC "-//W3C//DTD HTML 4.01 Transitional//EN">
<html><body>
<?php
    chmod("counter.txt",777);
?>
</body></html>
```

Die Funktion *chmod()* erwartet zwei Übergabeparameter. Der erste Parameter ist der Name der Datei, für die die Schreibrechte geändert werden sollen. Der zweite Parameter ändert die Schreibrechte für alle Benutzer.

*Hinweis:*
Unter Windows ist dieser Schritt nicht erforderlich. Unter Windows ist
die PHP-Funktion *chmod()* auch nicht verfügbar.

### 5.1.3 Problem: Existiert die Datei?

Beim Laden und Schreiben der Datei *counter.txt* haben wir uns nicht
um eine Fehlerabfrage gekümmert. Wir müssten prüfen, ob die Datei
überhaupt existiert und ob Sie erfolgreich geladen bzw. geschrieben
wurde. Bei dem Besucherzähler scheint das zunächst überflüssig zu
sein. Sie werden aber schnell merken, das diese Fehlerabfrage bei allen
Dateioperationen sehr sinnvoll ist. Was ist, wenn wegen Wartungsarbeiten am Server die Datei plötzlich nicht mehr existiert oder sie verse-
hentlich gelöscht wurde? In einem solchen Fall treten Fehlermeldungen auf, die der Internet-Surfer in seinem Browser sehen würde. Dies ist
nicht gerade schön und wirkt unprofessionell. Die nachfolgende Abbildung zeigt derartige Fehlermeldungen.

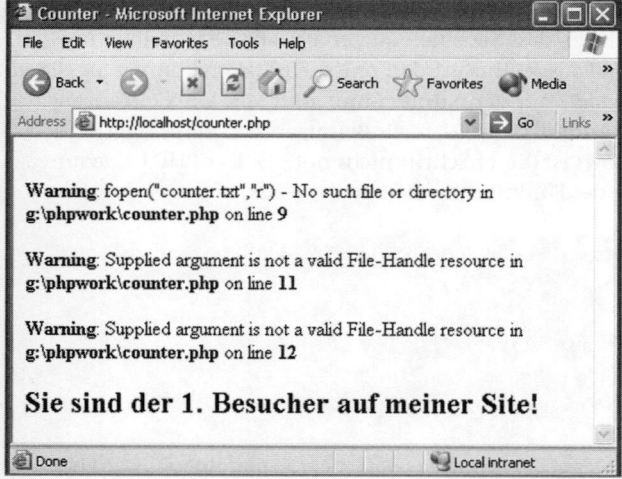

Diese Fehlermeldungen müssten Sie im Code abfangen. Zu allem Über-
fluss wird auch noch der Besucherzähler permanent auf 1 gesetzt. Dies
liegt daran, dass ja die Datei *counter.txt* nicht gefunden wurde, somit in
der entsprechenden Variablen nichts enthalten ist. Durch das Inkre-

mentieren der Variable wird der Wert immer auf 1 gesetzt! Dazu muss der PHP-Code jetzt etwas erweitert werden:

```php
<?php
   $bol=file_exists("counter.txt");
   if($bol) {
      $datei=fopen("counter.txt","r");
      if($datei) {
         $dateigroesse=filesize("counter.txt");
         $counter=fread($datei,$dateigroesse);
         fclose($datei);
      }
      $counter++;
      //Anzeige des Zählerstandes
      print("<h2>Sie sind der ");
      print($counter);
      print(". Besucher auf meiner Site!</h2>");
   }
   $bol=file_exists("counter.txt");
   if($bol) {
      $datei=fopen("counter.txt","w");
      if($datei) {
         $output=fwrite($datei,$counter);
         fclose($datei);
      }
   }
?>
```

Der konkrete Code zum Laden und Speichern der Datei *counter.txt* hat sich nicht verändert. Es wurden nur mehrere *if*-Abfragen hinzugenommen, die die Existenz der Datei prüfen. Dazu nutzen wir die Funktion *file_exists()*. An die Funktion wird nur der Dateiname übergeben. Die Funktion prüft, ob die angegebene Datei auch wirklich existiert. Dies führen wir gleich zu Beginn des PHP-Codes durch, bevor *fopen()* ausgeführt wird. Der Rückgabewert von *file_exists()* ist entweder *true* (Datei existiert) oder *false* (Datei existiert nicht). Diesen Wert speichern wir in *$bol*. Dies werten wir aus, indem wir in der ersten *if*-Abfrage nur auf den Inhalt von *$bol* prüfen:

```
if($bol) {
```

Ist der Inhalt von *$bol true*, wird der nachfolgende Programmblock betreten. Die Schreibweise

```
if($bol)
```

ist eine Kurzform von

```
if($bol==true)
```

Die Kurzform wird sehr häufig eingesetzt und ist auch in anderen Sprachen (Java, JavaScript) möglich. Die Fassung *if($bol==true)* kann natürlich auch eingesetzt werden. Hier im Buch verwende ich immer die Kurzform.

Wenn der Inhalt von *$bol true* ist, wird im Programmblock über *fopen()* die Datei geöffnet. Der Rückgabewert von *fopen()* ist *true*, wenn die Datei erfolgreich geöffnet wurde, andernfalls *false*. Wir prüfen also darauf, ob der Rückgabewert in *$datei true* ist:

```
if($datei) {
```

Hier benutzen wir wieder die Kurzform, statt *if($datei==true)* zu schreiben. Ist das Ergebnis der *if*-Abfrage wahr, kann die Dateigröße bestimmt, die Datei geladen und zum Schluss geschlossen werden. Dann erhöhen wir den Zählerstand um eins. Erst danach wird die Klammer der ersten *if*-Abfrage geschlossen. Warum? Die Erhöhung des Zählerstandes kann erst dann erfolgen, wenn die Datei erfolgreich geladen wurde. Wäre die Erhöhung des Zählerstandes ausserhalb der Klammerung, würde die Zahl auf jeden Fall erhöht werden. PHP geht dann standardmäßig von dem Wert 0 aus, somit ergäbe sich ein Zählerstand von 1...

Anschließend muss die Datei mit dem neuen Zählerstand (wenn die Datei existiert und geladen wurde) neu geschrieben werden. Das Schreiben packen wir ebenfalls in zwei *if*-Abfragen. Zuerst prüfen wir über *file_exists()* erneut, ob die Datei existiert. Existiert die Datei, kann sie wieder über *fopen()* geöffnet werden. Hier prüfen wir wieder auf den Rückgabewert von *fopen()*. Konnte die Datei geöffnet werden, wird über *fwrite()* der Inhalt geschrieben und die Datei geschlossen.

Warum machen wir das, wir haben doch gerade schon darauf geprüft? Der Grund liegt darin, dass zwischen dem Laden der Datei und dem Beginn der Speicherung die Datei gelöscht sein könnte. Dies ist zwar nicht zu erwarten, sollte aber berücksichtigt werden.

Theoretisch könnte noch bei *fwrite()* auf den Rückgabewert geprüft werden. Dieser ist ja die Anzahl der Bytes, die geschrieben wurde. Konnte die Datei konkret nicht geschrieben werden, ist der Rückgabewert *-1*. Dies könnten wir auch noch auswerten.

Was passiert, wenn die Datei *counter.txt* nicht auf dem Server liegt? Ganz einfach: Es erfolgt keinerlei Ausgabe des Zählerstandes im Browser. Dies ist sehr elegant, denn der Internet-Surfer bekommt keine Fehlermeldung mehr zu sehen.

## 5.1.4 Weitere Fehlermeldungen abfangen

Die Prüfung auf die Existenz einer zu ladenden Datei reicht meistens aus, jedoch kennt PHP noch weitere Verfahren, um Fehler abzufangen. Auch wenn eine Datei existiert, kann Sie (insbesondere bei Wartungsarbeiten) durch einen anderen Programmierer blockiert oder gerade gelöscht worden sein. Dies ist zwar seltener der Fall, kann aber bei umfangreichen Web-Projekten, an denen mehrere Programmierer gleichzeitig arbeiten, eintreten. Um im laufenden Betrieb keine hässlichen Fehlermeldungen im Browser zu erhalten, kann man über drei verschiedene Verfahren die Fehlerausgabe unterdücken:

- Das @-Symbol.
- Die Funktion *or die()*.
- Die Funktion *or exit()*.

### Das @-Symbol

Die Verwendung des @-Symbols ist sehr praktisch, denn es unterdrückt jedwede Fehlermeldung im Browser. Der Internet-Surfer bekommt somit Fehlermeldungen im Browser nicht zu sehen. Das @-Symbol wird direkt vor den jeweiligen Funktionen notiert:

```
$datei=@fopen("counter.txt","r");
if($datei) {
```

```
    $dateigroesse=filesize("counter.txt");
    $counter=@fread($datei,$dateigroesse);
    fclose($datei);
}
```

Sollte bei den Funktionen *fopen()* und/oder *fread()* ein Fehler auftreten (welcher auch immer), erfolgt keine Ausgabe im Browser. Diese Methode hat einen Nachteil. Sollte ein definitiver Fehler aufgetreten sein, wird der weitere PHP-Code ausgeführt. Hierbei können sich weitere Fehler ergeben, die eventuell angezeigt bzw. durch das @-Symbol unterdrückt werden müssen! Ein Fehler ist dann schwerer aufzuspüren.

### Die Funktion or die()

Geeigneter als das @-Symbol ist die Funktion *or die()*. Bei einem aufgetretenen Fehler beendet *or die()* die weitere Ausführung des PHP-Codes und gibt einen Text im Browser aus:

```
$datei=fopen("counter.txt","r")
        or die("<h1>Dateifehler: counter.txt
        konnte nicht ge&ouml;ffnet werden!</h1>");
if($datei) {
    $dateigroesse=filesize("counter.txt");
        $counter=fread($datei,$dateigroesse)
                or die("<h1>Dateifehler: counter.txt
                konnte nicht gelesen werden!</h1>");
    fclose($datei);
}
```

Sollte die Datei *counter.txt* – aus welchem Grund auch immer – nicht geöffnet werden können, erfolgt eine Textausgabe im Browser (*Dateifehler: counter.txt konnte nicht geöffnet werden!*), und die Ausführung des PHP-Codes wird beendet. Die nachfolgende *if*-Abfrage wird erst gar nicht ausgeführt. Wurde die Datei über *fopen()* korrekt geöffnet, erfolgt die weitere Abarbeitung von PHP-Code.

### Die Funktion or exit()

Eine Variante von *or die()* ist *or exit()*. Diese Funktion beendet wie *or die()* das aktuelle Skript, wenn ein Fehler aufgetreten ist. Der Unterschied zu *or die()* liegt darin, dass *or exit()* keine Textausgabe im Browser erzeugen kann. An die Funktion *exit()* wird kein Parameter übergeben:

```
$datei=fopen("counter.txt","r")
        or exit();
if($datei) {
    $dateigroesse=filesize("counter.txt");
    $counter=fread($datei,$dateigroesse);
                or exit();
    fclose($datei);
}
```

## @, or die() oder or exit() – das ist hier die Frage…

Sie können alle drei Varianten in Ihren Codes einsetzen. Ich würde Ihnen eher zu *or die()* raten. Der Grund liegt darin, dass *or die()* einen Fehlertext im Browser ausgeben kann. *or exit()* beendet auch das Skript, aber ohne Textausgabe – im Extremfall bekommt der Internet-Surfer nur eine leere Seite zu sehen und weiß nicht, warum. Dies gilt auch für das @-Symbol. Dafür ist *or die()* ideal, um einen einfachen Fehlertext auszugeben.

Diese drei Varianten können Sie für jede Funktion einsetzen. Ob das Sinn macht, ist eine andere Frage. Sinnvoll sind diese Methoden bei Dateizugriffen (Schreiben wie Lesen) und bei Datenbankzugriffen (Schreiben wie Lesen). Hier können die größten Fehler auftreten (z. B. Tabelle in der Datenbank existiert nicht, falscher Benutzername oder Passwort zum Einloggen in die Datenbank usw.), die am besten über *or die()* abgefangen werden können.

## Unterschied zu Java

Die Programmiersprache Java (ab Version 1.0) und die Skriptsprache JavaScript (ab Version 1.5) verfügen über elegantere Mechanismen bei dem Abfangen von Fehlern. Dies geschieht dort über *try-catch*. In Java wird das Öffnen und Laden einer Datei (wie auch die Datenbankzugriffe) in einen *try*-Block gepackt. Tritt hierbei ein Fehler auf (z. B. der Server ist down), wird der Fehler über den *catch*-Block abgefangen. Der Code wird jedoch weiter ausgeführt, die Applikation stürzt nicht ab. PHP dagegen verfügt nicht über einen derartigen Mechanismus. Über *die()* wird eine Meldung ausgegeben und die Ausführung des Codes sofort beendet – egal, was für ein Code noch folgt.

## 5.1.5 Eine attraktivere Ausgabe mit Grafiken

Wir können den Zähler eleganter gestalten, indem wir Grafiken dafür verwenden. Es ergibt sich der Eindruck einer Zählmaschine. Viele der Besucherzähler verwenden Grafiken zum Darstellen des Zählerstandes. Der Code dazu ist relativ einfach. Der Code des letzten Abschnitts muss nur erweitert werden. Statt der Ausgabe als Text verwenden wir Grafiken. Dazu brauchen wir die Zahlen 0 bis 9 als Grafik im *gif-* oder *jpg*-Format. Dann muss der aktuelle Zählerstand aus der Datei *counter.txt* in einzelne Zahlen aufgespalten und je nach Zahl die entsprechende Grafik angezeigt werden.

Der Code des letzten Abschnitts kann als Grundlage genutzt werden. Es müssen nur die Zeilen

```
print("<h2>Sie sind der ");
print($counter);
print(". Besucher auf meiner Site!</h2>");
```

durch den folgenden Code ersetzt werden:

```
$laenge=strlen($counter);
print("<h2>Sie sind der ");
for($a=0;$a<$laenge;$a++) {
    $zahl=substr($counter,$a,1);
```

```
   if($zahl=="0") {
      print("<img src='0.gif'>");
   }
   if($zahl=="1") {
      print("<img src='1.gif'>");
   }
   if($zahl=="2") {
      print("<img src='2.gif'>");
   }
   if($zahl=="3") {
      print("<img src='3.gif'>");
   }
   if($zahl=="4") {
      print("<img src='4.gif'>");
   }
   if($zahl=="5") {
      print("<img src='5.gif'>");
   }
   if($zahl=="6") {
      print("<img src='6.gif'>");
   }
   if($zahl=="7") {
      print("<img src='7.gif'>");
   }
   if($zahl=="8") {
      print("<img src='8.gif'>");
   }
   if($zahl=="9") {
      print("<img src='9.gif'>");
   }
}
print(". Besucher auf meiner Site!</h2>");
```

Zuerst ermitteln wir, wie viele Zeichen in *$counter* enthalten sind:

```
$laenge=strlen($counter);
```

Wir müssen jetzt jedes einzelnen Zeichen ausschneiden. Dazu nutzen wir wieder eine *for*-Schleife, in der eine Zählervariable *$a* von *0* bis zum

Wert von *$laenge* hochgezählt wird:

```
for($a=0;$a<$laenge;$a++) {
```

Jetzt schneiden wir das Zeichen aus der Variablen *$counter* aus, das sich an der Zeichenposition *$a* befindet:

```
$zahl=substr($counter,$a,1);
```

Jetzt müssen wir nur prüfen, was für eine Zahl in der Variablen *$zahl* enthalten ist. Dazu nutzen wir insgesamt zehn *if*-Abfragen, die jeweils auf den Wert von *0* bis *9* prüfen. Stellvertretend für alle *if*-Abfragen sehen wir uns nur die erste *if*-Abfrage an, die auf den Inhalt *0* prüft:

```
if($zahl=="0") {
    print("<img src='0.gif'>");
}
```

Ist in *$zahl* der Wert *0* enthalten, wird im Programmblock über *print()* ein *<img>*-Tag erzeugt, das im *src*-Attribut den Wert *0.gif* besitzt. Dies bindet die Grafik *0.gif* ein. *0.gif* enthält die Zahl *0* als Grafik. Mit den anderen *if*-Abfragen gehen wir genauso vor. Je nach Zahlenwert wird die entsprechende Grafik eingebunden! Da die *for*-Schleife ja so lange durchlaufen wird, wie Zeichen in *$counter* enthalten sind, wird für jede Zeichenposition die korrekte Grafik eingebunden (egal, wie viele Ziffern enthalten sind).

Der sonstige Code (Laden der Datei *counter.txt* und Speichern der Datei) wird nicht verändert. Dieser kann direkt weitergenutzt werden.

## 5.1.6 Die Textdatei in andere Verzeichnisse legen

In dem bisherigen Code musste die Textdatei *counter.txt* in dem Verzeichnis liegen, in dem sich auch der PHP-Code befindet. Dies ist für den Anfang durchaus sinnvoll. Bei größeren Projekten ist es aber besser, bestimmte Dateien in andere Verzeichnisse zu legen. Dies ist übersichtlicher, als wenn Sie alle Dateien in einem Verzeichnis halten.

Die Datei *counter.txt* können Sie in eine neues Unterverzeichnis schreiben. Dieses Unterverzeichnis, das beispielsweise den Namen *count* trägt, kann sich unterhalb des aktuellen Verzeichnisses befinden, in dem sich der PHP-Code befindet. Sie müssen dann bei sämtlichen Dateioperationen den Pfad zu dem Verzeichnis und den Dateinamen angeben. Ausgangspunkt ist immer das Verzeichnis, in dem sich Ihre PHP-Codes befinden (und das in Ihrem Apache-Server als *DocumentRoot* eingetragen ist!), z. B.:

```
//Counter-Datei laden...
$bol=file_exists("count/counter.txt");
if($bol) {
    $datei=fopen("count/counter.txt","r");
    if($datei) {
        $dateigroesse=filesize("count/counter.txt");
        $counter=fread($datei,$dateigroesse);
        fclose($datei);
    }
```

Hier wird die Datei *counter.txt* aus dem Verzeichnis *count* unterhalb des aktuellen Verzeichnisses geladen. Befindet sich die Datei in dem Verzeichnis *count*, das sich oberhalb des aktuellen Verzeichnisses befindet, müssen Sie das aktuelle Verzeichnis verlassen (*../*) und dann in das Verzeichnis *count* wechseln:

```
//Counter-Datei laden...
$bol=file_exists("../count/counter.txt");
if($bol) {
    $datei=fopen("../count/counter.txt","r");
    if($datei) {
        $dateigroesse=filesize("../count/counter.txt");
        $counter=fread($datei,$dateigroesse);
        fclose($datei);
    }
```

Denken Sie daran, den Pfad *../count/counter.txt* auch bei den Operationen zum Speichern der Datei anzugeben, sonst wird die Datei in dem Verzeichnis nicht aktualisiert.

## 5.2 Ein Gästebuch

Eine weitere typische Anwendung ist das klassische Gästebuch. Ein Internet-Surfer tätigt in einem Formularfeld Eingaben für das Gästebuch. Ein PHP-Skript wertet diese aus, lädt die Gästebuch-Datei und fügt die Eingaben in das Gästebuch ein. Dazu kommen natürlich wieder die Dateioperationen zum Laden und Speichern zur Anwendung. Die nachfolgende Abbildung zeigt ein Gästebuch, das sich auch auf meiner Site (*http://www.seebi.de*) befindet. Dieses ist auch in PHP programmiert, das wir in diesem Abschnitt nachprogrammieren werden.

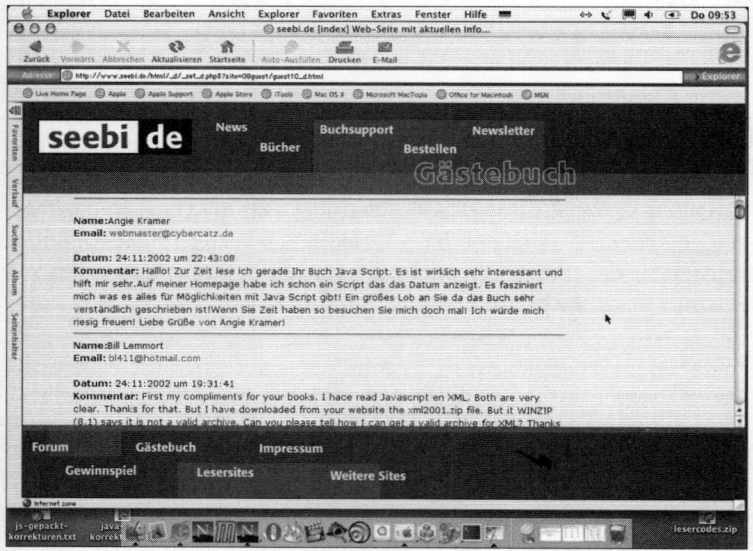

### 5.2.1 Aufbau des Gästebuchs

Für das Gästebuch brauchen wir drei Dateien:

- Die Gästebuch-Datei, die die einzelnen Einträge enthält (z. B. *start.html*).
- Eine Datei, in der ein neuer Eintrag über Formularfelder vorgenommen wird (z. B. *eintrag.html*).

Eine PHP-Datei, die die Eingaben aus den Formularfeldern auswertet und die die Gästebuch-Datei aktualisiert (z. B. *gaestebuch.php*)

Zuerst sehen wir uns die Gästebuch-Datei *start.html* an:

```
<!DOCTYPE html PUBLIC "-//W3C//DTD HTML 4.01 Transitional//EN">
<html><head>
<title>PHP-G&auml;stebuch</title></head>
<body>
<div style="font-family:verdana;text-align:center"><b>G&auml;ste
buch</Font></b><br><br>
<a href="eintrag.html">Ihr Eintrag in das
 G&auml;stebuch</a></div><br>
<!--Beginn-->
<p><div style='font-family:Times'><b>Name: </b>Michael<br>
<b>Email: </b><a href='mailto:m@m.de'>m@m.de</a><br>
<div style='font-family:verdana'><b>Datum:</b>12.7.2002 um:
16:1:23<br>
<b>Kommentar: </b>PHP macht viel Spaß
was kann man noch damit machen?
Viele Grüße</div></p><br><br>
</body></html>
```

Die Gästebuch-Datei müssen wir uns vom Aufbau her genau ansehen. Diesen Aufbau müssen wir nachher in der PHP-Datei entsprechend nachbasteln, damit jeder Eintrag gleich aussieht. Jeder neue Gästebucheintrag soll natürlich ganz oben stehen. Nach dem HTML-Kommentar *<!--Beginn-->* wird ein neuer Gästebucheintrag eingefügt. Dieser befindet sich immer zwischen *<p>* und *</p>*. Innerhalb dieses Tagspaars befindet sich noch das Tag *<div>... </div>*, über das ein bestimmter Font (hier: Arial) eingestellt wird. Zuerst wird der Name des Internet-Surfers in Fettschrift ausgegeben, dann dessen E-Mail-Adresse, die als Hyperlink geschrieben wird, damit andere Surfer mit dem Absender Kontakt aufnehmen können. Es folgt noch das Datum und die Uhrzeit sowie der konkrete Gästebucheintrag.

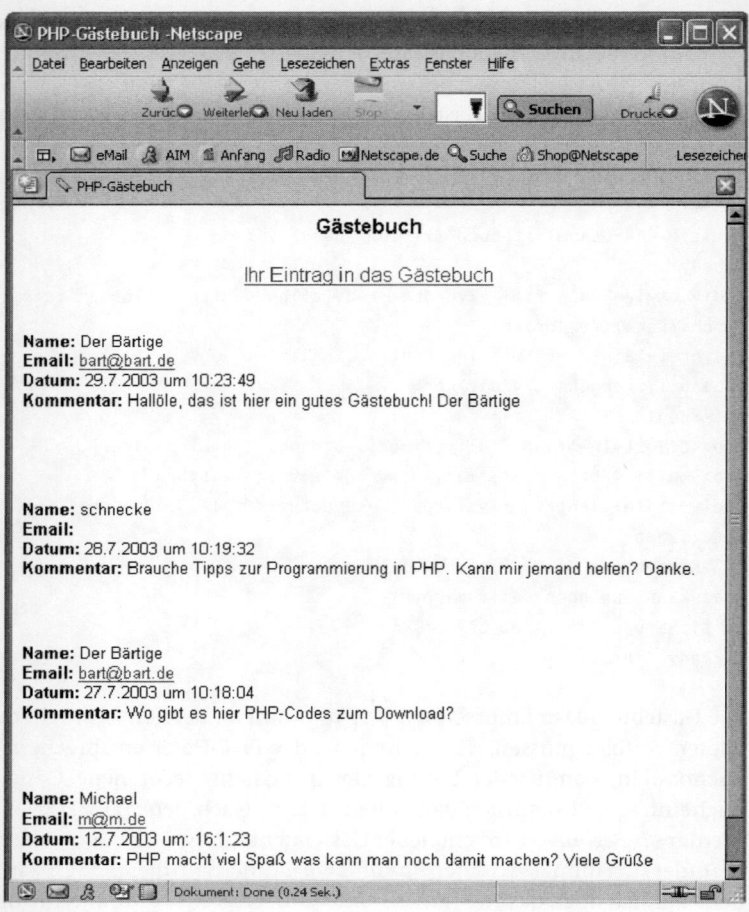

Die zweite Datei – *eintrag.html* – enthält drei Formularfelder für den Namen, die E-Mail-Adresse und den konkreten Text:

```
<!DOCTYPE html PUBLIC "-//W3C//DTD HTML 4.01 Transitional//EN">
<html><head>
<title>PHP-G&auml;stebuch</title></head>
<body>
<div style="font-family:arial;text-align:center"><h2>
```

```
Ihr Eintrag in unser G&auml;stebuch</h2>
Bitte f&uuml;llen Sie die Felder aus. Vielen Dank!</div>
<div style="font-family:arial">
<form method="post" action="gaestebuch.php">
<table border="0">
<tr>
<td>Ihr Name</td>
<td><input type="text" name="nachname"></td></tr>
<td>Ihre E-Mail-Adresse</td>
<td><input type="text" name="mail"></td></tr>
<tr><td>Ihr Eintrag</td>
<td><textarea name="kommentar" cols="40"
rows="5"></textarea></td></tr>
<tr>
<td><input type="submit" value="Abschicken">
<input type="reset" value="Löschen"></td></tr>
</table>
</form></div>
</body></html>
```

Die drei <input>-Tags besitzen alle ein *name*-Attribut mit den Werten
*nachname, mail* und *kommentar*. Die sind die Variablennamen für das
PHP-Skript. Dieses befindet sich in der Datei *gaestebuch.php*:

```
<!DOCTYPE html PUBLIC "-//W3C//DTD HTML 4.01 Transitional//EN">
<html><head>
<title>G&auml;stebuch</title></head>
<body>
<?php
    $nachname=$HTTP_POST_VARS['nachname'];
    $mail=$HTTP_POST_VARS['mail'];
    $kommentar=$HTTP_POST_VARS['kommentar'];
    $punkt=".";
    $dpunkt=":";
    //Zuerst Datum und Uhrzeit generieren:
$datum=date(d);
$datum.=$punkt;
$datum.=date(m);
$datum.=$punkt;
$datum.=date(Y);
$zeit=date(G);
$zeit.=$dpunkt;
```

```
$zeit.=date(i);
$zeit.=$dpunkt;
$zeit.=date(s);
//Jetzt neuen Gästebuch-Eintrag
erzeugen:
    $eintrag="<!--Beginn-->\n";$eintrag.="<p><div style='font-
        family:arial;
                        font-size:10pt'><b>Name: </b>";
    $eintrag.=$nachname;
    $eintrag.="<br>\n<b>Email: </b><a href='mailto:";
    $eintrag.=$mail;
    $eintrag.="'>";
    $eintrag.=$mail;
    $eintrag.="</a><br>\n<b>Datum: </b>";
    $eintrag.=$datum;
    $eintrag.=" um ";
    $eintrag.=$zeit;
    $eintrag.="<br>\n<b>Kommentar: </b>";
    $eintrag.=$kommentar;
    $eintrag.="</div></p><br><br>\n";
    //Jetzt Gästebuch-Datei laden...
    $bol=file_exists("start.html");
    if($bol) {
        $datei=fopen("start.html","r");
        if($datei) {
            $dateigroesse=filesize("start.html");
            $inhalt=fread($datei,$dateigroesse);
            fclose($datei);
        }
        // Jetzt den neuen Eintrag einfügen
        $ersetzen=str_replace("<!--Beginn—
                            >",$eintrag,$inhalt);
    }
    // Jetzt aktualisiertes Gästebuch schreiben:
    $bol=file_exists("start.html");
    if($bol) {
        $datei=fopen("start.html","w");
        if($datei) {
            $output=fwrite($datei,$ersetzen);
            fclose($datei);
            print("<h2>Vielen Dank f&uuml;r Ihren
                    Eintrag!</h2>");
```

```
        }
    }
?>
</body></html>
```

In dem Code treffen Sie durchaus auf bekannte Codeabschnitte. Zuerst ermitteln wir die drei Variablen und deren Werte aus den Formularfeldern (*$nachname, $mail* und *$kommentar*). Anschließend definieren wir zwei Variablen:

```
$punkt=".";
$dpunkt=":";
```

*$punkt* trennt den Tag vom Monat und vom Jahr, während *$dpunkt* die Stunden von den Minuten und Sekunden trennt. Anschließend wird das aktuelle Datum ermittelt und in *$datum* gespeichert. Dann folgt die aktuelle Uhrzeit, die in *$zeit* gespeichert wird.
Anschließend erfolgt der Aufbau des konkreten Gästebucheintrags, der als String in *$eintrag* gespeichert wird:

```
$eintrag="<!--Beginn-->\n";
$eintrag.="<p><div style='font-family:arial;
                         font-size:10pt'><b>Name:
</b>";
$eintrag.=$nachname;
$eintrag.="<br>\n<b>Email: </b><a href='mailto:";
$eintrag.=$mail;
$eintrag.="'>";
$eintrag.=$mail;
$eintrag.="</a><br>\n<b>Datum: </b>";
$eintrag.=$datum;
$eintrag.=" um ";
$eintrag.=$zeit;
$eintrag.="<br>\n<b>Kommentar: </b>";
$eintrag.=$kommentar;
$eintrag.="</div></p><br><br>\n";
```

Zuerst wird in *$eintrag* der HTML-Kommentar *<!--Beginn-->* erzeugt. Es folgt eine so genannte *Escape*-Sequenz \n. Diese erzeugt einen Zeilenumbruch. Gemeint ist hier kein Zeilenumbruch über *<br>* für einen Umbruch im Web-Browser, sondern vielmehr ein Umbruch in der

HTML-Datei. Dies macht den erzeugten Code lesbarer. Anschließend wird der konkrete Eintrag gebastelt. Zuerst erscheint das *<p>*-Tag, dann das *<div>*-Tag mit dem Font Arial und der Beschriftung *Name* in Fettschrift. Daran wird die Variable *$nachname* angehängt. Es schließt sich ein HTML-Umbruch über *<br>* an und eine weitere Escape-Sequenz. Dann folgt die Beschriftung *Email* und der Hyperlink wird aufgebaut. Das Attribut *href* verfügt über die Einstellung *mailto*. Beim Anklicken des Links wird das installierte Mail-Programm automatisch aufgerufen, und der Internet-Surfer kann dem Absender des Eintrags eine Mail zusenden. Nach dem Doppelpunkt von *mailto* wird die Variable *$mail* angehängt (dies ist das zweite Formularfeld). Dann wird das Datum, die Uhrzeit und der Kommentar hinzugefügt. Der Eintrag schließt mit *</div>* und *</p>* ab, sowie zwei *<br>*-Tags und einer Escape-Sequenz für einen Umbruch in der HTML-Datei.

Damit liegt jetzt in der Variablen *$eintrag* der gesamte neue Gästebucheintrag vor. Wir müssen diesen jetzt nur noch in die Gästebuch-Datei einfügen. Dazu laden wir die Gästebuch-Datei *start.html* wie bekannt über *fopen()* und *fread()*. Gleichzeitig prüfen wir noch, ob die Datei existiert:

```
$bol=file_exists("start.html");
if($bol) {
    $datei=fopen("start.html","r");
    if($datei) {
        $dateigroesse=filesize("start.html");
        $inhalt=fread($datei,$dateigroesse);
        fclose($datei);
    }
}
```

In der Variablen *$inhalt* liegt jetzt der gesamte Inhalt der Gästebuch-Datei vor. Jetzt können wir den neuen Eintrag einfügen. Dazu benutzen wir einen Trick: Wir suchen nach dem HTML-Kommentar *<!--Beginn-->* und ersetzen diesen komplett durch den Inhalt der Variablen *$eintrag*. Dadurch wird zwar der HTML-Kommentar überschrieben, aber in *$eintrag* liegt ja auch wieder ein HTML-Kommentar mit dem neuen Gästebucheintrag vor. Diesen hatten wir gleich zu Beginn der Variablen *$eintrag* erstellt. Dadurch ist sichergestellt, dass der HTML-Kommentar wieder in der Gästebuch-Datei enthalten ist und ein weiterer Eintrag hinzukommen kann.

Das Ersetzen des HTML-Kommentars führen wir mit Hilfe der String-Funktion *str_replace()* durch:

```
$ersetzen=str_replace("<!--Beginn-->",$eintrag,$inhalt);
```

Die Funktion *str_replace()* erwartet drei Parameter. Der erste Parameter ist der String, nach dem gesucht werden soll. Dies ist der HTML-Kommentar. Der zweite Parameter ist der String, der an die Stelle des HTML-Kommentars eingefügt werden soll, hier also *$eintrag*. Der dritte Parameter ist der String, in dem nach dem HTML-Kommentar gesucht werden soll, also *$inhalt* (der gesamte Inhalt der Gästebuch-Datei). *str_replace()* ersetzt den String *<!--Beginn-->* durch den String in *$eintrag* innerhalb von *$inhalt*. Der Rückgabewert der Funktion ist ein neuer String (hier: *$ersetzen*), der die aktualisierte Fassung des Gästebuchs mit dem neuen Eintrag enthält. Damit ist nun das Gästebuch aktualisiert, und in *$ersetzen* ist das neue Gästebuch enthalten. Jetzt können wir den Inhalt der Variablen *$ersetzen* in die Datei *start.html* schreiben, d. h. die Datei *start.html* mit dem kompletten Inhalt von *$ersetzen* überschreiben:

```
$bol=file_exists("start.html");
if($bol) {
    $datei=fopen("start.html","w");
    if($datei) {
        $output=fwrite($datei,$ersetzen);
        fclose($datei);
        print("<h2>Vielen Dank f&uuml;r Ihren
                Eintrag!</h2>");
    }
}
```

Wir prüfen, ob *start.html* existiert, dann öffnen wir die Datei zum Schreiben und schreiben konkret über die Methode *fwrite()* den Inhalt von *$ersetzen* in die Gästebuch-Datei.

## 5.2.2 Sonderzeichen

Zwei Aspekte haben wir im Gästebuch noch nicht berücksichtigt: die deutschen Umlaute und Sonderzeichen. Wenn ein Internet-Surfer im Eintragsformular Sonderzeichen eingibt, müssten diese durch einen

PHP-Code in HTML-Codierungen umgestellt werden. Jetzt werden die Sonderzeichen so geschrieben, wie sie eingetippt wurden, z. B.:

```
<!--Beginn-->
<p><div style='font-family:arial;font-size:10pt'><b>Name: </b>Der
Bärtige<br>
<b>Email: </b> <a href='mailto:bart@bart.de'> bart@bart.de</a><br>
<b>Datum: </b>29.7.2003 um 10:23:49<br>
<b>Kommentar: </b>Hallöle,
das ist hier ein gutes Gästebuch!
Der Bärtige</div></p><br><br>
```

Der Name «Der Bärtige» müsste eigentlich in HTML-Konvention in die Namensentitäten oder dezimale Entitäten gesetzt werden:

```
Der B&#auml;rtige
Der B&#228;rtige
```

Dies gilt auch für alle anderen deutschen Umlaute und auch für alle Sonderzeichen. Wir müssen im PHP-Code also eine Konvertierung durchführen. Dies können Sie über zwei Wege erreichen:

1. Jedes einzelne Zeichen durch die Namensentität oder dezimale Entität ersetzen. Dazu müssen Sie die Funktion *str_replace()* verwenden.
2. Automatische Ersetzung alle Sonderzeichen und Umlaute durch die PHP-Funktionen *htmlentities()* und *htmlspecialchars()*.

Die erste Methode ist umfangreich. Sie müssten mit Hilfe der Funktion *str_replace()* jedes einzelne Sonderzeichen angeben und ersetzen, z. B.:

```
$message=str_replace("ä","&auml;",$message);
$message=str_replace("ö","&ouml;",$message);
$message=str_replace("ü","&uuml;",$message);
```

Dies macht den Code natürlich lang. Es gibt eine einfachere Methode. Dazu werden lediglich einmal die Funktionen *htmlentities()* und *html-specialchars()* aufgerufen. *htmlentities()* ersetzt pauschal sämtliche Umlaute und Sonderzeichen durch die entsprechende Namensentität.

*htmlspecialchars()* ersetzt dagegen pauschal folgende vier Sonderzeichen:

- ▪ & (das kaufmännische Und) wird in die Namensentität *&amp;* konvertiert.
- ▪ " (das doppelte Anführungszeichen) wird in die Namensentität *&quot;* konvertiert.
- ▪ ' (das einfaches Anführungszeichen) wird in die Entität *&#039;* konvertiert.
- ▪ < (kleiner als) wird in die Namensentität *&lt;* konvertiert.
- ▪ > (größer als) wird in die Namensentität *&gt;* konvertiert.

Das Aufrufen dieser beiden Funktionen ist wesentlich einfacher und kürzer, als über *str_replace()* jedes einzelne Zeichen zu ersetzen. Sie bauen in den letzten Code nur vier weitere Codezeilen ein, und zwar nachdem das Datum und die Uhrzeit ermittelt wurde, und bevor der Gästebucheintrag inklusive HTML-Tags generiert wird. An diese Position müssen Sie diese Zeilen einfügen:

```
$nachname=htmlspecialchars($nachname);
$kommentar=htmlspecialchars($kommentar);
$nachname=htmlentities($nachname);
$kommentar=htmlentities($kommentar);
```

*Hinweis:*
Das Eingabefeld für die E-Mail-Adresse darf nicht über *htmlentities()* konvertiert werden, weil in der Mail-Adresse einerseits keine Umlaute gestattet sind. Andererseits würde durch *htmlentities()* das @-Zeichen in eine dezimale Entität (*&#54;*) konvertiert werden.

Zuerst rufen wir zweimal *htmlspecialchars()* auf. Dies liegt daran, dass wir zuerst die fünf Sonderzeichen in die HTML-Konvention codieren sollten. An *htmlspecialchars*() wird zuerst die Variable *$nachname* übergeben. Die Funktion nimmt eine Konvertierung der Zeichen vor (falls welche vorhanden sind). Das Ergebnis der Konvertierung wird wieder der Variablen *$nachname* zugewiesen. Dies führen wir auch noch mit der Variablen *$kommentar* durch.

*Hinweis:*
*htmlspecialchars()* ist nur dann nötig, wenn HTML-Codes im Gästebuch eingegeben werden.

Anschließend rufen wir *htmlentities()* auf. An die Funktion übergeben wir wieder zuerst die Variable *$nachname* und dann *$kommentar*, denen wir den Rückgabewert der Funktion jeweils wieder zuweisen.
Warum sollte *htmlspecialchars()* vor *htmlentities()* aufgerufen werden? Dies liegt daran, dass die Sonderzeichen, die über *htmlentities()* konvertiert werden, alle mit dem &-Symbol beginnen. Würde dann erst *htmlspecialchars()* aufgerufen werden, würde dieses &-Symbol in eine entsprechende Entität umgewandelt werden. Dies ist nicht gut, denn dadurch würden die gewandelten Sonderzeichen im Browser nicht dargestellt werden!

*Hinweis:*
In Anhang 13.4 finden Sie einen Überblick über die Umlaute und Sonderzeichen sowie deren Namensentitäten und dezimalen Entitäten.

## 5.2.3 Umbrüche beachten

Bisher sind die Zeilenumbrüche unberücksichtigt geblieben, die ein Internet-Surfer im Kommentar-Feld eingibt, in dem er mehrfach die ⏎ -Taste drückt. Diese werden jetzt aber nicht als Zeilenumbruch nach HTML übernommen. Im HTML-Code finden sich zwar Zeilenumbrüche, diese wurde aber nicht über das *<br>*-Tag erzeugt, sondern über die ⏎ -Taste. Dies wird allerdings von HTML ignoriert. Deshalb müssen wir diese Zeilenumbrüche in das *<br>*-Tag konvertieren.
In den nachfolgenden beiden Abbildungen sehen Sie das Dilemma. Im Kommentar-Feld beim Eintrag des Gästebuchs sind Zeilenumbrüche vorhanden.

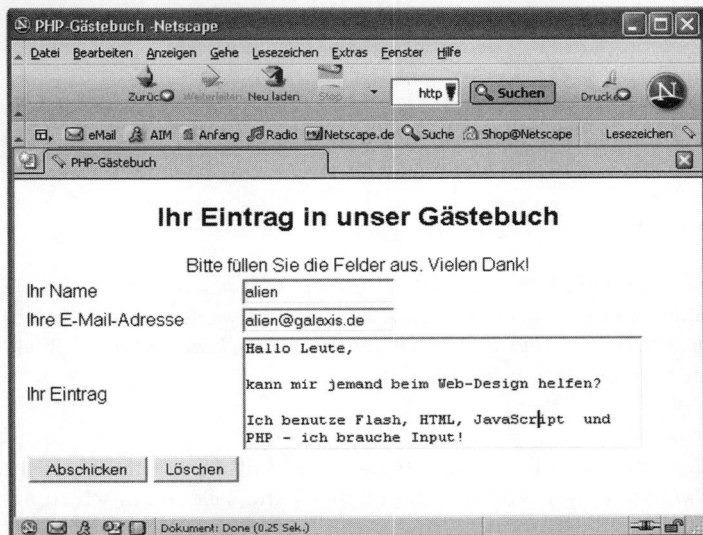

HTML übernimmt jedoch nicht diese Zeilenumbrüche. Der Text aus dem Kommentarfeld wird im Gästebuch an einem Stück angezeigt.

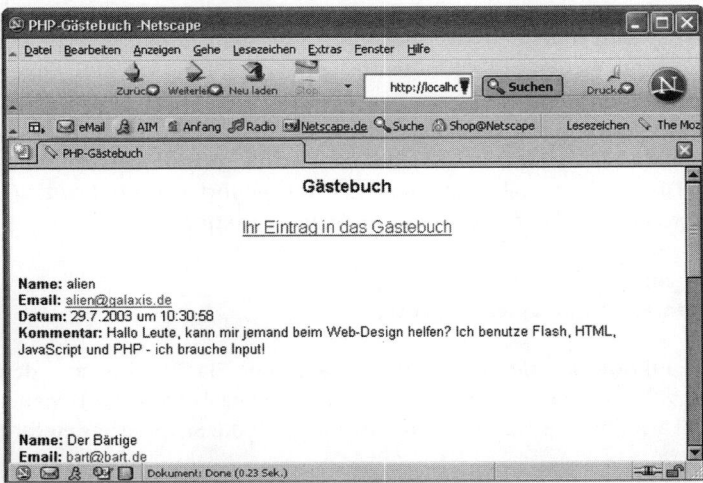

Auch hier kommt uns wieder PHP zu Hilfe. Denn es gibt eine Funktion, die Zeilenumbrüche, die in Eingabefeldern über ⏎-Taste getätigt wurden, in <br>-Tags konvertiert. Die Funktion lautet *nl2br()*. Sie konvertiert sämtliche Zeilenumbrüche in <br>-Tags. Diese sehr praktische Funktion brauchen wir auch nur einmal aufzurufen, und zwar nach dem letzten Aufruf von *htmlentities()*:

```
$kommentar=nl2br($kommentar);
```

An die Funktion *nl2br()* (die Abkürzung steht für *new line to br*) wird die Variable *$kommentar* übergeben. Nach der Konvertierung der Zeilenumbrüche in <br>-Tags weisen wir der Variablen *$kommentar* den Rückgabewert der Funktion zu.

*Hinweis:*
Die Eingabefelder für den Namen und die E-Mail-Adresse braucht nicht über *nl2br()* konvertiert werden, weil hier keine Zeilenumbrüche möglich und auch nicht sinnvoll sind.

## 5.2.4 Stripslashes

Eine weitere Besonderheit sind die so genannten Stripslashes. Diese treten dann auf, wenn in dem Eingabefeld ein einfaches oder ein doppeltes Anführungszeichen eingegeben wird. Dann taucht nämlich vor den Anführungszeichen ein Backslash (\) auf, wie Sie der nachfolgenden Abbildung entnehmen können.
Dies sieht natürlich nicht sehr schön aus. Auch hier können wir durch den Aufruf einer einfachen PHP-Funktion die Stripslashes unterbinden. Die Funktion heißt *stripslashes()* und gehört wie *htmlentities()*, *htmlspecialchars()* und *nl2br()* zu den String-Funktionen:

```
$nachname=stripslashes($nachname);
$kommentar=stripslashes($kommentar);
```

Die Funktion *stripslashes()* entfernt sämtliche Backslashes aus den Strings *$nachname* und *$kommentar*. Der Rückgabewert wird wieder diesen Variablen zugeordnet. Damit sind auch die Stripslashes elegant entfernt.

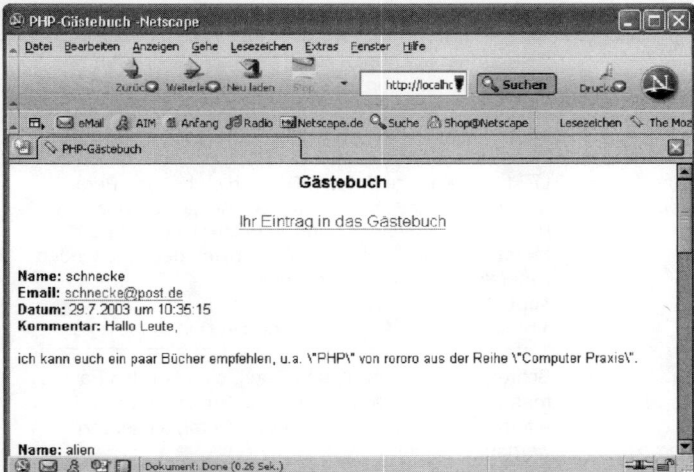

*Hinweis:*

Das Eingabefeld für die E-Mail-Adresse braucht nicht über *stripslashes()* bearbeitet werden, weil in der Mail-Adresse keinerlei Anführungszeichen (oder auch Backslashes) gestattet sind.

# 5.3 Die Datei-Funktionen im Überblick

In der nachfolgenden Tabelle finden Sie einen Überblick über die gebräuchlichsten Dateifunktionen von PHP.

| Funktion | Beschreibung und Beispiel |
|---|---|
| *fopen*<br>*(datei, modus)* | Öffnet eine Datei. Der Rückgabewert ist ein Handler (Dateizeiger), der auf die Datei zeigt. Der erste Übergabeparameter *datei* ist ein String, der den Dateinamen (eventuell inklusive Pfad) enthält. Der zweite Parameter *modus* kann folgende Werte enthalten:<br>*r:* Öffnet eine Datei zum Lesen.<br>*r+:* Öffnet eine Datei zum Schreiben und Lesen.<br>*w:* Öffnet eine Datei zum Schreiben.<br>*w+:* Öffnet eine Datei zum Schreiben und Lesen.<br>*a:* Öffnet eine Datei zum Schreiben. Informationen werden an das Ende der Datei angehängt. |

| Funktion | Beschreibung und Beispiel |
|---|---|
| | *a+*:   Öffnet eine Datei zum Lesen und Schreiben. Informationen werden an das Ende der Datei angehängt. Beispiel: <br> `$datei=fopen("start.html","r");` |
| *fread* <br> *(zeiger, anz)* | Liest aus einer geöffneten Datei, die über den Parameter *zeiger* angegeben wird, die Menge von *anz* Bytes. Um eine ganze Datei zu laden, kann über die Methode *filesize()* die Anzahl der Bytes der zu ladenden Datei ermittelt werden. Beispiel: <br> `$datei=fopen("start.html","r");` <br> `$inhalt=fread($datei,filesize($datei));` |
| *fwrite* <br> *(zeiger, txt)* <br> *fputs* <br> *(zeiger, txt)* | Schreibt in einer geöffneten Datei, die über den Parameter *zeiger* angegeben wird, den String *txt* hinein. Alternativ kann auch die Funktion *fputs()* eingesetzt werden. Beispiel: <br> `$datei=fopen("start.html","w");` <br> `fwrite($datei,"Hallo!!!!");` |
| *fclose(zeiger)* | Schließt eine geöffnete Datei. An die Funktion muss der Dateizeiger der geöffneten Datei übergeben werden. Beispiel: <br> `$datei=fopen("start.html","r");` <br> `fclose($datei);` |
| *file_exists* <br> *(datei)* | Prüft, ob *datei* existiert. Der Übergabeparameter *datei* enthält den Dateinamen als String. Der Rückgabewert ist *true*, wenn *datei* existiert, andernfalls ist er *false*. Beispiel: <br> `$vorhanden=file_exists("index.html");` |
| *filesize(datei)* | Ermittelt die Dateigröße in Byte. Der Übergabeparameter *datei* enthält den Dateinamen als String. Beispiel: <br> `$groesse=filesize("index.html");` |
| *feof(zeiger)* | Prüft, ob der Dateizeiger *zeiger* auf das Ende der Datei zeigt. Beispiel: <br> `$datei=fopen("start.html","a");` <br> `feof($datei);` |
| *fileatime(datei)* | Ermittelt das Datum und die Uhrzeit der letzten Änderung einer Datei. Der Übergabeparameter *datei* enthält den Dateinamen als String. Beispiel: <br> `$t=fileatime("test.php");` |

| Funktion | Beschreibung und Beispiel |
|---|---|
| fpassthru (zeiger) | Lädt eine Datei, auf die via zeiger gezeigt wird, und stellt die Inhalte im Browser-Fenster dar. Beispiel:<br>`$datei=fopen("start.html","a");`<br>`fpassthru($datei);` |
| ftell(zeiger) | Ermittelt die aktuelle Position des Dateizeigers innerhalb einer Datei, die geladen wird. Die Positionsangabe erfolgt in Bytes. Beispiel:<br>`$datei=fopen("start.html","r");`<br>`$inhalt=fread($datei,filesize($datei));`<br>`$pos=ftell($datei);` |
| fseek (zeiger,pos,wh) | Setzt den Dateizeiger innerhalb einer Datei an eine neue Position. Der erste Parameter zeiger ist der Dateizeiger einer geöffneten Datei. Der Parameter pos gibt die Position in Bytes an. Der dritte Parameter wh ist ab PHP 4.0 vorhanden und optional. Er kann drei Werte annehmen:<br>SEEK_SET: Setzt die Position des Dateizeigers an die in pos angegebene Bytezahl.<br>SEEK_CUR: Setzt die Position auf die aktuelle Position plus pos Bytes.<br>SEEK_END: Setzt die Position an das Ende der Datei zuzüglich pos Bytes.<br>Wird der dritte Parameter wh weggelassen, so wird die Einstellung SEEK_SET angenommen. Beispiel:<br>`$datei=fopen("start.html","r");`<br>`$groesse=filesize($datei);`<br>`fseek($datei,$groesse/2,SEEK_SET);` |
| ftruncate (zeiger,laenge) | Kürzt eine Datei, auf die mit zeiger gezeigt wird, auf die Dateigröße laenge. Beispiel:<br>`$datei=fopen("start.html","r");`<br>`$groesse=filesize($datei);`<br>`ftruncate($datei,$groesse/2);` |
| readfile(datei) | Lädt eine Datei und stellt die Inhalte im Browser-Fenster dar. Die Funktion arbeitet ähnlich wie fpassthru(), jedoch mit dem Unterschied, dass der Übergabeparameter datei an readfile() ein String ist, der den Dateianmen enthält. Ein Dateizeiger ist nicht nötig. Die Funktionen fopen() und fread() sind nicht nötig. Beispiel:<br>`readfile("start.html");` |

| Funktion | Beschreibung und Beispiel |
|----------|---------------------------|
| *rewind(zeiger)* | Setzt den Dateizeiger innerhalb einer Datei wieder an den Dateianfang. Der erste Parameter *zeiger* ist der Dateizeiger einer geöffneten Datei. Beispiel:<br>`$datei=fopen("start.html","r");`<br>`$inhalt=fread($datei,filesize($datei));`<br>`rewind($datei);` |
| *tmpfile()* | Erzeugt eine temporäre Datei. Die Datei besitzt einen eindeutigen Dateinamen und gibt einen Dateizeiger zurück (wie bei *fopen()*). Die Datei wird gelöscht, wenn sie über *fclose()* geschlossen oder das PHP-Skript beendet wird. Beispiel:<br>`$datei=tmpfile();`<br>`fwrite($datei,"Hallo!!!!");` |
| *tempname (verz,name)* | Erzeugt eine neue Datei mit dem Dateinamen *name* im Verzeichnis *verz*. Der Rückgabewert ist ein String, der den erzeugten Dateinamen enthält. Anders als *tmpfile()* müssen Sie die erzeugte Datei manuell über *unlink()* löschen, wenn diese nicht mehr benötigt wird. Beispiel:<br>`$neue_datei=tempname("/temp","test.txt");`<br>`$datei=fopen($neue_datei,"w");`<br>`fwrite($datei,"Hallo!!!!");`<br>`fclose($datei);`<br>`unlink($neue_datei);` |
| *unlink (datei)* | Löscht eine Datei mit dem Dateinamen *datei*. Beispiel:<br>`unlink("test.html");` |
| *chmod (datei, modus)* | Ändert die Zugriffsrechte zum Lesen und Schreiben einer Datei, die den Namen *dateiname* trägt. Für *modus* wird das Zugriffsrecht als Oktalzahl angegeben. Die Funktion ist unter Windows nicht verfügbar. Beispiel:<br>`chmod("counter.txt",777);` |

# 5.4 Escape-Sequenzen

Escape-Sequenzen dienen zur Steuerung der Ausgabe. Sie stammen eigentlich aus den 70er Jahren, als es noch keine grafischen Darstellungen gab. Um eine formatierte Ausgabe zu erreichen, musste man zu Escape-Sequenzen greifen, die für einen Zeilenumbruch, für einen Tabulator usw. vorgesehen waren. Diese werden durch einen Backslash (\) eingeleitet. Am verbreitetsten ist \n für einen Zeilenumbuch und \r für eine Leerzeile. In der nachfolgenden Tabelle finden Sie einen Überblick über einige wichtige Escape-Sequenzen.

| Escape-Sequenz | Beschreibung |
| --- | --- |
| \n | Einen Zeilenumbruch durchführen (new line) |
| \b | Ein Zeichen zurück (backspace) |
| \r | Einfügen einer Leerzeile (return) |
| \f | Ein Seitenvorschub (formfeed) |
| \t | Einen Tab setzen (tabulator) |
| \' | Ein einfaches Anführungszeichen setzen |
| \" | Ein doppeltes Anführungszeichen setzen |
| \\ | Einen Backslash setzen |

# 5.5 Zusammenfassung

- PHP kann Dateien laden, diese verändern und schreiben.
- Eine Datei muss zuerst über *fopen()* geöffnet werden.
- Über die Methode *fread()* wird der Inhalt der Datei eingelesen und einer Variablen zugewiesen.
- Die Datei muss nach dem Einlesen über *fclose()* geschlossen werden.
- Eine Datei kann über *fopen*() nur zum Lesen (Parameter *r*), zum Schreiben (Parameter *w*) oder zum Anhängen von Daten an die Datei (Parameter *a*) geöffnet werden.
- Die Methode *filesize()* ermittelt die Größe der Datei.
- Ob eine zu öffnende Datei existiert, kann über die Funktion *file_exits()* geprüft werden.
- Zum Schreiben von Daten in eine Datei wird die Funktion *fwrite()* eingesetzt.
- Fehler beim Öffnen, Lesen oder Schreiben einer Datei können über *@, or die()* oder *or exit()* abgefangen werden.

■ Escape-Sequenzen dienen dazu, in Textdateien eine einfache Art der Formatierung zu erreichen, z. B. durch einen Zeilenumbruch über \n.

■ PHP ersetzt über die String-Funktionen *htmlentities()* und *htmlspecialchars()* alle Sonderzeichen.

■ Zeilenumbrüche über \n werden automatisch über die String-Funktion *n2lbr()* in das HTML-Tag *<br>* konvertiert.

■ Backslashes, die bei der Verarbeitung von Formularen auftreten, werden über die String-Funktion *stripslashes()* entfernt.

# 5.6 Übung

## Aufgabe 11

Erläutern Sie den allgemeinen Ablauf bei einem Dateizugriff zum Laden einer Datei.

## Aufgabe 12

Erläutern Sie den Unterschied zwischen den Methoden zum Abfangen von Fehlern über @ und *or die()*.

## Aufgabe 13

Erläutern Sie, warum nach einem Dateizugriff die Methode *fclose()* ausgeführt werden muss.

## Aufgabe 14

Der nachfolgende Code zum Schreiben einer Datei enthält drei Fehler. Finden Sie diese und korrigieren Sie den Code.

```php
<?php
    $d="dat.txt";
    $text="Dies ist ein Test";
    if(file_exists($d)) {
```

```
      $datei=fopen("w");
         or die("Kann nicht &ouml;ffnen...");
      if($datei) {
         $dateigroesse=filesize($d);
         fwrite($datei);
            or die("Kann nicht schreiben...");
      }
   fclose($d);
   }
?>
```

# 6 Daten in CSV-Dateien speichern und laden

Nachdem Sie im letzten Kapitel die Dateioperationen kennen gelernt haben, beschäftigen wir uns in diesem Kapitel mit weitergehenden Dateioperationen. Wie können Kundendaten (z. B. Namen, Adressen usw.) gespeichert werden, die über Formulare auf einer Web-Seite eingegeben werden? Hier bietet sich natürlich eine Datenbank an. Wer im Rahmen seiner Web-Präsenz jedoch nicht über eine Datenbank verfügt oder den umfangreicheren Code für Datenbankzugriffe nicht erstellen möchte, für den gibt es eine gute Alternative: das CSV-Format.

In diesem Kapitel werden wir eine einfache Anwendung programmieren. Ein Internet-Surfer soll einen Newsletter abonnieren können. Der Anwender hinterlässt in einem Formular seinen Namen und seine Mail-Adresse. Diese Daten werden in einer CSV-Datei gespeichert. Diese können wir nämlich später wieder nutzen, um den Newsletter serverseitig per E-Mail zu versenden.

## 6.1 Was ist CSV?

CSV ist ein einfaches, aber auch effizientes Format zur schnellen Speicherung von Daten. In dem Format *Comma Separated Values* befinden sich die Datensätze jeweils in einer Zeile. Die einzelnen Daten eines Datensatzes sind durch ein Trennsymbol (z. B. ein Semikolon, Komma usw.) voneinander getrennt. Das Trennsymbol muss einheitlich sein, damit externe Programme die einzelnen Daten zu den Datensätzen zuordnen können. CSV ist ein einfaches Textformat, das von vielen Tabellenkalkulationsprogrammen (z. B. Excel, Calc von OpenOffice) und Datenbanken (Access, Filemaker usw.) gelesen und geschrieben werden kann.

Das CSV-Dateiformat stammt aus den 80er Jahren, als viele Tabellenkalkulations- und Datenbank-Programme eigene Dateiformate hatten, die untereinander nicht kompatibel waren. Mit CSV wurde ein einfaches Format geschaffen, über das man Daten zwischen verschiedenen Programmen austauschen konnte. CSV kann natürlich eine echte Datenbank nicht ersetzen. Datenbanken sind viel flexibler als CSV-Dateien. Haben Sie viele Daten, die z. B. von Ihren Kunden eingetragen und aktualisiert werden, ist CSV nicht geeignet. Hier ist eine Datenbank besser geeignet. Haben Sie jedoch nur wenige Informationen, die gespeichert werden sollen, bietet sich eine CSV-Datei an. Die Arbeit mit CSV ist dann einfacher.

## 6.2 Aufbau und Erstellen einer CSV-Datei

Der Aufbau einer solchen CSV-Datei kann für unser Newsletter-Beispiel so aussehen:

```
michael;webmaster@xxx.xx;19.08.2003;12:45:45
sabine;sabine@xxx.xx;21.08.2003;10:12:45
andreas;andreas@xxx.xx;22.08.2003;7:50:11
```

Es liegen hier drei Datensätze vor. Jeder Datensatz besteht aus vier Informationen:

- Der Name.
- Die E-Mail-Adresse.
- Datum des Eintrags.
- Uhrzeit des Eintrags.

Diese vier Informationen sind voneinander durch ein Semikolon getrennt. Das Ende einer jeden Zeile wird jedoch nicht mit einem Semikolon abgetrennt. Neue Datensätze werden an das Ende einer CSV-Datei in je einer Zeile angehängt. Dabei müssen die einzelnen Informationen natürlich über das Trennsymbol voneinander getrennt werden.
Der Dateiname einer CSV-Datei kann beliebig gewählt werden. Die Dateiendung sollte jedoch .csv lauten, damit externe Programme (Excel, Access, OpenOffice ...) die Datei als CSV-Datei erkennen können.

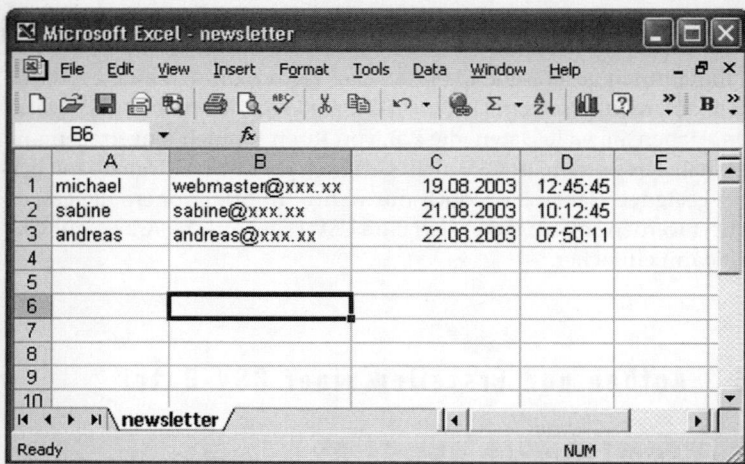

Die Abbildung zeigt die obige CSV-Datei in Excel XP an. Sie können die Daten in Excel editieren und neu als CSV-Datei speichern. Dies ist ideal für eine Nachbearbeitung und Wartung der Daten.

Wie erstellen Sie eine solche CSV-Datei? Das geht ganz einfach: In Ihrem Text-Editor legen Sie in neues, leeres Dokument an und speichern dieses als Textdatei mit der Dateiendung *.csv* ab. Die CSV-Datei sollte in dem Verzeichnis gespeichert werden, in dem Sie auch Ihre PHP-Dateien ablegen. Wenn sie möchten, können Sie auch einen ersten Datensatz in die CSV-Datei mit Ihrem Text-Editor eingeben.

# 6.3 Daten in einer CSV-Datei speichern

Um die Daten in einer CSV-Datei zu speichern, sind folgende Schritte nötig:

1. In einer HTML-Datei mit Formularfeldern werden die Felder vom Anwender ausgefüllt.
2. Ein PHP-Skript wertet die Daten aus den Feldern aus.
3. Im PHP-Skript wird der neue Datensatz mit den Daten erstellt.
4. Das PHP-Skript lädt die CSV-Datei und fügt den Datensatz an das Ende der CSV-Datei an.
5. Die CSV-Datei wird neu geschrieben.

Wir benötigen dazu drei Dateien:

1. Eine HTML-Datei mit den Formularfeldern (*eintrag.html*).
2. Eine PHP-Datei, die die Auswertung und das Schreiben in die CSV-Datei vornimmt (*user.php*).
3. Die CSV-Datei, die die konkreten Datensätze enthält (*newsletter.csv*).

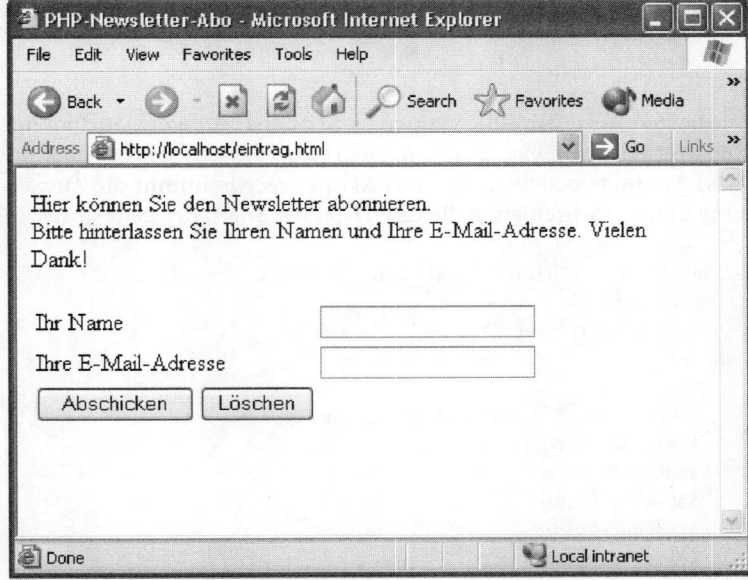

Die Abbildung zeigt das Formularfeld. Es enthält nur zwei Eingabefelder für den Namen und die Mail-Adresse. Der HTML-Code sieht so aus:

```
<!DOCTYPE html PUBLIC "-//W3C//DTD HTML 4.01 Transitional//EN">
<html><head>
<title>PHP-Newsletter-Abo</title></head>
<body>
Hier k&ouml;nnen Sie den Newsletter abonnieren.<br>
Bitte hinterlassen Sie Ihren Namen und Ihre E-Mail-Adresse.
Vielen Dank!<br><br>
<form method="post" action="user.php">
<table border="0">
<tr>
```

```
<td>Ihr Name</td>
<td><input type="text" name="nachname"></td></tr>
<td>Ihre E-Mail-Adresse</td>
<td><input type="text" name="mail"></td></tr>
<tr>
<td><input type="submit" value="Abschicken">
<input type="reset" value="Löschen"></td></tr>
</table>
</form></div>
</body></html>
```

Die beiden Formularfelder verfügen jeweils über ein *name*-Attribut mit den Werten *nachname* und *mail*. Die Formulardaten werden über die *POST*-Methode gesendet. Das PHP-Skript *user.php* nimmt die Auswertung und das Schreiben in die CSV-Datei vor. Die Datei sieht so aus:

```
<!DOCTYPE html PUBLIC "-//W3C//DTD HTML 4.01 Transitional//EN">
<html><head>
<title>PHP-Newsletter-Abo</title></head>
<body>
<?php
    $nachname=$HTTP_POST_VARS['nachname'];
    $mail=$HTTP_POST_VARS['mail'];
    $punkt=".";
    $dpunkt=":";
    $trenner=";";
    $datum=date(d);
    $datum.=$punkt;
    $datum.=date(m);
    $datum.=$punkt;
    $datum.=date(Y);
    $zeit=date(G);
    $zeit.=$dpunkt;
    $zeit.=date(i);
    $zeit.=$dpunkt;
    $zeit.=date(s);
    //Jetzt einen neuen Datensatz erstellen:
    if($nachname=="") {
        $nachname="-";
    }
    if($mail!="") {
```

```
        $datensatz=$nachname;
        $datensatz=$trenner;
        $datensatz.=$mail;
        $datensatz.=$trenner;
        $datensatz.=$datum;
        $datensatz.=$trenner;
        $datensatz.=$zeit;
        $datensatz.="\n";
        //Jetzt den neuen Datensatz an das Ende
        //der Datei newsletter.csv anhängen...
        $bol=file_exists("newsletter.csv");
        if($bol) {
            $datei=fopen("newsletter.csv","a");
            if($datei) {
                $output=fwrite($datei,$datensatz);
                fclose($datei);
                print("<p>Vielen Dank f&uuml;r Ihren
                        Eintrag.<br>");
                print("Sie bekommen den Newsletter jetzt
                        regelm&auml;&szlig;ig
                        zugeschickt<br>");
            }
        }
        else {
            print("<p>Daten konnten nicht in die Datei
                    geschrieben werden.<br>");
        }
    }
    else {
        print("<p>Bitte geben Sie eine Mail-Adresse
                ein.<br>");
        print("<a href='javascript:history.back()'>
                Zur&uuml;ck</a>");
    }
?>
</body></html>
```

Zu Beginn des Codes definieren wir drei Variablen:

```
$punkt=".";
$dpunkt=":";
$trenner=";";
```

*$punkt* wird bei der Trennung des Datums benutzt, *$dpunkt* bei der Trennung der Uhrzeit, und *$trenner* ist das Trennsymbol, das jede Information innerhalb eines Datensatzes voneinander trennt. Anschließend wird wie bekannt das Datum und die Uhrzeit des Eintrags ermittelt und in den Variablen *$datum* und *$zeit* gesichert. Jetzt kann ein neuer Datensatz erstellt werden. Dazu prüfen wir zuerst, ob das Eingabefeld für den Namen leer ist:

```
if($nachname=="") {
    $nachname="-";
}
```

Ist dies der Fall, erhält die Variable *$nachname* den String "-" zugewiesen. Dies ist für den Fall, dass der Internet-Surfer keinen Namen eingegeben hat. Im nächsten Schritt müssen wir noch das Eingabefeld für die Mail-Adresse prüfen. Hier muss auf jeden Fall eine Eingabe vorhanden sein:

```
if($mail!="") {
```

Hier prüfen wir, ob der Inhalt von *$mail* ungleich einem leeren String ist, d. h. dass etwas enthalten ist. Ist dies der Fall, wird der nachfolgende Programmblock ausgeführt, in dem der Datensatz erstellt und an das Ende der CSV-Datei angehängt wird. Ist jedoch in *$mail* nichts enthalten, führt PHP den *else*-Block aus, der sich am Ende des PHP-Abschnitts befindet. Hierüber gelangt der Internet-Surfer wieder zurück auf die Seite *eintrag.html*:

```
else {
    print("<p>Bitte geben Sie eine Mail-Adresse
            ein.<br>");
    print("<a href='javascript:history.back()'>
            Zur&uuml;ck</a>");
}
```

Jetzt sehen wir uns noch den Programmblock an, der ausgeführt wird, wenn eine Mail-Adresse eingegeben wurde. Zuerst konstruieren wir den Datensatz:

```
$datensatz=$nachname;
$datensatz.=$trenner;
$datensatz.=$mail;
$datensatz.=$trenner;
$datensatz.=$datum;
$datensatz.=$trenner;
$datensatz.=$zeit;
$datensatz.="\n";
```

Einen Datensatz speichern wir in der Variablen *$datensatz*. Zuerst erhält die Variable den Inhalt von *$nachname*. Daran wird die Variable *$trenner* angehängt. Dies ist das Trennsymbol (*;*), das einheitlich in der ganzen CSV-Datei genutzt werden muss. Daran wird der Inhalt von *$mail* angehängt, und es folgt erneut *$trenner*. Dann kommt das Datum aus *$datum*, wieder *$trenner* und *$zeit*. Zum Abschluss folgt die Escape-Sequenz \*n*. Dies ist wichtig, denn dadurch wird nach dem Datensatz ein Zeilenumbruch in der Datei durchgeführt. Der nächste Datensatz, der angehängt wird, steht damit in der nachfolgenden Zeile. Ansonsten würden alle Datensätze hintereinander gehängt werden.

Damit haben wir unseren Datensatz in der Variablen *$datensatz* erzeugt und können diesen an das Ende der CSV-Datei anhängen. Dazu müssen wir die CSV-Datei laden. Zuerst prüfen wir wieder, ob die CSV-Datei existiert:

```
$bol=file_exists("newsletter.csv");
if($bol) {
    $datei=fopen("newsletter.csv","a");
```

Ist der Rückgabewert von *file_exists()* *true*, können wir die CSV-Datei öffnen. Dazu nutzen wir wieder *fopen()*. Der erste Parameter ist wie bekannt der Dateiname der CSV-Datei. Der zweite Parameter ist neu. Statt *r* oder *w* verwenden wir hier *a*. Dies steht für *append* und öffnet die Datei zum Schreiben, wobei aber der Datensatz an das Ende der Datei angehängt wird. Im nächsten Schritt prüfen wir, ob die Datei zum Anhängen eines neuen Datensatzes geöffnet werden konnte:

```
if($datei) {
    $output=fwrite($datei,$datensatz);
    fclose($datei);
```

```
    print("<p>Vielen Dank f&uuml;r Ihren
            Eintrag.<br>");
    print("Sie bekommen den Newsletter jetzt
            regelm&auml;&szlig;ig zugeschickt<br>");
}
```

Ist der Rückgabewert von *fopen()* *true*, können wir den neuen Datensatz anhängen. Dies geschieht über die Funktion *fwrite()*. An die Funktion wird der Dateizeiger übergeben (*$datei*). Der zweite Übergabeparameter ist die Variable *$datensatz*, die den neuen Datensatz enthält. Anschließend wird über *fclose()* die geöffnete Datei geschlossen, und der Internet-Surfer bekommt eine Textausgabe im Browser zu sehen, dass die Daten erfolgreich geschrieben wurden.

### Die CSV-Datei automatisch von PHP erzeugen

Der Code dieses Abschnitts setzt eine vorhandene CSV-Datei voraus. Das bedeutet, Sie müssen in Ihrem Text-Editor eine CSV-Datei erzeugen, die leer sein kann und die Sie auf den Server überspielen müssen. Dieser Schritt ist jedoch nicht unbedingt nötig. Sie können auf das manuelle Erzeugen der CSV-Datei verzichten. Denn PHP erledigt dies für Sie.

Dazu müssen Sie nur die *file_exists()*-Funktion und die anschließende *if*-Abfrage entfernen, sodass nur dieser Code vorhanden ist:

```
//Jetzt den neuen Datensatz an das Ende
//der Datei newsletter.csv anhängen...
$datei=fopen("newsletter.csv","a");
if($datei) {
    $output=fwrite($datei,$datensatz);
    fclose($datei);
    print("<p>Vielen Dank f&uuml;r Ihren
            Eintrag.<br>");
    print("Sie bekommen den Newsletter jetzt
            regelm&auml;&szlig;ig zugeschickt<br>");
}
else {
    print("<p>Bitte geben Sie eine Mail-Adresse
            ein.<br>");
```

```
    print("<a href='javascript:history.back()'>
             Zur&uuml;ck</a>");
}
```

Der Anfang ist völlig identisch, es wurde nur eine *if*-Abfrage entfernt. Dies ist nötig, denn *file_exits()* prüft ja auf die Existenz einer Datei. Da die CSV-Datei noch nicht erzeugt wurde, würde beim ersten Start des Codes der Inhalt der *if*-Abfrage falsch sein und somit die Datei nicht geöffnet werden. Daher müssen wir die Funktion *file_exists()* und die *if*-Abfrage entfernen. Was passiert jetzt, wenn PHP diesen Code ausführt und keine CSV-Datei vorhanden ist? PHP ist so freundlich und wirft beim Ausführen der Zeile

```
$datei=fopen("newsletter.csv","a");
```

keine Fehlermeldung aus. Ist die CSV-Datei nicht vorhanden, wird in dieser Codezeile eine leere CSV-Datei angelegt. Wurde dies erfolgreich durchgeführt, gibt die Funktion den Dateizeiger zurück, und es kann Inhalt in die Datei geschrieben werden. Führen Sie einen derartigen Code aus, erzeugt PHP für Sie die CSV-Datei bei der ersten Ausführung.

*Hinweis:*
In diesem Beispiel befindet sich die CSV-Datei in dem Verzeichnis, in dem auch Ihre PHP-Codes liegen. Sie können die CSV-Datei natürlich auch in einem anderen Verzeichnis speichern. Bei den Dateioperationen (*file_exists(), fopen(), frwrite()* usw.) müssen Sie zusammen mit dem Dateinamen den Pfad zu dem Verzeichnis angeben. Der Ausgangspunkt ist auch hier immer das aktuelle Verzeichnis, in dem Ihre PHP-Codes liegen (und das als *DocumentRoot*-Verzeichnis in der Apache-Installation angegeben ist).

## 6.4 CSV-Dateien laden

Das Laden einer CSV-Datei geschieht ähnlich wie z. B. das des Gästebuchs. Man könnte jetzt zu *fopen()* und insbesondere *fread()* greifen, um die CSV-Datei zu laden. Das ist in Ordnung, hat jedoch den eklatanten Nachteil, dass dann der gesamte Inhalt der Datei in einer Variablen steht. Wie können die einzelnen Daten eines Datensatzes ausgelesen werden? Beispielsweise wenn wir nur die E-Mail-Adresse wissen wollen (dies benötigen wir später für den Versand des Newsletters)? Es gibt spezielle Lade-Funktionen, die wir hier gut einsetzen können. Statt *fread()* gibt es Funktionen wie *fgetcsv()* und *fgets()*, die für unsere Zwecke ideal sind.

Im Nachfolgenden erstellen wir einen PHP-Code, der die CSV-Datei lädt und die Inhalte der CSV-Datei schön formatiert in einer Tabelle anzeigt.

Die Abbildung zeigt eine formatierte Ausgabe. Um dies zu erreichen, muss ein CSV-Datensatz in die einzelnen Daten zerlegt werden. Die einzelnen Daten werden voneinander durch ein Semikolon getrennt. Hier kommt uns die Funktion *fgetcsv()* zu Hilfe. Diese Funktion liest nämlich eine Zeile und spaltet die einzelnen Einträge anhand eines Trennsymbols auf – genau das, was wir jetzt brauchen! Der Code zum Anzeigen des Inhalts der CSV-Datei sieht so aus:

```
<!DOCTYPE html PUBLIC "-//W3C//DTD HTML 4.01 Transitional//EN">
<html><head>
<title>Laden und Anzeigen einer CSV-Datei</title></head>
<body>
<?php
    $zeile=0;
    $bol=file_exists("newsletter.csv");
    if($bol) {
        $datei=fopen("newsletter.csv","r");
        if($datei) {
            print("<p>Folgende User haben den
                    Newsletter abonniert:</p>");
            print("<table border='1'>");
            $dateigroesse=filesize("newsletter.csv");
            $data=fgetcsv($datei,$dateigroesse,";");
            while($data!=false) {
                print("<tr>");
                $zeile++;
                print("<td>");
                print($row);
                print("</td>");
                $spalten=count($data);
                for($c=0;$c<$spalten;$c++) {
                    print("<td>");
                    print($data[$c]);
                    print("</td>");
                }
                print("</tr>");
                $data=fgetcsv($datei,$dateigroesse,";");
            }
            fclose($datei);
        }
    }
?>
</body></html>
```

Zu Beginn des Codes prüfen wir wieder, ob die CSV-Datei *(news-letter.csv)* existiert und geöffnet wurde. Ist dies der Fall, können wir mit dem Aufbau der Tabelle beginnen:

```
print("<p>Folgende User haben den Newsletter
          abonniert:</p>");
print("<table border='1'>");
```

Jetzt können wir die CSV-Datei laden. Währenddessen wird die Tabelle mit den entsprechenden Informationen gefüllt:

```
$dateigroesse=filesize("newsletter.csv");
$data=fgetcsv($datei,$dateigroesse,";");
```

Zuerst stellen wir die Dateigröße der CSV-Datei fest. Dann beginnt das Laden der ersten Zeile aus der CSV-Datei. Dazu nutzen wir die Funktion *fgetcsv()*. Diese Funktion liest konkret eine komplette Zeile aus der CSV-Datei ein. Die Funktion erwartet drei Übergabeparameter:

1. Den Dateizeiger *($datei)*.
2. Die Dateigröße *($dateigroesse)*.
3. Das Trennsymbol, über das die einzelnen Einträge in einer Zeile voneinander getrennt werden *(;)*.

Der Rückgabewert von *fgetcsv()* ist die gelesene Zeile. Jedoch befindet sich die erste Zeile nicht in einem String, sondern *fgetcsv()* spaltet die eingelesene Zeile anhand des Trennsymbols auf. In der Variablen *$data* befindet sich nicht die gesamte Zeile, sondern jeder einzelne Eintrag als eigener String. Man spricht hier von einem *Array*. Innerhalb einer Variablen können mehrere Strings (oder auch Zahlen) gespeichert werden. Das Array für die erste Zeile sieht so aus:

| Erste Spalte | Zweite Spalte | Dritte Spalte | Vierte Spalte |
|---|---|---|---|
| michael | webmaster@xxx.xx | 19.08.2003 | 12:45:45 |

In der Variablen *$data* stehen quasi nebeneinander und voneinander getrennt diese Informationen. Wie sind die einzelnen Einträge nun zugänglich? Der Schlüssel dazu ist die so genannte Indexnummer. Jeder Eintrag in einem Array wird durchnummeriert, beginnend bei 0. Die erste Spalte trägt die Indexnummer 0, die zweite 1, die dritte 2 und die vierte 3:

| Indexnummer 0 | Indexnummer 1 | Indexnummer 2 | Indexnummer 3 |
|---|---|---|---|
| michael | webmaster@xxx.xx | 19.08.2003 | 12:45:45 |

Diese Indexnummer nutzen wir nachher, um gezielt die Daten aus dem Array auszulesen. Die Funktion *fgetcsv()* gibt *false* zurück, wenn das Ende der CSV-Datei erreicht ist. Daher können wir jetzt eine *while*-Schleife einsetzen, die so lange durchlaufen wird, wie der Wert in *$data* ungleich *false* ist:

```
while($data!=false) {
```

Solange *fgetcsv()* etwas anderes als *false* zurückgibt, wird die Schleife durchlaufen.

*Hinweis:*
Die allgemeine Syntax der *while*-Schleife ist in Kapitel 6.8 beschrieben.

Am Ende der *while*-Schleife wird wieder *fgetcsv()* aufgerufen:

```
$data=fgetcsv($datei,$dateigroesse,";");
```

Dadurch wird die nächste Zeile aus der CSV-Datei gelesen. PHP springt an den Anfang der *while*-Schleife, prüft erneut die Bedingung. Falls *false* zurückgegeben wurde, ist das Dateiende erreicht, und der Programmblock wird abgebrochen. Andernfalls wird der Programmblock betreten und die Daten der neu eingelesenen Zeile angezeigt. Dies wird so lange fortgesetzt, bis *fgetcsv()* ein *false* zurückgibt.
Jetzt sehen wir uns intensiver den Programmblock innerhalb der *while*-Schleife an. Da eine neue Zeile über *fgetcsv()* eingelesen wurde, können wir eine neue Tabellenzeile öffnen:

```
print "<tr>";
```

Dann zählen wir eine Variable *$zeile* um eins nach oben:

```
$zeile++;
```

Dies ist eine einfache Zählervariable, die im Endeffekt die Zahl der aktuellen eingelesenen Zeilen des Datensatzes aus der CSV-Datei enthält.

Diese können wir zur Zählung ausgeben, indem wir eine Tabellenzeile in der ersten Spalte der Tabelle öffnen:

```
print("<td>");
print($zeile);
print("</td>");
```

Jetzt müssen wir die Einträge im Array auslesen. Zuerst stellen wir fest, wie viele Einträge in dem Array von $data enthalten sind. Dazu existiert in PHP die praktische count()-Funktion:

```
$spalten=count($data);
```

Die Funktion count() gibt die Anzahl der Felder im Array von $data zurück. Dies sind quasi die Spalten einer imaginären Tabelle, die ähnlich aufgebaut ist wie die Tabelle oben. Die Anzahl der Einträge speichern wir in $spalten. Wir wissen zwar, dass es sich um vier Einträge handeln muss, aber wenn Sie die CSV-Datei um weitere Spalten erweitern, ermittelt count() immer die korrekte Anzahl. Jetzt können wir die vier Einträge aus der Variablen $data automatisiert über eine for-Schleife auslesen:

```
for($c=0;$c<$spalten;$c++) {
    print("<td>");
    print($data[$c]);
    print("</td>");
}
```

Hier zählen wir die Variable $c von 0 ausgehend so lange hoch, wie c kleiner als der Wert von $spalten ist. Es werden alle Felder automatisiert durchgegangen. Für jeden Eintrag öffnen wir eine neue Tabellenzelle über <td>. Jetzt können wir innerhalb der Tabellenzelle den Inhalt des Feldes ausgeben. Ein Feld sprechen Sie über die Indexnummer an (dies ist die Zählervariable $c), die in eckige Klammern gesetzt wird:

```
$data[$c]
```

Dies spricht das Feld mit der Indexnummer $c im Array $data an. Anschließend schließen wir die Tabellenzelle über </td>. Damit ist die *for*-Schleife auch zu Ende. Nach der geschlossenen geschweiften Klammer der *for*-Schleife können wir die gesamte Tabellenzeile über </tr> beenden. Es schließt sich noch der Aufruf von *fgetcsv()* an, über die wieder ein neue Zeile geladen und gegebenenfalls die *while*-Schleife fortgesetzt wird.

Auf die *for*-Schleife können Sie zwar auch verzichten, aber dann wird der Code entsprechend länger. Sie müssten dann direkt nacheinander das Array auslesen:

```
print("<td>");
print($data[0]);
print("</td>");
print("<td>");
print($data[1]);
print("</td>");
print("<td>");
print($data[2]);
print("</td>");
print("<td>");
print($data[3]);
print("</td>");
```

Es ist wohl deutlich ersichtlich, dass dieser Code länger ist. Gerade wenn Sie größere Arrays haben, wird diese Fassung schnell unübersichtlich. Beispielsweise bei einem Diskussionsforum in Verbindung mit einer Datenbank (siehe Kapitel 11) werden Sie mit acht Spalten und mehr in einem Array arbeiten müssen. Da ist eine *for*-Schleife wesentlich kürzer.

## 6.5 Arrays

Über Arrays haben Sie die Möglichkeit, in einer Variablen mehrere Daten zu speichern, die voneinander getrennt sind. Der Begriff Array steht für Feld. Ein Array können Sie sich wie eine Tabelle vorstellen. Ein einfaches Array besteht aus einer Zeile. Die Anzahl der Spalten ist eher unwichtig, denn sie ist variabel. In jeder Spalte der Zeile befinden sich die Daten. Dieses wird auch als Zelle bezeichnet. Dieser Begriff ist bei der Tabellenkalkulation und bei Datenbanken sehr verbreitet. Diese Programme nutzen diese so genannte Tabellenform.

Jede Zelle in einem Array wird durchnummeriert, beginnend mit 0. Dies ist die Indexnummer. Über die Indexnummer haben Sie Zugriff auf jede Zelle.

In PHP ist es nicht nötig, ein Array besonders zu kennzeichnen. Diese sieht zunächst wie eine Variable aus:

```
$test;
```

Anhand des Variablennamens kann man zunächst nicht erkennen, dass es sich um ein Array handelt.

## 6.5.1 Auslesen und Zuweisen

Das Auslesen bzw. das Zuweisen von Werten in ein Element (d. h. einer Zelle) erfolgt über die eckigen Klammern:

```
$test[0]="Guten Morgen";
$test[1]="Tach";
$test[2]="Guten Abend";
```

Das Array *$test* enthält hier drei Elemente. Es sind die drei Strings *Guten Morgen, Tach* und *Guten Abend*. In PHP ist es nicht nötig, das Array besonders zu kennzeichnen oder zu deklarieren. Das Auslesen eines einzelnen Elements innerhalb eines Arrays erfolgt durch die Angabe der Indexnummer:

```
print($test[0]);
```

Diese würde den String *Guten Morgen* ausgeben, nicht jedoch die anderen beiden Strings. Sie könnten auch versuchen, das gesamte Array auszugeben, indem Sie nur die Variable angeben:

```
print($test);
```

Dies gibt jedoch nicht die gesamten Elemente des Arrays aus, sondern nur das Schlüsselwort *Array*. Um den Inhalt eines Arrays auszugeben, müssen Sie jedes einzelne Element nacheinander ausgeben.

*Hinweis:*
Negative Indexnummern (z. B. *$test[-2]*) sind nicht erlaubt. Die Zählung beginnt immer bei *0*.

Arrays sind sehr praktisch. Insbesondere in Verbindung mit einer Schleife (z. B. *for*) kann der Inhalt eines Arrays automatisch durchgezählt und der Inhalt ausgelesen werden.

## 6.5.2 Inhalte von Arrays

In PHP kann ein Array einen beliebigen Inhalt besitzen. Alles das, was Sie einer Variablen zuweisen können, ist auch in einem Array möglich: Strings, Zahlen (Ganzzahlen sowie Fließkommazahlen) und boolsche Werte. Neben den Strings können Sie in einem Array auch «normale» Zahlen speichern:

```
$u[0]=0;
$u[1]=1;
$u[2]=4.2564;
print($u[2]);
```

## 6.5.3 Alternative Syntax

Neben dem Verwenden der eckigen Klammern existiert in PHP noch eine alternative Syntax von Arrays. Diese sollten Sie kennen, denn sie ist ebenfalls sehr verbreitet und taucht in vielen PHP-Skripten auf. Ein Array kann in PHP über die Funktion *array()* erstellt werden. Als Übergabeparameter werden die einzelnen Indexnummern und die Inhalt des entsprechenden Elements angegeben. Der Rückgabewert ist dann ein Array, das einer Variablen zugeordnet wird:

```
$test=array(0=>'Guten Morgen',1=>'Tach',2=>'Guten Abend');
```

Hier wird das gleich Array *$test* konstruiert, das die drei Strings *Guten Morgen, Tach* und *Guten Abend* enthält. An die Funktion *array()* übergeben wir hier drei Parameter, die voneinander durch ein Komma getrennt sind. Der erste Parameter lautet:

```
0=>'Guten Morgen'
```

Dies ist ein so genanntes *Schlüssel-Wert-Paar*. Der Schlüssel ist die Indexnummer im Array *(0)* und der Wert, der in das Element mit der Indexnummer *0* geschrieben wird, ist der Wert *'Guten Morgen'*. Der Schlüssel wird von dem Wert durch das Zeichen => getrennt. Dies weist dem Element mit der Indexnummer *0* den Wert zu. Bei dem zweiten Element mit der Indexnummer 1 und dem dritten Element mit der Indexnummer 2 wird entsprechend verfahren.

Das Auslesen des Arrays erfolgt dann wie bekannt über die eckigen Klammern unter der Angabe der Indexnummer.

## 6.5.4 Assoziative Arrays: Strings statt Indexnummern

In PHP können Sie auch auf die Indexnummer verzichten. Statt der Indexnummer geben Sie dann einen String an, anhand dessen das jeweilige Element identifiziert wird:

| Indexnummer | 0 | 1 | 2 |
|---|---|---|---|
| Name | andrea | sandra | sabine |
| Inhalt | Test17 | halligalli | Tomatenaugen |

Hier wird ein Array angelegt, und die Indexnummern mit den Namen werden gegenübergestellt. Das Array wird so erzeugt:

```
$test['andrea']='Test17';
$test['sandra']='halligalli';
$test['sabine']='Tomatenaugen';
```

Hierbei verzichten Sie komplett auf die Indexnummern und verwenden Strings zur Angabe eines Elements. Das Auslesen eines Elements erfolgt nun unter Angabe des entsprechenden Strings:

```
print($test['andrea']);
```

Auch in Verbindung mit der Funktion *array()* können Sie die Strings statt der Indexnummern einsetzen:

```
$test=array('andrea'=>'Test17','sandra'=>'halligalli','sabine'=>'T
omatenaugen');
```

*Hinweis:*
Beachten Sie, dass der String, der statt der Indexnummer angegeben wird, in Anführungsstrichen geschrieben werden muss.

Um jetzt z. B. das dritte Element im Array auszulesen, dürfen Sie nicht die Indexnummer verwenden. Würden Sie nun

```
print($test[2]);
```

verwenden, würde nicht das dritte Element ausgelesen werden, da dieses ja nicht über eine Indexnummer, sondern über einen Namen zur Bezeichnung verfügt!

## 6.6 Passwortschutz mit CSV

Erinnern Sie sich noch an Kapitel 4.1? Dort hatten wir uns mit einem Passwortschutz beschäftigt, der jedoch keine individuellen Benutzernamen und Passwörter zuließ. Dies können wir nun ändern, indem wir eine CSV-Datei benutzen, in der die Benutzernamen und die Passwörter enthalten sind. Der Anwender gibt im Formularfeld seinen individuellen Benutzernamen und das Passwort ein. Ein PHP-Skript liest die Daten aus, lädt die benötigte CSV-Datei, die sämtliche Benutzernamen und Passwörter enthält. Das Skript prüft anschließend, ob der eingegebene Benutzername enthalten und das Passwort identisch ist. Auf diese Art und Weise sind sehr individuelle Benutzernamen und Passwörter möglich. Für diese Anwendung benötigen wir drei Dateien:

■ Die HTML-Datei mit den Eingabefeldern (*start.html*).
■ Die CSV-Datei mit den Benutzern und deren Passwörtern (*user.csv*).
■ Die PHP-Datei, die die Formularfelder auswertet und auf den Benutzernamen und das Passwort prüft (*check.php*).

Die HTML-Datei mit den Formularfeldern unterscheidet sich nicht von dem Beispiel aus Kapitel 4.1:

```
<!DOCTYPE html PUBLIC "-//W3C//DTD HTML 4.01 Transitional//EN">
<html><head>
<title>Login-Prozedur</title></head>
```

```
<body>
<p>Bitte einloggen:</p><br>
<form name="Eingabe" method="post" action="check.php">
Benutzername: <br>
<input type="text" name="benutzer" size="20"><br>
Passwort:<br>
<input type="password" name="pass" size="20"><br><br>
<input type="submit" value="Login">
<input type="reset" value="Reset">
</form>
</body></html>
```

Die Datei verfügt über zwei Eingabefelder, in denen zuerst der Benutzername und dann das Passwort eingegeben wird. Das Attribut *name* für die beiden Tags besitzt den Inhalt *benutzer* (für den Benutzernamen) und *pass* (für das Passwort). Die einzelnen Benutzernamen und Passwörter befinden sich in der CSV-Datei *user.csv*:

```
Spaßvogel;17ghtui8
Ich_bin_ernsthaft;hallo56
SabineSchwarz;gt45df
Der_mit_dem_Blubb;blabla
seebi;123
```

Die Datei ist relativ simpel. Pro Zeile sind nur zwei Einträge vorhanden. Zuerst wird der Benutzername geschrieben, und dann folgt das Passwort. Beide sind durch ein Semikolon getrennt. Diese CSV-Datei besitzt fünf Zeilen, d. h., es sind fünf Benutzer mit individuellen Passwörtern eingetragen. Die PHP-Datei sieht so aus:

```
<!DOCTYPE html PUBLIC "-//W3C//DTD HTML 4.01 Transitional//EN">
<html><body>
<?php
    $benutzer=$HTTP_POST_VARS['benutzer'];
    $pass=$HTTP_POST_VARS['pass'];
    $status=0;
    $userdatei="user.csv";
    $bol=file_exists($userdatei);
```

```php
if($bol) {
    $datei=fopen($userdatei,"r");
    if($datei) {
        $dateigroesse=filesize($userdatei);
        while(($data=fgetcsv($datei,$dateigroesse,
                    ";"))!=false) {
            if($benutzer==$data[0]) {
                $status=1;
                break;
            }
        }
        fclose($datei);
    }
}
if($status==1) {
    if($data[0]==$benutzer) {
        if($data[1]==$pass) {
            print("<b>Login korrekt</b>");
            print("<p>Klicken Sie hier zum
                    Zugang:</p>");
            print("<a href='test.html'>
                    Gesch&#252;tzer Bereich</a>");
        }
        else {
            print("Benutzername korrekt, Passwort
                    NICHT KORREKT!<br><br>");
            print("<a href='start.html'>Noch ein
                    Versuch...</a>");
        }
    }
    else {
        print("Benutzername NICHT
                KORREKT!<br><br>");
        print("<a href='start.html'>Noch ein
                Versuch...</a>");
    }
}
else {
    print("Benutzername NICHT
```

```
                    vorhanden!<br><br>");
        print("<a href='start.html'>Noch ein
                    Versuch...</a>");
    }
?>
</body></html>
```

Zu Beginn des PHP-Abschnitts werden zwei Variablen definiert. *$status*
ist eine Statusvariable. Diese ist standardmäßig auf *0* gesetzt. Ist der Benutzername in der CSV-Datei enthalten, wird diese Variable später auf
*1* gesetzt. *$userdatei* ist ein String, der den Dateinamen der CSV-Datei
enthält.

Zuerst müssen wir die CSV-Datei laden. Dazu prüfen wir, ob die Datei
existiert. Dann wird die Datei geöffnet und die Dateigröße bestimmt.
Jetzt können wir jede Zeile einzeln laden. Dazu benutzen wir eine *while*-Schleife, die jetzt aber etwas kompakter ist:

```
while(($data=fgetcsv($datei,$dateigroesse,
            ";"))!=false) {
    if($benutzer==$data[0]) {
        $status=1;
        break;
    }
}
```

Das Laden einer Zeile erfolgt wieder über die Funktion *fgetcsv()*. Anders
als bisher haben wir dies direkt in die Schleifenbedingung der *while*-
Schleife geschrieben. Dadurch sparen wir die Funktion *fgetcsv()* vor der
*while*-Schleife und am Ende der *while*-Schleife. Innerhalb der Schleife
prüfen wir, ob der Wert in der Variablen *$benutzer* (dies ist ja der Benut-
zername) identisch mit dem Inhalt von *$data[0]* ist. Da die CSV-Datei in
jeder Zeile nur zwei Einträge enthält, liegt in *$data[0]* immer der Benut-
zername und in *$data[1]* immer das Passwort vor. Wenn der eingegebe-
ne Benutzername mit dem Inhalt von *$data[0]* identisch ist, setzen wir
die Variable *$status* auf *1* und brechen sowohl die *for-* wie auch die *while*-
Schleife über *break* ab. Dies können wir hier machen, denn sobald der
Benutzername gefunden wurde, braucht der Rest der CSV-Datei nicht
weiter geladen und abgearbeitet zu werden. Sollte der Benutzername
nicht gefunden werden, bleibt die Zählervariable *$status* auf *0*.

*Hinweis:*
Die allgemeine Syntax der *while*-Schleife ist in Kapitel 6.8 beschrieben.

Wenn die *while*-Schleife beendet wurde (entweder weil sie über *break*
verlassen oder komplett durchlaufen wurde), wird die geöffnete CSV-
Datei geschlossen. Jetzt prüfen wir auf den Inhalt von *$status*. Wenn
diese Variable den Inhalt *1* besitzt, wurde der Benutzername in der
CSV-Datei gefunden und wir können auf das Passwort prüfen. Ist *$status* auf *0* gesetzt, wird der *else*-Block am Ende des PHP-Abschnitts aus-
geführt. Hier erfolgt eine Ausgabe, die darauf hinweist, das der Benut-
zer nicht vorhanden ist.

Innerhalb der *if*-Abfrage zur Prüfung auf *$status* finden wir nun zwei
weitere *if*-Abfragen:

```
if($data[0]==$benutzer) {
    if($data[1]==$pass) {
        print("<b>Login korrekt</b>");
        print("<p>Klicken Sie hier zum Zugang:</p>");
        print("<a href='test.html'>Gesch&#252;tzer
                Bereich</a>");
    }
    else {
        print("Benutzername korrekt, Passwort NICHT
                KORREKT!<br>");
        print("<a href='start.html'>Noch ein
                Versuch...</a>");
    }
}
else {
    print("Benutzername NICHT KORREKT!<br><br>");
    print("<a href='start.html'>Noch ein
            Versuch...</a>");
}
```

Zuerst prüfen wir zur Sicherheit noch einmal, ob der Inhalt von *$da-
ta[0]* mit dem Inhalt von *$benutzer* identisch ist. Dies sollte der Fall
sein, sodass die zweite *if*-Abfrage ausgeführt wird. Hier prüfen wir, ob
der Inhalt von *$data[1]* mit dem Inhalt von *$pass* übereinstimmt. Ist
dies der Fall, wird im Programmblock der Zugang zum geschützten Mit-

glieder-Bereich gewährt. Andernfalls wird der *else*-Block ausgeführt. Es erscheint die Ausgabe, dass das Passwort nicht korrekt ist.

## Neue Benutzer eintragen

Bisher konnten sich keine neuen Benutzer anmelden. Dies müssen wir natürlich noch integrieren. Ein Internet-Surfer wählt einen eigenen Benutzernamen und ein eigenes Passwort aus. Diese Angaben tätigt er in klassischen Formularfeldern. Ein PHP-Skript wertet die Eingaben aus und trägt den neuen Benutzer in die CSV-Datei ein. Wir benötigen somit zwei Dateien:

- Eine HTML-Datei, die die Formularfelder für Benutzername und Passwort enthält *(neu.html)*.
- Eine PHP-Datei, die die Daten aus den Formularfeldern auswertet und in die CSV-Datei schreibt *(neu.php)*.

Die Datei *neu.html* sieht so aus:

```
<!DOCTYPE html PUBLIC "-//W3C//DTD HTML 4.01 Transitional//EN">
<html><head><title>Neuen Benutzer eintragen</title></head>
<body>
Tragen Sie sich bitte hier mit einem neuen Benutzernamen und
einem neuen Passwort ein. Vielen Dank!<br><br>
<form method="post" action="neu.php">
<table border="0">
<tr>
<td>Ihr Benutzername</td>
<td><input type="text" name="benutzername"></td></tr>
<td>Ihr Passwort</td>
<td><input type="text" name="passwort"></td></tr>
<tr>
<td><input type="submit" value="Abschicken">
<input type="reset" value="Löschen"></td></tr>
</table></form></div></body></html>
```

Interessant ist nun die Datei *neu.php*, die einen neuen Benutzer in die Datei *user.csv* einträgt:

```
<!DOCTYPE html PUBLIC "-//W3C//DTD HTML 4.01 Transitional//EN">
<html><head><title>Neuen Benutzer eintragen</title></head>
<body>
<?php
    $benutzer=$HTTP_POST_VARS['benutzername'];
    $pass=$HTTP_POST_VARS['passwort'];
    if($benutzer=="") {
        print("<b>Bitte einen Benutzernamen
                eingeben!</b>");
    }
    elseif($pass=="") {
        print("<b>Bitte ein Passwort eingeben!</b>");
    }
    else {
        $datensatz=$benutzer;
        $datensatz.=";";
        $datensatz.=$pass;
        $datensatz.="\n";
        $bol=file_exists("user.csv");
        if($bol) {
            $datei=fopen("user.csv","a");
            if ($datei) {
                $output=fwrite($datei,$datensatz);
                close($datei);
                print("<p>Vielen Dank f&uuml;r Ihren
                        Eintrag.<br>");
            }
        }
        else {
            printf("<p>Daten konnten nicht in die Datei
                    geschrieben werden.<br>");
        }
    }
?>
</body></html>
```

Zuerst ermitteln wir den Inhalt der beiden Formularfelder *benutzerna-me* und *passwort* aus dem HTML-Formular. Anschließend prüfen wir in der ersten *if*-Abfrage, ob in *$benutzer* kein Inhalt vorhanden ist. Sollte dies der Fall sein, hat der Surfer keinen Benutzernamen eingegeben, und es erfolgt eine entsprechende Textausgabe. Ist in *$benutzer* ein Inhalt vorhanden, wird die *elseif*-Bedingung ausgeführt. Hier prüfen wir, ob *$pass* keinen Inhalt besitzt. Sollte dies der Fall sein, hat der Surfer ein Passwort nicht eingegeben, und es erfolgt ebenfalls eine entsprechende Meldung.

Ist jedoch auch in *$pass* ein Inhalt vorhanden, wird *else* ausgeführt. Hier erstellen wir einen neuen Datensatz für die CSV-Datei:

```
$datensatz=$benutzer;
$datensatz.=";";
$datensatz.=$pass;
$datensatz.="\n";
```

Anschließend öffnen wir die CSV-Datei und hängen den erstellten Datensatz an das Ende der Datei an.

## Auf doppelte Benutzernamen achten

Meldet sich ein Benutzer mit einem neuen Namen an, kann es sein, dass dieser Name schon vergeben ist. Der letzte Code würde dies jedoch akzeptieren und den neuen Benutzernamen mit dem neuen Passwort zusätzlich eintragen. Dies darf natürlich nicht sein. Wir müssen vor dem Eintragen in die CSV-Datei prüfen, ob der eingegebene Benutzername schon registriert ist. Die Änderungen betreffen nur die Datei *neu.php*:

```
<!DOCTYPE html PUBLIC "-//W3C//DTD HTML 4.01 Transitional//EN">
<html><head><title>Neuen Benutzer eintragen</title></head>
<body>
<?php
    $benutzer=$HTTP_POST_VARS['benutzername'];
    $pass=$HTTP_POST_VARS['passwort'];
    $status=0;
    if($benutzer=="") {
        print("<b>Bitte einen Benutzernamen
                eingeben!</b>");
    }
    elseif($pass=="") {
        print("<b>Bitte ein Passwort eingeben!</b>");
```

```
    }
    else {
        $bol=file_exists("user.csv");
        if($bol) {
            $datei=fopen("user.csv","r");
            if($datei) {
                $dateigroesse=filesize("user.csv");
                while(($data=fgetcsv($datei,
                $dateigroesse,";"))!=false) {
                    if($benutzer==$data[0]) {
                        $status=1;
                        break;
                    }
                }
                fclose($datei);
            }
        }
        if($status==0) {
            $datensatz=$benutzer;
            $datensatz.=";";
            $datensatz.=$pass;
            $datensatz.="\n";
            $bol=file_exists("user.csv");
            if ($bol) {
                $datei=fopen("user.csv","a");
                if($datei) {
                    $output=fwrite($datei,$datensatz);
                    fclose($datei);
                    print("<p>Vielen Dank f&uuml;r Ihren
                            Eintrag.<br>");
                }
            }
            else {
                print("<p>Daten konnten nicht in die
                        Datei geschrieben werden.<br>");
            }
        }
    else {
        print("<b>Benutzername schon vorhanden!</b>");
```

```
    }
}
?>
</body></html>
```

Der Code ist im Prinzip eine Kombination aus den Dateien *neu.php* und *check.php*. Zu Anfang prüfen wir, ob in *$benutzer* und in *$pass* ein Inhalt vorliegt. Erst wenn dies der Fall ist, wird der lange *else*-Block betreten. In diesem *else*-Block laden wir zuerst die Datei *user.csv* und prüfen, ob der Benutzername, der in *$benutzer* vorliegt, schon in der CSV-Datei eingetragen ist. Ist dies der Fall, wird die Variable *$status* auf 1 gesetzt, andernfalls verbleibt dieser bei 0.

Nachdem die *while*-Schleife durchlaufen und die Datei geschlossen wurde, prüfen wir auf den Wert von *$status*. Erst wenn diese 0 ist, handelt es sich um einen neuen Benutzernamen, der noch nicht vorhanden ist. Diesen können wir jetzt eintragen. Dazu basteln wir dann den Datensatz und tragen diesen in der CSV-Datei ein.

# 6.7 CSV-Dateifunktionen im Überblick

In diesem Abschnitt finden Sie einen Überblick über die speziellen CSV-Dateifunktionen, die in PHP enthalten sind.

| Funktion | Beschreibung und Beispiel |
|---|---|
| *fgetcsv* *(datei, laenge, trenner)* | Lädt eine CSV-Datei zeilenweise. Der Rückgabewert der Funktion ist ein Array, in dem sich die einzelnen Werte der Zeile befinden. Die Werte werden anhand des Trennsymbols *trenner* aufgespalten und in einzelne Elemente des Arrays geschrieben. Beachten Sie, dass die Funktion nur eine Zeile einliest, nicht die gesamte Datei. Dazu müsste dann eine Schleife durchlaufen werden. |
| | Der Parameter *datei* ist der Dateizeiger, der auf die zu lesende Datei zeigt. *laenge* gibt die Anzahl der zu lesenden Bytes an. Soll die gesamte Datei gelesen werden, sollte hier die Größe der Datei in Bytes angegeben werden, die über die Funktion *filesize()* ermittelt werden kann. Der dritte Parameter *trenner* gibt ein Trennsymbol an, mit dem die einzelnen Werte einer |

| Funktion | Beschreibung und Beispiel |
|---|---|
| | Zeile voneinander getrennt werden. Wird der dritte Parameter weggelassen, so verwendet PHP standardmäßig das Komma als Trennsymbol. Beispiel:<br>`$datei=fopen("pw.csv","r");`<br>`$dateigroesse=filesize("pw.csv");`<br>`$data=fgetcsv($datei,$dateigroesse,";");` |
| *fgets (datei, laenge) fgetss (datei, laenge, tags)* | Lädt eine Textdatei zeilenweise. Der Rückgabewert der Funktion ist ein String, in dem sich die eingelesene Zeile befinden. Der Parameter *datei* zeigt auf die geöffnete Datei. Der zweite Parameter *laenge* gibt die Anzahl der zu lesenden Bytes ein. Bis PHP 4.2 ist dieser Parameter Pflicht, ab 4.2.0 kann dieser auch wegfallen (dann wird automatisch *laenge* auf *1024* Bytes gesetzt). Anders als *fgetcsv()* ist der Rückgabewert kein Array, sondern ein String. Beachten Sie, dass die Funktion nur eine Zeile einliest, nicht die gesamte Datei. Dazu müsste dann eine Schleife durchlaufen werden.<br>Alternativ zu *fgets()* kann auch die Methode *fgetss()* genutzt werden. Diese unterscheidet sich von *fgets()* dadurch, dass beim Einlesen einer Zeile eventuell vorhandene HTML-Tags und PHP-Anweisungen entfernt werden. Über den dritten Parameter *tags* können HTML-Tags angegeben werden, die dann nicht entfernt werden sollen. Beispiel:<br>`$datei=fopen("daten.txt","r");`<br>`$dateigroesse=filesize("daten.txt");`<br>`$data=fgets($datei,$dateigroesse);` |
| *fgetc (datei)* | Lädt eine Textdatei zeichenweise. Der Rückgabewert der Funktion ist ein String, in dem sich das eingelesene Zeichen befindet. Der Parameter *datei* zeigt auf die geöffnete Datei. Anders als *fgetcsv()* und *fgets()* bzw. *fgetss()* ist der Rückgabewert ein einzelnes Zeichen. Um die gesamte Datei einzulesen, müssen die Inhalte zeichenweise geladen werden. Beispiel:<br>`$datei=fopen("daten.txt","r");`<br>`$data=fgetc($datei);` |

# 6.8 Die while-Schleife

Die *while*-Schleife ist neben *for, if* und *switch-case* eine weitere
Möglichkeit, den Programmablauf zu steuern.

## 6.8.1 Allgemeine Syntax

Die allgemeine Formulierung einer *while*-Schleife lautet:

```
while(Bedingung) {
    /* Der Programmcode innerhalb der while-Schleife
    wird so lange ausgeführt, wie die Bedingung im
    Schleifenkopf zutrifft oder die Ausführung über
    break abgebrochen wird */
}
```

Über das Statement *while* wird die Schleife eingeleitet. In Klammern befindet sich die Bedingung. Diese ist ähnlich wie bei der *if*- oder *switch*-
Abfrage. Zuerst wird die Bedingung geprüft. Ist diese wahr, d. h., ist die
Bedingung erfüllt, wird der nachfolgende Programmblock betreten. Ist
die Bedingung falsch, d. h. nicht erfüllt, wird der Programmblock nicht
betreten. Folgt nach dem Programmblock der *while*-Schleife weiterer
PHP-Code, wird dieser jetzt ausgeführt.

Ist der Programmblock der *while*-Schleife einmal ausgeführt worden,
springt der Code am Ende des Programmblocks wieder an den Beginn
der *while*-Schleife, d. h. zu der Zeile, in der die Bedingung steht. Jetzt wird
die Bedingung erneut geprüft. Ist die Bedingung wahr, folgt eine erneute Ausführung des Programmblocks. Die Schleife wird im Endeffekt so
lange durchlaufen, bis die Bedingung *while*-Schleife falsch ist.

Wie bei der *for*-Schleife kann bei PHP auch auf die geschweiften Klammern verzichtet werden. Dann muss die Syntax etwas verändert und
das Ende der Schleife über das Statement *endwhile* gekennzeichnet werden:

```
while(Bedingung):
    /* Der Programmcode innerhalb der while-Schleife
        wird so lange ausgeführt, wie die
        Bedingung im Schleifenkopf zutrifft oder die
```

```
        Ausführung über break abgebrochen wird */
endwhile;
```

Die *while*-Zeile wird wie bekannt notiert, sie wird jedoch mit einem Doppelpunkt abgeschlossen. Das Ende des Programmblocks wird durch das Statement *endwhile* gekennzeichnet und mit einem Semikolon abgeschlossen.

## 6.8.2 do-while

Alternativ zur *while*-Schleife existiert noch die Variante *do-while*. Hierbei handelt es sich um eine *while*-Schleife, bei der die Bedingung jedoch am Ende des Programmblocks geprüft wird. Die allgemeine Syntax von *do-while* sieht so aus:

```
do {
    /*Der Programmblock wird sofort betreten */
} while(Bedingung);
```

Bei der *do-while*-Schleife wird der Programmblock über *do* eingeleitet. Der Programmblock wird ohne die Prüfung einer Bedingung sofort betreten. Erst nachdem der Programmblock einmal durchlaufen wurde, wird über *while* die Bedingung geprüft. Ist die Bedingung erfüllt, wird der Programmblock beginnend bei *do* wieder ausgeführt, ansonsten wird der Programmblock zwischen *do* und *while* nicht wieder ausgeführt. Man spricht in diesem Zusammenhang auch von einer fußgesteuerten *while*-Schleife, da die Laufbedingung der Schleife am Ende («am Fuß») geprüft wird.

*Hinweis:*
Bei der *while*-Schleife wird die *while*-Zeile nicht mit einem Semikolon beendet. Bei einer *do-while*-Schleife wird die *do*-Zeile ebenfalls nicht mit einem Semikolon beendet, während die *while*-Zeile bei *do-while* mit einem Semikolon abgeschlossen wird. Die gilt auch für *endif* bei der *while-endif*-Schleife.

Ein einfaches Beispiel für eine *do-while*-Schleife sieht so aus:

```
$i=0;
```

```
do {
    $i++;
    print ($i);
} while ($i<10);
```

Zuerst wird die Variable *$i* auf 0 gesetzt. Dann wird die *do-while*-Schleife sofort betreten, *$i* um eins erhöht und der Wert ausgegeben. Erst jetzt folgt die Bedingung, die geprüft wird. Solange *$i* kleiner 10 ist, wird *do-while* durchlaufen. Da *$i* jetzt den Wert 1 hat, ist die Bedingung erfüllt, und die Schleife kann bei *do* erneut ausgeführt werden.

*Hinweis:*
Die Statements *do*, *while* und *endwhile* dürfen nicht für Variablennamen benutzt werden. Es handelt sich bei *do*, *while* und *endwhile* um reservierte Wörter.

### 6.8.3 Unterschiede zu JavaScript und Java

In Java und JavaScript ist ebenfalls die *while*-Schleife enthalten. Die Syntax ist identisch mit der PHP-Syntax. JavaScript besitzt wie PHP auch die fußgesteuerte Schleife über *do-while*. Diese Variante fehlt in Java. Die abkürzende Syntax in PHP über *while-endwhile* gibt es in JavaScript und in Java nicht.

## 6.9 Zusammenfassung

- ■ PHP kann Daten in CSV-Dateien speichern.
- ■ CSV steht für *Comma Separated Values* und enthält in jeder Zeile einen Datensatz, in dem die Daten durch ein Trennsymbol voneinander getrennt sind.
- ■ CSV-Dateien können über die bekannten Funktionen zum Dateizugriff gelesen und geschrieben werden.
- ■ Ein neuer Datensatz kann an das Ende einer bestehenden CSV-Datei angehängt werden.
- ■ Zum Laden einer CSV-Datei kann die Funktion *fgetcsv()* eingesetzt werden. Diese liest zeilenweise die Datensätze ein. Die Daten eines Datensatzes befinden sich dann in einem Array, das ausgelesen werden kann.

■ CSV kann als kleiner Ersatz für eine Datenbank angesehen werden. CSV kann jedoch eine echte Datenbank nicht ersetzen.

■ Arrays bieten die Möglichkeit, mehrere Werte in einer Variablen zu speichern.

■ Der Zugriff auf die einzelnen Elemente eines Arrays erfolgt entweder über die so genannte Indexnummer oder über den Namen des Elements.

■ Die *while*-Schleife ist eine weitere Kontollstruktur, um den Ablauf zu steuern.

■ Die *while*-Schleife wird so lange durchlaufen, bis die Laufbedingung nicht mehr zu trifft.

■ Alternativ zur *while*-Schleife existiert die *do-while*-Schleife.

## 6.10 Übung

### Aufgabe 15

Erläutern Sie den Unterschied zwischen einer *while*-Schleife und einer *do-while*-Schleife.

### Aufgabe 16

Erläutern Sie den Unterschied zwischen einer Variablen und einem Array.

### Aufgabe 17

Der nachfolgende Code wird beim Aufrufen einer Web-Seite ausgeführt. Die IP-Adresse des Internet-Surfers, das Datum und die Uhrzeit sollen als Datensatz an eine CSV-Datei angehängt werden. Die IP-Adresse wird über die vordefinierte PHP-Variable *$REMOTE_ADDR* ermittelt. Der Code enthält fünf Fehler. Finden Sie diese und korrigieren Sie den Code.

```
<!DOCTYPE html PUBLIC "-//W3C//DTD HTML 4.01 Transitional//EN">
<html><body>
<?php
```

```
    $ip=$REMOTE_ADDR;
    $punkt=".";
    $dpunkt=":";
    $trenner=";";
    $datum=date(d);
    $datum.=$punkt;
    $datum.=date(m);
    $datum.=$punkt;
    $datum.=date(Y);
    $zeit=date(G);
    $zeit.=$dpunkt;
    $zeit.=date(i);
    $zeit.=$dpunkt;
    $zeit.=date(s);
    $info=$ip;
    $info.=$datum;
    $info.=$zeit;
    $info.="\n";
    $bol=file_exists("ip.csv");
    if($bol) {
        $da=fopen("ip.csv","w");
        if($da) {
            $ou=fwrite($datei,$ip);
        }
        fclose($da);
    }
?>
</body></html>
```

## Aufgabe 18

Wie oft wird im nachfolgenden Code die while-Schleife durchlaufen?

```
<!DOCTYPE html PUBLIC "-//W3C//DTD HTML 4.01 Transitional//EN">
<html><body>
<?php
    $i=100;
    while($i>45) {
        $i=$i-13;
    }
?>
</body></html>
```

# 7 Mailen mit PHP

PHP besitzt eine sehr praktische Mail-Funktion. Diese ist sehr mächtig und kann für viele Zwecke eingesetzt werden. In diesem Kapitel beschäftigen wir uns damit, wie man mit PHP serverseitig eine E-Mail versenden kann. Dies ist insbesondere für Kontaktformulare wichtig. Des Weiteren sehen wir uns an, wie man einen Newsletter in Zusammenarbeit mit CSV und der Mail-Funktion verschicken kann. Natürlich darf auch nicht fehlen, wie eine E-Mail als HTML-Mail versendet werden kann.

## 7.1 Warum serverseitige E-Mails?

Mit PHP kann serverseitig eine E-Mail verschickt werden. Dies ist sehr sinnvoll und wird z. B. bei Kontaktformularen eingesetzt. Dies ist nötig, wenn man z. B. seine E-Mail-Adresse auf der Site nicht bekannt geben möchte oder die E-Mails über das Kontaktformular an verschiedene Ansprechpartner schicken möchte. Bei einfachen Kontaktformularen taucht häufig im *<form>*-Tag das Attribut *action* mit dem Eintrag *mailto* auf:

```
<form action="mailto:webmaster@yyy.xx">
```

Dieses Verfahren setzt voraus, dass der Internet-Surfer ein Mail-Programm besitzt, um die Daten aus dem Formular versenden zu können. Ist allerdings kein Mail-Programm vorhanden bzw. installiert, oder nicht bzw. falsch konfiguriert, wird die E-Mail nicht verschickt. Ein unmöglicher Zustand für Kontaktformulare. Im Extremfall erreicht die E-Mail nicht den Ansprechpartner!

An diesem Punkt setzt die serverseitige E-Mail an. Denn das serverseitige Versenden einer E-Mail funktioniert immer – es sei denn, dass der

Server gerade down ist (dies ist aber in der Regel auszuschließen). Bei dem serverseitigen Mailen mit PHP werden die Daten aus Formularfeldern übertragen. Der Server führt den Versand der E-Mail durch. Diese Methode funktioniert immer, denn der Internet-Surfer füllt nur die Felder auf der Web-Seite aus. Egal, was für Mail-Programme der Internet-Surfer verwendet, denn sie werden erst gar nicht für das Mailen verwendet.

## 7.2 Eine E-Mail versenden

Ein erstes Beispiel für die Mail-Funktionalität mit PHP ist das klassische Kontaktformular. Der Internet-Surfer füllt auf einer Web-Seite ein Formular aus, in dem er an den Betreiber der Domain eine Frage, Anregung, Kritik usw. schickt. Die E-Mail an den Betreiber wird serverseitig verschickt. Für diese Anwendung sind zwei Dateien nötig:

- Das Kontaktformular *(kontakt.html)*.
- Die PHP-Datei, die die Daten auswertet und die E-Mail versendet *(mail.php)*.

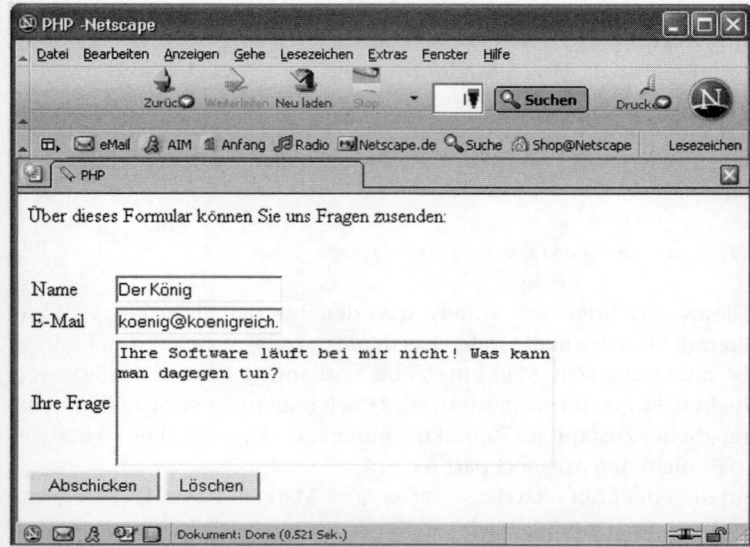

Das Formular enthält drei Eingabefelder. Das erste Feld ist für die Eingabe des Namens vorgesehen, das zweite für die Eingabe der E-Mail-Adresse. Beides sind einzeilige Eingabefelder. Das dritte Feld ist ein mehrzeiliges Eingabefeld, das über das HTML-Tag *<textarea>* erstellt wird:

```
<!DOCTYPE html PUBLIC "-//W3C//DTD HTML 4.01 Transitional//EN">
<html><body>
<p>&Uuml;ber dieses Formular k&ouml;nnen Sie uns Fragen
 zusenden:<br><br>
<form action="mailen.php" method="post">
<table border="0">
<tr>
<td>Name</td>
<td><input type="text" name="nachname"></td></tr>
<tr>
<td>E-Mail</td>
<td>
<input type="text" name="mail"></td></tr>
<tr>
<td>Ihre Frage</td>
<td>
<textarea name="kommentar" cols="40"
 rows="5"></textarea></td></tr>
</table>
<input type="submit" value="Abschicken">
<input type="reset" value="Löschen">
</form>
</body></html>
```

Klickt der Internet-Surfer auf den *Abschicken*-Button, wird über das *action*-Attribut im *<form>*-Tag das PHP-Skript *mailen.php* aufgerufen. Wenn der Internet-Surfer das Formular richtig ausgefüllt und auf *Abschicken* geklickt hat, wird der eingegebene Text per E-Mail an den Adressaten verschickt. Im Browser bekommt der Anwender eine Textausgabe zu sehen, dass die E-Mail erfolgreich versendet wurde. Wenn keine Mail-Adresse eingetragen wurde (weil das entsprechende Feld nicht ausgefüllt wurde), erfolgt kein Versand der Mail, und der Surfer wird darauf hingewiesen, das er eine Mail-Adresse eingeben sollte.
In der E-Mail, die bei dem Empfänger ankommt, befindet sich der Na-

me, die E-Mail-Adresse und der Text, der eingegeben wurde. Die nachfolgende Abbildung zeigt eine derartige E-Mail.

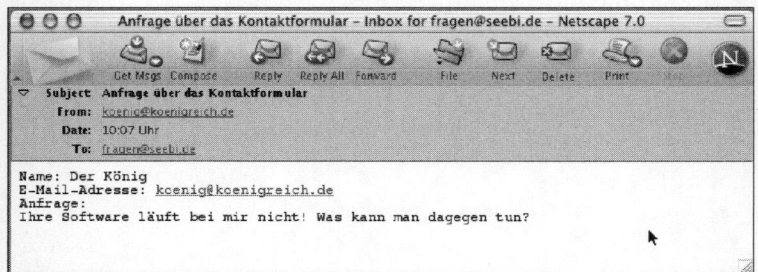

Der Aufbau dieser E-Mail wird im PHP-Skript realisiert. Die PHP-Datei sieht folgendermaßen aus:

```
<!DOCTYPE html PUBLIC "-//W3C//DTD HTML 4.01 Transitional//EN">
<html><body>
<?php
    $nachname=$HTTP_POST_VARS['nachname'];
    $mail=$HTTP_POST_VARS['mail'];
    $kommentar=$HTTP_POST_VARS['kommentar'];
    if($mail!="") {
        $mailtext="Name: ";
        $mailtext=$nachname;
        $mailtext.="\n";
        $mailtext.="E-Mail-Adresse: ";
        $mailtext=$mail;
        $mailtext.="\n";
        $mailtext.="Anfrage: ";
        $mailtext.="\n";
        $mailtext.=$kommentar;
        $absender="From:";
        $absender.=$mail;
        mail("webmaster@xxx.yy","Anfrage über das
                Kontaktformular",$mailtext,$absender);
        print("Ihre E-Mail wurde erfolgreich
                verschickt");
    }
```

```
    else {
        print("Sie haben keine E-Mail-Adresse
                angegeben...<br>");
        print("<a href='kontakt.html'>
                Zur&uuml;ck...</a>");
    }
?>
</body></html>
```

Der PHP-Code ist relativ kurz. Zuerst prüfen wir über eine *if*-Abfrage, ob in *$mail* überhaupt etwas enthalten ist. Dies ist für den Fall, das der Internet-Surfer vergessen hat, eine Mail-Adresse in das zweite Formularfeld einzugeben. Ist in *$mail* nichts enthalten, wird direkt der *else*-Block ausgeführt. Ist in *$mail* ein Inhalt vorhanden, können wir die E-Mail generieren. Dies geschieht sehr einfach, indem wir zunächst den Text der E-Mail erzeugen. Dies erfolgt über die Variable *$mailtext*. Zuerst listen wir den Namen des Surfers auf, der im ersten Eingabefeld eingegeben wurde. Danach folgt die E-Mail-Adresse und abschließend der konkrete Text, der im dritten Eingabefeld eingetippt wurde.

*Hinweis:*
Deutsche Umlaute und Sonderzeichen müssen hier nicht codiert werden. Dies ist nur bei HTML nötig. Es kann jedoch beim Empfang der E-Mails zu Darstellungsproblemen bei den Umlauten und Sonderzeichen kommen. Dies betrifft insbesondere das Mac OS Classic (bis 9.x).

Damit liegt in *$mailtext* jetzt der gesamte Text für den Inhalt der E-Mail vor. Als Nächstes müssen wir noch die Absendeadresse des Internet-Surfers erstellen:

```
$absender="From:";
$absender.=$mail;
```

In *$absender* ist die E-Mail-Adresse enthalten, die im zweiten Eingabefeld eingegeben wurde. Wir können jedoch nicht einfach nur die Mail-Adresse angeben. Es muss sich um einen String handeln, der mit *From:* eingeleitet wird. Die Absendeadresse muss in dieser Form stehen:

```
From:meineadresse@domain.de
```

Dies erreichen wir, indem die Variable *$absender* den String *"From:"* enthält und daran die konkrete Mail-Adresse angehängt wird.
Jetzt sind alle Vorarbeiten beendet, und wir können die E-Mail versenden. Dazu kommt eine Funktion mit dem Namen *mail()* zum Einsatz:

```
mail("webmaster@xxx.yy","Anfrage über das Kontaktformular",
$mailtext,$absender);
```

Die Funktion erwartet vier Übergabeparameter. Der erste Parameter ist die Empfänger-Adresse. Dieser wird als normaler String geschrieben. Der zweite Parameter ist die Betreff-Zeile. Dies ist ebenfalls ein String. Der dritte Parameter ist der konkrete Text, der in der E-Mail stehen soll. Dies ist auch ein String. Hier geben wir die Variable *$mailtext* an, die ja unseren Mailtext enthält. Der vierte Parameter ist die Absendeadresse. Dies ist auch ein String. Hier geben wir die erstellte Variable *$absender* an.

*Hinweis:*
Ein Zeilenumbruch im E-Mail-Text wird über die Escape-Sequenz \n erzeugt.

### Fehlermeldungen abfangen

Wie bei den Dateizugriffen (siehe Kapitel 5.1.4) können Sie auch bei der *mail()*-Funktion Fehlermeldungen abfangen, indem Sie die bekannten Verfahren verwenden:

- Das @-Symbol zum generellen Unterdrücken von Fehlermeldungen.
- *or die()* um einen Fehlertext auszugeben und das PHP-Skript zu beenden.
- *or exit()* um das Skript ohne Fehlerausgabe zu beenden.

# 7.3 Ein Responder

Die Funktion *mail()* eröffnet nun sehr viele Perspektiven. Die Funktion kann man nun auch gut verwenden, um einen Responder zu setzen. Das bedeutet: Trägt sich beispielsweise ein Internet-Surfer im Gästebuch ein, erhält er nach dem Eintrag automatisiert über PHP eine E-Mail zurück, in der ihm für seinen Eintrag gedankt wird und der Eintragstext noch einmal zu lesen ist. Oder wenn ein Anwender sich in die Mailingliste aus Kapitel 6.3 eingetragen hat, erhält dieser über die Funktion *mail()* eine Standard-E-Mail zurück, in der ihm ebenfalls für den Eintrag gedankt wird und ihm mitgeteilt wird, dass der Newsletter monatlich, wöchentlich oder täglich zugestellt wird. Die Anwendungsmöglichkeiten sind vielfältig.

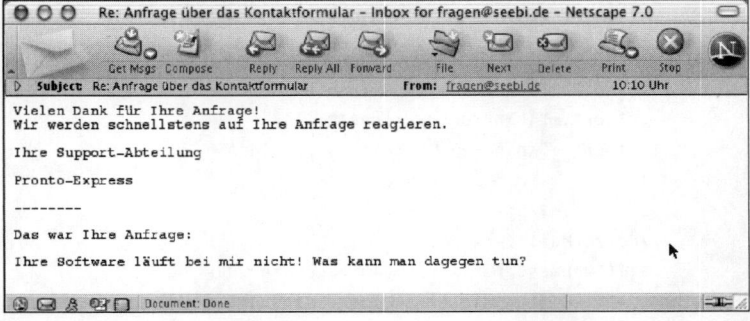

Stellvertretend sehen wir uns das Kontaktformular aus dem letzten Abschnitt an. Die Abbildung zeigt Ihnen einen typischen Antworttext für einen derartigen Responder, den wir jetzt nachbauen wollen. Hat der Anwender einen Text über das Kontaktformular abgeschickt, erhält er eine E-Mail als Antwort zurück. Dies lässt sich beliebig auf andere Anwendungen übertragen. Der Code des letzten Abschnitts muss nur um den Responder erweitert werden:

```php
<?php
    $nachname=$HTTP_POST_VARS['nachname'];
    $mail=$HTTP_POST_VARS['mail'];
```

```php
$kommentar=$HTTP_POST_VARS['kommentar'];
if($mail!="") {
    $mailtext="Name: ";
    $mailtext.=$nachname;
    $mailtext.="\n";
    $mailtext.="E-Mail-Adresse: ";
    $mailtext.=$mail;
    $mailtext.="\n";
    $mailtext.="Anfrage: ";
    $mailtext.="\n";
    $mailtext.=$kommentar;
    $absender="From:";
    $absender.=$mail;
    // Jetzt den Responder setzen:
    $antwort="Vielen Dank für Ihre Anfrage!\n";
    $antwort.="Wir werden schnellstens auf Ihre
                Anfrage reagieren.";
    $antwort.="\n\nIhre Support-Abteilung";
    $antwort.="\n\nPronto-Express";
    $antwort.="\n\n--------\n\nDas war Ihre
                    Anfrage:\n\n";
    $antwort.=$kommentar;
    //Jetzt Mail versenden:
    mail("webmaster@xxx.yy","Anfrage über das
            Kontaktformular",$mailtext,$absender);
    //Jetzt den Responder versenden:
    mail($mail,"Re: Anfrage über das
            Kontaktformular",
            $antwort,"From:webmaster@xxx.yy");
    print("Ihre E-Mail wurde erfolgreich
            verschickt");
}
else {
    print("Sie haben keine E-Mail-Adresse
            angegeben...<br>");
    print("<a href='kontakt.html'>
            Zur&uuml;ck...</a>");
}
?>
```

Im PHP-Code taucht zweimal die *mail()*-Funktion auf. Der erste Aufruf der Funktion *mail()* verschickt die Anfrage an den Betreiber. Der zweite Aufruf von *mail()* ist der Responder, der die E-Mail an den Internet-Surfer schickt. Vor dem ersten Aufruf von *mail()* wird der Respondertext, d. h. der Inhalt der Antwort-Mail erstellt. Dazu verwenden wir die Variablen *$antwort*. Hier wird zuerst ein normaler Antworttext erstellt:

```
$antwort="Vielen Dank für Ihre Anfrage!\n";
$antwort.="Wir werden schnellstens auf Ihre Anfrage
            reagieren.";
$antwort.="\n\nIhre Support-Abteilung";
$antwort.="\n\nPronto-Express";
```

Dann hängen wir die Anfrage des Internet-Surfers an das Ende an:

```
$antwort.="\n\n--------\n\nDas war Ihre
            Anfrage:\n\n";
$antwort.=$kommentar;
```

Damit ist der Text für die Antwort-Mail generiert, und wir können die erste E-Mail an den Betreiber versenden. Danach verschicken wir die zweite E-Mail zurück an den Anwender:

```
mail($mail,"Re: Anfrage über das
       Kontaktformular",$antwort,
       "From:webmaster@xxx.yy");
```

Der erste Parameter von *mail()* ist hier der Absender des Kontaktformulars. Daher brauchen wir hier nur *$mail* einzutragen. Der zweite Parameter ist ja die Betreff-Zeile. Hier sollten wir den Text mit einem *Re:* oder *AW:* (für Reply bzw. Antwort) voranstellen. Der dritte Parameter ist der E-Mail-Text, der in *$antwort* vorliegt. Der vierte Parameter schließlich ist der Absender der E-Mail. Hier sollte es der Betreiber der Site sein.

# 7.4 Der E-Mail-Header

Die Mails der letzten beiden Abschnitte wurden an einen Empfänger geschickt. Wie können E-Mails an mehrere Empfänger gleichzeitig versendet werden? Diese können Sie im so genannten Mail-Header angeben. Die Angaben werden in den vierten Parameter der Funktion *mail()* geschrieben.

Das Mail-Programm, mit dem die E-Mails empfangen und gelesen werden, zeigt viele dieser Einträge im Mail-Header nicht an. Angezeigt werden in der Regel zunächst nur die Einträge von *From, CC, Subject* und *To*. Alle anderen Einträge werden nicht aufgelistet, sind aber natürlich vorhanden. Zu diesen Einträgen gehört zum Beispiel, welches E-Mail-Programm der Absender verwendet hat, mit welcher Priorität die E-Mail verschickt wurde oder an welche E-Mail-Adresse eine Antwort geschickt werden kann (dies muss nicht die Absende-Adresse sein!). Man kann sich diese Einträge anzeigen lassen oder aber die E-Mail als Textdatei speichern. Die Textdatei enthält neben dem eigentlichen Inhalt der E-Mail auch den gesamten Mail-Header. Die nachfolgende Abbildung zeigt eine E-Mail mit verschiedenen Einträgen im Mail-Header.

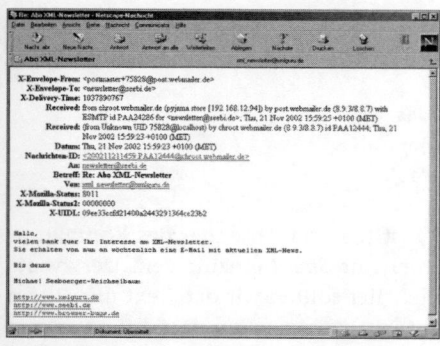

## CC (Carbon Copy, Kopie)

Über die Angabe CC erhält noch ein zweiter (oder auch weitere) Empfänger die E-Mail:

```
mail($mail,"Re: Anfrage über das Kontaktformular", $antwort,
```

```
"From:webmaster@xxx.yy\nCC:webmaster@zzz.yy");
```
Wollen Sie die E-Mail an weitere CC-Empfänger senden, so können Sie für jeden weiteren Empfänger einen CC-Eintrag anfügen oder diese durch ein Komma voneinander trennen:

```
mail($mail,"Re: Anfrage über das Kontaktformular",$antwort,
"From:webmaster@xxx.yy\nCC:webmaster@zzz.yy,books@aaa.yy");
```

## BCC (Blind Carbon Copy, Blind-Kopie)

BCC ermöglicht ebenfalls das Senden an einen weiteren Empfänger. Der Unterschied zu CC besteht nur darin, das bei BCC der zusätzliche Empfänger nicht angezeigt wird. BCC wird wie CC genutzt:

```
mail($mail,"Re: Anfrage über das Kontaktformular",$antwort,
"From:webmaster@xxx.yy\nBCC:webmaster@zzz.yy");
```

Wie bei CC können Sie weitere BCC-Empfänger über separate Einträge hinzufügen oder diese durch ein Komma voneinander trennen.

## To

Diese Einstellung arbeitet im Prinzip wie CC, jedoch wird die E-Mail nicht «kopiert» und an den angegeben Empfänger gesendet, sondern die E-Mail wird komplett neu an den Adressaten, der in To angeben ist, verschickt. Der Unterschied zu CC und BCC besteht darin, dass To eine komplett neue Mail erzeugt und der To-Adressat angezeigt wird. Bei CC werden die Empfänger einzeln in der E-Mail aufgelistet. Bei BCC entfällt dies zwar, jedoch tauchen sämtliche BCC-Empfänger im Mail-Header auf (dieser wird in der Regel nicht vom Mail-Programm angezeigt). To wird ähnlich wie CC und BCC genutzt:

```
mail($mail,"Re: Anfrage über das Kontaktformular",$antwort,
"From:webmaster@xxx.yy\nTo:webmaster@zzz.yy");
```

Wie bei CC und BCC können weitere To-Empfänger über eigene Einträge hinzugefügt oder über ein Komma getrennt aufgelistet werden.

## Reply-To

Im Mail-Header können Sie eine weitere E-Mail-Adresse setzen, an die eine Antwort des Empfängers geschickt werden kann. Dies ist sinnvoll, um allgemeine Antworten auf eine E-Mail über einen anderen Mail-Account abzuwickeln. Dazu verwenden Sie im Header den Eintrag *Reply-To*:

```
mail($mail,"Re: Anfrage über das Kontaktformular",$antwort,
"From:webmaster@xxx.yy\nReply-To:antwort@xxx.yy");
```

## Errors-To

Sie können im Mail-Header eine weitere Mail-Adresse angeben, an die Error-Mails geschickt werden. Dies ist dann nötig, wenn die E-Mail nicht zugestellt werden kann, weil z. B. der E-Mail-Account nicht existiert oder die E-Mail-Adresse falsch angegeben wurde. Dies wird im Mail-Header über den Eintrag *Errors-To* angegeben:

```
mail($mail,"Re: Anfrage über das Kontaktformular",$antwort,
"From:webmaster@xxx.yy\nErrors-To:errors@xxx.yy");
```

## Subject

Die Betreff-Zeile einer E-Mail kann ebenfalls im Mail-Header verändert werden. Normalerweise wird diese Betreff-Zeile als zweiter Übergabeparameter in der *mail()*-Funktion angegeben. Wenn Sie im Mail-Header jedoch *Subject* setzen, wird der zweite Übergabeparameter von *mail()* dadurch überschrieben:

```
mail($mail,"Re: Anfrage über das Kontaktformular",$antwort,
"From:webmaster@xxx.yy\nSubject:Bla Bla Bla");
```

Die ursprünglich eingestellte Betreff-Zeile *(Re: Anfrage über das Kontaktformular)* wird durch den Subject-Eintrag überschrieben. Der Empfänger erhält nun eine E-Mail, deren Betreff-Zeile *Bla Bla Bla* lautet.

## X-Sender

Der Eintrag *X-Sender* gibt den Absender an. Der Unterschied zu *From* liegt jedoch darin, dass *X-Sender* neben der E-Mail-Adresse (die in spitzen Klammern geschrieben wird) den Namen des Absenders aufführen kann:

```
mail($mail,"Re: Anfrage über das Kontaktformular",$antwort,
"From:webmaster@xxx.yy\nX-Sender:Webmaster<webmaster@xxx.yy>");
```

## X-Priority und X-MSMail-Priority

Diese Einstellung legt die Priorität einer E-Mail fest und wie diese innerhalb des Mail-Servers versendet wird. Es gibt drei Einstellungen:

- 1: Höchste Priorität.
- 3: Normal (dies ist der Standardwert einer E-Mail).
- 5: Niedrigste Priorität.

Sie müssen einen dieser drei Werte verwenden:

```
mail($mail,"Re: Anfrage über das Kontaktformular",$antwort,
"From:webmaster@xxx.yy\nX-Priority:1");
```

Beachten Sie aber, das z. B. die Angabe 1 (also höchste Priorität) nicht bedeutet, dass die E-Mail den Empfänger vor anderen E-Mails erreicht. Sie wird lediglich innerhalb des Mail-Servers bevorzugt versendet, nicht jedoch innerhalb des Internets. Den Wert 3 für normale Priorität brauchen Sie nicht explizit einzustellen. Diese wird vom Mail-Server standardmäßig verwendet, wenn *X-Priority* nicht angegeben wird.

Der Eintrag *X-MSMail-Priority* ist speziell für Microsoft-Mail-Server. *X-MSMail-Priority* arbeitet wir *X-Priority*, nur mit dem Unterschied, dass die möglichen Werte nicht *1,3* oder *5* lauten, sondern *High, Normal* und *Low*:

```
mail($mail,"Re: Anfrage über das Kontaktformular",
$antwort,"From:webmaster@yyy.xx
\nX-MS-Mail-Priority:High");
```

*Hinweis:*
Gehen Sie mit den beiden Einträgen *X-Priority* und *X-MSMail-Priority*
vorsichtig um, insbesondere wenn Sie viele E-Mails im Form eines
Newsletters versenden. Einige Web-Mail-Provider (z. B. Yahoo, Hot-
mail) filtern Mails heraus, die die höchste Priorität haben und die mas-
senweise eintreffen. Der Provider geht von Spam-Mails aus.

## X-Mailer

Der Eintrag *X-Mailer* ist das Mail-Programm, über das die Mail erstellt
und verschickt wird. Jedes E-Mail-Programm trägt sich mit seiner eigenen Kennung im Eintrag *X-Mailer* ein. Wir verwenden ja kein E-Mail-
Programm, sondern benutzen einen eigenen PHP-Code. Im Mail-Header ist der Eintrag *X-Mailer* daher nicht vorhanden. Wir können diesen
aber nun selbst erzeugen:

```
mail($mail,"Re: Anfrage über das Kontaktformular",$antwort,
"From:webmaster@xxx.yy\nX-Mailer:PHP-Mail von seebi.de");
```

## X-Organization

Bei diesem Eintrag wird der Firmenname angegeben. Alternativ kann
auch hier ein Name des Programmierers stehen:

```
mail($mail,"Re: Anfrage über das Kontaktformular",$antwort,
"From:webmaster@xxx.yy\nX-Organization:seebi.de aus Bonn");
```

# 7.5 HTML-Mail

Die E-Mails, die Sie in den letzten Abschnitten erstellt und verschickt
haben, waren vom MIME-Typ *text/plain*. Dies ist das Standardformat
für E-Mails. Es handelt sich hierbei um E-Mails, die als «nackter» Text
verschickt werden. Formatierungen sind dabei nur begrenzt möglich.
Sie können die Texte nicht fett oder kursiv setzen, keine Bilder einbinden und Absätze nicht links- oder rechtsbündig erscheinen lassen.
Neben dem Standard *text/plain* können E-Mails auch als HTML-Mail
verschickt werden. Dies ist ungeheuer praktisch, denn mit einem
Schlag haben Sie Zugriff auf Formatierungen, Auszeichnungen, Bilder

usw. – eben alles, was mit HTML möglich ist! Seit Jahren ist es sehr beliebt, E-Mails in Form von HTML-Mails zu versenden. Mit PHP können Sie dies auch durchführen. Die Änderungen gegenüber dem bisherigen Verfahren sind gering. Die nachfolgende Abbildung zeigt Ihnen eine derartige HTML-Mail.

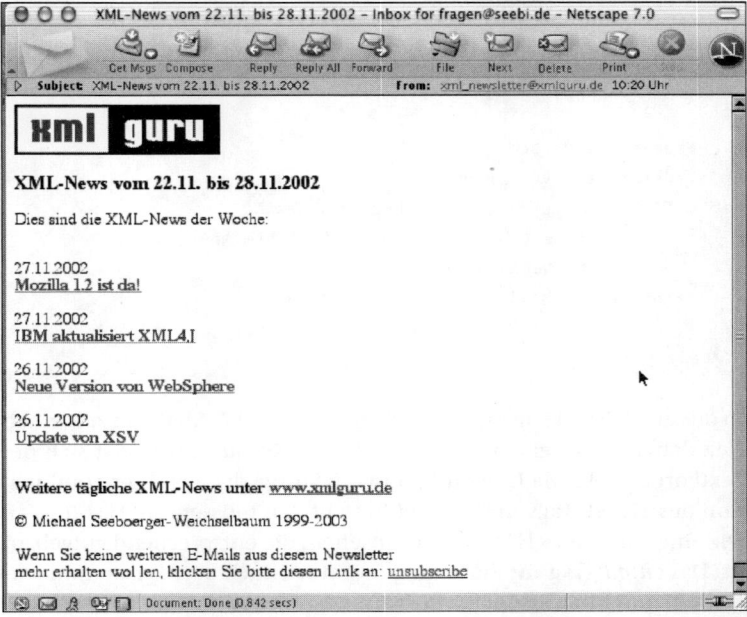

Um eine E-Mail als HTML-Mail verschicken zu können, müssen Sie nur von *text/plain* auf den MIME-Typ *text/html* umstellen. Dies erfolgt wie in den letzten Abschnitten im Mail-Header. Der Textkörper der E-Mail muss dann aus HTML-Tags bestehen. Ein erster einfacher Code sieht so aus:

```
<!DOCTYPE html PUBLIC "-//W3C//DTD HTML 4.01 Transitional//EN">
<html><body>
<?php
    $mailtext="<!DOCTYPE html PUBLIC '-//W3C//DTD
                HTML 4.01 Transitional//EN'>";
    $mailtext="<html><body>";
```

```
$mailtext.="<h1>Guten Tag.</h1>";
$mailtext.="<br><br><p>dies ist eine <i>HTML-
            Mail</i>.";
$mailtext.="In die Mail k&ouml;nnen Sie s&auml;mtliche
            <b>HTML-Tags</b> einsetzen.";
$mailtext.="<div style='color:blue'>
            Farben, Grafiken, Tabellen,
            Formulare</div>, ja sogar Sounds
            und Java-Applets sind damit kein
            Problem.";
$mailtext.="</body></html>";
//Jetzt Mail versenden:
mail("webmaster@aaa.xx","HTML-Mail-Test",
     $mailtext, "Content-Type: text/html\nFrom:
     webmaster@aaa.xxx");
print("Die E-Mail wurde verschickt");
?>
</body></html>
```

In diesem Beispiel konstruieren wir eine statische E-Mail, um z. B. einen
Newsletter zu versenden. In der Variablen *$mailtext* befindet sich der
Textkörper der E-Mail. Der Inhalt ist ein String, der aus einer Kombination aus HTML-Tags und Texten besteht. Sie müssen die HTML-Mail
wie eine «normale» HTML-Datei ansehen, die entsprechend aufgebaut
ist: Das *<html>*-Tag zur Einleitung (eventuell auch ein *<head>*- und *<tit-
le>*-Tag) und innerhalb von *<body> ... </body>* befindet sich der konkrete Inhalt der E-Mail (in Verbindung mit weiterer HTML-Tags).
In der Funktion *mail()* müssen wir jetzt noch den MIME-Typ *text/html*
angeben. Dies erfolgt wie die anderen Angaben im Mail-Header im
Rahmen des vierten Übergabeparameters der *mail()*-Funktion:

```
mail("webmaster@aaa.xx","HTML-Mail-Test",$mailtext, "Content-Type:
text/html\nFrom: webmaster@xxx.yy");
```

Über den Eintrag *Content-Type* stellen Sie auf *text/html* um. Wollen Sie
explizit eine Mail in Textform versenden, müsste hier *Content-Type:
text/plain* stehen. Dies ist die Standardeinstellung, die Sie jedoch nicht
noch extra angeben müssen.

*Hinweis:*
Verwenden Sie deutsche Umlaute oder Sonderzeichen in der HTML-Mail, müssen diese natürlich in den Namensentitäten oder in den dezimalen Entitäten geschrieben werden.

Eine Stolperfalle gibt es noch bei HTML-Mails: Wenn Sie innerhalb der HTML-Tags Grafiken (oder auch Sounds, Videos, Flash-Animationen, Java-Applets usw.) einbinden. Nehmen wir an, Sie wollen eine HTML-Mail verschicken, die über eine Hintergrundgrafik verfügt. Diese wird ja im *<body>*-Tag angegeben:

```
<body background="bild.jpg">
```

Die Syntax ist korrekt. Sieht sich der Empfänger jedoch die HTML-Mail an, wird er keine Hintergrundgrafik sehen. Der Grund ist folgender: Die Hintergrundgrafik wird nicht mit übertragen. Die Grafik-Datei (*bild.jpg*) wird nicht an die HTML-Mail angehängt. Öffnet der Empfänger die HTML-Mail, sucht sein Mail-Programm in seinem Mail-Eingangsordner nach der Datei. Da diese nicht vorhanden ist, wird die Grafik auch nicht dargestellt.
Wie lässt sich dieses Problem lösen? Ganz einfach: Sämtliche externen Dateien (d. h. Grafiken, Sounds usw.) müssen als absolute Adresse angegeben werden:

```
<body background="http://www.seebi.de/test/bild.jpg">
```

Auch hierbei wird die Grafik-Datei nicht mit an den Empfänger übertragen. Öffnet der Empfänger die HTML-Mail, wird der Inhalt jetzt korrekt dargestellt. Das Mail-Programm führt die einzelnen HTML-Tags aus und lädt gemäß dem Attribut *background* die Datei *bild.jpg* vom Server *www.seebi.de* aus dem dortigen Verzeichnis *test*. Weitere Grafiken, die z. B. über *<img>* eingebunden werden, müssen ebenso angegeben werden. Die Grafiken werden nicht zusammen mit der E-Mail übertragen, sondern beim Öffnen der Mail von dem angegebenen Server geladen. Dies gilt auch für andere Tags, z. B. *<embed>*, *<bgsound>* bzw. *<object>* (zum Einbinden von Sound- und Video-Dateien) oder *<applet>* bzw. *<object>* (zum Einbinden von Java-Applets oder Flash-Filmen).
Dabei wird der Nachteil von HTML-Mail deutlich: Um den Inhalt der Mail korrekt ansehen zu können, muss der Empfänger online sein. Hat

er seine E-Mails heruntergeladen und betrachtet die Mails offline, können die externen Grafik-, Sound- oder Video-Dateien nicht geladen werden. Folglich werden sie nicht dargestellt!

*Hinweis:*
Ob Sie E-Mails in *text/plain* oder *text/html* versenden, liegt nicht nur bei Ihnen, sondern auch bei Ihrem Empfänger. Alle gängigen Mail-Programme können HTML-Mail empfangen und darstellen. Sind Sie sich nicht sicher, ob Ihr Empfänger über ein Mail-Programm verfügt, das HTML-Mail darstellen kann, versenden Sie lieber in *text/plain*. Dies kann jedes Mail-Programm darstellen.

## 7.6 Einen Newsletter versenden

Mit PHP können Sie in Zusammenarbeit mit der *mail()*-Funktion und einer CSV-Datei sehr bequem einen Newsletter verschicken. Dies geht auch sehr schnell und ist für einen massenhaften Versand von E-Mails wesentlich besser geeignet als das klassische Mail-Programm (z. B. Netscape Messenger, Microsoft Outlook, Eudora usw).
In dem nachfolgenden Beispiel wollen wir einen Newsletter versenden, der als HTML-Datei vorliegt. Die E-Mail wird als HTML-Mail versendet. Die Empfänger-Adressen befinden sich alle in einer CSV-Datei. Für dieses Beispiel verwenden wir drei Adressaten. Für den Newsletter-Versand sind folgende Dateien nötig:

- Der Newsletter als HTML-Datei *(aktuell.html)*.
- Die CSV-Datei mit den einzelnen Empfängern (*empfaenger.csv*).
- Die PHP-Datei, die die HTML- und die CSV-Datei lädt und die HTML-Datei an alle Empfäger versendet (*senden.php*).

Die folgende Abbildung zeigt Ihnen einen typischen Newsletter, den wir in dem Beispiel versenden. Der Newsletter verfügt über eine Hintergrundgrafik, Texte und eine ungeordnete Liste mit Hyperlinks:

```
<!DOCTYPE html PUBLIC "-//W3C//DTD HTML 4.01 Transitional//EN">
<html><head>
<title>Der aktuelle Newsletter</title></head>
<body background="http://www.seebi.de/test/0014.gif">
```

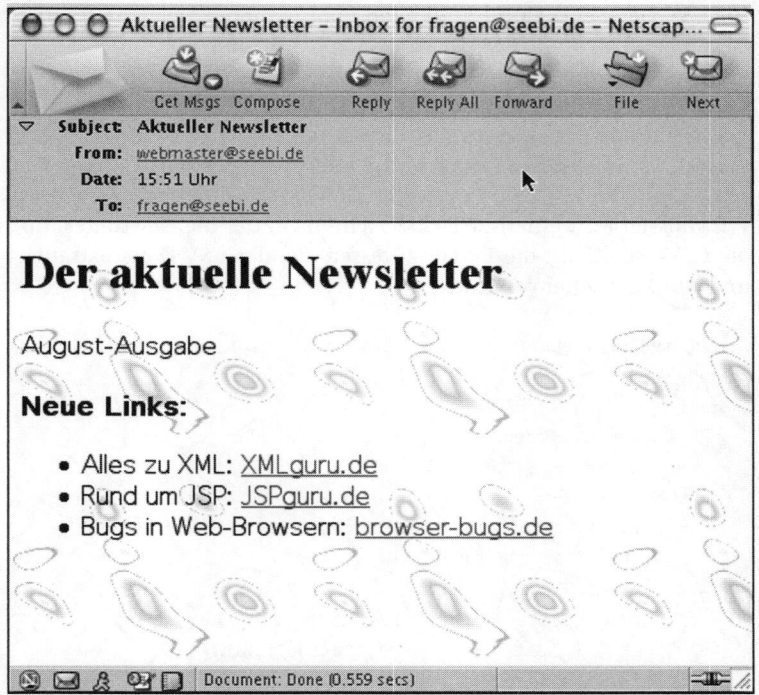

```
<h1>Der aktuelle Newsletter</h1>
<div style="font-family:Geneva,Verdana">
<p>August-Ausgabe </p>
<h3>Neue Links: </h3>
<ul>
<li>Alles zu XML: <a href="http://www.xmlguru.de">XMLguru.de</a>
<li>Rund um JSP: <a href="http://www.jspguru.de">JSPguru.de</a>
<li>Bugs in Web-Browsern: <a href="http://www.browser-
bugs.de">browser-bugs.de</a>
</ul>
</div>
</body>
</html>
```

Die CSV-Datei enthält die konkreten Abonnenten des Newsletters. Dazu verwenden wir die CSV-Datei aus Kapitel 6.2 und 6.3:

```
michael;webmaster@xxx.yy;19.08.2003;12:45:45
sabine;sabine@zzz.yy;21.08.2003;10:12:45
andreas;andreas@aaa.xx;22.08.2003;7:50:11
```

Wir müssen jetzt einen PHP-Code schreiben, der die Newsletter- und die CSV-Datei lädt, die E-Mail-Adressen aus der CSV-Datei extrahiert und den Newsletter verschickt:

```php
<!DOCTYPE html PUBLIC "-//W3C//DTD HTML 4.01 Transitional//EN">
<html><body>
<?php
    //Newsletter laden
    $bol=file_exists("aktuell.html");
    if($bol) {
        print('<p>Newsletter-Datei wird geladen</p>');
        $datei=fopen("aktuell.html","r");
        if($datei) {
            $newsletter=fread($datei,filesize
                                ("aktuell.html"));
            fclose($datei);
            print('<p>Okay, Newsletter-Datei wurde
                    geladen</p>');
        }
        else {
            print("Newsletter-Datei konnte nicht
                    geladen werden!");
        }
    }
    else {
        print("<p>Newsletter-Datei existiert
                nicht</p>");
    }
    //CSV-Datei laden
    $bol=file_exists("empfaenger.csv");
    if($bol) {
        $datei=fopen("empfaenger.csv","r");
```

```php
        if($datei) {
            $dateigroesse=filesize("empfaenger.csv");
            print('<p>Newsletter wird
                    verschickt:</p>');
            while(($data=fgetcsv($datei,$dateigroesse,
                        ";"))!=false) {
                //Jetzt Mail versenden:
                print($data[1]);
                print("<br>");
                mail($data[1],"Aktueller Newsletter",
                    $newsletter, "Content-Type: text/html
                    \nFrom:webby@aaa.xxx");
            }
            fclose($datei);
            print('<p>Okay, Newsletter wurde
                    verschickt:</p>');
        }
        else {
            print("<p>CSV-Datei konnte nicht geladen
                    werden!</p>");
        }
    }
    else {
        print("<p>CSV-Datei existiert nicht</p>");
    }
?>
</body></html>
```

Der Code ist im Prinzip nur eine Kombination aus den bisherigen Kapiteln. In der ersten Hälfte des PHP-Codes wird der Newsletter geladen. Dieser befindet sich ja in einer separaten HTML-Datei. Zuerst prüfen wir, ob die Datei existiert und geladen werden kann. Dann erfolgt das Öffnen und Laden der HTML-Datei wie bekannt. Der Inhalt der HTML-Datei liegt danach in der Variablen *$newsletter* vor.

In der zweiten Hälfte des Codes laden wir die CSV-Datei. Dies erfolgt ebenfalls über den bekannten Code. Zuerst wird geprüft, ob die Datei existiert und ob dieser geladen werden kann. Anschließend wird in der *while*-Schleife die CSV-Datei Zeile für Zeile über *fgetcsv()* gelesen:

```
while(($data=fgetcsv($datei,$dateigroesse,
        ";"))!=false) {
  //Jetzt Mail versenden:
  print($data[1]);
  print("<br>");
  mail($data[1],"Aktueller Newsletter",$newsletter,
        "Content-Type: text/html\nFrom:
        webmaster@aaa.xxx");
}
```

Die CSV-Datei enthält ja pro Zeile vier Einträge (Name, E-Mail-Adresse, Datum und Uhrzeit des Eintrags), die alle durch ein Semikolon voneinander getrennt sind. Der Inhalt der aktuellen Zeile liegt in *$data* vor. Es ist ja ein Array mit vier Elementen. Daraus benötigen wir nur die E-Mail-Adresse. Diese liegt ja immer in dem zweiten Element des Arrays vor. Also befindet sich immer in *$data[1]* die Mail-Adresse, die wir in der *mail()*-Funktion als Adressaten angeben müssen.

*Hinweis:*
Den Newsletter können Sie natürlich auch als *text/plain* versenden. Dazu muss sich der Newsletter-Text (ohne HTML-Tags!) in einer Textdatei (z. B. *aktuell.txt*) befinden. Die Datei wird wie oben beschrieben geladen. Der Versand erfolgt genauso. Nur der MIME-Typ *text/html* darf in der *mail()*-Funktion nicht angegeben werden.

## 7.7 E-Mails empfangen

In diesem Kapitel haben Sie gelernt, wie Sie mit PHP sehr schnell und einfach E-Mails versenden können. Es wäre auch gut, Mails mit PHP empfangen zu können. Dies ist aber leider in der aktuellen Version von PHP 4.x nicht direkt möglich. In PHP ist nur das Versenden einer Mail möglich. Um auch E-Mails empfangen zu können, ist eine Zusatzbibliothek (C-Client und imap: *ftp://ftp.cac.washington.edu/imap/*) erforderlich, die den Rahmen dieses Grundkurses sprengen würde. Sie könnten auch zu anderen serverseitigen Technologien greifen, die das Empfangen von E-Mails direkt beherrschen, z. B. JavaServerPages (JSP). Mit Hilfe von JSP ist es möglich, eine Verbindung zum Mail-Server herzustellen und im Browser die eingegangenen E-Mails anzeigen zu lassen. Die Mails können beantwortet, gelöscht und verwaltet werden.

## 7.8 Zusammenfassung

- Mit PHP können serverseitig E-Mails verschickt werden.
- Zum Versenden einer E-Mail wird die Funktion *mail()* eingesetzt.
- E-Mails können als Text-Mails mit dem MIME-Typ *text/plain* verschickt werden oder aber als HTML-Mail im MIME-Typ *text/html*.
- Fehler beim Absenden können wie bei den Dateizugriffen über @, *or die()* oder *or exit()* abgefangen werden.
- Im Mail-Header können neben dem Absender und dem Empfänger noch weitere Informationen hinzugefügt werden, u. a. CC, BCC, X-Priority, X-Mailer usw.

## 7.9 Übung

### Aufgabe 19

Die nachfolgende *mail()*-Funktion soll eine einfache Text-Mail verschicken. In der *mail()*-Funktion befinden sich zwei Fehler. Finden Sie diese und korrigieren Sie den Code.

```
mail("Content-Type:text/plain: test@test.de",
        "E-mail","Dies ist ein Demo-Text",
        "From:webmaster@xxx.xx
        CC:webmaster@yy.yy,books@zzz.zz");
```

### Aufgabe 20

Sie möchten eine E-Mail als HTML-Mail versenden. Was für Schritte müssen Sie dazu durchführen?

# 8 Eigene Funktionen definieren

PHP bietet die Möglichkeit, eigene Funktionen zu definieren, um so Codes auszulagern. Häufig genutzter Code kann in eine eigene Funktion gelegt werden, die dann von (verschiedenen) anderen Codes aufgerufen werden kann. In diesem Kapitel sehen wir uns an, wie Sie Funktionen selbst definieren und einsetzen können.

## 8.1 Eine Funktion mit function definieren

In PHP wird (ähnlich wie in JavaScript) eine eigene Funktion über das Schlüsselwort *function* definiert. Der nachfolgende Code ist ein kleines Rateprogramm. In einem HTML-Formular muss eine Zahl eingegeben werden. Der PHP-Code ermittelt eine Zufallszahl, vergleicht diese mit der eingegebenen Zahl und gibt entsprechend einen Hinweis aus, ob die Zahlen übereinstimmen oder nicht. Wir benötigen für das Rateprogramm zwei Dateien:

■ Eine HTML-Datei, die das HTML-Formular enthält (*raten.html*)
■ Eine PHP-Datei, die das Formular auswertet und die Zufallszahl erzeugt (*raten.php*).

Die HTML-Datei sieht einfach aus:

```
<!DOCTYPE html PUBLIC "-//W3C//DTD HTML 4.01 Transitional//EN">
<html><body>
<h3>Raten Sie die Zahl!</h3>
<form method="post" action="raten.php">
<input type="text" name="wert">
<input type="submit" value="Abschicken"><input type="reset"
 value="Löschen">
```

```
</form></p>
</body></html>
```

Die PHP-Datei *raten.php* nimmt den eingegebenen Wert aus dem
Formular entgegen:

```
<!DOCTYPE html PUBLIC "-//W3C//DTD HTML 4.01 Transitional//EN">
<html><body>
<?php
$wert=$HTTP_POST_VARS['wert'];
$zufallszahl=zufall();
if($wert==$zufallszahl) {
    print("<h1>BINGO!</h1>");
    print("<h3>Die Zahl war: </h3>");
    print($zufallszahl);
}
else {
    print("<h1>das war nix...</h1>");
    print("<h3><a href='raten.html'>Gleich noch
            mal</a></h3>");
}
function zufall() {
    $zahl=rand(0,10);
    return $zahl;
}
?>
</body></html>
```

Zuerst wird der Inhalt des Formulars ausgelesen und in *$wert* gespei-
chert. Dann ermittelt PHP eine Zufallszahl. Dazu rufen wir eine selbst
definierte Funktion *zufall()* auf:

```
$zufallszahl=zufall();
```

Gleichzeitig gibt die Funktion *zufall()* einen Wert zurück. Dies ist die
konkrete Zufallszahl, die in *$zufallszahl* gespeichert wird. Anschließend
vergleichen wir den Inhalt von *$zufallszahl* mit dem von *$wert* und täti-
gen die entsprechenden Ausgaben. Interessant ist jetzt natürlich die
selbst geschriebene Funktion *zufall()*:

```
function zufall() {
    $zahl=rand(0,10);
    return $zahl;
}
```

Die Funktion ist sehr kurz. Jede selbst definierte Funktion wird über den Befehl *function* eingeleitet. Es schließt sich der Name der Funktion und die runden Klammern an. Dies ist der Funktionskopf. In den geschweiften Klammern befindet sich der Funktionscode. Innerhalb der Funktion, d. h. zwischen den geschweiften Klammern, befinden sich zwei Codezeilen. Zuerst ermitteln wir eine Zufallszahl. Dazu greifen wir zu der mathematischen Funktion *rand()*. Diese ermittelt konkret eine Zahl. An die Funktion übergeben wir zwei Parameter. Diese bezeichnen den Wertebereich der Zufallszahl. Die zu ermittelnde Zahl soll hier zwischen 0 und 10 liegen (wobei die Werte 0 und 10 mit eingeschlossen sind!). Der Rückgabewert der Funktion ist eine Ganzzahl zwischen 0 und 10 und wird in *$zahl* gespeichert. Diese Variable geben wir selbst wieder zurück. Dazu nutzen wir *return $zahl*. Damit wird die Variable *$zahl* als Rückgabewert an die aufrufende Stelle zurückgegeben und der Variablen *$zufallszahl* zugewiesen.

*Hinweis:*
Sie können immer nur einen Wert als Rückgabewert zurückgeben. Möchten Sie zwei oder mehr Variablen als Rückgabewert zurückgeben, müssen Sie dazu ein Array erstellen, das diese Variablen enthält. Sie geben dann das Array über *return* zurück.

Sie fragen sich jetzt vielleicht, warum man für die Ermittelung der Zufallszahl zu einer eigenen Funktion greifen muss. Das muss man nicht, denn den obigen Code hätten wir auch ohne eine Funktion erstellen können:

```
<!DOCTYPE html PUBLIC "-//W3C//DTD HTML 4.01 Transitional//EN">
<html><body>
<?php
$wert=$HTTP_POST_VARS['wert'];
$zufallszahl=rand(0,10);
if($wert==$zufallszahl) {
    print("<h1>BINGO!</h1>");
```

```
    print("<h3>Die Zahl war: </h3>");
    print($zufallszahl);
}
else {
    print("<h1>das war nix...</h1>");
    print("<h3><a href='raten.html'>Gleich noch
            mal</a></h3>");
}
?>
</body></html>
```

Dieser Code macht genau das Gleiche wie vorher, nur hier ohne eine selbst definierte Funktion. Es gibt immer mehrere Möglichkeiten, ein Programmierproblem zu lösen. Funktionen sind immer dann sinnvoll, wenn sie einen Code enthalten, der von mehreren PHP-Skripten ausgeführt werden soll. Dadurch kann man die PHP-Codes übersichtlicher halten.

## 8.2 Funktionsdefinition

Allgemein sieht eine Funktionsdefinition so aus:

```
function name() {
    // Hier folgt jetzt Code
}
```

Für *name* wird ein beliebiger Name eingesetzt. Ein Funktionsname besteht aus:

- Ziffern
- Buchstaben
- Unterstrich

Dies alles können Sie auch kombinieren. Eine Funktion mit dem Namen *test_99* ist denkbar wie auch die folgenden Varianten:

```
test99_box, test_99_neu, test_alt99, test99, _test99
```

Jedoch sollten Sie darauf achten, dass der Funktionsname nicht mit einer Zahl beginnen sollte:

```
99test_box
```

würde eine Fehlermeldung verursachen. Sie sollten für Funktionsnamen auch bestimmte Sonderzeichen und deutsche Umlaute nicht verwenden (ähnlich wie bei den Variablennamen):

Ä ö ü Ö ä Ü ß * + ! " § $ % & / ( ) = ? \ ~ # , . ; : ^ ° @ µ < > | -,

*Hinweis:*
Reservierte Wörter können Sie ebenfalls nicht für eigene Funktionsnamen verwenden. Eine Liste mit reservierten Wörtern in PHP finden Sie in Kapitel 13.5.

Interessant ist, dass PHP die Groß-/Kleinschreibung bei Funktionsnamen nicht beachtet. Rufen Sie eine Funktion *rechnen()* in einem Code auf, haben diese jedoch mit dem Namen *RECHNEN()* definiert, ignoriert PHP die Schreibweise und ruft korrekt die Funktion auf.

*Hinweis:*
Der Funktionskopf wird nicht mit einem Semikolon beendet.

Über *return* können Sie einen Wert zurückgeben. Dazu müssen Sie den Befehl *return* einsetzen. Eine Funktion kann auch keinen Rückgabewert besitzen. Dann entfällt der *return*-Befehl.

*Hinweis:*
Die Befehle *return* und *function* sind reservierte Wörter, die Sie nicht für eigene Funktions- oder Variablennamen einsetzen sollten.

## 8.3 Globale und lokale Variablen bei Funktionen

Anhand von selbst definierten Funktionen kann man gut zwischen lokalen und globalen Variablen unterscheiden. Bisher hatten wir immer pauschal innerhalb von *<?php ... ?>* mit Variablen gearbeitet. Diese waren immer global. Arbeiten Sie mit einer selbst definierten Funktion, treten noch lokale Variablen hinzu. Würden wir auf den Rückgabewert der Funktion *zufall()* verzichten und die Funktion so abändern

```
function zufall() {
    $zufallszahl=rand(0,10);
}
```

haben wir keinen Zugriff auf die Variable *$zufallszahl* von außerhalb der Funktion *zufall()*. Denn die Variable *$zufallszahl* ist hier eine so genannte lokale Variable, die nur innerhalb der Funktion *zufall()* genutzt werden kann (eben nur lokal). Würden Sie jetzt z. B. vor der *if*-Abfrage die Variable *$zufallszahl* über *print()* ausgeben, würde sich keine Ausgabe ergeben. Denn die Variable ist eine lokale Variable, die nur innerhalb von *zufall()* verwendet wird.

Eine globale Variable dagegen kann in jeder Funktion und auch außerhalb einer Funktion verwendet werden. Eine globale Variable wird außerhalb einer jeden selbst definierten Funktion definiert. Das bedeutet, dass alle Variablen, die wir in den letzten Kapiteln innerhalb von *<?php ... ?>* verwendet haben, im Prinzip globale Variablen waren. Im nachfolgenden Beispiel sehen wir uns lokale und globale Variablen näher an:

```
<?php
$test=5;
zufall();
function zufall() {
    print($test);
}
?>
```

Hier wird eine globale Variable (*$test*) definiert und anschließend die Funktion *zufall()* aufgerufen. In der Funktion *zufall()* wird jetzt die Variable *$test* ausgegeben. Vollziehen Sie dies einmal im Browser nach, werden Sie keine Ausgabe erhalten. Denn eine globale Variable ist in Funktionen zunächst nicht verfügbar. Die Variable *$test* ist zwar global, aber in der Funktion *zufall()* kann man zunächst nicht auf die Variable zugreifen! Dies kann man umgehen, indem man der Funktion *zufall()* bekannt gibt, dass es Zugriff auf eine (oder mehrere) globale Variable haben soll. Dies geschieht über den Befehl *global*:

```
<?php
$test=5;
$wert=10;
zufall();
function zufall() {
    global $test;
    print($test);
    print($wert);
}
?>
```

Nach dem Funktionskopf verwenden wir *global* dazu, um der Funktion mitzuteilen, welche Variablen global sind und welche davon innerhalb der Funktion genutzt werden können. Hier geben wir nur die Variable *$test* an. Eine zweite global definierte Variable *$wert* ist nicht als globale Variable in der Funktion angegeben. Führen Sie diesen Code aus, wird jetzt korrekterweise die Variable *$test* innerhalb der Funktion *zufall()* mit dem Wert 5 ausgegeben, die Variable *$wert* jedoch nicht. Um auch diese Variable als global innerhalb von *zufall()* zu kennzeichnen, hängen wir den Variablennamen nach *$test* an:

```
global $test,$wert;
```

Jetzt wird auch die Variable *$wert* korrekt in der Funktion *zufall()* über *print()* ausgegeben. Jede weitere globale Variable, die in *zufall()* verwendet werden soll, wird über ein Komma von der vorhergehenden Variablen abgetrennt.

# 8.4 Übergabewerte

Eine Funktion kann im Funktionskopf bestimmte Übergabewerte besitzen, die Sie selbst festlegen können. In der Funktion kann dann mit dem Übergabewert gearbeitet werden. Das nachfolgende einfache Beispiel definiert eine Funktion *ausgabe()*, die über *print()* den Übergabewert ausgibt:

```
<?php
   $zahl=rand(0,10);
   ausgabe($zahl);
   function ausgabe($wert) {
       print ($wert);
   }
?>
```

Zuerst wird wieder eine Zufallszahl erzeugt, die in *$zahl* gespeichert wird. Dann wird die Funktion *ausgabe()* aufgerufen und an die Funktion die Variable *$zahl* übergeben. In dem Funktionskopf wird dazu in den runden Klammern eine Variable definiert. Die ist der Übergabewert, der beim Aufrufen an die Funktion übergeben wird. Sie sollten hier nicht *$zahl* verwenden, um Missverständnisse zu vermeiden. *$wert* ist eine lokal definierte Variable innerhalb der Funktion *ausgabe()*. Die Variable erhält den Übergabewert (d. h. die konkrete Zufallszahl) zugewiesen. Innerhalb der Funktion können wir nun damit arbeiten und eine Ausgabe realisieren.

Man könnte dies natürlich umgehen, indem man die Variable *$zahl* als globale Variable für die Funktion *ausgabe()* verfügbar macht. Mit Hilfe des Übergabewerts jedoch braucht man nicht darauf zu achten, was globale Variablen sind.

Der obige Code kann sogar noch weiter vereinfacht werden, indem wir uns die Variable *$zahl* sparen und die Funktion *ausgabe()* gleich direkt mit der Funktion *rand()* aufrufen:

```
ausgabe(rand(0,10));
```

Der Rückgabewert von *rand()* wird als Übergabewert für *ausgabe()* gesetzt.

*Hinweis:*
Der Übergabewert wird auch als *Argument* bezeichnet.

Die Anzahl der Übergabewerte ist sogar beliebig. Sie müssen nur darauf achten, dass Sie eine selbst definierte Funktion mit genau der Anzahl von Übergabewerten aufrufen, die im Funktionskopf definiert sind. Der nachfolgende Code übergibt sieben Zufallszahlen an die Funktion *ausgabe()*:

```php
<?php
    $lotto1=rand(1,49);
    $lotto2=rand(1,49);
    $lotto3=rand(1,49);
    $lotto4=rand(1,49);
    $lotto5=rand(1,49);
    $lotto6=rand(1,49);
    $superzahl=rand(0,9);
    ausgabe($lotto1,$lotto2,$lotto3,$lotto4,$lotto5,
            $lotto6,$superzahl);
    function ausgabe($wert1,$wert2,$wert3,$wert4,
                     $wert5,$wert6,$wert7) {
      print("Die Lottozahlen: ");
      print("$wert1.", ".$wert2.", ".$wert3.
            ", ".$wert4.",   ".$wert5.", ".$wert6.
            ", ".$wert7);
      print("Superzahl: ");
      print($wert7);
    }
?>
```

Der Code ermittelt sechs Zufallszahlen für das Lotto 6 aus 49 und eine
siebte Zufallszahl für die Superzahl. Alle Variablen werden an die Funktion *ausgabe()* übergeben. Die Variablen werden durch ein Komma voneinander getrennt. Im Funktionskopf werden sieben neue Variablen
definiert, die dann ausgegeben werden.

Sie haben die ganze Zeit über mit Übergabewerten und Rückgabewer-
ten gearbeitet. Die in PHP vordefinierten Funktionen arbeiten genauso
wie die hier verwendeten selbst definierten Funktionen. Beispiel
*rand()*-Funktion:

```php
$lotto6=rand(1,49);
```

Hier rufen Sie die Funktion *rand()* mit zwei Übergabeparametern auf (1
und 49). Die Funktion führt eine bestimmte Operation durch und gibt
eine Zahl zurück, die wir in der Variablen *$lotto1* speichern. Mit ande-
ren Funktionen (z. B. *strstr()*, *fopen()* usw.) ist es ähnlich.

# 8.5 Funktionen in Include-Dateien auslagern

PHP bietet die Möglichkeit, häufig benutzte Funktionen in separate Dateien auszulagern. Dies sind die so genannten *Include*-Dateien, und diese tragen die Dateiendung *.inc*. Include-Dateien sind nichts anderes als «normale» PHP-Dateien, die selbst definierte Funktionen enthalten können. In diesem Abschnitt sehen wir uns an, wie man Include-Dateien erstellt und diese nutzt.

Ein gutes Beispiel dafür ist die Ermittlung des Datums und der Uhrzeit. Diese Funktionalität haben wir oft in den vergangenen Kapiteln benötigt, um einen Eintrag in einer CSV-Datei mit Datum und Uhrzeit zu versehen. Das Gästebuch profitiert davon und weitere Anwendungen. In jedem dieser Codes war ein PHP-Code enthalten, der das Datum und die Uhrzeit ermittelt. Wir können uns in allen diesen Beispielen die Ermittlung des Datums und der Uhrzeit sparen. Denn wir lagern diese Funktionalität in eine eigene Funktion in eine separate Datei aus und rufen dann beispielsweise im Gästebuch nur die Funktion auf! Dadurch brauchen wir den Code zur Ermittlung des Datums und der Uhrzeit nur einmal erstellen und nicht in jeden Code zu integrieren.

Wir sehen uns dies in zwei Schritten an. Zuerst lernen wir die Include-Datei näher kennen, indem wir eine Funktion in die Datei schreiben. Im zweiten Schritt müssen wir uns z. B. die Gästebuch-Datei ansehen, die einen neuen Eintrag in das Gästebuch vornimmt. Denn dort wird ja das Datum und die Uhrzeit benötigt. Wir müssen uns ansehen, wie man eine externe Funktion in einer externen Datei aufruft.

Die Include-Datei sieht zunächst wie eine normale PHP-Datei aus. Sie enthält jedoch keine HTML-Tags, denn diese sind hier auch nicht nötig. Die nachfolgende Include-Datei enthält nur eine Funktion *date_time()*, in der das aktuelle Datum und die Uhrzeit ermittelt wird:

```
<?
    function date_time() {
        $punkt=".";
        $dpunkt=":";
        $datum=date(d);
        $datum.=$punkt;
        $datum.=date(m);
        $datum.=$punkt;
        $datum.=date(Y);
```

```
    $zeit=date(G);
    $zeit.=$dpunkt;
    $zeit.=date(i);
    $zeit.=$dpunkt;
    $zeit.=date(s);
    $datetime[0]=$datum;
    $datetime[1]=$zeit;
    return $datetime;
  }
?>
```

Die Funktion *date_time()* enthält den kompletten Code zur Ermittlung des Datums und der Uhrzeit, wie er in vielen anderen Codes in diesem Buch bisher verwendet wurde. Die Funktion muss natürlich das Datum und die Uhrzeit zurückgeben. Da wir ja nur eine Variable zurückgeben können, müssen wir aus *$datum* und *$zeit* ein Array erstellen. Die Variable *$datum* ist dann das erste Element im Array (Indexnummer 0) und *$zeit* das zweite Element (Indexnummer 1). Das Array *$datetime*, das beide Variablen enthält, geben wir dann über *return* zurück.

Jetzt müssen wir uns bei dem Gästebuch die Datei *gaestebuch.php* ansehen (siehe Kapitel 5.2). Denn diese Datei nimmt ja die Eingabe aus den Formularfeldern entgegen und schreibt diese Informationen in die Gästebuchdatei *(start.html)*. In *gaestebuch.php* wurde bisher das Datum und die Uhrzeit ermittelt. Dies haben wir jetzt in eine Include-Datei ausgelagert und müssen diese nur importieren:

```
<!DOCTYPE html PUBLIC "-//W3C//DTD HTML 4.01 Transitional//EN">
<html><head><title>G&auml;stebuch</title></head>
<body>
<?php
    include("datetime.inc");
    $datum_uhrzeit=date_time();
    $nachname=$HTTP_POST_VARS['nachname'];
    $mail=$HTTP_POST_VARS['mail'];
    $kommentar=$HTTP_POST_VARS['kommentar'];
    $nachname=htmlspecialchars ($nachname);
    $kommentar=htmlspecialchars ($kommentar);
    $nachname=htmlentities($nachname);
    $kommentar=htmlentities($kommentar);
```

```php
$kommentar=nl2br($kommentar);
$eintrag="<!--Beginn-->\n";
$eintrag.="<p><div style='font-family:arial;
                font-size:10pt'><b>Name: </b>";
$eintrag.=$nachname;
$eintrag.="<br>\n<b>E-Mail: </b>
                <a href='mailto:";
$eintrag.=$mail;
$eintrag.="'>";
$eintrag.=$mail;
$eintrag.="</a><br>\n<b>Datum: </b>";
$eintrag.=$datum_uhrzeit[0];
$eintrag.=" um ";
$eintrag.=$datum_uhrzeit[1];
$eintrag.="<br>\n<b>Kommentar: </b>";
$eintrag.=$kommentar;
$eintrag.="</div></p><br><br>\n";
$bol=file_exists("start.html");
if($bol) {
    $datei=fopen("start.html","r");
    if($datei) {
        $dateigroesse=filesize("start.html");
        $inhalt=fread($datei,$dateigroesse);
        fclose($datei);
    }
    $ersetzen=str_replace ("<!--Beginn-->",
                            $eintrag,$inhalt);
}
$bol=file_exists("start.html");
if($bol) {
    $datei=fopen("start.html","w");
    if($datei) {
        $output=fwrite($datei,$ersetzen);
        fclose($datei);
        print("<h2>Vielen Dank f&uuml;r Ihren
                Eintrag!</h2>");
    }
}
?>
</body></html>
```

Die Datei *gaestebuch.php* ändert sich nur zu Beginn der Datei. Dort importieren wir die Datei *datetime.inc* über die PHP-Funktion *include()*:

```
include("datetime.inc");
```

Die Funktion *include()* lädt die externe Datei *datetime.inc* und fügt diese an der Stelle ein, an der sich die Funktion *include()* befindet. Damit wird die externe Funktion *date_time()* in den aktuellen PHP-Code eingefügt, und wir können die Funktion danach aufrufen:

```
$datum_uhrzeit=date_time();
```

Der Rückgabewert von *date_time()* ist ja ein Array, das wir in *$datum_uhrzeit* speichern. Wenn wir das Datum und die Uhrzeit in die Datei *start.html* schreiben wollen, müssen wir die beiden Elemente des Arrays entsprechend den Indexnummern auslesen:

```
$eintrag.=$datum_uhrzeit[0];
$eintrag.=" um ";
$eintrag.=$datum_uhrzeit[1];
```

Die Include-Datei können Sie jetzt auch für andere Projekte benutzen. Sie müssen nur die Funktion *date_time()* in Ihrem Code aufrufen und den Rückgabewert beachten. Natürlich müsste sich die Include-Datei zusammen mit Ihren weiteren PHP-Dateien im gleichen Verzeichnis befinden.

*Hinweis:*
Statt *include()* können Sie auch die Funktion *require()* einsetzen:
```
require("datetime.inc");
```

## 8.6 Zusammenfassung

- Eigene Funktionen werden über den Befehl *function* definiert.
- Funktionen können einen Rückgabewert besitzen, der über *return* zurückgegeben wird.
- Funktionen können einen oder mehrere Übergabewerte besitzen, mit denen in der Funktion gearbeitet werden kann.

- Bei der Verwendung von Variablen müssen Sie auf globale Variablen achten, die standardmäßig in der Funktion nicht angesprochen werden können.
- Über den Befehl *global* sind globale Variablen auch innerhalb von Funktionen verfügbar.
- Lokale Variablen sind nur innerhalb einer Funktion verwendbar.
- Funktionen können in so genannte Include-Dateien ausgelagert werden.
- Zum Einfügen von Include-Dateien werden die Funktionen *include()* bzw. *require()* eingesetzt.

## 8.7 Übung

### Aufgabe 21

Der nachfolgende Include-Datei enthält zwei Fehler. Finden Sie diese und korrigieren Sie den Code.

```php
<?php
    $test=10;
    funktion meine_funktion() {
        $test++;
        return $test;
    }
?>
```

### Aufgabe 22

Erläutern Sie den Unterschied zwischen einer globalen und einer lokalen Variablen.

### Aufgabe 23

Erläutern Sie den Unterschied zwischen einem Übergabewert und einem Rückgabewert.

# 9 Datenbankanbindung mit PHP

PHP ist ideal, um mit Datenbanken zu arbeiten. Dies liegt daran, dass es mit PHP sehr leicht ist, eine Verbindung zu einer Datenbank herzustellen und Daten aus der Datenbank auszulesen, neu zu schreiben oder zu löschen. In Verbindung mit den freien Datenbanken (MySQL, PostgreSQL) spielt PHP seine Stärken aus. Gerade die Anbindung von MySQL gestaltet sich sehr einfach. Es ist aber auch möglich, andere Datenbanken (mSQL, Oracle, DB2) anzubinden. Für dieses und die weiteren Kapitel lege ich MySQL zu Grunde.

## 9.1 Warum Datenbanken?

Datenbanken werden für viele Zwecke im Internet eingesetzt. Die Bandbreite von Datenbanken ist vielfältig. Im Prinzip können Sie fast alles, was Sie in Kapitel 5 und 6 mit Text- oder CSV-Dateien erledigen, auch mit Datenbanken durchführen.

Beispiel Newsletter: Die einzelnen Abonnenten des Newsletters werden in einer Datenbank-Tabelle gespeichert, die u. a. auch die E-Mail-Adresse enthält. Der Newsletter wird wie bekannt über *mail()* verschickt, jedoch mit dem Unterschied, dass die E-Mail-Adresse aus der Datenbank ausgelesen wird.

Beispiel Gästebuch: Die konkreten Texteinträge befinden sich nicht in einer HTML-Datei, sondern in einer Datenbank-Tabelle. Bei einem Neueintrag werden die Texte (zusammen mit dem Namen des Surfers) in die Datenbank-Tabelle geschrieben. Wird das Gästebuch vom Surfer aufgerufen, werden sämtliche Inhalte aus der Datenbank-Tabelle ausgelesen und dargestellt.

Beispiel Log-in-Prozedur: Ein Anwender loggt sich mit Hilfe seines Benutzernamens und Passworts ein. Diese werden in der Datenbank geprüft. Dies hatten wir auch mit CSV in Kapitel 6.3 umgesetzt. Jedoch ist eine Datenbank flexibler. Kennen Sie den Link «Passwort vergessen?» bei diesen Login-Prozeduren? Hat ein Anwender sein Passwort vergessen, benötigt er nur noch den Benutzernamen – das Passwort wird an die von ihm angegebene E-Mail-Adresse geschickt.

Beispiel Diskussionsforum: Die Beiträge in dem Diskussionsforum befinden sich alle in der Datenbank. Betritt ein neuer Anwender das Diskussionsforum, werden sämtliche aktuellen Beiträge aus der Datenbank geholt und angezeigt. Der Internet-Surfer kann nun Beiträge lesen und auf die Beiträge antworten. Ohne Datenbanken ist dies schlichtweg unmöglich!

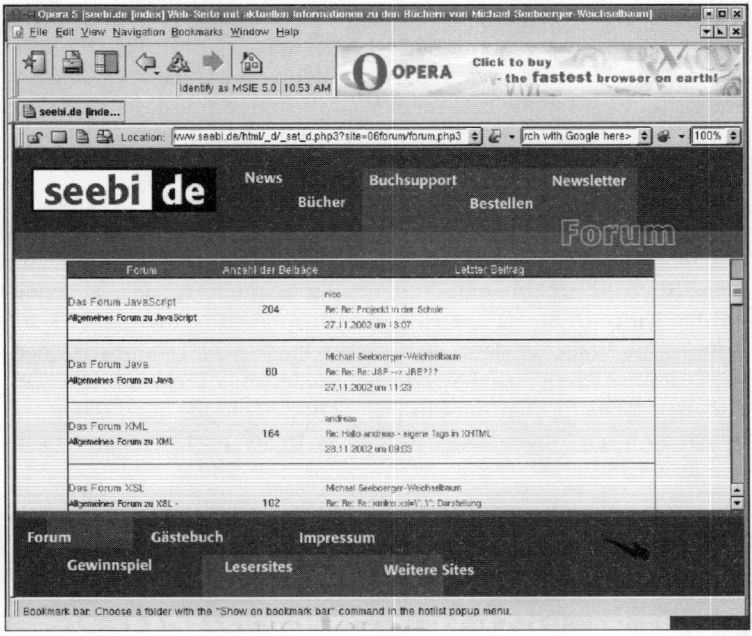

Die Abbildung zeigt ein klassisches Diskussionsforum auf meiner Site *http://www.seebi.de*. Hier sehen Sie die Forenübersicht, die aus dem Beitrag, dem Absender und dem Datum sowie der Uhrzeit besteht. Diese Informationen befinden sich in einer MySQL-Datenbank und werden beim Aufrufen der Forenseite aus der Datenbank ausgelesen und dargestellt.

## 9.2 Was brauchen wir für Datenbanken?

PHP bietet eine ideale Anbindung an Datenbanken. Wir benötigen nur eine Datenbank, die auf dem Server (und idealerweise auch lokal zum Testen) installiert ist. Am verbreitetsten ist hier MySQL. Diese ist kostenlos und bei vielen Web-Hostern zusammen mit PHP enthalten. Sie muss für den Betrieb nur konfiguriert werden. Die Installation von MySQL ist in Kapitel 12.3 beschrieben.

Als weitere Anwendung ist phpMyAdmin sehr sinnvoll. Dies ist ein Administrationstool, über das Sie Ihre Datenbank pflegen und verwalten können: einzelne Einträge löschen, neu hinzunehmen, die Datenbank kopieren («dumpen») und neue Tabellen erstellen. Die Installation von phpMyAdmin finden Sie in Kapitel 12.4. Bevor wir mit PHP eine Datenbank anbinden können, muss die Datenbank auf dem Server konfiguriert sein. Haben Sie bei einem Web-Hoster Web-Space angemietet, ist die Datenbank MySQL in der Regel schon installiert und konfiguriert.

Das konkrete Abfragen der Datenbank geschieht in PHP über so genannte SQL-Befehle. SQL (*Structered Query Language*) ist keine neue Programmiersprache, sondern enthält standardisierte Befehle, über die die Datenbank unabhängig von der Programmiersprache abgefragt werden kann. Diese SQL-Befehle muss man auch kennen. Aber keine Angst – Sie brauchen jetzt kein dickes Buch über Datenbank-Theorie, Datenbankdesign und SQL-Programmierung durchzuarbeiten. Im Endeffekt braucht man nur ein paar SQL-Befehle für die meisten Datenbank-Anwendungen. Diese werden Sie in den nächsten Kapitel kennen lernen.

*Hinweis:*
Dieses und die nachfolgenden Kapitel bieten einen guten Einblick in SQL und die am häufigsten benutzten SQL-Befehle. Eine SQL-Komplettreferenz kann dies nicht ersetzen.

## 9.3 Eine erste kleine Datenbank

Unsere erste Anwendung wird ein erneutes Programmieren der Log-in-Prozedur sein. Diese hatten wir in Kapitel 6.3 über CSV realisiert. Jetzt machen wir es mit MySQL. Diese Variante ist flexibler und dient als Basis für alle weiteren Schritte. Zuerst werden wir uns damit befassen, wie wir die Datenbank erstellen und wie wir Daten in einer Tabelle halten. Erst danach überlegen wir uns den Code zur Abfrage der Datenbank.

Die Datenbank muss zunächst angelegt werden. In einer Datenbank können Sie eine Vielzahl von Tabellen unterbringen, die alle anders aufgebaut sein können. Pro Web-Server ist eine Datenbank sinnvoll (es können aber auch mehrere sein). Diese Datenbank kann eine Tabelle enthalten, in der beispielsweise die registrierten Benutzer stehen. In einer anderen Tabelle befindet sich das Gästebuch, in einer dritten Tabelle der Besucherzähler und in einer vierten Tabelle das aktuelle Diskussionsforen (oder auch weitere Foren in weiteren Tabellen).

## 9.3.1 Eine neue Datenbank anlegen

Zunächst werden wir die Datenbank anlegen. Dies ist nur einmal nötig. Das Erstellen der Datenbank können Sie direkt über einen SQL-Befehl oder mit dem Tool phpMyAdmin durchführen. Ein Code zum Erzeugen und Löschen einer Datenbank sowie einer Tabelle ist in der Regel nur einmal nötig. Daher ist es oft einfacher, Datenbanken und Tabellen über phpMyAdmin zu erstellen bzw. zu löschen. In Kapitel 9.4 können Sie auf grafischem Wege die Datenbank und die Tabelle mit Hilfe von phpMyAdmin erzeugen.

In diesem Abschnitt sehen wir uns zunächst an, wie man die Datenbank und eine Tabelle über SQL erstellen und löschen kann. Dabei lernen Sie auch gleich die Grundsyntax von SQL kennen. Am Ende dieses Kapitels wird beschrieben, wie Sie mit phpMyAdmin eine Datenbank bzw. eine Tabelle erstellen und löschen können. Der nachfolgende Code erzeugt eine neue Datenbank, die noch keine Tabellen enthält:

```
<!DOCTYPE html PUBLIC "-//W3C//DTD HTML 4.01 Transitional//EN">
<html><body>
<h3>Tabelle erstellen</h3>
<?php
    $db=mysql_connect("localhost","root","");
    $anfrage="CREATE DATABASE manitu";
    mysql_query($anfrage);
    mysql_close($db);
?>
</body></html>
```

*Hinweis:*
Der Code zum Erstellen einer Datenbank braucht in der Regel nur einmal ausgeführt zu werden. Sollten Sie diesen Code ein zweites Mal ausführen, kommt es zu einem Fehler, weil die Datenbank mit dem Namen *manitu* schon existiert.

Über die erste Zeile wird die Verbindung zum Datenbank-Programm hergestellt:

```
$db=mysql_connect("localhost","root","");
```

Die Funktion *mysql_connect()* stellt eine Verbindung mit der Datenbank her. Sämtliche MySQL-Funktionen werden durch das Wort *mysql_* eingeleitet. Die Funktion kann ohne Parameter aufgerufen werden. Es sind jedoch auch einige Übergabeparameter möglich:

- Der Name des Datenbankservers. Dies ist bei dem Offline-Betrieb *localhost*.
- Der Benutzername für die Datenbank. Standardmäßig ist dies der Datenbankbenutzer *root*.
- Das Passwort des Datenbankbenutzers. Standardmäßig ist kein Passwort für den Datenbankbenutzer *root* angelegt, sodass hier ein Leerstring übergeben wird.

Insbesondere der Benutzername und das Passwort kann bei Ihnen abweichen, wenn Sie zusammen mit der MySQL-Installation einen anderen Benutzer (mit Passwort) als den *root*-Benutzer angelegt haben. Diese Daten müssen an *mysql_connect()* übergeben werden, z. B.:

```
$db=mysql_connect("localhost","seebi","test17");
```

Für die nachfolgenden Beispiele verwende ich immer den Datenbankbenutzer *root* ohne Passwort:

```
$db=mysql_connect("localhost","root","");
```

Dies ist der Standardbenutzer, der bei der Installation von MySQL angelegt wird.

*Hinweis:*
Wenn Sie mit Windows arbeiten, braucht im Offline-Betrieb (*localhost*) der Datenbankbenutzer *root* nicht angegeben zu werden. An *mysql_ connect()* brauchen keine Parameter übergeben zu werden:

```
$db=mysql_connect();
```

Ich kann Ihnen aber nur empfehlen, der Deutlichkeit halber alle Übergabeparameter an *mysql_connect()* anzugeben.

Im Online-Betrieb auf Ihrem Web-Server sind diese drei Parameter jedoch Pflicht. Der erste Parameter gibt den Namen des Datenbankservers an. Danach folgen der Benutzername und das Passwort für den Datenbankserver. Diese drei Werte können im Online-Betrieb auf Ihrem Web-Server von denen im Offline-Betrieb abweichen. Der Grund liegt darin, dass Ihr Web-Hoster einen Datenbankserver hat, der einen dedizierten Namen besitzt (z. B. *dbms.xmlguru.de*). Statt *localhost* muss dann diese Adresse als erster Parameter angegeben werden. Dies gilt auch für den Benutzernamen und das Passwort. Entweder teilt Ihr Web-Hoster Ihnen dies mit oder Sie können sich diese bei Ihrem Provider auswählen. Tragen Sie als zweiten und dritten Parameter diese Werte dann ein.
Der Rückgabewert von *mysql_connect()* ist ähnlich wie bei den Dateioperationen ein Zeiger, der auf die Datenbank zeigt. Diesen benötigen wir später, um die Verbindung wieder beenden zu können. Über die Zeile

```
mysql_query($anfrage);
```

wird mit Hilfe der Funktion *mysql_query()* eine konkrete Anfrage an die Datenbank geschickt. Dabei ist es egal, ob Sie Daten in eine Tabelle hineinschreiben, löschen oder auslesen wollen. Über *mysql_query()* erfolgt generell eine Anfrage an die Datenbank. Was jetzt genau angefragt wird, befindet sich in der Variablen *$anfrage*. Der Einfachheit halber haben wir hier eine Variable *$anfrage* erstellt, in der die konkrete Aktion, d. h. das Erzeugen einer neuen Datenbank, erfolgen soll. Die Variable *$anfrage* übergeben wir dann an die Funktion *mysql_query()*:

```
$anfrage="CREATE DATABASE manitu";
```

Über den SQL-Befehl *CREATE DATABASE* wird eine neue Datenbank erstellt. *manitu* ist der Name der Datenbank. Für einen Datenbanknamen können Sie sämtliche Buchstaben des Alphabets und die Ziffern verwenden, mit Ausnahme von:

- deutschen Umlauten *(ä, ü, ö, ß, Ä, Ö, Ü)*
- Sonderzeichen jedweder Art (z. B. @, {, }, ?, $, %, &, §)

Der Datenbankname kann neben reinen Buchstaben aus dem Alphabet auch eine Kombination aus Zahlen und Buchstaben sein:

```
DB0001
```

*Hinweis:*
Die Groß-/Kleinschreibung hat bei den SQL-Befehlen keine Bedeutung. Den obigen SQL-Befehl können wir auch kleinschreiben:
```
$anfrage="create database manitu";
```

Abschließend beenden Sie die Verbindung zur Datenbank über *mysql_close()*:

```
mysql_close($db);
```

Damit sind die ersten Schritte durchgeführt.

*Hinweis:*
PHP kennt noch zwei Funktionen, über die eine Datenbank erstellt werden kann: *mysql_create_db()* und *mysql_createdb()*. Ein möglicher Code sieht so aus:
```
$db=mysql_connect("localhost", "root", "");
mysql_create_db("manitu");
```
Die Entwickler von PHP empfehlen jedoch, statt dieser Funktionen den SQL-Befehl *CREATE DATABASE* einzusetzen.

## 9.3.2 Aufbau der Tabelle

Zunächst müssen wir uns aber den Aufbau der Tabelle überlegen. Wir wollen eine Log-in-Prozedur realisieren. Also wären zunächst nur zwei Spalten für die Tabelle nötig:

- Benutzername
- Passwort

Die weiteren Daten (E-Mail-Adresse usw.) werden wir erst später hinzufügen, wenn wir erste Erfahrungen mit der Datenbank gewonnen haben. Damit kann die Tabelle zunächst sehr einfach ausfallen:

| Benutzername | Passwort |
|---|---|
| Administrator | 123 |
| chef | mauritius |
| kuh | glocke |

Die Tabelle verfügt über zwei Spalten mit einer Spaltenbeschriftung. In jeder Tabellenzeile befinden sich die Einträge. So können Sie sich auch unsere spätere Tabelle in der Datenbank mit MySQL vorstellen.

### 9.3.3 Eine Tabelle in der Datenbank erstellen

Jetzt müssen wir die Tabelle anlegen, in der sich später die einzelnen Daten befinden werden. Dies können wir auch über einen SQL-Befehl durchführen. Das Erstellen einer Tabelle ist in der Regel ebenfalls nur einmal nötig. Der nachfolgende Code erstellt die Tabelle *login*:

```
<!DOCTYPE html PUBLIC "-//W3C//DTD HTML 4.01 Transitional//EN">
<html><body>
<h3>Tabelle erstellen</h3>
<?php
    $db=mysql_connect("localhost","root","");
    mysql_select_db("manitu");
    $anfrage="CREATE TABLE login (benutzer
                VARCHAR(50),pw VARCHAR(20))";
    mysql_query($anfrage)
    mysql_close($db);
?>
</body></html>
```

Zuerst verbinden wir uns wieder mit der Datenbank. Im nächsten Schritt müssen Sie Ihre Datenbank angeben. Dies erfolgt über die Funktion *mysql_select_db()*:

```
mysql_select_db("manitu");
```

Als Übergabeparameter geben Sie den Namen der Datenbank an. Jetzt erstellen wir den SQL-Befehl zum Erstellen der Tabelle. Dies geschieht über *CREATE TABLE*:

```
CREATE TABLE login (benutzer VARCHAR(50),pw VARCHAR(20))
```

Der Name *login* ist der Tabellenname. In Klammern befinden sich die Spaltendefinitionen der Tabelle. Wir haben zwei Spalten, die durch ein Komma voneinander getrennt sind. Zuerst erscheint die erste Spalte mit dessen Namen *(benutzer)*. Dann müssen wir den Typ dieser Spalte angeben. Der Inhalt soll «normaler» Text sein. Dazu dient in SQL der so genannte Feldtyp *VARCHAR*. In Klammern müssen wir noch die Länge angeben, d. h. die Anzahl der Buchstaben, die in dem Feld enthalten sein können. Hier ist der Wert 50 angegeben, d. h., bis zu 50 Buchstaben können hier enthalten sein. Dann folgt die zweite Spalte *(pw)*. Der Inhaltstyp ist ebenfalls *VARCHAR*. Die Länge ist jedoch auf 20 Buchstaben begrenzt. Der SQL-Befehl befindet sich wieder in einem String, der über *mysql_query()* an die Datenbank geschickt wird. Führen Sie diesen Code aus, wird jetzt innerhalb der Datenbank *manitu* die Tabelle *login* mit den definierten Spalten erzeugt.

## CHAR statt VARCHAR

Alternativ zu dem Feldtyp *VARCHAR* können Sie auch den Feldtyp *CHAR* verwenden. *CHAR* unterscheidet sich von *VARCHAR* dadurch, dass der übrig gebliebene Platz mit Leerzeichen aufgefüllt wird. Hat der eingegebene Benutzername eine Länge von 20 Zeichen, füllt *CHAR* bis zu 50 Zeichen die Tabellenzelle mit Leerzeichen auf. Damit hat jeder Eintrag in der Spalte eine feste Länge. Bei *VARCAHR* dagegen ist die Länge variabel. Es wird zwar auch die maximale Länge angegeben (*VARCHAR (50)*). Wird hier jedoch ein Benutzername mit 20 Zeichen eingegeben, bleibt die Länge bei 20 Zeichen − *VARCHAR* füllt nicht mit weiteren Leerzeichen auf. Ich kann Ihnen nur empfehlen, den Datentyp *VARCHAR* zu verwenden. Dieser ist am besten geeignet. Bei allen weiteren Projekten in diesem Buch benutze ich ausschließlich *VARCHAR* und nie *CHAR*.

## 9.3.4 Tabellen und Datenbanken löschen

Über entsprechende SQL-Befehle können Sie eine Tabelle und eine Datenbank auch löschen. Dieses Vorgehen ist analog zu den SQL-Befehlen *CREATE DATABASE* und *CREATE TABLE*. Zum Löschen einer Tabelle wird der SQL-Befehl

```
DROP TABLE
```

eingesetzt und zum Löschen einer Datenbank entsprechend

```
DROP DATABASE
```

Der nachfolgende Code löscht zuerst eine Tabelle aus der Datenbank und dann die Datenbank selbst. Beide Schritte müssen nicht zusammen durchgeführt werden. Sie können diese auch in einzelne PHP-Dateien legen. Wie bei *CREATE DATABASE* und *CREATE TABLE* braucht dieser Code in der Regel nur einmal ausgeführt zu werden:

```
<!DOCTYPE html PUBLIC "-//W3C//DTD HTML 4.01 Transitional//EN">
<html><body>
<h3>Tabelle und Datenbank l&ouml;schen</h3>
<?php
    $db=mysql_connect("localhost","root","");
    mysql_select_db("manitu");
    $anfrage="DROP TABLE login";
    mysql_query($anfrage);
    $anfrage="DROP DATABASE manitu";
    mysql_query($anfrage);
    mysql_close($db);
?>
</body></html>
```

Im ersten Schritt löschen wir die Tabelle *login*. Dazu setzen wir den SQL-Befehl *DROP TABLE* ein. Nach *DROP TABLE* folgt der Name der zu löschenden Tabelle. Anschließend schicken wir die Anfrage über *mysql_query()* an die Datenbank. Dann löschen wir die Datenbank über den SQL-Befehl *DROP DATABASE*. Nach *DROP DATABASE* folgt der Datenbankname.

Um alle Tabellen einer Datenbank zu löschen, brauchen Sie nur die Datenbank selbst zu löschen. Wenn diese gelöscht wird, werden sämtliche darin enthaltenen Tabellen (und auch deren Daten!) gelöscht.

*Hinweis:*
PHP kennt noch zwei Funktionen, über die eine Datenbank gelöscht werden kann: *mysql_drop_db()* und *mysql_dropdb()*. Ein möglicher Code sieht so aus:

```
$db=mysql_connect("localhost", "root", "");
mysql_drop_db("manitu");
```

Die Entwickler von PHP empfehlen jedoch, statt dieser Funktionen den SQL-Befehl *DROP DATABASE* einzusetzen.

## 9.3.5 Allgemeiner Ablauf: Daten in die Tabelle schreiben, auslesen und löschen

Um Daten aus der Datenbank lesen oder schreiben zu können, ist ein ähnlicher Ablauf wie bei den Dateizugriffen erforderlich:

1. Der Kontakt zur Datenbank muss hergestellt werden.
2. Die Datenbank muss ausgewählt werden, aus der Daten gelesen oder geschrieben werden sollen.
3. Daten aus der gewünschten Tabelle auslesen.
4. Verbindung zur Datenbank schließen.

Dieser Ablauf ist sehr ähnlich wie beim Laden oder Schreiben in eine Datei. Dort hatten wir ja über die *fopen()*-Methode eine Datei geöffnet und über *fclose()* geschlossen. Bei der Datenbank funktioniert dies über ähnlich lautende Methoden.

Der nachfolgende PHP-Code stellt erst einmal eine Verbindung zum Datenbankserver *(manitu)* her, wählt die Tabelle mit den Benutzernamen und Passwörter aus *(login)* und beendet anschließend die Verbindung wieder.

```
<!DOCTYPE html PUBLIC "-//W3C//DTD HTML 4.01 Transitional//EN">
<html><body>
<?php
    $db=mysql_connect("localhost","root","");
    mysql_select_db("manitu");
```

```
    mysql_close($db);
?>
</body></html>
```

Zuerst verbinden wir uns wieder mit der Datenbank. Im nächsten
Schritt müssen Sie Ihre Datenbank angeben. Dies erfolgt über die Funktion *mysql_select_db()*:

```
mysql_select_db("manitu");
```

Als Übergabeparameter geben Sie den Namen der Datenbank an. Der
Name der Tabelle, aus der später die Daten ausgelesen werden sollen,
wird hier noch nicht angegeben. Dies erfolgt direkt beim Auslesen der
Daten. Abschließend beenden Sie die Verbindung zur Datenbank über
*mysql_close()*. Das konkrete Abfragen der Daten oder das Schreiben in
die Datenbank erfolgt im Prinzip immer nur zwischen den Funktionen
*mysql_select_db()* und *mysql_close()*.

## 9.3.6 Daten in die Tabelle schreiben

Unsere Tabelle *login* ist noch leer. Daher sollten wir uns überlegen, wie
wir jetzt erste Daten in die beiden Spalten (Benutzername und Passwort) bekommen. Bevor wir die Daten auslesen können, sollten wir minimal einen Datensatz, d. h. einen Benutzernamen und ein Passwort,
hineinschreiben. Der nachfolgenden Code schreibt einen Benutzernamen *(chef)* mit einem Passwort *(mauritius)* in die Tabelle hinein.

```
<!DOCTYPE html PUBLIC "-//W3C//DTD HTML 4.01 Transitional//EN">
<html><body>
<?php
    $db=mysql_connect("localhost","root","");
    mysql_select_db("manitu");
    $anfrage="INSERT INTO login VALUES
                ('chef','mauritius')";
    mysql_query($anfrage);
    mysql_close($db);
?>
</body></html>
```

Neu in diesem Code ist nur diese Zeile:

```
$anfrage="INSERT INTO login VALUES ('chef','mauritius')";
```

Das Einfügen von Daten in eine Tabelle erfolgt über den SQL-Befehl *INSERT INTO*. Dazu wird nach *INTO* der Name der Tabelle angegeben (*login*). *VALUES* spezifiziert die Daten, die eingefügt werden sollen. Hier werden in Klammern zwei Werte übergeben (*chef* und *mauritius*). Diese beiden Werte, die als String in einfachen Anführungszeichen stehen, werden in dieser Reihenfolge in die Spalten als ein gemeinsamer Datensatz geschrieben. In der ersten Spalte der ersten Zeile befindet sich nun der Benutzername *chef*, in der zweiten Spalte der ersten Zeile *mauritius*.

Achten Sie sehr genau auf die Anzahl der Spalten. Sollten Sie mehr als zwei Parameter übergeben, erfolgt kein Eintrag:

```
$anfrage="INSERT INTO login VALUES ('chef2','mauritius','hubbabub-
ba')";
```

Dies gilt auch für den Fall, dass Sie nur einen Wert übergeben. Verwenden Sie immer genauso viele Übergabeparameter nach *VALUES*, wie Sie Spalten in der Tabelle haben. Möchten Sie eine Spalte mit einem Leereintrag versehen, übergeben Sie einen Leerstring:

```
$anfrage="INSERT INTO login VALUES ('chef3','')";
```

Damit haben wir jetzt erste Daten in der Datenbank. Natürlich ist es nicht so sinnvoll, im PHP-Code konkrete Benutzernamen und Passwörter anzugeben. Dies kann man gut über Formulare machen, damit der Internet-Surfer sich selbst eintragen kann. Dies werden wir in Kapitel 10.1 umsetzen.

## 9.3.7 Daten aus der Tabelle auslesen

Jetzt befassen wir uns damit, wie wir die Daten aus einer Tabelle *login* der Datenbank *manitu* auslesen können. In einer ersten Anwendung wollen wir uns alle aktuelle Einträge aus der Tabelle ansehen. Die Daten aus beiden Spalten sollen ausgelesen und in Form einer HTML-Tabelle angezeigt werden. In der nachfolgenden Abbildung sehen Sie eine derartige Auflistung als HTML-Tabelle. Dieses Beispiel wird später im Internet eher selten zur Anwendung kommen. Ziel dieses Abschnitts ist es (wie im letzten Abschnitt), aufzuzeigen, wie Sie generell die Daten aus einer Tabelle auslesen können.

Im ersten Schritt sehen wir uns an, wie viele Datensätze in der Tabelle enthalten sind. Der nachfolgende Code baut eine Verbindung zur Datenbank auf, liest die Anzahl der Datensätze aus und beendet die Verbindung. Die Anzahl der Datensätze wird angezeigt. In der nachfolgenden Abbildung sehen Sie eine mögliche Ausgabe.

Der Code zum Auslesen der Datensätze sieht so aus:

```
<!DOCTYPE html PUBLIC "-//W3C//DTD HTML 4.01 Transitional//EN">
<html><body>
<?php
    $db=mysql_connect("localhost","root","");
    mysql_select_db("manitu");
    $anfrage="SELECT * FROM login";
    $ergebnis=mysql_query($anfrage);
    $anz=mysql_num_rows($ergebnis);
    print("<p>Anzahl der Datensätze: ");
    print($anz);
    mysql_close($db);
?>
</body></html>
```

Das Abfragen einer Tabelle geschieht ähnlich wie das Schreiben in die Tabelle über die Funktion *mysql_query()*. Über diese Funktion wird der konkrete SQL-Befehl an die Datenbank geschickt, die dann die Abfrage durchführt und das Ergebnis zurückgibt. Die Abfrage einer Tabelle erfolgt immer über den *SELECT*-Befehl von SQL:

```
$anfrage="SELECT * FROM login";
```

Wir legen hier den SQL-Befehl in eine eigene Variable (*$anfrage*), damit der Code übersichtlich bleibt. Über *SELECT* wird die Anfrage gestellt. Das Sternchen (*) ist eine so genannte *Wildcard* und wählt alle Spalten einer Tabelle aus. Dies bedeutet: Wir richten die Anfrage an alle Spalten der Tabelle, die über *FROM* angegeben ist. Stattdessen können Sie auch auf das Sternchen verzichten und direkt die Spaltennamen angeben:

```
$anfrage="SELECT benutzer,pw FROM login";
```

Dies richtet die Anfrage an die Spalten *benutzer* und *pw* der Tabelle *login*. Wollen Sie die Anfrage an alle Spalten richten (was meistens der Fall ist), brauchen Sie nicht alle Spalten aufzulisten, sondern können zur Abkürzung die Wildcard (*) verwenden.

Die Variable *$anfrage* geben wir an *mysql_query()*, und das Rückgabeergebnis wird in *$ergebnis* gespeichert. In *$ergebnis* befinden sich nicht die konkreten Datensätze, sondern wie bei den Dateioperationen liegt hier nur ein Zeiger vor. Um die Datensätze einzeln auszulesen, müssen wir mit diesem Zeiger später weiter arbeiten.

Um die Anzahl der Datensätze zu ermitteln, greifen wir zu der Funktion *mysql_num_rows()*:

```
$anz=mysql_num_rows($ergebnis);
```

Diese Funktion liefert die Anzahl der Datensätze im Ergebnis zurück. Anschließend erreichen wir eine Ausgabe des Werts über *print()*. Um jetzt alle vorhandenen Einträge auszugeben, müssen wir mehrere Schleifen durchlaufen, in denen jeder einzelne Eintrag ausgegeben wird.

Die Abbildung rechts zeigt Ihnen eine mögliche Ausgabe. Der Anfang des Codes ist mit dem letzten Code noch identisch, dann folgt das Erstellen der HTML-Tabelle:

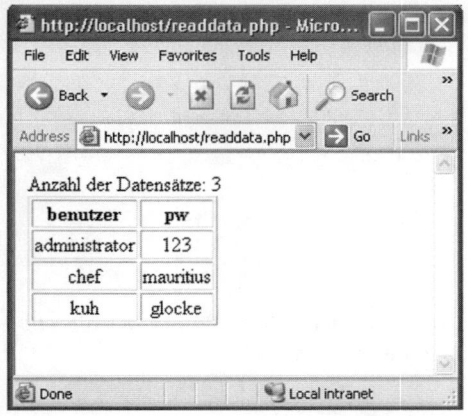

```
<!DOCTYPE html PUBLIC "-//W3C//DTD HTML 4.01 Transitional//EN">
<html><body>
<?php
   $db=mysql_connect("localhost","root","");
   mysql_select_db("manitu");
   $anfrage="SELECT * FROM login";
   $ergebnis=mysql_query($anfrage);
   $anz=mysql_num_rows($ergebnis);
   print("<p>Anzahl der Datensätze: ");
   print($anz);
   // Tabelle aufbauen
   print("<table border='1'>");
   //Tabellenkopf ausgeben
   $spaltenanzahl=mysql_num_fields($ergebnis);
   for($i=0;$i<$spaltenanzahl;$i++) {
      print("<th>");
      print(mysql_field_name($ergebnis,$i));
      print("</th>");
   }
   while($zeile=mysql_fetch_row($ergebnis)) {
      print("<tr align='center'>");
      for($i=0;$i<$spaltenanzahl;$i++) {
         print("<td>");
```

```
        print($zeile[$i]);
        print("</td>");
     }
     print("</tr>");
   }
   print("</table>");
   mysql_close($db);
?>
</body></html>
```

Zuerst wird die Tabelle geöffnet und der Tabellenkopf über die *<th>*-Tags erstellt. Dies erfolgt über eine kleine *for*-Schleife:

```
$spaltenanzahl=mysql_num_fields($ergebnis);
for($i=0;$i<$spaltenanzahl;$i++) {
   print("<th>");
   print(mysql_field_name($ergebnis,$i));
   print("</th>");
}
```

Zuerst stellen wir die Anzahl der Spalten fest. Dazu greifen wir zur Funktion *mysql_num_fields()*. An diese Funktion übergeben wir *$ergebnis*, d. h. die Variable, die das Abfrageergebnis enthält. Den Rückgabewert speichern wir in *$spaltenanzahl*. Wir wissen zwar, dass die Tabelle *login* zwei Spalten besitzt, sodass wir im Prinzip auf die Ermittlung der Spaltenanzahl hätten verzichten können. Dies ist jedoch eine universelle Formulierung, sodass wir uns in Zukunft keine Sorgen über Spaltenerweiterungen (oder Reduzierungen!) machen brauchen.

Jetzt durchlaufen wir eine *for*-Schleife, die von 0 bis zur Anzahl der Spalten läuft. Jede neue Beschriftung der Spalten in der HTML-Tabelle wird über *<th>* geöffnet. Über die Funktion *mysql_field_name()* ermitteln jetzt die Beschriftung in der Tabelle *login* unserer Datenbank. Dazu übergeben wir zwei Parameter an die Funktion *mysql_field_name()*. Der erste Parameter ist immer *$ergebnis* und der zweite ist die Zahl aktuelle Spaltennummer. Diese wird auch als Feldindex bezeichnet und ist die Variable *$i*. Diese kann für unser Beispiel nur den Wert 0 und 1 annehmen. Nach jedem Schleifenschritt wird die HTML-Tabellen-Beschriftung über *</th>* beendet.

Im nächsten Schritt müssen wir jeden einzelnen Datensatz auslesen und die Ergebnisse in einer einzelnen HTML-Tabellenzelle ausgeben:

```
while($zeile=mysql_fetch_row($ergebnis)) {
    print("<tr align='center'>");
    for($i=0;$i<$spaltenanzahl;$i++) {
        print("<td>");
        print($zeile[$i]);
        print("</td>");
    }
    print("</tr>");
}
```

Dazu verwenden wir eine *while*-Schleife. Die Laufbedingung ist *$zeile=mysql_fetch_row ($ergebnis)*. Die Funktion *mysql_fetch_row()* liefert einen konkreten Datensatz. An *mysql_fetch_row()* übergeben wir nur die Variable *$ergebnis*. In jedem neuen Schleifenschritt von *while* wird *mysql_fetch_row()* aufgerufen und der Rückgabewert in *$zeile* gespeichert. Sollte kein Datensatz mehr vorhanden sein, liefert die Funktion *mysql_fetch_row()* den Wert *false* zurück, und die *while*-Schleife wird abgebrochen. Bei jedem neuen Schleifenschritt wird am Beginn der *while*-Schleife eine neue HTML-Tabellenzeile über *<tr>* geöffnet. Dies ist sinnvoll, denn jeder neue Programmblock wird immer wieder betreten, wenn ein neuer Datensatz von *mysql_fetch_row()* zurückgeliefert wurde. Daher öffnen wir eine neue Tabellenzelle.

Der Rückgabewert von *mysql_fetch_row()* ist ein Array, das sämtliche Einträge in dem Datensatz enthält. Daher müssen wir jetzt eine *for*-Schleife durchlaufen, um die beiden Felder aus dem Array auszulesen. Hier benutzen wir wieder die Zählervariable *$i*, die im Endeffekt von 0 bis 1 hochgezählt wird. Wir haben ja zwei Spalten, also geben wir hier die Laufbedingung *$i<$spaltenanzahl* an. Bei jedem neuen Schleifenschritt wird eine neue HTML-Tabellenzelle über *<td>* geöffnet und der Inhalt des entsprechenden Arrays über *$zeile[$i]* ausgegeben.

Vor dem Ende der *for*-Schleife muss die HTML-Tabellenzelle über *</td>* beendet werden. Zusätzlich muss auch vor dem Ende der *while*-Schleife die aktuelle HTML-Tabellenzeile über *</tr>* beendet werden. Die gesamte Tabelle endet nach der *while*-Schleife, bevor die Verbindung zur Datenbank über *mysql_close()* geschlossen wird.

# 9.4 Die Datenbanken mit phpMyAdmin administrieren

Die Codes zum Erstellen einer Datenbank und einer Tabelle müssen in der Regel nur einmal ausgeführt werden. Daher ist es vielleicht nicht sinnvoll, einen Extra-Code dafür zu schreiben, sondern dies mit dem Administrationstool phpMyAdmin zu erledigen. Gleichzeitig ist php-MyAdmin nicht nur für das Erstellen von Tabellen gut, sondern auch für das generelle Administrieren der Tabellen und deren Datensätze. Sie können mit Hilfe von phpMyAdmin Datensätze löschen und neue hinzufügen oder auch ganz gezielt in einigen Zellen bestimmte Daten ändern. Ebenso sind Backups der Tabellen möglich («dumpen»). phpMyAdmin ist praktisch die grafische Oberfläche für MySQL. phpMyAdmin ist selbst in PHP geschrieben.

Um mit dem Tool arbeiten zu können, stellen Sie sicher, dass das Tool installiert ist. Mehr zur Installation lesen Sie in Kapitel 12.4.

## 9.4.1 Datenbank und Tabelle erzeugen

Wir beschäftigen uns in diesem Abschnitt damit, wie Sie auf grafischem Wege eine Datenbank und eine Tabelle mit phpMyAdmin erstellen. Der Vorteil liegt darin, dass Sie dafür keine SQL-Befehle benötigen und Sie mit einer grafischen Oberfläche arbeiten können. Wir haben zwar in diesem Kapitel die Tabelle *login* schon erzeugt, aber wir vollziehen hier diesen Schritt noch einmal mit phpMyAdmin nach.

Die Abbildung rechts oben zeigt den Startzustand von phpMyAdmin. Links werden alle vorhandenen Datenbanken aufgelistet. In der Abbildung sind schon einige Datenbanken vorhanden. Auf der rechten Seite können Sie jetzt die Datenbank anlegen, indem Sie im Formularfeld einen Namen für die Datenbank angeben. Dies sollte ein allgemeiner Name sein und noch nicht ein Name für eine spätere Funktion. Ein Datenbankname *Gästebuch* wäre ungeeignet, da ein Gästebuch keine Datenbank, sondern eine Tabelle in einer Datenbank sein kann! Geben Sie einfach in dem Formularfeld den Namen

```
manitu
```

ein und klicken Sie anschließend auf *Erzeugen*. Diesen Datenbanknamen werden wir in den nachfolgenden Kapiteln auch weiterverwenden.

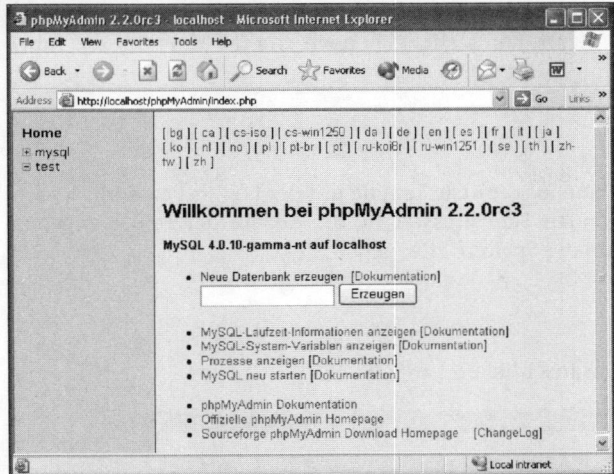

Nach erfolgreicher Ausführung sehen Sie in der Abbildung unten den Text *Datenbank 'manitu' wurde erzeugt.* Darunter finden Sie die Anzeige *Keine Tabellen in der Datenbank gefunden.* Dies ist auch in Ordnung, denn wir müssen ja noch die Tabelle erstellen. Auf der linken Seite ist jetzt ein Eintrag für diese Datenbank vorhanden.

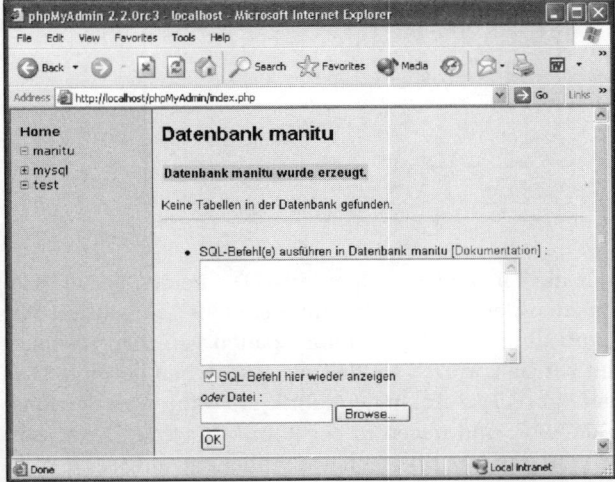

Für eine neue Tabelle benutzen wir in phpMyAdmin die beiden Eingabefelder am unteren Rand. Hier geben wir einen Namen für die Tabelle ein:

```
login
```

Dies ist der Name für die erste Tabelle mit der Log-in-Prozedur. In dem darunter liegenden Feld müssen Sie die Anzahl der Felder angeben, d. h. die Anzahl der Spalten. Hier geben Sie

```
2
```

ein. Klicken Sie anschließend auf *OK*.

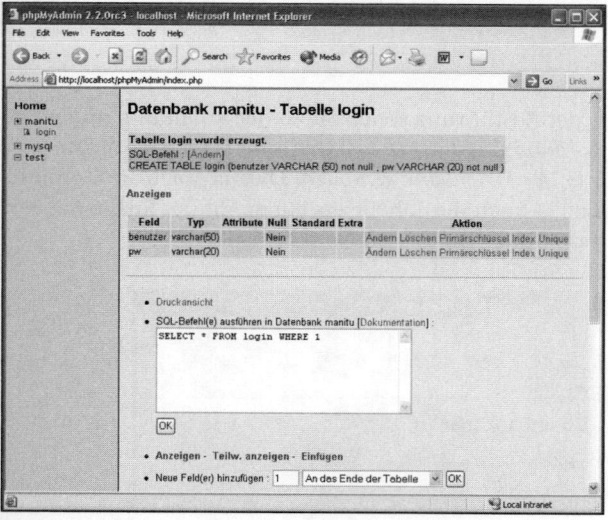

Jetzt müssen Sie die Tabelle näher definieren. Die beiden Felder, d. h. die späteren Spalten der Tabelle, sind untereinander aufgelistet. Wir müssen nun unbedingt Namen für diese Spalten vergeben (*benutzer* und *pw*), damit wir sie korrekt von PHP aus ansprechen können. Dies geben Sie in der Rubrik *Feld* ein. In der Rubrik *Typ* wählen Sie den Spaltentyp aus *(VARCHAR)* und tragen in der Rubrik *Länge/Set* die Anzahl der Zeichen ein (50 und 20). Klicken Sie anschließend auf *Speichern*.

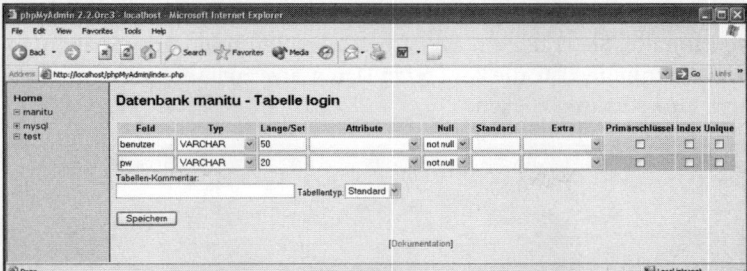

Damit ist die Tabelle erstellt, und phpMyAdmin sollte Ihnen den Eintrag *Tabelle login wurde erzeugt* anzeigen. Jetzt können Sie mit Hilfe von phpMyAdmin die Tabelle verändern, löschen, umbenennen usw.

## 9.4.2 Datensätze administrieren

In Kapitel 9.3 haben Sie erste Daten in die Tabelle *login* geschrieben. Diese sehen wir uns mit phpMyAdmin einmal an. Starten Sie dazu php-MyAdmin und klicken Sie auf der linken Seite auf die Datenbank *manitu*, anschließend auf die Tabelle *login*. Die nachfolgende Abbildung zeigt Ihnen, wie die Tabelle aussieht.

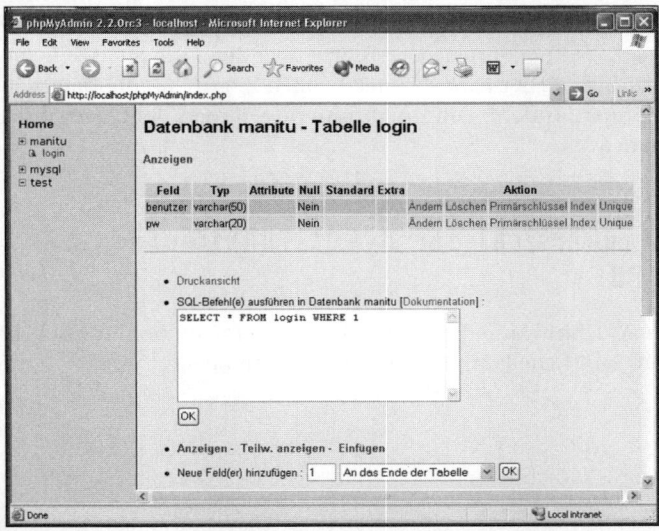

phpMyAdmin listet Ihnen zuerst den Aufbau der Tabelle auf, nicht deren Inhalte. Sie erkennen zuerst beide Spalten und deren Spaltentyp. Um die Inhalte, d. h. die konkreten Datensätze zu lesen, müssen Sie auf den Link *Anzeigen* klicken.

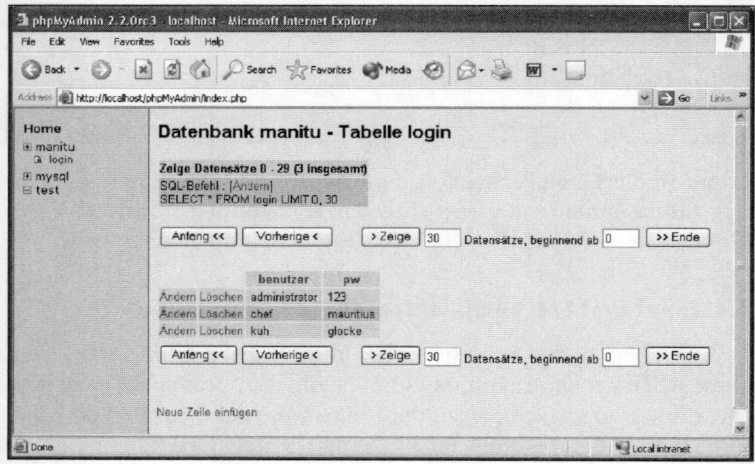

In der Mitte finden Sie die Spaltenbeschriftungen und die einzelnen Datensätze untereinander aufgelistet. Sie können jetzt die Datensätze löschen, abändern oder neue Datensätze über den Link *Neue Zeile einfügen* hinzufügen. Hier haben Sie jetzt vollen Zugriff auf die Datensätze und können Änderungen durchführen (z. B. den Benutzernamen abändern usw.).

## 9.5 Kurzübersicht der MySQL-Funktionen in PHP

In diesem Abschnitt sind die wichtigsten MySQL-Funktionen von PHP aufgelistet. Sämtliche Funktionen beginnen mit *mysql_*.

| Funktion | Beschreibung und Beispiel |
|---|---|
| *mysql_close (db)* | Beendet die Verbindung zu einer Datenbank. Der Parameter *db* ist ein Zeiger, die auf die Datenbank zeigt und der vorher über die Funktion *mysql_connect()* erstellt werden muss. Beispiel:<br>`$db=mysql_connect("localhost","root","");`<br>`mysql_close($db);` |
| *mysql_connect (host, user, passwort)* | Stellt eine Verbindung zu einer Datenbank her. An die Funktion können drei Parameter übergeben werden. *host* gibt den Hostnamen des Datenbankservers an. Beim Offline-Betrieb ist dies *localhost. user* gibt den Benutzernamen und *passwort* das Passwort für die Datenbank an. Beispiel:<br>`$db=mysql_connect("localhost","root","");`<br>`mysql_close($db);` |
| *mysql_create_ db (name)* | Erstellt eine neue Datenbank. Der String *name* gibt den Namen der Datenbank an. Beispiel:<br>`$db=mysql_connect("localhost","root","");`<br>`mysql_create_db("supertests");`<br>`mysql_close($db);` |
| *mysql_data_ seek (ergebnis, nr)* | Bewegt den Zeiger an eine Position *nr* in einem Abfrageergebnis. Dazu muss vorher eine Daten-bankabfrage über *mysql_query()* durchgeführt werden. Der Rückgabewert von *mysql_query()* kann mehrere Suchergebnisse enthalten, die durchnummeriert sind (Zählung beginnt bei 0). *mysql_data_seek()* setzt den Zeiger an die Nummer *nr* aus dem Rückgabeergebnis. Der Übergabeparameter *ergebnis* an die Funktion ist ein Zeiger, der auf das Ergebnis zeigt und das über *mysql_query()* erhalten wurde. Beispiel:<br>`$db=mysql_connect("localhost","root","");`<br>`mysql_select_db("manitu");`<br>`$anfrage="SELECT * FROM test";`<br>`$ergebnis=mysql_query($anfrage)`<br>`$anz=mysql_num_rows($ergebnis);`<br>`for($a=0;$a<$anz;$a++) {`<br>`    mysql_data_seek($ergebnis,$a);`<br>`    $spalte=mysql_fetch_row($ergebnis);`<br>`    $anz2=count($spalte);`<br>`    for($b=0;$b<$anz2;$b++) {`<br>`        print($spalte[$b]."<br>");` |

| Funktion | Beschreibung und Beispiel |
|---|---|
| | ```
    }
}
mysql_close($db);
``` |
| mysql_drop_db (datenbankname) mysql_dropdb (datenbankname) | Löscht eine vorhandene Datenbank. Für *datenbankname* muss der Name der zu löschenden Datenbank eingetragen werden. Alternativ kann auch die Funktion *mysql_dropdb()* eingesetzt werden. Beispiel: <br> ```
$db=mysql_connect("localhost","root","");
mysql_drop_db("benutzer");
mysql_close($db);
``` |
| mysql_error() | Gibt eine Beschreibung eines aufgetretenen Fehlers zurück. Die Methode bezieht sich immer auf die letzte ausgeführte *mysql_*-Funktion. Der nachfolgende Code wird weiter ausgeführt. Beispiel: <br> ```
$db=mysql_connect("localhost","root","");
print(mysql_error());
``` |
| mysql_errorno() | Gibt eine Fehlernummer eines aufgetretenen Fehlers zurück. Die Methode bezieht sich immer auf die letzte ausgeführte *mysql_*-Funktion. Der nachfolgende Code wird weiter ausgeführt. Beispiel: <br> ```
$db=mysql_connect("localhost","root","");
print(mysql_errorno());
print(": ");
print(mysql_error());
``` |
| mysql_fetch_ array (ergebnis, param) | Liefert einen Datensatz zurück, der sich aus der Anfrage an die Datenbank ergeben hat. Der Rückgabewert der Funktion wird in einem Array gespeichert. Jedes einzelne Feld des Arrays entspricht einer Tabellenzelle. Der Übergabeparameter *ergebnis* an die Funktion ist ein Zeiger, der auf das Ergebnis zeigt und das über *mysql_query()* erhalten wurde. <br> Die Anzahl der Felder im zurückgegebenen Array kann über die Funktion *mysql_num_fields()* ermittelt werden. Die Funktion arbeitet ähnlich wie *mysql_fetch_row()*. Der Unterschied liegt jedoch darin, dass die Indexnummer für das Array numerisch oder assoziativ sein kann. Soll die Indexnummer numerisch (d. h. eine Ganzzahl) sein, muss für den zweiten optionalen Übergabewert *param* der Wert *MYSQL_NUM* verwendet werden. Damit ist die Funktion dann identisch zu *mysql_fetch_row()*. Alternativ kann die |

| Funktion | Beschreibung und Beispiel |
|---|---|
| | Indexnummer assoziativ sein, d. h., es werden statt Ganzzahlen Strings verwendet. Der Wert *param* müsste dann auf *MYSQL_ASSOC* gesetzt werden. Alternativ kann statt dieser Variante dann die Funktion *mysql_fetch_assoc()* genutzt werden. Sollen beide Varianten benutzt werden, sollte *param* auf *MYSQL_BOTH* gesetzt werden. *param* kann auch weggelassen werden, dann wird *MYSQL_BOTH* verwendet, d. h., man kann sowohl mit numerischen wie auch assoziativen Indexnummern arbeiten. Beispiel: <br><br> ```php$db=mysql_connect("localhost","root","");mysql_select_db("supertests");$an="SELECT * FROM test";$er=mysql_query($an);$anz=mysql_num_fields($er);$data=mysql_fetch_array($er);for(a=0;a<$anz;a++) {    print($data[a]);}mysql_close($db);``` |
| *mysql_fetch_ assoc (ergebnis)* | Liefert einen Datensatz zurück, der sich aus der Anfrage an die Datenbank ergeben hat. Der Rückgabewert der Funktion wird in einem Array gespeichert. Jedes einzelne Feld des Arrays entspricht einer Tabellenzelle. Der Übergabeparameter *ergebnis* an die Funktion ist ein Zeiger, der auf das Ergebnis zeigt und das über *mysql_query()* erhalten wurde. <br> Die Anzahl der Felder im zurückgegebenen Array kann über die Funktion *mysql_num_fields()* ermittelt werden. Die Funktion arbeitet ähnlich wie *mysql_fetch_row()*. Der Unterschied liegt jedoch darin, dass die Indexnummer für das Array keine Ganzzahl, sondern assoziativ ist. Dazu werden statt Ganzzahlen Strings verwendet. Der String ist identisch mit der Beschriftung der Spalten in der Datenbanktabelle. Alternativ kann auch die Funktion *mysql_fetch_array()* verwendet werden. Beispiel: <br><br> ```php$db=mysql_connect("localhost","root","");mysql_select_db("supertests");$an="SELECT * FROM test";$er=mysql_query($an);$anz=mysql_num_fields($er);$data=mysql_fetch_assoc($er);``` |

| Funktion | Beschreibung und Beispiel |
|---|---|
| | ```php
print($data["vorname"]);
print($data["nachname"]);
print($data["telefon"]);
mysql_close($db);
``` |
| *mysql_fetch_row (ergebnis)* | Liefert einen Datensatz zurück, der sich aus der Anfrage an die Datenbank ergeben hat. Der Rückgabewert der Funktion wird in einem Array gespeichert. Jedes einzelne Feld des Arrays entspricht einer Tabellenzelle. Der Übergabeparameter *ergebnis* an die Funktion ist ein Zeiger, der auf das Ergebnis zeigt und das über *mysql_query()* erhalten wurde. Die Anzahl der Felder im zurückgegebenen Array kann über die Funktion *mysql_num_fields()* ermittelt werden. Alternativ zu dieser Funktion kann auch *mysql_fetch_array()* benutzt werden. Beispiel:<br>```php
$db=mysql_connect("localhost","root","");
mysql_select_db("supertests");
$an="SELECT * FROM test";
$er=mysql_query($an);
$anz=mysql_num_fields($er);
$data=mysql_fetch_row($er);
for(a=0;a<$anz;a++) {
    print($data[a]);
}
mysql_close($db);
``` |
| *mysql_field_ name (ergebnis, nr)* | Liefert den Namen eines Feldes aus einer Tabelle, d. h. die Beschriftung einer Spalte. Der Übergabeparameter *ergebnis* an die Funktion ist ein Zeiger, der auf das Ergebnis zeigt und das über *mysql_query()* erhalten wurde. Der zweite Parameter *nr* ist die Nummer der Spalte (Zählung beginnt bei 0). Beispiel:<br>```php
$db=mysql_connect("localhost","root","");
mysql_select_db("supertests");
$an="SELECT * FROM test";
$er=mysql_query($an);
$anz=mysql_num_fields($er);
$data=mysql_fetch_row($er);
for(a=0;a<$anz;a++) {
    print("<br>");
    print(mysql_field_name($er,a));
}
mysql_close($db);
``` |
```

| Funktion | Beschreibung und Beispiel |
|---|---|
| *mysql_field_ table (ergebnis, nr)* | Liefert den Namen der Tabelle in der Datenbank. Der Übergabeparameter *ergebnis* an die Funktion ist ein Zeiger, der auf das Ergebnis zeigt und das über *mysql_query()* erhalten wurde. Der zweite Parameter *nr* ist die Nummer der Spalte (Zählung beginnt bei O). Beispiel:<br>`$db=mysql_connect("localhost","root","");`<br>`mysql_select_db("supertests");`<br>`$an="SELECT * FROM test";`<br>`$er=mysql_query($an);`<br>`$data=mysql_fetch_row($er);`<br>`$dat=mysql_field_table($ergebnis,1);`<br>`print("<br>");`<br>`print($dat);`<br>`mysql_close($db);` |
| *mysql_free_ result (ergebnis)* | Gibt den belegten Speicher nach einer Datenbankanfrage wieder frei. Der Übergabeparameter *ergebnis* an die Funktion ist ein Zeiger, der auf das Ergebnis zeigt und das über *mysql_query()* erhalten wurde. Die Funktion ist nur bei größeren Datenbankanfragen sinnvoll, wenn Speicherprobleme auftreten könnten. Bei einfachen Anfragen kann auf die Funktion verzichtet werden. Beispiel:<br>`$db=mysql_connect("localhost","root","");`<br>`mysql_select_db("supertests");`<br>`$an="SELECT * FROM test";`<br>`$er=mysql_query($an);`<br>`$data=mysql_fetch_row($er);`<br>`mysql_free_result($ergebnis);`<br>`mysql_close($db);` |
| *mysql_insert_id (datenbank- zeiger)* | Wurde der SQL-Befehl *INSERT INTO* verwendet, liefert die Funktion die Zahl der entsprechenden Spalte zurück, die von der Datenbank automatisch im eingefügten Datensatz vergeben wurde. Die Spalte muss dabei mit *AUTO_INCREMENT* versehen worden sein. Die Funktion bezieht sich auf die letzte durchgeführte Datenbankoperation, die über *mysql_query()* ausgeführt wurde. Die Funktion kann nur in Zusammenhang mit dem SQL-Befehl *INSERT INTO* eingesetzt werden. Der Übergabeparameter *datenbankzeiger* ist der Datenbankzeiger, der von der Methode *mysql_connect()* beim Aufbauen der Datenbankverbindung zurückgegeben |

| Funktion | Beschreibung und Beispiel |
|----------|---------------------------|
| | wurde. Beispiel:<br>```$db=mysql_connect("localhost","root","");```<br>```mysql_select_db("supertests");```<br>```$an="INSERT INTO test VALUES ('0','10');```<br>```$er=mysql_query($an);```<br>```$id=mysql_insert_id($db);```<br>```mysql_close($db);``` |
| *mysql_num_ fields (ergebnis)* | Liefert die Anzahl der Felder eines Arrays zurück, das sich durch eine Anfrage über *mysql_query()* an die Datenbank ergeben hat. Der Übergabeparameter *ergebnis* an die Funktion ist ein Zeiger, der auf das Ergebnis zeigt und das über *mysql_query()* erhalten wurde. Beispiel:<br>```$db=mysql_connect("localhost","root","");```<br>```mysql_select_db("supertests");```<br>```$an="SELECT * FROM test";```<br>```$er=mysql_query($an);```<br>```$anz=mysql_num_fields($er);```<br>```print("Anzahl der Felder im Array: ");```<br>```print($anz);```<br>```mysql_close($db);``` |
| *mysql_num_ rows ergebnis)* | Liefert die Anzahl der Datensätze zurück, die sich durch eine Anfrage über *mysql_query()* an die Datenbank ergeben haben. Der Übergabeparameter *ergebnis* an die Funktion ist ein Zeiger, der auf das Ergebnis zeigt und das über *mysql_query()* erhalten wurde. Beispiel:<br>```$db=mysql_connect("localhost","root","");```<br>```mysql_select_db("supertests");```<br>```$an="SELECT * FROM test";```<br>```$er=mysql_query($an);```<br>```$anz=mysql_num_rows($er);```<br>```print("Anzahl der erhaltenen Datens&auml;tze: ");```<br>```print($anz);```<br>```mysql_close($db);``` |
| *mysql_query (anfrage)* | Stellt eine Anfrage an die Datenbank. Der Übergabeparameter *anfrage* ist ein String, der sämtliche SQL-Befehle enthalten kann, die von MySQL unterstützt werden. Um diese Funktion nutzen zu können, muss vorher über *mysql_connect()* eine Verbindung zu einer Datenbank aufgebaut und über *mysql_select_db()* eine Datenbank ausgewählt worden sein. Wird als SQL-Befehl |

| Funktion | Beschreibung und Beispiel |
|---|---|
| | SELECT, SHOW, EXPLAIN oder DESCRIBE benutzt, ist der Rückgabewert der Funktion mysql_query() ein Zeiger, der auf das Ergebnis zeigt. Das Ergebnis muss dann über die Funktionen mysql_fetch_ ausgewertet werden. Bei allen anderen SQL-Befehlen ist der Rückgabewert beim erfolgreichen Ausführen des Befehls true, ansonsten false. Beispiel:<br>`$db=mysql_connect("localhost","root","");`<br>`mysql_select_db("supertests");`<br>`$er=mysql_query("SELECT * FROM liste");`<br>`mysql_close($db);` |
| mysql_select_db (name, db) | Wählt eine Datenbank aus. Der erste Parameter gibt den Namen der Datenbank an. Der zweite Parameter db ist optional und gibt einen Zeiger an, der auf die geöffnete Datenbank (über mysql_select_db()) zeigt. Ist dieser nicht vorhanden, wird die zuletzt geöffnete Verbindung benutzt. Der zweite Parameter ist sinnvoll, wenn mehrere Datenbanken gleichzeitig geöffnet sind. Beispiel:<br>`$db=mysql_connect("localhost","root","");`<br>`mysql_select_db("supertests");`<br>`mysql_close($db);` |

# 9.6   Kurzübersicht der SQL-Befehle

In diesem Abschnitt finden Sie einen tabellarischen Überblick über die SQL-Befehle von MySQL. Diese Liste ist nicht vollständig, da es viele SQL-Befehle und umfangreiche Einstellungen gibt. Um eine komplette Referenz der SQL-Befehle zu erhalten, ziehen Sie ein Buch speziell zu SQL und/oder MySQL hinzu.

## 9.6.1 Datenbankkontrolle

In der nachfolgenden Tabelle finden Sie die Kurzübersicht über die SQL-Befehle zur Datenbankkontrolle, d. h. zum Erzeugen, Löschen und Auswählen einer Datenbank.

254 Datenbankanbindung mit PHP

| SQL-Befehl | Beschreibung und Beispiel |
|---|---|
| CREATE DATABASE datenbankname | Erstellt eine neue Datenbank mit dem Namen *daten-bankname*. Beispiel:<br>`$db=mysql_connect("localhost","root","");`<br>`$anfrage="CREATE DATABASE manitu3";`<br>`mysql_query($anfrage);`<br>`mysql_close($db);` |
| DROP DATABASE datenbankname | Löscht eine Datenbank mit dem Namen *datenbankname*. Beispiel:<br>`$db=mysql_connect("localhost","root","");`<br>`$anfrage="DROP DATABASE manitu3";`<br>`mysql_query($anfrage);`<br>`mysql_close($db);` |
| USE datenbankname | Wählt eine Datenbank mit dem Namen *datenbankname* aus. Alle weiteren SQL-Operationen beziehen sich auf diese Datenbank. Der SQL-Befehl *USE* kann auch durch die PHP-Funktion *mysql_select_db()* ersetzt werden. Beispiel:<br>`$db=mysql_connect("localhost","root","");`<br>`$anfrage="USE manitu";`<br>`$datenbank=mysql_query($anfrage);`<br>`mysql_close($db);` |

## 9.6.2 Tabellenkontrolle

In der nachfolgenden Tabelle finden Sie die Kurzübersicht über die SQL-Befehle zur Tabellenkontrolle, d. h. zum Erzeugen, Löschen, Auswählen und Manipulieren einer Tabelle.

| SQL-Befehl | Beschreibung und Beispiel |
|---|---|
| CREATE TABLE tabellenname (spaltenname spaltentyp) | Erstellt eine neue Tabelle mit dem Namen *tabellenname* innerhalb der Datenbank. Die einzelnen Spaltentypen müssen nacheinander in Klammern angegeben werden, indem zuerst der Name der Spalte und durch ein Leerzeichen getrennt der Spaltentyp aufgelistet wird. Weitere Spalten (d. h. deren Namen und Typ) werden durch ein Komma voneinander getrennt. Beispiel:<br>`$db=mysql_connect("localhost","root","");`<br>`mysql_select_db("manitu2");`<br>`$anfrage="CREATE TABLE login2 (benutzer VARCHAR (50),pw VARCHAR (20))";` |

| SQL-Befehl | Beschreibung und Beispiel |
|---|---|
| | ```mysql_query($anfrage);```<br>```mysql_close($db);``` |
| *DROP TABLE tabellenname* | Löscht eine Tabelle mit dem Namen *tabellenname* innerhalb der Datenbank. Beispiel:<br>```$db=mysql_connect("localhost","root","");```<br>```mysql_select_db("manitu2");```<br>```$anfrage="DROP TABLE login2";```<br>```mysql_query($anfrage);```<br>```mysql_close($db);``` |
| *RENAME TABLE name1 TO name2* | Benennt eine Tabelle um. *name1* ist der alte Name und *name2* ist der neue Name, in den die Tabelle umbenannt werden soll. Beispiel:<br>```$db=mysql_connect("localhost","root","");```<br>```mysql_select_db("manitu2");```<br>```$anfrage="RENAME TABLE login2 TO login3";```<br>```mysql_query($anfrage);```<br>```mysql_close($db);``` |
| *ALTER TABLE name optionen* | Ändert die Struktur einer Tabelle *name*, z. B. durch Hinzufügen oder Löschen einer neuen Spalte. Das, was geändert werden soll, wird über *optionen* angegeben. Der nachfolgende Code fügt über *ADD* eine neue Spalte *(strasse)* in die Tabelle ein. Beispiel:<br>```$db=mysql_connect("localhost","root","");```<br>```mysql_select_db("manitu2");```<br>```$anfrage="ALTER TABLE login4 ADD strasse```<br>```VARCHAR(50)";```<br>```mysql_query($anfrage);```<br>```mysql_close($db);``` |
| *CREATE INDEX indexname ON tabellenname (spaltenname)* | Erstellt einen Index mit dem Namen *indexname* für eine Tabelle mit dem Namen *tabellennamen*. Die Spalte wird mit *spaltenname* in Klammern angegeben. Erst ab MySQL 3.22 verfügbar. Beispiel:<br>```$db=mysql_connect("localhost","root","");```<br>```mysql_select_db("manitu2");```<br>```$anfrage="CREATE INDEX benutzer_index ON login4```<br>```(benutzer)";```<br>```mysql_query($anfrage);```<br>```mysql_close($db);``` |

| SQL-Befehl | Beschreibung und Beispiel |
|---|---|
| DROP INDEX indexname ON tabellenname | Löscht einen vorhandenen Index mit dem Namen *indexname* einer Tabelle mit dem Namen *tabellennamen*. Erst ab MySQL 3.22 verfügbar. Beispiel:<br><br>```php\n$db=mysql_connect("localhost","root","");\nmysql_select_db("manitu2");\n$anfrage="DROP INDEX benutzer_index ON login4";\nmysql_query($anfrage);\nmysql_close($db);\n``` |
| EXPLAIN tabellennamen | Gibt eine Beschreibung der Tabellenstruktur aus, d.h. der Spaltenbeschriftung und des Spaltentyps. Der Name der Tabelle wird mit *tabellennamen* angegeben. Der nachfolgende Code ermittelt die Struktur einer Tabelle und gibt diese komplett aus. Beispiel:<br><br>```php\n$db=mysql_connect("localhost","root","");\nmysql_select_db("manitu2");\n$anfrage="EXPLAIN login4";\n$ergebnis=mysql_query($anfrage);\n$anz=mysql_num_rows($ergebnis);\nfor($a=0;$a<$anz;$a++) {\n    mysql_data_seek($ergebnis,$a);\n    $spalte=mysql_fetch_row($ergebnis);\n    $anz2=count($spalte);\n    for($b=0;$b<$anz2;$b++) {\n        print ($spalte[$b]."<br>");\n    }\n}\nmysql_close($db);\n``` |
| SHOW DATABASES SHOW TABLES FROM datenbankname SHOW COLUMNS FROM tabellenname | Zeigt Informationen über die Datenbank, die Tabellen oder die Spalten an. Sollen alle erzeugten Datenbanken angezeigt werden, muss *SHOW DATABASES* verwendet werden. Sollen alle erzeugten Tabellen angezeigt werden, muss *SHOW TABLES FROM datenbankname* benutzt werden. Sollen alle Spalten angezeigt werden, muss *SHOW COLUMNS FROM tabellennamen.* eingesetzt werden. Der nachfolgende Code gibt die Namen der vorhandenen Tabellen aus. Beispiel:<br><br>```php\n$db=mysql_connect("localhost","root","");\nmysql_select_db("manitu");\n$anfrage="SHOW TABLES FROM manitu";\n$ergebnis=mysql_query($anfrage);\n$anz=mysql_num_rows($ergebnis);\nfor($a=0;$a<$anz;$a++) {\n``` |

| SQL-Befehl | Beschreibung und Beispiel |
|---|---|
| | ```
mysql_data_seek($ergebnis,$a);
$spalte=mysql_fetch_row($ergebnis);
$anz2=count($spalte);
for($b=0;$b<$anz2;$b++) {
        print($spalte[$b]."<br>");
    }
}
mysql_close($db);
``` |
| *DESCRIBE tabellenname* | Zeigt Informationen über die einzelnen Spalten einer Tabelle an. *DESCRIBE* ist die Kurzform von *SHOW COLUMNS FROM tabellennamen*. Der nachfolgende Code gibt die Namen und die weiteren Daten aller Spalten der Tabelle *forum* aus. Beispiel:<br>```
$db=mysql_connect("localhost","root","");
mysql_select_db("manitu");
$anfrage="DESCRIBE forum";
$ergebnis=mysql_query($anfrage);
$anz=mysql_num_rows($ergebnis);
for($a=0;$a<$anz;$a++) {
    mysql_data_seek($ergebnis,$a);
    $spalte=mysql_fetch_row($ergebnis);
    $anz2=count($spalte);
    for($b=0;$b<$anz2;$b++) {
        print($spalte[$b]."<br>");
    }
}
mysql_close($db);
``` |

## 9.6.3 Datenkontrolle

In der nachfolgenden Tabelle finden Sie die Kurzübersicht über die SQL-Befehle zur Datenkontrolle, d. h. zum Einfügen, Löschen und Aktualisieren von Daten in einer Tabelle.

| SQL-Befehl | Beschreibung und Beispie |
|---|---|
| *SELECT spalte FROM tabellenname* | Ruft einen oder mehrere Datensätze aus der Tabelle ab. Für *spalte* können eine oder mehrere Spalten angegeben werden, die zurückgegeben werden sollen. Zur Abkürzung kann auch das Symbol * genutzt werden, um sämtliche Spalten anzusprechen, d. h., es werden sämtliche Spalten |

| SQL-Befehl | Beschreibung und Beispiel |
|---|---|
|  | für jeden Datensatz zurückgegeben. Sollen nur einige Spalten ausgegeben werden, müssen diese durch ein Komma voneinander getrennt aufgelistet werden:<br>`SELECT name,vorname,telefon FROM user`<br>Für *tabellenname* wird der Name der anzusprechenden Tabelle angegeben. Beispiel:<br><br>```\n$db=mysql_connect("localhost","root","");\nmysql_select_db("aaa");\n$anfrage="SELECT * FROM forum";\n$ergebnis=mysql_query($anfrage);\n$anz=mysql_num_rows($ergebnis);\nfor($a=0;$a<$anz;$a++) {\n    mysql_data_seek($ergebnis,$a);\n    $spalte=mysql_fetch_row($ergebnis);\n    $anz2=count($spalte);\n    for($b=0;$b<$anz2;$b++) {\n        print($spalte[$b]."<br>");\n    }\n}\nmysql_close($db);\n```<br>Der *SELECT*-Befehl verfügt über eine Reihe von optionalen Statements.<br>Durch das *WHERE-/LIKE*-Statement kann ein Suchkriterium angegeben werden:<br>`SELECT name,vorname,telefon FROM user WHERE vorname LIKE "vicki"`<br>Über das Statement *ORDER BY* kann das Ergebnis sortiert werden, entweder in aufsteigender Richtung *(ASC)* oder absteigender Richtung *(DESC)*:<br>`SELECT name,vorname,telefon FROM user WHERE vorname LIKE "vicki" ORDER BY name ASC` |
| *INSERT INTO tabellenname VALUES (wert)* | Fügt einen neuen Datensatz in die Tabelle ein. Über *tabellenname* wird der Name der Tabelle und für *wert* werden einer oder mehrere Werte angegeben. Dabei muss die Anzahl der Werte, die eingefügt werden sollen, mit der Anzahl der Spalten übereinstimmen. Die einzufügenden Werte werden voneinander durch ein Komma getrennt. Beispiel:<br><br>```\n$db=mysql_connect("localhost","root","");\nmysql_select_db("aaa");\n$anfrage="INSERT INTO user VALUES ('susanne',\n'schwarz','neue str. 24','99999','Stelle')";\n``` |

| SQL-Befehl | Beschreibung und Beispiel |
|---|---|
| | ```
$ergebnis=mysql_query($anfrage);
mysql_close($db);
``` |
| *UPDATE tabellenname SET spalte=wert WHERE spaltenname LIKE kriterium* | Aktualisiert einen bestehenden Datensatz in einer Tabelle, die mit *tabellenname* angegeben wird. Die neuen Daten werden über *spalte=wert* angegeben. Sollen mehrere Spalten aktualisiert werden, müssen alle Spalten und deren neue Werte angegeben und durch ein Komma voneinander getrennt werden. Um den zu aktualisierenden Datensatz zu ermitteln, wird über das *WHERE-/LIKE-*Statement ein Suchkriterium erstellt. Das nachfolgende Beispiel aktualisiert einen Datensatz mit dem Wert *vicki* in der Spalte *vorname*. Es werden nur die Spalten für die Telefonnummer und die Faxnummer aktualisiert. Beispiel: `$db=mysql_connect("localhost","root","");` `mysql_select_db("aaa");` `$anfrage="UPDATE user SET telefon='00000', fax='111111' WHERE vorname LIKE 'vicki'";` `$ergebnis=mysql_query($anfrage);` `mysql_close($db);` |
| *DELETE FROM tabellenname WHERE spaltenname LIKE kriterium* | Löscht einen vollständigen Datensatz aus der Tabelle, die mit *tabellenname* angegeben wird. Um den zu löschenden Datensatz zu ermitteln, muss über das *WHERE-/LIKE-*Statement ein Suchkriterium erstellt werden. Das nachfolgende Beispiel löscht einen Datensatz mit dem Wert *testname* in der Spalte *vorname*. Beispiel: `$db=mysql_connect("localhost","root","");` `mysql_select_db("aaa");` `$anfrage="DELETE FROM user WHERE vorname LIKE 'testname'";` `$ergebnis=mysql_query($anfrage);` `mysql_close($db);` |
| *LOAD DATA LOCAL INFILE datei INTO TABLE tabellenname* | Lädt eine externe Textdatei, die den Namen *datei* (mit eventueller Pfadangabe) trägt, und importiert die Datensätze die Tabelle *tabellenname*. Auf diese Art und Weise können z. B. vorhandene CSV-Dateien in eine MySQL-Tabelle importiert werden. Dazu muss noch angegeben werden, wie die einzelnen Spalten und die einzelnen Datensätze in der Textdatei voneinander getrennt werden. Standardmäßig nimmt MySQL als Spaltentrenner einen Tabulator und als Datensatztrenner einen Zeilenumbruch |
```

| SQL-Befehl | Beschreibung und Beispiel |
|---|---|
| | an. Sollen andere Trenner benutzt werden, müssen die Statements *FIELDS TERMINATED BY* (für das Trennen der einzelnen Spalten) und *LINES TERMINATED BY* (für das Trennen der einzelnen Datensätze) genutzt werden. Das nachfolgende Beispiel importiert eine CSV-Datei, bei der als Trenner für die Spalten das Semikolon genutzt wird (*FIELDS TERMINATED BY*). Jeder Datensatz befindet sich in einer Zeile, sodass der Zeilenumbruch als Trenner der Datensätze genutzt wird. Dieser braucht hier nicht explizit angegeben zu werden. Beispiel:<br>`$db=mysql_connect("localhost","root","");`<br>`mysql_select_db("aaa");`<br>`$anfrage="LOAD DATA LOCAL INFILE`<br>`'g:/phpwork/test_db.csv' INTO TABLE login4`<br>`FIELDS TERMINATED BY ';'";`<br>`$ergebnis=mysql_query($anfrage);`<br>`mysql_close($db);` |

# 9.7 Kurzübersicht der Datentypen in MySQL

In diesem Abschnitt finden Sie einen tabellarischen Überblick über die Datentypen von MySQL. Diese werden häufig auch als Feldtypen oder Spaltentypen bezeichnet. Beachten Sie, dass diese Datentypen für die Datenbank MySQL gelten. Andere Datenbanken können teilweise abweichende Namen für diese Datentypen haben.

## 9.7.1 Datentypen für Zeichenketten

MySQL kennt sechs Datentypen, die Zeichenketten repräsentieren. Sie unterscheiden sich in der Regel durch die Anzahl der möglichen Zeichen.

| Datentyp | Beschreibung und Beispiel |
|---|---|
| *CHAR (n)* | Zeichenkette mit fester Länge *n*. Ist die Zeichenkette kürzer als *n*, wird die Zeichenkette mit weiteren Leerzeichen aufgefüllt, bis *n* erreicht ist. Die Zeichenkette kann maximal 255 Zeichen enthalten. Beispiel:<br>`CREATE TABLE test (eingabe CHAR(20))` |

| Datentyp | Beschreibung und Beispiel |
|---|---|
| VARCHAR (n) | Zeichenkette mit variabler Länge. n gibt die maximale Anzahl der Zeichen ein. Ist die Zeichenkette kürzer als n, wird die Zeichenkette nicht mit weiteren Leerzeichen aufgefüllt, bis n erreicht ist. Die Zeichenkette kann maximal 255 Zeichen enthalten. Beispiel:<br>`CREATE TABLE test (eingabe VARCHAR(20))` |
| TINYTEXT | Zeichenkette mit variabler Länge. Die Zeichenkette kann maximal 255 Zeichen enthalten. Beispiel:<br>`CREATE TABLE test (eingabe TINYTEXT)` |
| TEXT | Zeichenkette mit variabler Länge. Die Zeichenkette kann maximal 65.535 Zeichen enthalten. Beispiel:<br>`CREATE TABLE test (eingabe TEXT)` |
| MEDIUMTEXT | Zeichenkette mit variabler Länge. Die Zeichenkette kann maximal 16.777.215 Zeichen enthalten. Beispiel:<br>`CREATE TABLE test (eingabe MEDIUMTEXT)` |
| LONGTEXT | Zeichenkette mit variabler Länge. Die Zeichenkette kann maximal 4.294.967.295 Zeichen enthalten. Beispiel:<br>`CREATE TABLE test (eingabe LONGTEXT)` |

## 9.7.2 Numerische Datentypen

MySQL kennt acht Datentypen, die Zahlen repräsentieren. MySQL unterscheidet zwischen Ganzzahlen *(TINYINT, SMALLINT, MEDIUMINT, INT, BIGINT)* und Dezimalzahlen *(FLOAT, DOUBLE, DECIMAL)*.

| Datentyp | Beschreibung und Beispiel |
|---|---|
| TINYINT | Repräsentiert eine Ganzzahl im Wertebereich von −127 bis +128. Wird das Vorzeichen (+ oder −) nicht verwendet, liegt der Wertebereich zwischen 0 und 255. Beispiel:<br>`CREATE TABLE test (wert TINYINT)` |
| SMALLINT | Repräsentiert eine Ganzzahl im Wertebereich von −32768 bis +32767. Wird das Vorzeichen (+ oder −) nicht ver- |

| Datentyp | Beschreibung und Beispiel |
|---|---|
| | wendet, liegt der Wertebereich zwischen 0 und 65.535. Beispiel: `CREATE TABLE test (wert SMALLINT)` |
| MEDIUMINT | Repräsentiert eine Ganzzahl im Wertebereich von –8.388.608 bis +8.388.607. Wird das Vorzeichen (+ oder –) nicht verwendet, liegt der Wertebereich zwischen 0 und 16.777.215. Beispiel: `CREATE TABLE test (wert MEDIUMINT)` |
| INT INTEGER | Repräsentiert eine Ganzzahl im Wertebereich von –2.147.483.648 bis +2.147.483.647. Wird das Vorzeichen (+ oder –) nicht verwendet, liegt der Wertebereich zwischen 0 und –4.294.967.295. Beispiel: `CREATE TABLE test (wert INT)` |
| BIGINT | Repräsentiert eine Ganzzahl im Wertebereich von –9.223.372.036.854.775.808 bis +9.223.372.036.854.775.807. Wird das Vorzeichen (+ oder –) nicht verwendet, liegt der Wertebereich zwischen 0 und 18.446.744.073.709.551.615. Beispiel: `CREATE TABLE test (wert BIGINT)` |
| FLOAT | Repräsentiert eine Dezimalzahl im Wertebereich von –1.175494351E-38 bis +3.402823466E+38. Beispiel: `CREATE TABLE test (wert FLOAT)` |
| DOUBLE DOUBLE PRECISION REAL | Repräsentiert eine Dezimalzahl im Wertebereich von –2.2250738585072014E-308 bis +1.7976931348623157E+308. Beispiel: `CREATE TABLE test (wert DOUBLE)` |
| DECIMAL NUMERIC | Repräsentiert eine Dezimalzahl im Wertebereich von –2.2250738585072014E-308 bis +1.7976931348623157E+308 (wie DOUBLE). Die Dezimalzahl wird dabei jedoch als Zeichenkette gespeichert. Beispiel: `CREATE TABLE test (wert DECIMAL)` |

## 9.7.3 Datums- und Zeit-Datentypen

MySQL kennt fünf Datentypen, die das Datum und die Uhrzeit repräsentieren.

| Datentyp | Beschreibung und Beispiel |
|---|---|
| DATE | Repräsentiert das Datum. Die Darstellung erfolgt im Format *Jahr-Monat-Tag* (z. B. 2004-01-19) im Wertebereich von 1000-01-01 bis 9999-12-31. Beispiel:<br>`CREATE TABLE test (datum DATE)` |
| DATETIME | Repräsentiert das Datum und die Uhrzeit. Die Darstellung erfolgt im Format *Jahr-Monat-Tag Stunde:Minute:Sekunde* (z. B. 2004-01-19 13:15:00) im Wertebereich von –1000-01-01 00:00:00 bis 9999-12-31 23:59:59. Beispiel:<br>`CREATE TABLE test (datum DATETIME)` |
| TIME | Repräsentiert die Uhrzeit. Die Darstellung erfolgt im Format *Stunde:Minute:Sekunde* (z. B. 13:15:00) im Wertebereich von –838:59:59 bis 838:59:59. Der Stundenanteil kann demnach zwischen –838 und +838 liegen, um Intervalle berechnen zu können. Beispiel:<br>`CREATE TABLE test (datum TIME)` |
| TIMESTAMP | Repräsentiert das Datum und die Uhrzeit ähnlich wie *DATETIME*. Die Darstellung erfolgt jedoch im Format *JahrMonatTagStundeMinuteSekunde* (z. B. 20040119131500) im Wertebereich von 1970-01-01 00:00:00 bis 2037-12-31 23:59:59. Beispiel:<br>`CREATE TABLE test (datum TIMESTAMP)` |
| YEAR (n) | Gibt das Jahr an. Der Parameter *n* kann nur den Wert 2 oder 4 haben. Ist dieser Wert 2, wird die Jahreszahl zweistellig angegeben (im Wertebereich von 70 bis 69, d. h. für die Jahre 1970 bis 2069). Ist der Wert 4, erfolgt die Anzeige der Jahreszahl vierstellig im Wertebereich von 1901 bis 2155. Beispiel:<br>`CREATE TABLE test (jahr YEAR (4))` |

## 9.7.4 Binär-Datentypen

MySQL kennt vier Datentypen, die Binärdateien repräsentieren. Diese werden beispielsweise für Grafik-, Sound- oder Video-Dateien genutzt. Die Datentypen unterscheiden sich durch die maximale Länge.

| Datentyp | Beschreibung und Beispiel |
|---|---|
| TINYBLOB | Binärdaten mit variabler Länge, die maximale Länge beträgt 255. Beispiel:<br>`CREATE TABLE test (bild TINYBLOB)` |
| BLOB | Binärdaten mit variabler Länge, die maximale Länge beträgt 65535. Beispiel:<br>`CREATE TABLE test (bild BLOB)` |
| MEDIUMBLOB | Binärdaten mit variabler Länge, die maximale Länge beträgt 16777215. Beispiel:<br>`CREATE TABLE test (bild MEDIUMBLOB)` |
| LONGBLOB | Binärdaten mit variabler Länge, die maximale Länge beträgt 4294967295. Beispiel:<br>`CREATE TABLE test (bild LONGBLOB)` |

## 9.7.5 Mengen-Datentypen

MySQL kennt zwei Datentypen, um Listen, die aus mehreren Zeichenketten bestehen, zu unterscheiden.

| Datentyp | Beschreibung und Beispiel |
|---|---|
| SET | Enthält mehrere Zeichenketten, die alle durch ein Komma voneinander getrennt werden. Es sind maximal 64 einzelne Elemente innerhalb von SET möglich. Beispiel:<br>`CREATE TABLE test (inhalt SET`<br>`("eins","zwei","drei"))` |
| ENUM | Enthält mehrere Zeichenketten, die alle durch ein Komma voneinander getrennt werden. Im Unterschied zu SET kann der Datentyp ENUM nur einen Wert aus dieser Liste enthalten. Es sind maximal 65.535 einzelne Elemente innerhalb von ENUM möglich. Beispiel:<br>`CREATE TABLE test (inhalt ENUM`<br>`("eins","zwei","drei"))` |

# 9.8 Zusammenfassung

▦ PHP kann verschiedene Datenbanken anbinden, u. a. MySQL und PostgreSQL.

▦ Datenbanken sind CSV-Dateien überlegen, da sie über eine höhere Zugriffsgeschwindigkeit, eine bessere Abfragemöglichkeit und über Verknüpfungen verfügen.

▦ MySQL ist eine der verbreitetsten Datenbanken.

▦ Zum Abfragen einer Datenbank wird die Abfragesprache SQL benötigt.

▦ Die SQL-Befehle werden über die PHP-Funktion *mysql_query()* an die Datenbank geschickt und dort ausgeführt.

▦ Eine Verbindung zu einer Datenbank wird über *mysql_connect()* aufgebaut.

▦ Eine Datenbankverbindung wird über *mysql_close()* geschlossen.

▦ Neue Datenbanken werden über den SQL-Befehl *CREATE DATABASE* erstellt und über *DROP DATABASE* gelöscht.

▦ Neue Tabellen werden über den SQL-Befehl *CREATE TABLE* erzeugt und über *DROP TABLE* gelöscht.

▦ Eine Tabelle besteht aus mehreren Spalten. Beim Erzeugen über *CREATE TABLE* müssen die Namen der Spalten und deren Spaltentypen angegeben werden.

▦ MySQL kennt eine Reihe von Spaltentypen. Am verbreitetsten sind *VARCHAR* und *TEXT*.

▦ Um neue Daten in eine Tabelle zu schreiben, wird der SQL-Befehl *INSERT INTO* verwendet.

▦ Um Daten aus einer Tabelle auszulesen, wird der SQL-Befehl *SELECT* eingesetzt.

▦ Über das Administrationstool phpMyAdmin kann die Datenbank gepflegt werden.

# 9.9 Übung

## Aufgabe 24

Im nachfolgenden Code soll ein Datenbankzugriff durchgeführt werden, indem sämtliche Datensätze ausgelesen werden. Im Code stecken drei Fehler. Finden Sie diese und korrigieren Sie den Code.

```
<!DOCTYPE html PUBLIC "-//W3C//DTD HTML 4.01 Transitional//EN">
<html><body>
<?php
    mysql_select_db("test");
    $sql="SELECT *";
    $e=mysql_query($sql);
    mysql_close("test");
?>
</body></html>
```

### Aufgabe 25

Erläutern Sie den Unterschied zwischen *mysql_query("USE test200")* und *mysql_select_db("test200")*.

### Aufgabe 26

Sie haben eine SQL-Anfrage über *mysql_query("SELECT * FROM test200")* an die Datenbank gerichtet. Warum muss anschließend die Funktion *mysql_fetch_row()* ausgeführt werden?

### Aufgabe 27

Erläutern Sie die Funktionen *mysql_num_fields()* und *mysql_field_name()*.

### Aufgabe 28

Erläutern Sie den Unterschied zwischen den beiden SQL-Befehlen *SELECT * FROM test200* und *SELECT Vorname,Nachname FROM test200*.

# 10 Noch mehr Arbeiten mit MySQL...

Nachdem wir uns im letzten Kapitel mit den ersten Datenbankanwendungen beschäftigt haben, sehen wir uns in diesem Kapitel weitere Einsatzmöglichkeiten an. Dazu gehören eine Log-in-Prozedur mit allem Komfort, ein Counter und ein Gästebuch für Hyperlinks.

## 10.1 Eine datenbankbasierte Log-in-Prozedur

Auf der Basis des letzten Kapitels können wir eine Log-in-Prozdur erstellen, die auf einer Datenbank basiert. Dazu loggt sich der Anwender mit seinem Benutzernamen und Passwort ein. Im Unterschied zu Kapitel 6.3 wird hier der Benutzername und das Passwort mit den Einträgen in der Datenbank abgeglichen.

### 10.1.1 Die einfache Log-in-Prozedur

Für diese Anwendung benötigen wir folgende Dateien:

- Ein HTML-Formularfeld mit zwei Formularfeldern für den Benutzernamen und das Passwort *(login.html)*.
- Eine PHP-Datei, die die Formularfelder ausliest und die Datenbankabfrage stellt *(check.php)*.
- Eine HTML-Datei, die nur bei erfolgreichem Einloggen angezeigt wird (z. B. für den Mitglieder-Bereich).

Natürlich benötigen wir noch unsere Datenbank *login*, die über zwei Spalten verfügt (*Benutzername* und *Passwort*). Die HTML-Datei zum Log-in ist eine einfache HTML-Datei, die aus zwei Formularfeldern besteht:

```
<!DOCTYPE html PUBLIC "-//W3C//DTD HTML 4.01 Transitional//EN">
<html><head>
<title>Login-Prozedur</title></head>
<body>
<p>Bitte einloggen:</p><br>
<form name="Eingabe" action="check.php" method="post">
Benutzername: <br>
<input type="text" name="benutzer" size="20"><br>
Passwort:<br>
<input type="password" name="pass" size="20"><br><br>
<input type="submit" value="Login">
<input type="reset" value="Reset">
</form>
</body></html>
```

Der PHP-Code basiert auf dem Code des letzten Abschnitts. Der Haupt-
unterschied liegt in der *SELECT*-Abfrage der Datenbank. Da der Benutzername im Formularfeld eingegeben wurde, können wird diese Eingabe in den *SELECT*-Befehl hineinschreiben:

```
<!DOCTYPE html PUBLIC "-//W3C//DTD HTML 4.01 Transitional//EN">
<html><body>
<?php
    $benutzer=$HTTP_POST_VARS['benutzer'];
    $pass=$HTTP_POST_VARS['pass'];
    $db=mysql_connect("localhost","root","");
    mysql_select_db("manitu");
    $anfrage="SELECT * FROM login WHERE Benutzer LIKE '";
    $anfrage.=$benutzer;
    $anfrage.="'";
    $ergebnis=mysql_query($anfrage);
    $anz=mysql_num_rows($ergebnis);
    if($anz==1) {
        $zeile=mysql_fetch_row($ergebnis);
        if($pass==$zeile[1]) {
            print("<b>Login korrekt</b>");
            print("<p>Klicken Sie hier zum
                    Zugang:</p>");
            print("<a href='test.html'>Gesch&#252;tzer
```

```
                 Bereich</a>");
     }
     else {
         print("Benutzername korrekt, Passwort NICHT
                 KORREKT!");
         print("<a href='login.html'>Noch ein
                 Versuch...</a>");
     }
    }
    else {
        print("Benutzername NICHT vorhanden!<br>");
        print("<a href='login.html'>Noch ein
                 Versuch..</a>");
    }
    mysql_close($db);
?>
</body></html>
```

Im PHP-Codeabschnitt bauen wir zuerst eine Verbindung zur Datenbank auf. Dann erstellen wir in *$anfrage* die Datenbankanfrage:

```
$anfrage="SELECT * FROM login WHERE Benutzer LIKE '";
$anfrage.=$benutzer;
$anfrage.="'";
```

Der *SELECT*-Befehl wurde um die SQL-Statements *WHERE* und *LIKE* erweitert. *WHERE* gibt die Spalte der Datenbank-Tabelle an. Über *LIKE* geben wir den Suchbegriff an, nach dem wir in der Spalte *Benutzer* suchen
wollen. Diese Anfrage schicken wir über *mysql_query()* an die Datenbank
und speichern das Ergebnis in *$ergebnis*. Im nächsten Schritt ermitteln
wir über *mysql_num_rows()* die Anzahl der gefundenen Datensätze. Diese sollte normalerweise nur ein Datensatz sein – ein doppelter Benutzername ist nicht erlaubt. Sollte dieser doch vorhanden sein, müsste einer
der beiden Datensätze schnellstens aus der Tabelle entfernt werden.
Im nächsten Schritt prüfen wir auf die Anzahl der gefundenen Datensätze über eine einfache *if*-Abfrage. Sollte der Benutzername nicht
vorhanden sein, ist die Anzahl der gefundenen Datensätze 0. Der *else*-
Block wird ausgeführt. Hier erfolgt eine Anzeige, dass der Benutzer
nicht vorhanden ist.

Liegt jedoch der Benutzer vor, können wir uns mit der Prüfung des Passworts beschäftigen. Zuerst benötigen wir wieder *mysql_fetch_row()*, um die Einträge des Datensatzes in einem Array zu speichern:

```
$zeile=mysql_fetch_row($ergebnis);
```

Das Array *$zeile* besteht aus zwei Elementen. Das zweite Element enthält ja das Passwort, sodass wir jetzt nur auf diesen Inhalt prüfen müssen:

```
if($pass==$zeile[1]) {
    print("<b>Login korrekt</b>");
    print("<p>Klicken Sie hier zum Zugang:</p>");
    print("<a href='test.html'>Gesch&#252;tzer
            Bereich</a>");
}
```

In *$pass* ist ja die Eingabe aus dem zweiten Formularfeld enthalten. Dies vergleichen wir mit dem Inhalt von *$zeile[1]*, d. h. dem zweiten Feld im Datensatz. Sollten beide identisch sein, ist das Passwort korrekt, und wir können den Zugang zum geschützten Bereich gewähren. Andernfalls erfolgt die Ausführung des *else*-Blocks. Hier erzeugen wir eine Ausgabe, dass der Benutzername korrekt ist, nicht aber das Passwort.

## 10.1.2 Fehlermeldungen abfangen

Bisher haben wir uns nicht damit beschäftigt, wie eventuelle Fehler abgefangen werden können. Mögliche Fehler können vielfältig sein: die Verbindung zur Datenbank kann nicht aufgebaut werden (weil der Server down ist oder man sich bei dem Datenbank-Servernamen vertippt hat), der Code ist nicht korrekt, ein SQL-Befehl wurde falsch geschrieben usw. Es ist sinnvoll, in bestimmten Codeabschnitten derartige Fehler über einen Code abzufangen. Ansonsten entstehen hässliche Fehlermeldungen im Web-Browser. Die nachfolgende Abbildung zeigt Ihnen die Darstellung im Web-Browser, wenn Fehler aufgetreten sind. Diese Fehlermeldungen sind sehr unschön und wirken auf den Internet-Surfer unprofessionell. Wir sollten uns daher um ein Abfangen dieser Fehler im PHP-Code bemühen. Die Art der Fehlerbehandlung erfolgt wie bei den Dateioperationen entweder über das @-Zeichen oder über die Anweisung *or die()*. Wie bei den Dateioperationen unterdrückt das @-Zeichen vor jeder *mysql_*-Funktion von PHP eine Fehlermeldung:

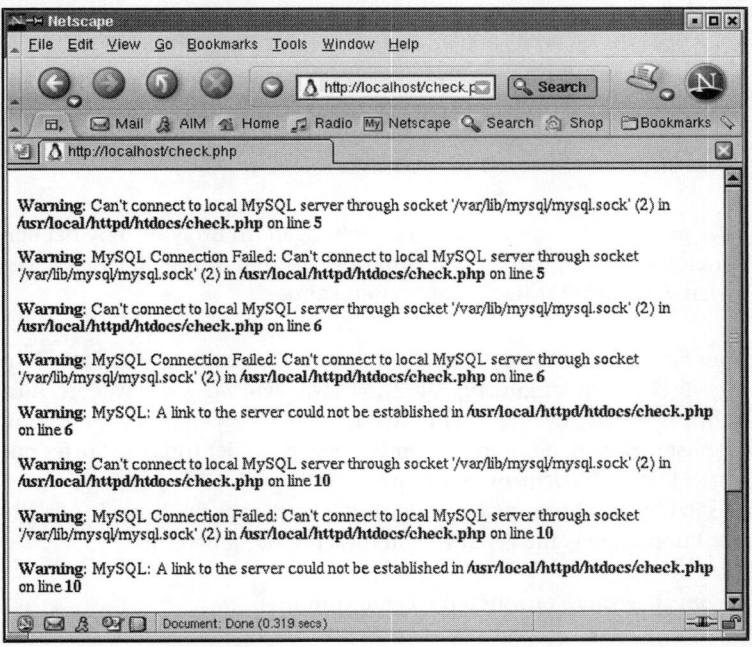

```
$db=@mysql_connect("localhost","root","");
@mysql_select_db("manitu");
$anfrage="SELECT * FROM login WHERE Benutzer LIKE '";
$anfrage.=$benutzer;
$anfrage."'";
$ergebnis=@mysql_query($anfrage);
```

Dies ist aber wie bei den Dateioperationen durchaus problematisch. Wenn z. B. der Datenbankserver down ist, bekommen Sie keinen Hinweis darauf, dass der Server nicht erreichbar ist. Ich würde Ihnen eher zu der Funktion *die()* raten:

```
$db=mysql_connect("localhost","root","")
   or die("<b>Zur Zeit kein Connect zum
```

```
            Datenbankserver!</b>");
mysql_select_db("manitu")
  or die("<b>Datenbank konnte nicht angesprochen
            werden</b>");
$anfrage="SELECT * FROM login WHERE Benutzer LIKE '";
$anfrage.=$benutzer;
$anfrage.="'";
$ergebnis=mysql_query($anfrage)
  or die("<b>Fehler bei der Datenbankanfrage</b>");
```

Dies produziert ansehnlichere Darstellungen im Browser. Wie bei den Dateioperationen wird an die Funktion *die()* ein String übergeben, der einen Text und HTML-Tags enthalten kann.

Statt *die()* können Sie auch *exit()* einsetzen. Dies ist möglich, aber ebenso wie @ etwas ungünstig, da *exit()* zwar wie *die()* die weitere Ausführung abbricht, jedoch keine Textausgabe im Browser angeben kann. Dies ist unschön, denn im Extremfall bekommt der Internet-Surfer nur einen leeren Bildschirm zu sehen und weiß nicht, was passiert ist... Zusätzlich zu @ bzw *or die()* oder *exit()* existieren noch zwei spezielle Funktionen, die eine genaue Fehlerbeschreibung liefern:

- *mysql_errno()*: ermittelt die Fehlernummer.
- *mysql_error()*: gibt eine genaue Beschreibung des Fehlers.

Beide Funktionen beziehen sich immer auf die zu letzt ausgeführte Datenbankoperation. Jedoch beenden diese beiden Funktionen die Ausführung nicht, sie geben lediglich eine Fehlermeldung an. Der Code wird weiter ausgeführt, was unter Umständen zu vielen weiteren Fehlermeldungen führen kann. Sie müssen die beiden Funktionen mit *die()* kombinieren:

```
$db=mysql_connect("localhost","root","")
  or die(mysql_errno().": ".mysql_error());
mysql_select_db("aaa")
  or die(mysql_errno().": ".mysql_error());
```

Innerhalb der Funktion *die()* rufen wir zuerst *mysql_errno()* auf und anschließend *mysql_error()*. Die Ausführung des Codes wird mit der aufgetretenen Fehlermeldung beendet.

## 10.1.3 Professionellere Mechanismen

Die Log-in-Prozedur des letzten Abschnitts sollte jetzt um weitere wichtige Elemente erweitert werden. Es wird jetzt eine Registrierung für neue Benutzer und deren Passwörter hinzukommen. Zusätzlich benötigen wir den «Passwort vergessen?»-Mechanismus: Hat ein Benutzer das Passwort vergessen, gibt er seinen Benutzernamen ein, klickt den Link *Passwort vergessen?* an und erhält eine E-Mail, die das Passwort enthält. Die E-Mail-Adresse musste der Anwender bei der Registrierung eingeben. Aus Sicherheitsgründen sollte das Passwort nur an diese E-Mail-Adresse geschickt werden.

Die bisher verwendete Tabelle *login* können wir so nicht weiterverwenden. Neben dem Benutzernamen und dem Passwort benötigen wir ein drittes Feld, d. h. eine dritte Spalte, in der die E-Mail-Adresse des Benutzers enthalten ist. Sie können die alte *login*-Tabelle um eine neue Tabelle erweitern oder eine komplett neue Tabelle mit drei Spalten *(benutzer, pw, mail)*. Ich habe mir für dieses Beispiel eine neue Tabelle mit dem Namen *user* erstellt, die die eben genannten Beschriftungen der Felder besitzt. Die Tabelle wird wie bekannt erstellt:

```
<!DOCTYPE html PUBLIC "-//W3C//DTD HTML 4.01 Transitional//EN">
<html><body>
<h3>Tabelle erstellen</h3>
<?php
    $db=mysql_connect("localhost","root","");
    mysql_select_db("manitu");
    $anfrage="CREATE TABLE user (benutzer
                VARCHAR(50),pw VARCHAR(20),
                mail VARCHAR(50))";
    mysql_query($anfrage);
    mysql_close($db);
?>
</body></html>
```

Sie können durchaus Ihre alte Tabelle *login* weiterverwenden, müssen diese dann aber um eine neue Spalte erweitern. Dazu gibt es einen

praktischen SQL-Befehl, der eine vorhandene Tabelle verändern kann.
Dieser lautet *ALTER TABLE*. Der nachfolgende SQL-Code erweitert Ihre
Tabelle *login* um die neue Spalte *mail*:

```
<!DOCTYPE html PUBLIC "-//W3C//DTD HTML 4.01 Transitional//EN">
<html><body>
<h3>Tabelle erweitern mit ALTER TABLE</h3>
<?php
    $db=mysql_connect("localhost","root","");
    mysql_select_db("manitu");
    $anfrage="ALTER TABLE login ADD mail
                VARCHAR(50)";
    mysql_query($anfrage);
    mysql_close($db);
?>
</body></html>
```

Zuerst muss im SQL-Befehl *ALTER TABLE* der Name der vorhandenen
Tabelle angegeben werden *(login)*. Dann wird über den Befehl *ADD* eine
neue Spalte hinzugefügt. Nach *ADD* folgt der Name der Spalte *(mail)*,
und es schließt sich der Spaltentyp an *(VARCHAR(50))*.
Für die nachfolgenden Beispiele verwende ich die neu erstellte Tabelle
*user*. Für diese Log-in-Prozedur sind jetzt sieben Dateien notwendig:

- Die Startdatei, über die ein Login erfolgt *(login.html)*.
- Die PHP-Datei, die den Benutzernamen und das Passwort aus der
  Datenbank prüft *(check.php)*.
- Eine Testseite für den geschlossenen Mitglieder-Bereich *(test.html)*.
- Eine HTML-Datei für eine Registrierung von neuen Mitgliedern
  *(reg.html)*. Diese Datei enthält nur die Formularfelder für die Einga-
  be von Benutzernamen, Passwort und Mail-Adresse.
- Eine PHP-Datei, die drei Eingaben aus der Neuregistrierung in die
  Datenbank schreibt *(writedata.php)*.
- Eine HTML-Datei für den «Passwort vergessen?»-Mechanismus *(ver-
  gessen.html)*. Hier gibt der Anwender nur seinen Benutzernamen in
  einem Formularfeld ein.
- Eine PHP-Datei für den «Passwort vergessen?»-Mechanismus, die die
  Eingabe des Benutzernamens und des Passworts entgegennimmt,

die Mail-Adresse aus der Datenbank holt und eine Mail an den Benutzer zurücksendet, die das Passwort enthält *(send.php)*.

Fast alle diese Schritte sind nur eine Kombination aus den bisher kennen gelernten Elementen. Auf vielen Web-Seiten im Internet finden sich derartige Login-Prozeduren, die über eine Neuregistrierung und einen «Passwort vergessen?»-Mechansimus verfügen. Die nachfolgende Abbildung zeigt Ihnen die Startseite für die Log-in-Prozedur.

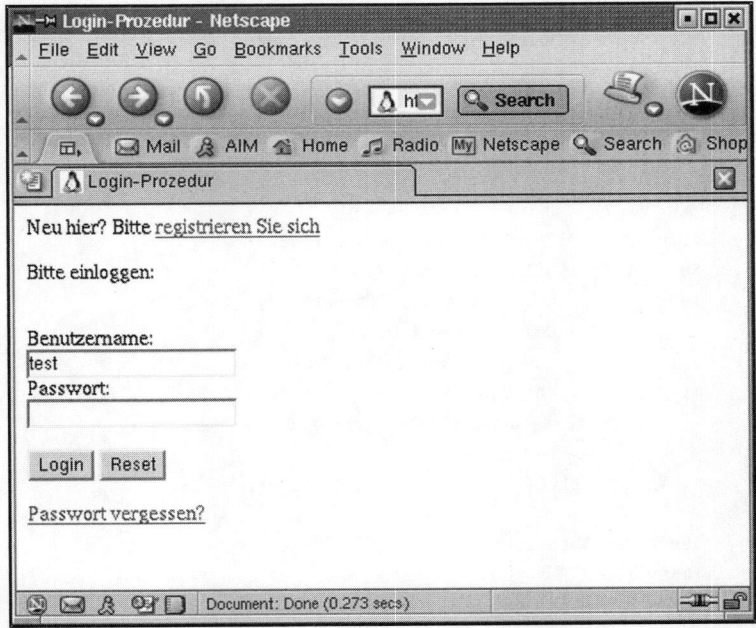

Die HTML-Datei für das Log-in ist einfach:

```
<!DOCTYPE html PUBLIC "-//W3C//DTD HTML 4.01 Transitional//EN">
<html><head>
<title>Login-Prozedur</title></head>
<body>
<p>Neu hier? Bitte <a href="reg.html">registrieren Sie sich</a></p>
<p>Bitte einloggen:</p><br>
<form name="Eingabe" action="check.php" method="post">
```

```
Benutzername: <br>
<input type="text" name="benutzer" size="20"><br>
Passwort:<br>
<input type="password" name="pass" size="20"><br><br>
<input type="submit" value="Login">
<input type="reset" value="Reset">
</form>
<a href="vergessen.html">Passwort vergessen?</a>
</body></html>
```

Für das Einloggen ist konkret *check.php* zuständig. Diese Datei sieht so aus:

```
<!DOCTYPE html PUBLIC "-//W3C//DTD HTML 4.01 Transitional//EN">
<html><body>
<?php
    $benutzer=$HTTP_POST_VARS['benutzer'];
    $pass=$HTTP_POST_VARS['pass'];
    $db=mysql_connect("localhost","root","")
        or die("<b>Kein Connect zum
                Datenbankserver!</b>");
    mysql_select_db("manitu")
        die("<b>Datenbank konnte nicht angesprochen
             werden</b>");
    $anfrage="SELECT * FROM user WHERE benutzer LIKE
                '";
    $anfrage.=$benutzer;
    $anfrage.="'";
    $ergebnis=mysql_query($anfrage)
        or die("<b>Fehler bei der
                Datenbankanfrage</b>");
    $anz=mysql_num_rows($ergebnis);
    if($anz==1) {
        $zeile=mysql_fetch_row($ergebnis)
            or die("<b>Datensatz konnte nicht ermittelt
                    werden</b>");
        if($pass==$zeile[1]) {
            print("<b>Login korrekt</b>");
            print("<p>Klicken Sie hier zum
```

```
                    Zugang:</p>");
        print("<a href='test.html'>Gesch&#252;tzer
                Bereich</a>");
    }
    else {
        print("Benutzername korrekt, Passwort NICHT
                KORREKT!");
        print("<a href='login.html'>Noch ein
                Versuch...</a>");
    }
}
else {
    print("Benutzername NICHT vorhanden!<br>");
    print("<a href='login.html'>Noch ein
            Versuch...</a>");
}
mysql_close($db);
?>
</body></html>
```

Der Code basiert im Prinzip auf dem Beispiel des letzten Abschnitts. In
*$benutzer* ist der eingegebene Benutzername enthalten. Der Inhalt dieser Variablen wird in die SQL-Abfrage gepackt und ein Datensatz herausgezogen. Anschließend wird das Passwort, das in *$pass* vorliegt, mit der Rückgabe aus der Datenbank verglichen.

Interessanter als dieser bekannte Code ist das Registrieren eines neuen Internet-Surfers. Dafür ist die HTML-Datei *reg.html* zuständig:

```
<!DOCTYPE html PUBLIC "-//W3C//DTD HTML 4.01 Transitional//EN">
<html><head>
<title>Login-Prozedur</title></head>
<body>
<p>Bitte registrieren Sie sich:</a></p>
<form name="Eingabe" action="writedata.php" method="post">
Benutzername: <br>
<input type="text" name="benutzer" size="20"><br>
Passwort:<br>
<input type="password" name="pass" size="20"><br>
E-Mail-Adresse:<br>
```

```
<input type="text" name="mail" size="20"><br><br>
<input type="submit" value="Registrieren">
<input type="reset" value="Reset">
</form>
<a href="vergessen.html">Passwort vergessen?</a>
</body></html>
```

Diese Datei ist ähnlich aufgebaut wie *login.html*. Da hier aber ein neuer Anwender registriert werden soll, müssen drei Formularfelder vorhanden sein: für den Benutzernamen, für das selbst gewählte Passwort und für die E-Mail-Adresse, die im Bedarfsfall für das Zusenden des Passworts genutzt wird. Die drei Eingabefelder tragen die Namen *benutzer*, *pass* und *mail*, die in PHP als Variablen zur Verfügung stehen. Die PHP-Datei *writedata.php* registriert einen neuen Benutzer und schreibt dessen Daten in die Tabelle der Datenbank:

```
<!DOCTYPE html PUBLIC "-//W3C//DTD HTML 4.01 Transitional//EN">
<html><body>
<?php
    $benutzer=$HTTP_POST_VARS['benutzer'];
    $pass=$HTTP_POST_VARS['pass'];
    $mail=$HTTP_POST_VARS['mail'];
    $db=mysql_connect("localhost","root","")
        or die("<b>Kein Connect zum
                Datenbankserver!</b>");
    mysql_select_db("manitu")
        or die("<b>Datenbank konnte nicht angesprochen
                    werden</b>");
    $anfrage="INSERT INTO user VALUES ('";
    $anfrage.=$benutzer;
    $anfrage.="', '";
    $anfrage.=$pass;
    $anfrage.="', '";
    $anfrage.=$mail;
    $anfrage.="')";
    mysql_query($anfrage)
        or die("<b>Fehler bei der
                Datenbankanfrage</b>");
    mysql_close($db);
```

```
    print("<p>Danke f&uuml;r die Registrierung!
            </p>");
    print("<p>Sie k&ouml;nnen sich ab sofort mit
            Ihrem Benutzernamen<br><br>");
    print($benutzer);
    print("<br><br>und Ihrem Passwort<br><br>");
    print($pass);
    print("<br><br>einloggen.<br><br> Sollten Sie das
            Passwort mal vergessen, wird Ihnen das
            Passwort per E-Mail an diese Adresse
            geschickt:<br><br>");
    print($mail);
    print("</p><p><a href='login.html'>Login</a></p>");
?>
</body></html>
```

Der entscheidende Abschnitt in diesem Code ist das Erstellen des SQL-Befehls und das Senden dieses Befehls an die Datenbank. Das Schreiben eines neuen Datensatzes geschieht über *INSERT INTO*:

```
$anfrage="INSERT INTO user VALUES ('";
$anfrage.=$benutzer;
$anfrage.="', '";
$anfrage.=$pass;
$anfrage.="', '";
$anfrage.=$mail;
$anfrage.="')";
mysql_query($anfrage)
    or die("<b>Fehler bei der Datenbankanfrage</b>");
```

Der Datensatz wird in die neue Tabelle *user* eingetragen, und nach *VALUES* folgen in Klammern die konkreten drei Werte, d. h. zuerst der Benutzername, das Passwort und zum Schluss die Mail-Adresse. Jeder dieser Werte muss in Anführungszeichen geschrieben werden. Ein SQL-Befehl mit konkreten Werten könnte so aussehen:

```
INSERT INTO user VALUES ('dracula','blut',graf@dracula.xx')
```

Anschließend erfolgt noch eine Textausgabe im Browser, die dem Internet-Surfer noch einmal die Daten auflistet. Alternativ besteht auch die Möglichkeit, dem Anwender eine E-Mail zukommen zu lassen, die diese Informationen enthält.

Interessant ist jetzt noch die Option «Passwort vergessen?». Hier soll automatisch an den Benutzer eine E-Mail gesendet werden, wenn dieser das Passwort vergessen haben sollte. Das Vorgehen ist dabei einfach. Auf einer weiteren Seite gibt der Anwender noch einmal seinen Benutzernamen ein, und ein PHP-Skript liest den entsprechenden Datensatz aus der Datenbank aus. An die dort eingetragene Mail-Adresse wird die E-Mail geschickt, die sämtliche Daten enthält. Dies ist auch sehr sicher, denn dadurch ist gewährleistet, das ein Unbekannter, der zufälligerweise den Benutzernamen eingibt, nicht in den Besitz der E-Mail gelangt. Die HTML-Datei ist einfach:

```
<!DOCTYPE html PUBLIC "-//W3C//DTD HTML 4.01 Transitional//EN">
<html><head>
<title>Login-Prozedur</title></head>
<body>
<p>Haben Sie Ihr Passwort vergessen?<br>
Geben Sie hier Ihren Benutzernamen ein. An die von Ihnen
angegebene E-Mail-Adresse wird eine Mail geschickt, die das
Passwort enth&#auml;t.
</p>
<form name="Eingabe" action="send.php" method="post">
Benutzername: <br>
<input type="text" name="benutzer" size="20"><br>
<input type="submit" value="Registrieren">
<input type="reset" value="Reset">
</form>
</body></html>
```

Die Datei enthält ein Formularfeld, in dem der Benutzer seinen Benutzernamen eintragen kann. Die Datei *send.php* liest dieses Feld aus, holt den Datensatz aus der Tabelle und verschickt die E-Mail:

```
<!DOCTYPE html PUBLIC "-//W3C//DTD HTML 4.01 Transitional//EN">
<html><body>
<?php
    $benutzer=$HTTP_POST_VARS['benutzer'];
```

```
$db=mysql_connect("localhost","root","")
    or die("<b>Kein Connect zum
            Datenbankserver!</b>");
mysql_select_db("manitu");
    or die("<b>Datenbank konnte nicht angesprochen
            werden</b>");
$anfrage="SELECT * FROM user WHERE Benutzer LIKE'";
$anfrage.=$benutzer;
$anfrage.="'";
$ergebnis=mysql_query($anfrage)
    or die("<b>Fehler bei der
            Datenbankanfrage</b>");
$anz=mysql_num_rows($ergebnis);
if($anz==1) {
    $zeile=mysql_fetch_row($ergebnis)
        or die("<b>Datensatz konnte nicht ermittelt
                werden</b>");
    $text="Ihr Benutzername:\n\n";
    $text.=$benutzer;
    $text.="\n\nIhr Passwort:\n\n";
    $text.=$zeile[1];
    mail($zeile[2],"Ihre Daten",$text,
            "From:webby@xxx.yy");
}
else {
    print("Benutzername NICHT vorhanden!<br>");
    print("<a href='vergessen.html'>Noch ein
            Versuch...</a>");
}
mysql_close($db);
?>
</body></html>
```

In dem Code erstellen wir eine SQL-Abfrage mittels *SELECT*, in der der
eingetragene Benutzer enthalten ist:

```
$anfrage="SELECT * FROM user WHERE benutzer LIKE'";
$anfrage.=$benutzer;
$anfrage.="'";
```

```
$ergebnis=mysql_query($anfrage)
   or die("<b>Fehler bei der Datenbankanfrage</b>");
```

Es folgt eine *if*-Abfrage, in der wir prüfen, ob es einen Rückgabewert von *mysql_query()* gibt, erstellen dann den Inhalt der Mail und versenden diese:

```
if($anz==1) {
   $zeile=mysql_fetch_row($ergebnis)
      or die("<b>Datensatz konnte nicht ermittelt
                 werden</b>");
   $text="Ihr Benutzername:\n\n";
   $text.=$benutzer;
   $text.="\n\nIhr Passwort:\n\n";
   $text.=$zeile[1];
   mail($zeile[2],"Ihre Daten",$text,
        "From:webby@xxx.yy");
}
```

## 10.1.4 Problem: Doppelte Benutzernamen beim Registrieren

Mit einer Schwierigkeit müssen wir uns noch befassen, um die Registrierung korrekt durchzuführen. Wir müssen vermeiden, dass sich ein Internet-Surfer mit einem Benutzernamen registriert, der schon vorhanden ist. Auf der Basis des bisherigen Codes *(writedata.php)* können sich doppelte und mehrfache Benutzernamen ergeben! Dies darf natürlich nicht sein. Der bisherige Code zum Registrieren prüft nämlich nicht, ob ein Benutzername schon vorhanden ist. Dies müssen wir unbedingt hinzufügen. Die Änderungen betreffen nur die Datei *writedata.php*:

```
<!DOCTYPE html PUBLIC "-//W3C//DTD HTML 4.01 Transitional//EN">
<html><body>
<?php
   $benutzer=$HTTP_POST_VARS['benutzer'];
   $pass=$HTTP_POST_VARS['pass'];
   $mail=$HTTP_POST_VARS['mail'];
```

```
$db=mysql_connect("localhost","root","")
    or die("<b>Kein Connect zum Datenbankserver!</b>");
mysql_select_db("manitu")
    or die("<b>Datenbank konnte nicht angesprochen
                werden</b>");
$anfrage="SELECT * FROM user WHERE Benutzer LIKE'";
$anfrage.=$benutzer;
$anfrage.="'";
$ergebnis=mysql_query($anfrage)
    or die("<b>Fehler bei der
            Datenbankanfrage</b>");
$anz=mysql_num_rows($ergebnis);
if($anz==0) {
    //Jetzt neuen Benutzer eintragen:
    $anfrage="INSERT INTO user VALUES ('";
    $anfrage.=$benutzer;
    $anfrage.="', '";
    $anfrage.=$pass;
    $anfrage.="', '";
    $anfrage.=$mail;
    $anfrage.="')";
    mysql_query($anfrage)
        or die("<b>Fehler bei der
                Datenbankanfrage</b>");
    print("<p>Danke für die Registrierung!</p>");
    print("<p>Sie k&ouml;nnen sich ab sofort mit
            Ihrem Benutzernamen<br><br>");
    print($benutzer);
    print("<br><br>und Ihrem Passwort<br><br>");
    print($pass);
    print("<br><br>einloggen.<br><br> Sollten Sie
            das Passwort mal vergessen, wird Ihnen
            das Passwort per E-Mail
                an diese Adresse geschickt:<br>");
    print($mail);
    print("</p><p><a href='login.html'>
            Login</a></p>");
}
else {
```

```
      //Benutzer ist schon vorhanden:
      print("<p>Der Benutzername ");
      print($benutzer);
      print(" ist schon vergeben.</p>");
      print("<p>Bitte w&auml;hlen Sie einen neuen
                  Benutzernamen");
      print("</p><p><a href='login.html'>
                  Login</a></p>");
   }
   mysql_close($db);
?>
</body></html>
```

Der Code ist etwas umgestellt worden. Zuerst prüfen wir, ob der eingegebene Benutzername – dieser liegt in *$benutzer* vor – in der Datenbank-Tabelle enthalten ist. Wir erstellen eine *SELECT*-Abfrage:

```
$anfrage="SELECT * FROM user WHERE Benutzer LIKE'";
$anfrage.=$benutzer;
$anfrage.="'";
$ergebnis=mysql_query($anfrage)
     or die("<b>Fehler bei der
                 Datenbankanfrage</b>");
```

Anschließend ermitteln wir die Anzahl der gefundenen Datensätze. Der Wert kann nur 0 (Benutzername wurde nicht gefunden) oder 1 (Benutzername wurde gefunden) sein:

```
$anz=mysql_num_rows($ergebnis);
if($anz==0) {
```

In der *if*-Abfrage prüfen wir, ob in *$anz* der Wert 0 enthalten ist. Ist dies der Fall, ist der Benutzername noch nicht in der Tabelle eingetragen, und wir können den kompletten Datensatz als einen neuen Eintrag hinzufügen. Es folgt der bekannte Code zum Einfügen eines neuen Datensatzes. Andernfalls springt der Code den *else*-Block an, in dem daraufhin gewiesen wird, dass der Benutzer schon vorhanden ist:

```
else {
    print("<p>Der Benutzername ");
    print($benutzer);
    print(" ist schon vergeben.</p>");
    print("<p>Bitte w&auml;hlen Sie einen neuen
            Benutzernamen");
    print("</p><p><a href='login.html'>
            Login</a></p>");
}
```

## 10.1.5 Daten in der Tabelle löschen

Mit Hilfe eines SQL-Befehls können Sie gezielt bestimmte Datensätze
löschen. In SQL gibt es dazu den Befehl *DELETE*. Wenn Sie alle Datensätze aus einer Tabelle löschen möchten, müssen Sie nur den Namen der Tabelle angeben:

```
<?php
    $db=mysql_connect("localhost","root","");
    mysql_select_db("manitu");
    $anfrage="DELETE FROM user";
    $ergebnis=mysql_query($anfrage);
?>
```

Die Tabelle bleibt erhalten, nur besitzt sie keine Datensätze mehr. Ein
einzelner Datensatz kann gelöscht werden, indem der *DELETE*-Befehl
mit einem Suchkriterium über *WHERE* und *LIKE* (ähnlich wie bei
*SELECT*) verknüpft wird:

```
$anfrage="DELETE FROM user WHERE benutzer LIKE 'kuh'";
```

Dies löscht einen bestimmten Datensatz, dessen Spalte *benutzer* den
Eintrag *kuh* enthält. Das Suchkriterium kann noch verbessert werden.
Dazu sollte nicht nur der Inhalt der ersten Spalte *(benutzer)*; sondern
auch der Inhalt der zweiten Spalte *(pw)* übereinstimmen:

```
$anfrage="DELETE FROM user WHERE benutzer LIKE 'kuh' AND pw LIKE
'glocke'";
```

Erst wenn der Inhalt der beiden Spalten mit dem Suchkriterium übereinstimmen, wird der Datensatz entfernt. Sollte eine der beiden Spalten mit dem Kriterium nicht übereinstimmen, wird der Datensatz auch nicht entfernt.

Gehen Sie mit dem *DELETE*-Befehl sehr achtsam um. Ist ein Datensatz (oder der gesamte Inhalt einer Tabelle) gelöscht, können Sie die Daten nicht wieder rekonstruieren.

## 10.2 Ein Counter: UPDATE statt INSERT

In Kapitel 5.1 haben Sie gelernt, wie Sie einen Besucherzähler auf der Basis einer Textdatei erstellen. Diese Anwendung kann auch datenbankbasiert erfolgen. Fast alle Anwendungen, bei denen Text- oder CSV-Dateien genutzt werden, können auch über Datenbanken erstellt werden. Typisch für diese Anwendung ist auch der Counter. Statt einer Textdatei erstellen wir eine neue Tabelle *(counter)*, die nur über ein Feld verfügt: *count*. Diese Spalte enthält eine Zahl, die hochgezählt wird. Beim Aufrufen der Startseite wird die Zahl aktualisiert, d. h. um eins nach oben gezählt, und anschließend wird der aktuelle Wert im Browser anzeigt.

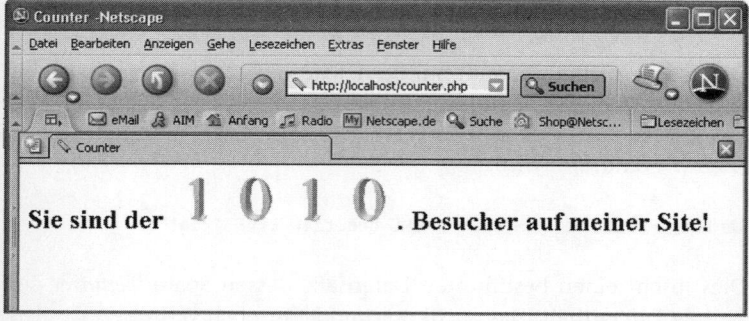

Die Abbildung zeigt den Counter, der vom Erscheinungsbild her keine Unterschiede zu der Fassung aus Kapitel 5.1 aufweist. Der Vorteil dieser Lösung liegt darin, dass die Wartung des Counters einfacher ist als über eine Textdatei. Sie können z. B. auch per Hand innerhalb von phpMyAdmin einen neuen Wert für den Besucherzähler einstellen. Das Überspielen einer aktualisierten Textdatei per ftp entfällt.

Erstellen Sie dazu in Ihrer Datenbank eine neue Tabelle *(counter)*, die nur über ein Feld verfügt. Dieses nennen Sie *count*. Beachten Sie jetzt aber den deutlichen Unterschied zu den letzten Tabellen. Der Feldtyp war bei allen bisherigen Tabellen *VARCHAR*. Diesen Typ verwenden wir hier nicht, sondern benutzen einen anderen Feldtyp: *INT*. In dieser Spalte werden ausschließlich Ganzzahlen hineingeschrieben. Texte sind hier nicht erlaubt. Der PHP-Code zum Erstellen der Tabelle sieht so aus:

```
<!DOCTYPE html PUBLIC "-//W3C//DTD HTML 4.01 Transitional//EN">
<html><body>
<h3>Counter-Tabelle erstellen</h3>
<?php
    $db=mysql_connect("localhost","root","");
    mysql_select_db("manitu");
    $anfrage="CREATE TABLE counter (count INT)";
    mysql_query($anfrage);
    $anfrage="INSERT INTO counter VALUES ('1000')";
    mysql_query($anfrage);
    mysql_close($db);
?>
</body></html>
```

Nach dem Namen der Spalte *(count)* geben Sie den Spaltentyp (*INT*) an und senden die Anfrage an die Datenbank. Anschließend schreiben wir einen ersten Datensatz in die Tabelle, denn die Tabelle ist ja noch leer. Dazu verwenden wir *INSERT INTO* und setzen den Wert der Spalte *count* auf 1000. Es ist ganz sinnvoll, den Startwert des Zählers auf einen hohen Wert zu setzen. Auch wenn das ein bisschen Schummelei ist, aber es macht keinen guten Eindruck, wenn Internet-Surfer auf Ihre Seite kommen und dort steht: *Sie sind der 5. Besucher...*

Damit haben wir die Tabelle vorbereitet. Wir sehen uns jetzt den PHP-Code an, über den der Counter abläuft:

```
<!DOCTYPE html PUBLIC "-//W3C//DTD HTML 4.01 Transitional//EN">
<html><head>
<title>Counter</title></head>
<body>
<?php
    $db=mysql_connect("localhost","root","")
```

```
    or die("<b>Kein Connect zum
            Datenbankserver!</b>");
mysql_select_db("manitu")
    or die("<b>Datenbank konnte nicht angesprochen
            werden</b>");
$anfrage="SELECT * FROM counter";
$ergebnis=mysql_query($anfrage)
    or die("<b>Fehler bei der
            Datenbankanfrage</b>");
$zeile=mysql_fetch_row($ergebnis);
//Aktueller Counter um eins erhöhen:
$aktuell=$zeile[0]+1;
//Neuen Wert schreiben
$anfrage="UPDATE counter SET count='";
$anfrage.=$aktuell;
$anfrage.="'";
mysql_query($anfrage)
    or die("<b>Fehler bei der
                Datenbankanfrage</b>");
mysql_close($db);
//Anzeige des Zählerstandes
$laenge=strlen($aktuell);
print("<h2>Sie sind der ");
for($a=0;$a<$laenge;$a++) {
    $zahl=substr($aktuell,$a,1);
    if($zahl=="0") {
        print("<img src='0.gif'>");
    }
    if($zahl=="1") {
        print("<img src='1.gif'>");
    }
    if($zahl=="2") {
        print("<img src='2.gif'>");
    }
    if($zahl=="3") {
        print("<img src='3.gif'>");
    }
    if($zahl=="4") {
        print("<img src='4.gif'>");
```

```
        }
        if($zahl=="5") {
            print("<img src='5.gif'>");
        }
        if($zahl=="6") {
            print("<img src='6.gif'>");
        }
        if($zahl=="7") {
            print("<img src='7.gif'>");
        }
        if($zahl=="8") {
            print("<img src='8.gif'>");
        }
        if($zahl=="9") {
            print("<img src='9.gif'>");
        }
    }
    print(". Besucher auf meiner Site!</h2>");
?>
</body></html>
```

Wenn Sie sich den Code ansehen, werden Sie feststellen, dass der untere Teil identisch mit dem Code aus Kapitel 5.1.5 ist. Die Darstellung des aktuellen Zählerstandes als Grafik hat sich nicht verändert. Jedoch ist der Code, der bis dahin abgedruckt ist, zum Teil neu. Die Datenbankanfrage ist relativ simpel. Denn wir haben ja nur eine Spalte und auch nur einen Datensatz, der anschließend mit einem neuen Wert überschrieben werden soll:

```
$anfrage="SELECT * FROM counter";
$ergebnis=mysql_query($anfrage)
    or die("<b>Fehler bei der Datenbankanfrage</b>");
$zeile=mysql_fetch_row($ergebnis);
$aktuell=$zeile[0]+1;
```

Der SQL-Befehl gestaltet sich sehr einfach. Wir müssen nur die ganze Tabelle ansprechen, da ja nur eine Spalte mit einer Zeile enthalten ist. In *$zeile* ist der gesamte Datensatz enthalten. Da wir ja nur eine Spalte haben, ist in *$zeile[0]* der aktuelle Wert des Counters enthalten. Dieser wird um eins erhöht und in *$aktuell* gespeichert.

Die Variable *$aktuell* kann jetzt in die Tabelle geschrieben werden. Hier kommt die entscheidende Änderung gegenüber dem letzten Kapitel: Wir können den SQL-Befehl *INSERT INTO* nicht einsetzen. Warum geht das nicht? Ganz einfach: *INSERT INTO* erzeugt einen neuen Datensatz und hängt diesen an das Ende der Tabelle an. Dies ist für unsere Zwecke unnütz, denn wir brauchen ja immer nur einen Datensatz in der Tabelle, in dem sich der Wert des Zählerstandes verändert.

Die Lösung funktioniert über den SQL-Befehl *UPDATE*. Dieser Befehl aktualisiert einen vorhandenen Datensatz in der Tabelle. *UPDATE* überschreibt den Inhalt mit einem neuen Wert. Genau das benötigen wir hier für unsere Zwecke:

```
$anfrage="UPDATE counter SET count='";
$anfrage.=$aktuell;
$anfrage.="'";
mysql_query($anfrage)
```

Nach dem SQL-Befehl *UPDATE* folgt der Name der Tabelle *(counter)*. Über *SET* wird der Spalte ein neuer Wert zugewiesen. Bei der Ausführung des Codes könnte hier stehen:

```
UPDATE counter SET count='1254';
```

Der Wert 1254 ist der aktuelle Zählerstand. Anschließend schicken wir die Anfrage an die Datenbank, und der Datensatz wird aktualisiert. Dann schließen wir die Datenbank-Verbindung und geben den Wert der Variable *$aktuell* aus.

## 10.3 Linklisten per Datenbank

In diesem Abschnitt beschäftigen wir uns mit einer interessanten Funktion: Eine Art Gästebuch für Hyperlinks. Internet-Surfer können selbsttätig Internet-Adressen in die Datenbank eintragen. Beim Aufrufen der entsprechenden Linkliste werden alle aktuellen vorgeschlagenen Links angezeigt. Dies ist sehr ähnlich wie ein Gästebuch, das im Prinzip genauso aufgebaut ist. Anhand dieses Beispiels können Sie lernen, wie Sie ein Gästebuch auf der Basis einer Datenbank erstellen.

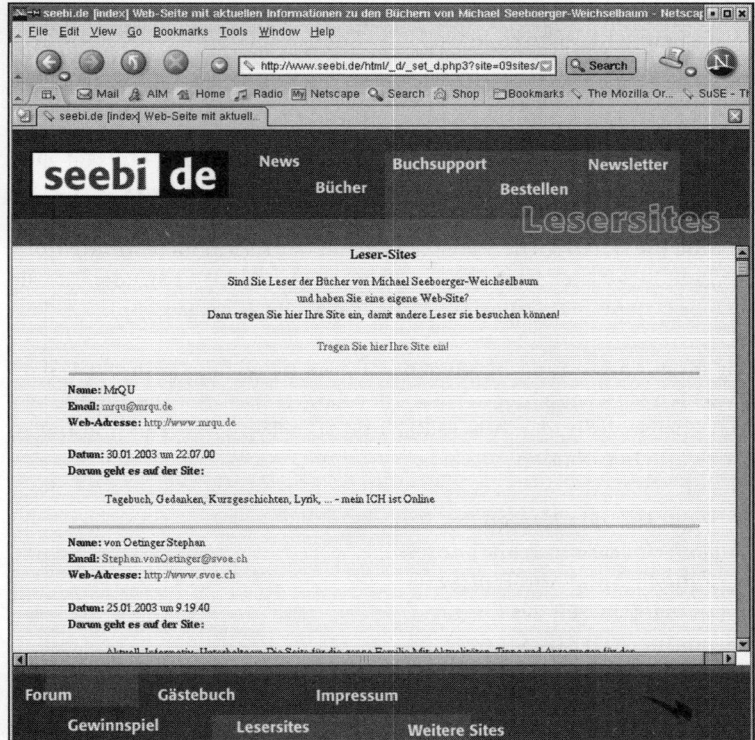

Die Abbildung zeigt Ihnen eine derartige Linkliste. Sie stammt von meiner Site *http://www.seebi.de*. Diese Linkliste heißt dort Lesersites. Leser meiner Bücher können dort ihre eigene Site eintragen und so andere Internet-Surfer auf ihre Werke aufmerksam machen.

Anders als bisher benutzen wir für diese Anwendung sechs Felder in einer neuen Datenbank-Tabelle:

- Der Name des Surfers.
- Die E-Mail-Adresse (für einen eventuellen Kontakt per E-Mail).
- Das Datum des Eintrags.
- Die Uhrzeit des Eintrags.

- Die Web-Adresse der Site.
- Ein kurzer Beschreibungstext der Site.

Wir müssen drei Dateien erstellen:

- Eine HTML-Datei, in der der Internet-Surfer seine Site einträgt. Dies geschieht über klassische Formularfelder *(eintrag.html)*.
- Eine PHP-Datei, die die Eingaben aus den Formularfeldern auswertet und die Daten in die Tabelle der Datenbank schreibt *(eintrag.php)*.
- Eine PHP-Datei, die sämtliche eingetragenen Links aus der Tabelle der Datenbank ausliest und hineinschreibt *(lesersites.php)*.

Für diese Anwendung benötigen wir eine neue Tabelle in der Datenbank. Ich verwende hier den Tabellennamen *lesersites*. Die Tabelle verfügt über sechs Felder. Alle Felder sind vom Typ *VARCHAR* und tragen die deutlichen Namen:

- *name* (für den Namen des Surfers).
- *mail* (für dessen E-Mail-Adresse).
- *datum* (Datum des Eintrags).
- *uhrzeit* (Uhrzeit des Eintrags).
- *url* (die Web-Adresse der Site).
- *text* (Beschreibung der Site).

Der Code zum Erstellen der Datenbank-Tabelle und deren Spalten sieht so aus:

```
<!DOCTYPE html PUBLIC "-//W3C//DTD HTML 4.01 Transitional//EN">
<html><body>
<h3>Tabelle erstellen</h3>
<?php
    $db=mysql_connect("localhost","root","");
    mysql_select_db("manitu");
    $anfrage="CREATE TABLE lesersites
                    (name VARCHAR(50),mail
                    VARCHAR(50),Datum
                    VARCHAR(10),uhrzeit
                    VARCHAR(10),url VARCHAR(255),
                    text VARCHAR(255))";
    mysql_query($anfrage);
```

```
    mysql_close($db);
?>
</body></html>
```

Wie Sie dem Code entnehmen können, haben die Spalten unterschiedliche Längen. Die Spalten *datum* und *uhrzeit* sind auf 10 gesetzt, was auch völlig ausreicht (z. B. 19.01.2004 sind genau zehn Ziffern/Buchstaben und 12:34:45 sind acht Ziffern/Buchstaben). Die Spalten *url* und *text* wurden auf 255 gesetzt. Dies ist auch die Obergrenze für Ziffern/Buchstaben, die in einem Spaltentyp *VARCHAR* benutzt werden können. Dies kann durchaus für einige Beschreibungen zu wenig sein. Stattdessen könnten Sie insbesondere für die Spalte *text* einen anderen Spaltentyp verwenden: *TEXT*. Dieser Typ kann maximal 65.535 Zeichen enthalten – das dürfte wohl ausreichend sein. Der Spaltentyp *TEXT* besitzt keine Längenangabe wie *VARCHAR*. Wollen Sie diesen Typ verwenden, müsste der SQL-Befehl so aussehen:

```
$anfrage="CREATE TABLE lesersites
          (name VARCHAR(50),mail VARCHAR(50),
          datum VARCHAR(10),uhrzeit VARCHAR(10),
          url VARCHAR(255),text TEXT)";
```

Die Datei *lesersites.php* ist die eigentliche Startdatei. Bei jedem Aufruf werden die Einträge aus der Tabelle der Datenbank gelesen und entsprechend dargestellt. Von hier aus gibt es auch einen Link auf die HTML-Datei, in der der Internet-Surfer seine Eingabe tätigt. Diese Datei *(eintrag.html)* sieht so aus:

```
<!DOCTYPE html PUBLIC "-//W3C//DTD HTML 4.01 Transitional//EN">
<html><head>
<title>Lesersites</title></head>
<body>
<center><h2>
Ihr Eintrag in die Leser-Sites</h2></center>
Bitte f&uuml;llen Sie die leeren Felder aus. Vielen Dank!
<p><hr>
<form method="post" action="eintrag.php">
<table border="0">
<tr>
<td>Ihr Name</td>
```

```
<td><input type="text" name="derName"></td></tr>
<td>Ihre E-Mail</td>
<td><input type="text" name="mail"></td></tr>
<td>Die Web-Adresse Ihrer Site<br> (bitte mit dem Vorsatz http://
eingeben!)</td>
<td><input type="text" name="url"></td></tr>
<tr><td>Worum geht's auf der Site?</td>
<td><textarea name="kommentar" cols="40" rows="5">
</textarea></td></tr><tr>
<tr>
<td><input type="submit" value="Abschicken"><input type="reset"
value="Löschen"></td></tr>
</table></form></p>
</body></html>
```

Es sind vier Formularfelder vorhanden. In dem ersten Formularfeld muss der Name angegeben werden. Das *name*-Attribut enthält den Wert *derName*. Im zweiten Formularfeld trägt der Internet-Surfer seine Mail-Adresse ein (*name*-Attribut lautet *mail*) und im dritten Feld die Web-Adresse seiner Site (*name*-Attribut: *url*). Das vierte Formularfeld ist ein mehrzeiliges Feld, in dem der Anwender seine Site genauer beschreiben kann (*name*-Attribut: *kommentar*). Die Datei *eintrag.php* wertet die Eingaben aus und trägt diese in der Tabelle der Datenbank ein:

```
<!DOCTYPE html PUBLIC "-//W3C//DTD HTML 4.01 Transitional//EN">
<html><body>
<?php
    $derName=$HTTP_POST_VARS['dername'];
    $mail=$HTTP_POST_VARS['mail'];
    $url=$HTTP_POST_VARS['url'];
    $kommentar=$HTTP_POST_VARS['kommentar'];
    $punkt=".";
    $datum=date(d);
    $datum.=$punkt;
    $datum.=date(m);
    $datum.=$punkt;
    $datum.=date(Y);
    $zeit=date(G);
    $zeit.=$punkt;
    $zeit.=date(i);
    $zeit.=$punkt;
```

```
$zeit.=date(s);
$derName=htmlspecialchars($derName);
$kommentar=htmlspecialchars($kommentar);
$derName=htmlentities($derName);
$kommentar=htmlentities($kommentar);
$kommentar=nl2br($kommentar);
$db=mysql_connect("localhost","root","")
    or die("<b>Kein Connect zum
                Datenbankserver!</b>");
mysql_select_db("manitu")
    or die("<b>Datenbank konnte nicht angesprochen
                werden</b>");
$anfrage="INSERT INTO lesersites VALUES ('";
$anfrage.=$derName;
$anfrage.="', '";
$anfrage.=$mail;
$anfrage.="', '";
$anfrage.=$datum;
$anfrage.="', '";
$anfrage.=$zeit;
$anfrage.="', '";
$anfrage.=$url;
$anfrage.="', '";
$anfrage.=$kommentar;
$anfrage.="')";
mysql_query($anfrage)
    or die("<b>Fehler bei der
                Datenbankanfrage</b>");
mysql_close($db);
print("<p>Vielen Dank f&uuml;r Ihren
                Eintrag!</p>");
print("<a href='lesersites.php'>
                Zur&uuml;ck zu den
                Lesersites</a>");
?>
</body></html>
```

Zu Beginn des Codes ermitteln wir das aktuelle Datum und die Uhrzeit, damit wir diese Informationen in die entsprechenden Spalten der Datenbank-Tabelle einfügen können. Anschließend konvertieren wir die Sonderzeichen der Variablen *$derName* (dies ist der Name des Internet-

Surfers) und *$kommentar* (Beschreibung der Site) über die Funktion *htmlspecialchars()* und *htmlentities()*.Wir berücksichtigen auch noch die Zeilenumbrüche, die über *nl2br()* in *<br>*-Tags konvertiert werden. Anschließend bauen wir die Verbindung zur Datenbank auf und setzen den SQL-Befehl *INSERT* aus den sechs Variablen *$derName, $mail, $datum, $zeit, $url* und *$kommentar* zusammen. Diese schicken wir an die Datenbank und geben einen Text aus, dass der Eintrag erfolgte. Jetzt müssen wir uns nur noch die Datei *lesersites.php* ansehen. Diese liest alle Einträge aus der Tabelle aus und stellt diese dar:

```
<!DOCTYPE html PUBLIC "-//W3C//DTD HTML 4.01 Transitional//EN">
<html><body>
<h3>Lesersites</h3>
<p>Tragen Sie <a href="eintrag.html">hier Ihre Site ein</a>!</p>
<?php
    $db=mysql_connect("localhost","root","")
        or die("<b>Kein Connect zum
                Datenbankserver!</b>");
    mysql_select_db("manitu")
        or die("<b>Datenbank konnte nicht angesprochen
                    werden</b>");
    $anfrage="SELECT * FROM lesersites";
    $ergebnis=mysql_query($anfrage)
        or die("<b>Fehler bei der
                Datenbankanfrage</b>");
    $anz=mysql_num_rows($ergebnis);
    print("<br>Es sind ");
    print($anz);
    print(" Lesersites eingetragen:<br><br><hr>");
    $spaltenanzahl=mysql_num_fields($ergebnis);
    while($zeile=mysql_fetch_row($ergebnis)) {
        print("<br><b>Name: </b>");
        print($zeile[0]);
        print("<br><b>E-Mail: </b>");
        print("<a href='mailto:");
        print($zeile[1]);
        print("'>");
        print($zeile[1]);
        print("</a><br>Eingetragen am ");
        print($zeile[2]);
        print(" um ");
```

```
      print($zeile[3]);
      print("<br><b>Adresse: </b>");
      print("<a href='");
      print($zeile[4]);
      print("' target='_blank'>");
      print($zeile[4]);
      print("</a><br><b>Beschreibung der Site:
            </b>");
      print($zeile[5]);
      print("<br><br><hr>");
   }
   mysql_close($db);
?>
</body></html>
```

Wie bekannt bauen wir eine Verbindung zu Datenbank auf und schicken die SQL-Anfrage

```
$anfrage="SELECT * FROM lesersites";
```

an die Datenbank. Wir benötigen ja alle Einträge, daher brauchen wir keine *WHERE*- oder *LIKE*-Attribute. Wir durchlaufen wieder eine *while*-Schleife, in der permanent neue Datensätze aus der Datenbank ausgelesen werden. In dem Array *$zeile* befinden sich dann die konkreten Daten: in *$zeile[0]* steht der Name, in *$zeile[1]* die E-Mail-Adresse, in *$zeile[2]* das Datum, in *$zeile[3]* die Uhrzeit, in *$zeile[4]* die Web-Adresse und in *$zeile[5]* die Beschreibung der Site. Jedes dieser Daten geben wir nacheinander über *print()* mit entsprechenden HTML-Tags aus.
Einen Nachteil hat diese Form: Der aktuellste Eintrag steht leider hinten, der älteste Eintrag ist als Erstes zu lesen. Dies ist sehr unschön, denn der aktuellste Eintrag sollte ganz oben stehen! Im obigen Code werden die Datensätze nacheinander ausgelesen. Zuerst wird der erste Datensatz gelesen und über *print()* ausgegeben, dann der zweite usw. Dadurch entsteht diese Struktur, das der älteste Eintrag (dies ist ja in der Regel der erste Datensatz in der Tabelle) ganz oben steht. Dazu müssen wir die *while*-Schleife etwas erweitern. Wir benötigen zwei weitere Variablen, um eine Zwischenspeicherung zu ermöglichen:

```
$liste="";
$content="";
```

```
while($zeile=mysql_fetch_row($ergebnis)) {
    $liste=$content;
    $eintrag="<br><b>Name: </b>";
    $eintrag.=$zeile[0];
    $eintrag.="<br><b>E-Mail: </b>";
    $eintrag.="<a href='mailto:";
    $eintrag.=$zeile[1];
    $eintrag.="'>";
    $eintrag.=$zeile[1];
    $eintrag.="</a><br>Eingetragen am ";
    $eintrag.=$zeile[2];
    $eintrag.=" um ");
    $eintrag.=$zeile[3];
    $eintrag.="<br><b>Adresse: </b>";
    $eintrag.="<a href='";
    $eintrag.=$zeile[4];
    $eintrag.="' target='_blank'>";
    $eintrag.=$zeile[4];
    $eintrag.="</a><br><b>Beschreibung der Site:</b>";
    $eintrag.=$zeile[5];
    $eintrag.="<br><br><hr>";
    $content=$eintrag;
    $content.=$liste;
}
mysql_close($db);
print($content);
```

Neu sind zwei Variablen *$liste* und *$content* vor der *while*-Schleife. Über diese beiden Variablen führen wir eine Zwischenspeicherung der ausgelesenen Einträge vor. Beide sind mit einem Startwert (beides Leerstrings) vorbelegt. Zuerst sehen wir uns das Ende der *while*-Schleife an. Dort wird der Variablen *$content* der aktuelle Inhalt der Variablen *$eintrag* zugewiesen. Anschließend wird *$content* der Inhalt von *$liste* zugewiesen. Zu Beginn der *while*-Schleife wird der Variablen *$liste* der Wert von *$content* zugewiesen. Dies ist beim ersten Durchlauf der *while*-Schleife ein Leerstring. Dann springt der Code wieder an den Anfang der *while*-Schleife. Hier speichern wir jetzt in *$liste* den soeben erstellen Inhalt von *$content*. Es wird der aktuelle Datensatz gebastelt und dieser wieder *$content* zugewiesen. Daran hängen wir wieder *$liste* an, das den

Inhalt des vorherigen Schleifenschritts enthielt. So gehen wir kontinu-ierlich bis zum Ende der *while*-Schleife vor. Ist die *while*-Schleife been-det, schließen wir die Datenbankverbindung. Jetzt geben wir über *print()* die Variable *$content* aus – dies ist der Inhalt der aktuellen Link-liste. Jetzt steht der aktuellste Eintrag oben.

Diese Anwendung können Sie nun auch für andere Zwecke verwenden, z. B. auch für das Gästebuch. Die Änderungen sind marginal: Die Web-Adresse für die Site kann bei einem Gästebuch entfallen. Der Code lässt sich damit fast ohne große Änderungen auch dafür einsetzen.

Die Verwaltung der Linkliste geschieht jetzt mit phpMyAdmin. Sie ent-fernen darüber einzelne Einträge oder korrigieren bestehende Einträge. Es besteht jetzt auch die Möglichkeit, dies mit einer Log-in-Prozedur zu kombinieren: Der Internet-Surfer, der sich selbst mit seiner Site einge-tragen hat, ändert selbsttätig den Link (nicht die gesamte Liste, sondern nur seinen eigenen Link). Dazu muss er sich mit seinem eigenen Be-nutzernamen und Passwort einloggen. Ein PHP-Skript übernimmt dies. Dann erhält er nach dem Einloggen seine Daten aus der Linkliste ange-zeigt (z. B. in Formularfeldern) und kann diese ändern. Die Änderun-gen werden von einem PHP-Skript ausgelesen und der entsprechende Datensatz aktualisiert. Hier dürfen Sie natürlich nicht den SQL-Befehl *INSERT INTO* verwenden, sondern müssen auch hier zu *UPDATE* grei-fen.

## 10.4 TIMESTAMP

Das Datum und die Uhrzeit für den Eintrag haben wir über die *date()*-Funktion ermittelt. MySQL kennt einen Datentyp, der automatisch das Datum und die Uhrzeit in die entsprechende Spalte einfügt. Dieser lau-tet *TIMESTAMP* und kann anstelle der *date()*-Funktion verwendet wer-den. Der Nachteil bei *TIMESTAMP*: Das Datum und die Uhrzeit wird in einen String ohne Trennsymbole (Punkt bei dem Datum und Doppel-punkt bei der Uhrzeit) nacheinander zusammengefasst. Das Datum und die Uhrzeit über *TIMESTAMP* sieht so aus:

```
20040428202838
```

In diesem String steckt zuerst das vierstellige Jahr (2004), gefolgt von dem zweistelligen Monat (04), dem zweistelligen Tag (28), der zweistelligen Uhrzeit (20), der Minutenzahl (28) und der Sekundenzahl (38). Der Inhalt des Strings muss entsprechend separiert werden, um diese Informationen zu erhalten. Dafür fällt am Beginn der Datei *eintrag.php* das Ermitteln des Datums und der Uhrzeit weg – dies erledigt die Datenbank. Dafür muss aber beim Auslesen der Einträge der String auseinander geschnitten werden, um die bekannte Form

```
28.04.2004 um 20:28:38
```

zu erhalten. Gleichzeitig können wir statt zwei Spalten für das Datum und die Uhrzeit nur eine Spalte verwenden. Der Spaltentyp für diese Spalte muss dann *TIMESTAMP* sein. Wir sehen uns die Änderungen an. Zuerst erstellen wir eine neue Tabelle, die die Spalten Datum und Uhrzeit nicht mehr enthält. Stattdessen verwenden wir eine neue Spalte *create_date*. Der SQL-Befehl dafür sieht so aus:

```
<!DOCTYPE html PUBLIC "-//W3C//DTD HTML 4.01 Transitional//EN">
<html><body>
<h3>Tabelle mit TIMESTAMP erstellen</h3>
<?php
    $db=mysql_connect("localhost","root","");
    mysql_select_db("manitu");
    $anfrage="CREATE TABLE lesersites
                (name VARCHAR(50),mail VARCHAR(50),
                create_date TIMESTAMP,url
                VARCHAR(255),text VARCHAR(255))";
    mysql_query($anfrage);
    mysql_close($db);
?>
</body></html>
```

Neu ist die Defintion der Spalte *create_date* vom Typ *TIMESTAMP*. Weitere Angaben sind nicht erforderlich. Die Datei *eintrag.html* enthält ja nur die Formularfelder, über die ein Internet-Surfer neue Einträge tätigt. Diese Datei bleibt unverändert. Wir müssen aber die Datei *eintrag.php*, die die Daten aus den Formularfelder auswertet und in die Tabelle der Datenbank schreibt, verändern:

```
<!DOCTYPE html PUBLIC "-//W3C//DTD HTML 4.01 Transitional//EN">
<html><body>
```

```php
<?php
    $derName=$HTTP_POST_VARS['dername'];
    $mail=$HTTP_POST_VARS['mail'];
    $url=$HTTP_POST_VARS['url'];
    $kommentar=$HTTP_POST_VARS['kommentar'];
    $derName=htmlspecialchars($derName);
    $kommentar=htmlspecialchars($kommentar);
    $derName=htmlentities($derName);
    $kommentar=htmlentities($kommentar);
    $kommentar=nl2br($kommentar);
    $db=mysql_connect("localhost","root","")
        or die("<b>Kein Connect zum
                    Datenbankserver!</b>");
    mysql_select_db("manitu")
        or die("<b>Datenbank konnte nicht angesprochen
                    werden</b>");
    $anfrage="INSERT INTO lesersites VALUES ('";
    $anfrage.=$derName;
    $anfrage.="', '";
    $anfrage.=$mail;
    $anfrage.="', NOW(), ";
    $anfrage.=$url;
    $anfrage.="', '";
    $anfrage.=$kommentar;
    $anfrage.="')";
    mysql_query($anfrage)
        or die("<b>Fehler bei der
                    Datenbankanfrage</b>");
    mysql_close($db);
    print("<p>Vielen Dank f&uuml;r Ihren
                Eintrag!</p>");
    print("<a href='lesersites.php'>
                Zur&uuml;ck zu den
                    Lesersites</a>");
?>
</body></html>
```

Die hauptsächliche Änderung im Code besteht zunächst darin, dass am Anfang das Datum und die Uhrzeit nicht über die *date()*-Funktion ermittelt und in die entsprechenden Variablen geschrieben werden. Die zweite Änderung besteht in der SQL-Abfrage. Wir müssen die beiden Spalten für das Datum und die Uhrzeit entfernen und stattdessen nur eine Spalte verwenden:

```
$anfrage="INSERT INTO lesersites VALUES ('";
$anfrage.=$derName;
$anfrage.="', '";
$anfrage.=$mail;
$anfrage.="', NOW(), '";
$anfrage.=$url;
$anfrage.="', '";
$anfrage.=$kommentar;
$anfrage.="')";
```

Der entscheidende Unterschied ist jetzt, dass für das aktuelle Datum und die Uhrzeit die Funktion *NOW()* aufgerufen und deren Wert in die dritte Spalte geschrieben wird. *NOW()* ist keine PHP-Funktion, sondern eine Funktion innerhalb von MySQL, die die Datenbank veranlasst, das aktuelle Datum und die Uhrzeit in die Spalte zu schreiben (vorausgesetzt, der Datentyp ist *TIMESTAMP*).

*Hinweis:*
Die Funktion *NOW()* wird nicht in Anführungsstrichen geschrieben, weil es sich nicht um einen String, sondern um einen Funktionsaufruf handelt.

Die Auflistung aller Einträge erfolgt über die Datei *lesersites.php*. Diese müssen wir jetzt auch etwas verändern, und zwar müssen wir nur die *while*-Schleife aktualisieren. Der restliche Code der Datei bleibt unverändert:

```
while ($zeile=mysql_fetch_row($ergebnis)) {
    $dat=mysql_field_table($ergebnis,1);
    printf ("<br>".$dat);
    $liste=$content;
    $eintrag="<br><b>Name: </b>";
```

```
        $eintrag.=$zeile["name"];
        $eintrag.="<br><b>E-Mail: </b>";
        $eintrag.="<a href='mailto:";
        $eintrag.=$zeile["mail"];
        $eintrag.="'>";
        $eintrag.=$zeile[1];
        $eintrag.="</a><br>Eingetragen am ";
        $eintrag.=substr($zeile[2],6,2);
        $eintrag.=".";
        $eintrag.=substr($zeile[2],4,2);
        $eintrag.=".";
        $eintrag.=substr($zeile[2],0,4);
        $eintrag.=" um ";
        $eintrag.=substr($zeile[2],8,2);
        $eintrag.=":";
        $eintrag.=substr($zeile[2],10,2);
        $eintrag.=":";
        $eintrag.=substr($zeile[2],12,2);
        $eintrag.="<br><b>Adresse: </b>";
        $eintrag.="<a href='";
        $eintrag.=$zeile[4];
        $eintrag.="' target='_blank'>";
        $eintrag.=$zeile[4];
        $eintrag.="</a><br><b>Beschreibung der Site: </b>";
        $eintrag.=$zeile[5];
        $eintrag.="<br><br><hr>";
        $content=$eintrag;
        $content.=$liste;
}
```

Das Auslesen des Datums und der Uhrzeit muss jedoch komplett ersetzt
werden, da wir die Informationen jetzt ja nur in einer Spalte stehen haben. Wir müssen also die einzelnen Informationen über den Tag, den
Monat, das Jahr usw. aus der Spalte extrahieren. Dazu verwenden wir
die String-Funktion *substr()*:

```
$eintrag.="</a><br>Eingetragen am ";
$eintrag.=substr($zeile[2],6,2);
$eintrag.=".";
```

```
$eintrag.=substr($zeile[2],4,2);
$eintrag.=".";
$eintrag.=substr($zeile[2],0,4);
$eintrag.=" um ";
$eintrag.=substr($zeile[2],8,2);
$eintrag.=":";
$eintrag.=substr($zeile[2],10,2);
$eintrag.=":";
$eintrag.=substr($zeile[2],12,2);
```

Ein *TIMESTAMP*-Eintrag hat diese Form:

```
20040428202838
```

Die Zeichenposition 0 bis 3 enthält das Jahr, 4 bis 5 den Monat und 6 bis 7 den Tag. Zuerst lesen wir den Tag aus, in dem wir an *substr()* natürlich den String übergeben (*$zeile[2]*), dann den Startpunkt in der Zeichenkette (6) und die Anzahl der auszulesenden Zeichen (2). Daran hängen wir einen Punkt an. Dann lesen wir den Monat über *substr()* aus. Wir verändern nur den Startwert des Ausschneidens (hier: 4). Daran schließt sich wieder ein Punkt an, und das Jahr wird ausgelesen (Startwert: 0, Anzahl der Zeichen: 4).

Wir hängen daran jetzt die Zeichenkette *um* an und lesen die Uhrzeit aus. Die Stunde beginnt bei der Zeichenposition 8, die Minuten bei 10 und die Sekunden bei 12. Wir lesen jeweils 2 Zeichen aus. Wir trennen diese Informationen über den Doppelpunkt voneinander.

Wenn Sie diesen Code ausführen, stellen Sie fest, dass keine Änderung gegenüber der ersten Fassung aus Kapitel 10.3 erkennbar ist. Ob Sie jetzt *TIMESTAMP* oder die «alte» Fassung mit einer separaten Spalte für das Datum und die Uhrzeit verwenden, liegt bei Ihnen. Jedoch hat diese Fassung Vorteile. Ihr PHP-Code wird kürzer, und Sie haben in der Datenbank-Tabelle nur eine Spalte statt zwei. Auf die Performance wird sich dies in der Regel bei derartigen Anwendungen jedoch nicht auswirken.

# 10.5 Zusammenfassung

- In dem SQL-Befehl *SELECT* kann ein Suchkriterium über *WHERE* und *LIKE* angegeben werden. Hierüber kann eine Tabelle nach einem Kriterium durchsucht werden.
- Fehlermeldungen werden bei Datenbankzugriffen ähnlich wie bei Datenoperationen über @, *or die()* oder *or exit()* abgefangen.
- Der SQL-Befehl *UPDATE* aktualisiert einen vorhandenen Datensatz in einer Tabelle.
- Der Spaltentyp *TIMESAMP* enthält das aktuelle Datum und die Uhrzeit.
- Die Datenbankfunktion *NOW()* ermittelt das aktuelle Datum und die Uhrzeit.
- Das Datum und die Uhrzeit einer *TIMESTAMP*-Spalte sind in einem String enthalten, der entsprechend aufgeteilt werden muss, um die Informationen lesbar zu machen.

# 10.6 Übung

### Aufgabe 29

Erläutern Sie den Unterschied zwischen den SQL-Befehlen *UPDATE* und *INSERT*.

### Aufgabe 30

In dem nachfolgenden SQL-Befehl *SELECT* befinden sich zwei Fehler. Finden Sie diese und korrigieren Sie den Code:

```
SELECT * FROM test WHERE Vorname LIKE=otto;
```

### Aufgabe 31

In dem nachfolgenden SQL-Befehl *UPDATE* befinden sich zwei Fehler. Finden Sie diese und korrigieren Sie den Code:

```
UPDATE test200 SET Vorname TO halligalli
```

# 11 Ein Diskussionsforum mit PHP und MySQL

In diesem Kapitel vertiefen wir die Arbeit mit der Datenbank MySQL noch weiter. Wir beschäftigen uns damit, wie ein Diskussionsforum erstellt wird. Dazu ist eine Datenbank unabdingbar. In der Datenbank werden die einzelnen Beiträge gespeichert und ausgelesen. Dies ist im Prinzip sehr ähnlich wie viele der Anwendungen der letzten beiden Kapitel.

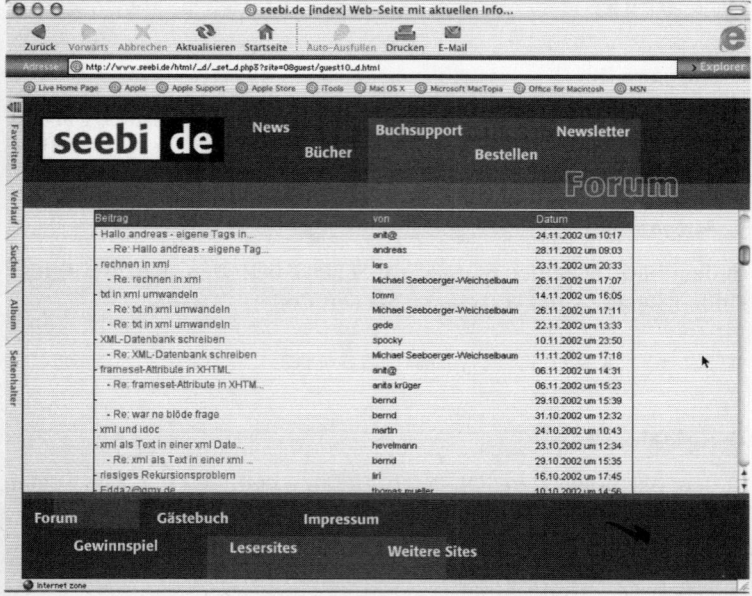

# 11.1  Aufbau eines Diskussionsforums

Ein konkretes Diskussionsforum sieht zunächst einfach aus. Der Code, der dahinter steht, ist jedoch etwas komplexer. Wir sehen uns ein Diskussionsforum in mehreren Schritten an. Wir werden in diesem Kapitel das Diskussionsforum einfach beginnen und sukzessive ausbauen.

## 11.1.1  Ein Beispiel für ein Diskussionsforum

Die Abbildung links zeigt ein typisches Diskussionsforum, das sich auf meiner Site *http://www.seebi.de* befindet. Dieses ist übrigens auch in PHP und MySQL programmiert.

Im Forumsüberblick wird ein Beitrag zunächst durch dessen Titelzeile aufgelistet, dann folgt der Absender des Beitrags und das Datum sowie die Uhrzeit. Jeder neue Eintrag wird ganz oben aufgelistet. Da es auf Beiträge einzelne (oder auch mehrere) Antworten geben kann, müssen die Antworten hierarchisch unterhalb des Original-Beitrages aufgelistet werden. Dieses ist nicht trivial, denn eine Antwort kann z. B. sehr spät

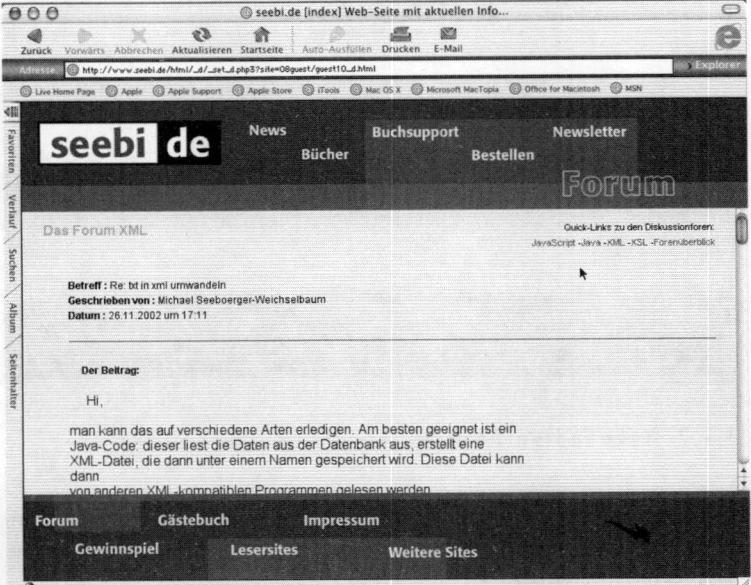

geschrieben worden sein. In der Zwischenzeit wurden komplett neue Beiträge mit anderen Themen geschrieben. Die Antwort darf dabei nicht als einzelner Beitrag ganz oben erscheinen, sondern muss als Antwort zu einem Beitrag eingerückt erscheinen.

Wird ein Beitrag (oder eine Antwort darauf) angeklickt, kann der komplette Beitrag gelesen werden (siehe Abbildung S. 307). Von hier aus kann über einen weiteren Link eine Antwort auf diesen Beitrag geschrieben werden.

Natürlich muss auch die Möglichkeit bestehen, einen neuen Beitrag zu schreiben (und nicht nur eine Antwort auf einen vorhandenen Beitrag). Dies geschieht über klassische Formularfelder (siehe nachfolgende Abbildung).

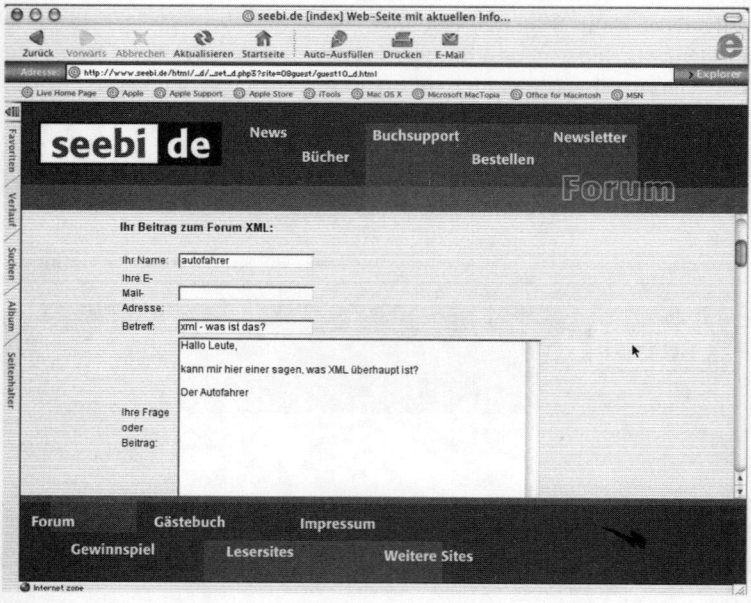

## 11.1.2 Notwendige Dateien

Bevor wir uns mit der Datenbank befassen, sollten wir uns überlegen, wie wir das Diskussionsforum in PHP realisieren. Wir benötigen insgesamt sechs Dateien:

- Eine Übersichtsdatei *(index.php)*, die sämtliche Beiträge aus dem Diskussionsforum einzeilig auflistet (Beitrag, Absender, Datum und Uhrzeit). Jeder Beitrag kann angeklickt werden und ruft die Datei *read.php* auf.
- Eine PHP-Datei *(read.php)*, die einen konkreten Beitrag aus der Datenbank ausliest.
- Zwei PHP-Dateien *(replay.php* und *replay_entry.php)*, um eine Antwort auf einen Beitrag zu schreiben. In der Datei *replay.php* sind die Formularfelder für die Einträge enthalten, während die *replay_entry.php* die Einträge ausliest und die Daten in die Datenbank schreibt.
- Eine HTML- und PHP-Datei *(new.html* und *new.php)*, um eine neuen Beitrag zu erstellen. In der HTML-Datei sind die Formularfelder für die Einträge enthalten, während die PHP-Datei die Einträge ausliest und die Daten in die Datenbank schreibt.

## 11.1.3 Aufbau der Datenbank

Jetzt sollten wir uns noch intensive Gedanken um den Aufbau der Datenbank machen. Wir benötigen mehrere Felder, um die Informationen unterzubringen. Konkret brauchen wir acht Felder:

- Ein fortlaufende Nummer, die für jeden Neu-Eintrag (egal ob neuer Beitrag oder Antwort) hochgezählt wird. Anhand dieser Nummer kann jeder einzelne Beitrag aus der Datenbank ausgelesen werden. Das Feld bekommt den Namen *beitrags_id*. Dies ist der so genannte *Primärschlüssel*.
- Eine weitere Nummer, auf die sich der Beitrag bezieht. Handelt es sich um eine Antwort auf einen Beitrag, so wird hier die Nummer des Beitrags aufgelistet, auf die sich die Antwort bezieht. Handelt es sich um einen neuen Eintrag, ist die Nummer 0. Das Feld bekommt den Namen *bezugs_id*.
- Der Name des Internet-Surfers. Das Feld bekommt den Namen *user*.
- Die E-Mail-Adresse des Internet-Surfers. Das Feld bekommt den Namen *email*.
- Das Datum des Beitrags. Das Feld bekommt den Namen *datum*.
- Die Uhrzeit des Beitrags. Das Feld bekommt den Namen *uhrzeit*.

- Die Betreff-Zeile. Das Feld bekommt den Namen *betreff*.
- Der konkrete Textbeitrag. Das Feld bekommt den Namen *beitrags-text*.

Erstellen Sie ein neue Tabelle mit dem Namen *forum*:

```
<!DOCTYPE html PUBLIC "-//W3C//DTD HTML 4.01 Transitional//EN">
<html><body>
<h3>Diskussions-Tabelle erstellen</h3>
<?php
   $db=mysql_connect("localhost","root","");
   mysql_select_db("manitu");
   $anfrage="CREATE TABLE forum (beitrags_id INT
               AUTO_INCREMENT, bezugs_id INT,
               user VARCHAR(50),email VARCHAR(50),
               datum VARCHAR(10),uhrzeit VARCHAR(10),
               betreff VARCHAR(255),
               beitragstext TEXT, PRIMARY KEY
               (beitrags_id))";
   mysql_query($anfrage);
   mysql_close($db);
?>
</body></html>
```

Bis auf die erste Spalte sind die weiteren Spalten *(bezugs_id, user, email, datum, uhrzeit, betreff, beitragstext)* vom Aufbau her bekannt. Neu ist nur die erste Spalte:

```
beitrags_id INT AUTO_INCREMENT
```

Die Spalte ist vom Typ *INT* und enthält den Eintrag *AUTO_INCRE-MENT*. Dadurch wird jeder neue Eintrag in dieser Spalte automatisiert hochgezählt. Wir brauchen uns nicht darum zu kümmern. Anhand dieser Zahl kann jeder Beitrag innerhalb des Forums eindeutig identi-fiziert werden. Gleichzeitig muss diese Spalte auch als so genannter *Primärschlüssel* definiert werden. Dieser identifiziert die Spalte als eine besondere Spalte, in der der hochzählende Wert nur einmal vorkom-men kann. Dies ist nicht trivial, denn beispielsweise kann es bei der Wartung des Diskussionsforums (z. B. das manuelle Hinzufügen von

Beiträgen über phpMyAdmin) passieren, dass man auf den Wert nicht achtet und unvorsichtigerweise eine Zahl vergibt, die schon vorhanden ist. Das Kennzeichnen der ersten Spalte *beitrags_id* als Primärschlüssel schützt die Spalte vor derartigen fehlerhaften manuellen Eingriffen. Die Datenbank achtet darauf, dass der Wert in dieser Spalte immer hochgezählt und nur einmal vorhanden ist. Dadurch ist definitiv sicher gestellt, dass jeder Beitrag im Forum eine einmalige und eindeutige Zahl erhält, anhand deren der Beitrag genau identifiziert werden kann. In SQL wird eine Spalte als Primärschlüssel über *PRIMARY KEY* gekennzeichnet. Dies muss bei der Erzeugung der Tabelle durchgeführt werden. *PRIMARY KEY* wird an das Ende der SQL-Abfrage *CREATE TABLE* geschrieben. Die Spalte, die als Primärschlüssel definiert werden soll, wird in Klammern gesetzt:

```
PRIMARY KEY (beitrags_id)
```

# 11.2 Der Anfang des Diskussionsforums

Zum Start des Forum-Projekts brauchen wir zunächst nur vier Dateien, die wir jetzt anlegen werden:

- Die Datei *index.php*. Diese Datei liest sämtliche Einträge aus der *forum*-Tabelle aus und listet die Betreff-Zeilen untereinander auf.
- Die Datei *read.php*, die den konkreten Forumsbeitrag anzeigt.
- Die Dateien *new.html* und *new.php*, um einen neuen Beitrag hinzuzufügen.

Wir sehen uns die Basiscodes Schritt für Schritt an.

## 11.2.1 Der Forumsüberblick

Die Datei *index.php* bietet einen Forumsüberblick, indem die Beiträge untereinander aufgelistet werden (siehe nachfolgende Abbildung). Die Datei *index.php* sieht so aus:

```
<!DOCTYPE html PUBLIC "-//W3C//DTD HTML 4.01 Transitional//EN">
<html><body>
```

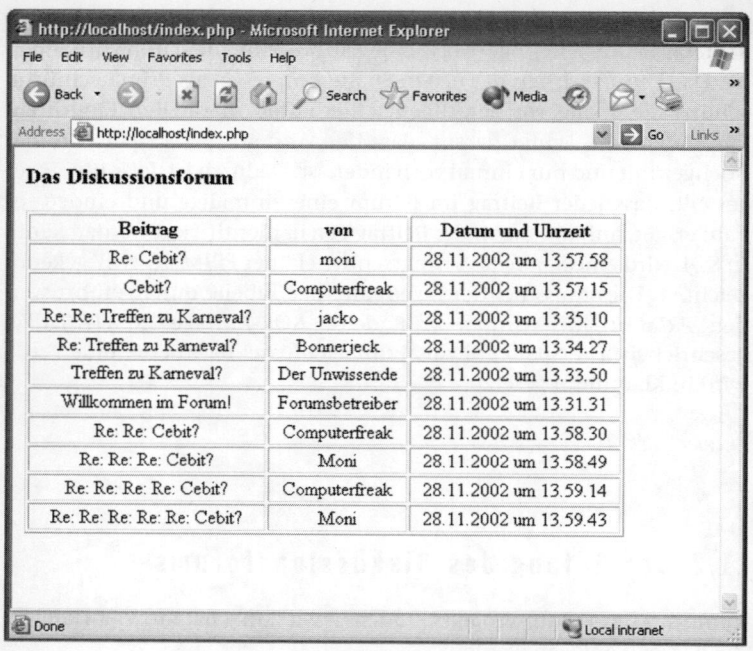

```php
<h3>Das Diskussionsforum</h3>
<table border="1" width="500">
<th>Beitrag</th>
<th>von</th>
<th>Datum und Uhrzeit</th>
<?php
    $db=mysql_connect("localhost","root","");
    mysql_select_db("manitu");
    $anfrage="SELECT * FROM forum";
    $ergebnis=mysql_query($anfrage);
    $anz=mysql_num_rows($ergebnis);
    for($a=$anz-1;$a>-1;$a--) {
        mysql_data_seek($ergebnis,$a);
        $zeile=mysql_fetch_row($ergebnis);
        print("<tr align='center'>");
        print("<td>");
```

```
        print($zeile[6]);
        print("</td>");
        print("<td>");
        print($zeile[2]);
        print("</td>");
        print("<td>");
        print($zeile[4]);
        print(" um ");
        print($zeile[5]);
        print("</td>");
        print("</tr>");
    }
    print("</table>");
    mysql_close($db);
?>
</body></html>
```

Der Code ist relativ einfach, denn er basiert zunächst nur auf bekanntem Wissen. Das Forum ist eine HTML-Tabelle, in der die einzelnen Beiträge nur mit der Betreff-Zeile, dem Absender und dem Datum sowie der Uhrzeit aufgelistet werden. Im PHP-Code stellen wir den Datenbankconnect her und richten die SQL-Anfrage an die Datenbank. In *$ergebnis* liegt wieder das Ergebnis der Datenbankabfrage vor.

Der weitere Code ist anders als bisher. Denn wir verwenden jetzt eine *for*-Schleife zum Auslesen der einzelnen Zeilen aus dem Ergebnis. Da in der Datenbanktabelle die einzelnen neuen Einträge untereinander stehen, befindet sich am Ende der Datenbanktabelle *forum* der aktuelle Beitrag. Dieser muss natürlich in der HTML-Tabelle ganz am Anfang stehen. Dazu benutzen wir eine *for*-Schleife, die das Suchergebnis von hinten ausgibt. Das bedeutet, dass der aktuellste Datensatz in der HTML-Tabelle zuerst angezeigt wird:

```
$anz=mysql_num_rows($ergebnis);
for($a=$anz-1;$a>-1;$a--) {
```

In *$anz* liegt die Anzahl der Zeilen im Suchergebnis vor. Die *for*-Schleife beginnt jedoch mit der Initialisierung *$a=$anz-1*. Dies liegt daran, dass *$anz* die Anzahl der Zeilen enthält. Die Nummerierung der Zeilen

in der Datenbanktabelle beginnt jedoch bei 0, sodass der Initialisie-
rungswert von *$a* bei *$anz-1* beginnen muss. Würde als Initialisie-
rungswert stattdessen *$anz* genommen werden, gäbe es einen Fehler.
Haben wir z. B. fünf Zeilen im Suchergebnis, sind dies in der Nummerierung der Datenbanktabelle die Zeilen 0 bis 4. Die Laufbedingung der
*for*-Schleife ist *$a>-1*, d. h., die Schleife zählt so lange, bis der Wert 0 er-
reicht ist. Die Schleife wird über *$a--* heruntergezählt. Damit lesen wir
das Suchergebnis aus der Datenbanktabelle von hinten nach vorne aus.
Im nächsten Schritt nutzen wir dazu die sinnvolle Funktion *mysql_
data_seek()*. Mit Hilfe dieser Funktion wählen wir konkret eine bestimmte Zeile aus der Suchanfrage aus. Man spricht auch davon, dass
der aktuelle Zeiger an eine bestimmte Zeilenposition gesetzt wird.
Anschließend liest *mysql_fetch_row()* die einzelnen Datensätze der Zeile aus und speichert diese in der Variablen *$zeile*:

```
mysql_data_seek($ergebnis,$a);
$zeile=mysql_fetch_row($ergebnis);
```

*mysql_data_seek()* erwartet zwei Übergabeparameter: zuerst die Variable, die das gesamte Suchergebnis enthält, und als zweiten Parameter
die aktuelle Zeile, die ausgelesen werden soll. Dies ist natürlich immer
*$a*, d. h. der aktuelle Wert.
Nacheinander geben wir jetzt die notwendigen Daten aus. Zuerst erscheint die Betreff-Zeile (*$zeile[6]*), dann der Absender (*$zeile[2]*) und
schließlich das Datum sowie die Uhrzeit (*$zeile[4]* und *$zeile[5]*). Der
konkrete Beitragstext muss hier noch nicht ausgegeben werden, denn
hierbei handelt es sich um einen Forumsüberblick.

## 11.2.2 Einen Beitrag lesen

Um einen Forumsbeitrag lesen zu können, müssen wir sowohl die Datei *index.php* etwas verändern, wie auch eine neue Datei *read.php* erstellen. Jeder Forumsbeitrag, der in *index.php* aufgelistet ist, soll als Hyperlink realisiert werden. Klicken wir eine Betreff-Zeile eines Beitrags an,
wird *read.php* aufgerufen. Diese Datei liest konkret den Forumsbeitrag
aus der Datenbank aus und stellt ihn dar.
Das Entscheidende bei diesem Vorgang ist der Übergabeparameter an
die Datei *read.php*. Diese Datei muss ja wissen, welcher Forumsbeitrag
ausgelesen werden soll. Dazu dient uns das Feld *beitrags_id* aus der Da-

tenbanktabelle. Anhand dieser einmaligen Zahl kann ja jeder Beitrag eindeutig identifiziert werden!

Sehen wir uns zunächst die Änderungen in der Datei *index.php* an. Hier müssen wir jede Betreff-Zeile als Hyperlink modifizieren. Die Änderungen sind nur in der *for*-Schleife nötig:

```
for($a=$anz-1;$a>-1;$a--) {
    mysql_data_seek($ergebnis,$a);
    $zeile=mysql_fetch_row($ergebnis);
    print("<tr align='center'>");
    print("<td>");
    print("<a href='read.php?forums_id=");
    print($zeile[0]);
    print("'>");
    print($zeile[6]);
    print("</a>");
    print("</td>");
    print("<td>");
    print($zeile[2]);
    print("</td>");
    print("<td>");
    print($zeile[4]);
    print(" um ");
    print($zeile[5]);
    print("</td>");
    print("</tr>");
}
```

In der ersten HTML-Tabellenzeile erfolgt ja die Ausgabe der Betreff-Zeile. Diese erscheint nun als Hyperlink. Dazu wird über PHP die Betreff-Zeile in ein *<a>*-Tag gelegt. Entscheidend ist nur der Aufruf der Datei *read.php*:

```
print("<a href='read.php?forums_id=");
print($zeile[0]);
print("'>");
```

An die Datei *read.php* übergeben wir noch eine Variable. Diese Übergabe wird über das Fragezeichen *(?)* erreicht. Wir hängen damit eine Variable (und deren Wert) an die Anfrage im Rahmen des HTTP-Protokolls an. Dies ist ähnlich wie bei einem Formular, bei dem die Methode *GET* verwendet wird. Auch hier werden die einzelnen Daten über das Fragezeichen angehängt. Hier machen wir dies genauso, hängen jedoch die Variable und deren Wert manuell an. Die *POST*-Methode können wir hier übrigens nicht einsetzen. Dies liegt daran, dass wir keine andere Möglichkeit haben, die Variable an die Datei *read.php* weiterzugeben.

Nach dem Fragezeichen folgt der Name der Variablen *(forums_id)*. Über das Gleichheitszeichen weisen wir einen Wert zu. Der Wert, den wir hier übergeben müssen, ist der Wert, der in dem ersten Feld der Datenbanktabelle steht. Dieses ist ja die einmalige Zahl des Beitrags, d. h. dessen Primärschlüssel. Diese Zahl geben wir an die Datei *read.php*. In dem entsprechenden PHP-Code kann dann mit Hilfe dieser Zahl der Beitrag ausgelesen werden. Die Datei *read.php* sieht so aus:

```
<!DOCTYPE html PUBLIC "-//W3C//DTD HTML 4.01 Transitional//EN">
<html><body>
<h3>Der Forumsbeitrag</h3>
<div style="width: 400px">
<?php
    $id=$HTTP_GET_VARS['forums_id'];
    $db=mysql_connect("localhost","root","");
    mysql_select_db("manitu");
    $anfrage="SELECT * FROM forum WHERE beitrags_id
                LIKE '";
    $anfrage.=$id;
    $anfrage.="'";
    $ergebnis=mysql_query($anfrage);
    $zeile=mysql_fetch_row($ergebnis);
    print("<b>Betreff: </b>");
    print($zeile[6]);
    print("<br><b>von: </b>");
    print($zeile[2]);
    print("<br><b>E-Mail: </b>");
    print($zeile[3]);
    print("<br><b>Geschrieben am: </b>");
    print($zeile[4]);
    print(" um ");
```

```
    print($zeile[5]);
    print("<br><br><hr><br><br>");
    print($zeile[7]);
    mysql_close($db);
?>
</div></body></html>
```

Im PHP-Code muss zuerst die übergebene Variable *forums_id* ausgelesen werden. Nach dem Aufbau der Datenbankverbindung erstellen wir die Datenbankanfrage:

```
$anfrage="SELECT * FROM forum WHERE beitrags_idLIKE '";
$anfrage.=$id;
$anfrage.="'";
```

Als *WHERE*-Parameter verwenden wir *beitrags_id*, denn in dieser Spalten wollen wir suchen. Für den *LIKE*-Wert setzen wir natürlich die ermittelte Variable *$id* ein. Anschließend senden wir die Anfrage an die Datenbank, erhalten das Ergebnis und lassen es uns ausgeben. Die Abbildung auf der nächsten Seite zeigt eine Anzeige eines Forumsbeitrags im Browser.

## 11.2.3 Einen neuen Beitrag schreiben

Das Hinzufügen eines neuen Forumbeitrags geschieht klassisch über Formularfelder. Dazu benötigen wir zwei Dateien: *new.html* enthält die entsprechenden HTML-Formularfelder, und *new.php* wertet diese aus. Anschließend schreibt ein PHP-Code in *new.php* die Daten in die Datenbank. Unberücksichtigt sind jetzt noch die Antworten auf einen Forumsbeitrag – mit diesem Problem beschäftigen wir uns später. Die Datei *new.html* sieht so aus:

```
<!DOCTYPE html PUBLIC "-//W3C//DTD HTML 4.01 Transitional//EN">
<html><head>
<title>PHP-Forumsbeitrag</title></head>
<body>
<div style="font-family:arial">
<h2>Ihr Forumsbeitrag:</h2>
<form method="post" action="new.php">
```

```
<table border="0">
<tr>
<td>Ihr Name</td>
<td><input type="text" name="user"></td></tr>
<tr>
<td>Ihre E-Mail-Adresse</td>
<td><input type="text" name="mail"></td></tr>
<tr>
<td>Betreff-Zeile</td>
<td><input type="text" name="betreff"></td></tr>
<tr><td>Ihr Eintrag</td>
<td><textarea name="forumsbeitrag" cols="40" rows="5">
</textarea></td></tr>
<tr>
```

```
<td><input type="submit" value="Abschicken">
<input type="reset" value="Löschen"></td></tr>
</table>
</form></div>
</body></html>
```

Das Formular enthält mehrere Formularfelder. Die Variablen lauten
*user* (für den Namen des Internet-Surfers), *mail* (für dessen E-Mail-
Adresse), *betreff* (die Betreff-Zeile) und *forumsbeitrag* (der konkrete Beitragstext). Datum und Uhrzeit werden wir über das PHP-Skript ermitteln. Auch die einmalige Zahl (*beitrags_id*) brauchen wir nicht selbst zu
setzen. Die Datei *new.php*, die die Auswertung und das Schreiben in die
Datenbank vornimmt, sieht so aus:

```
<!DOCTYPE html PUBLIC "-//W3C//DTD HTML 4.01 Transitional//EN">
<html><body>
<?php
    $user=$HTTP_POST_VARS['user'];
    $mail=$HTTP_POST_VARS['mail'];
    $betreff=$HTTP_POST_VARS['betreff'];
    $forumsbeitrag=$HTTP_POST_VARS['forumsbeitrag'];
    $punkt=".";
    $datum=date(d);
    $datum.=$punkt;
    $datum.=date(m);
    $datum.=$punkt;
    $datum.=date(Y);
    $zeit=date(G);
    $zeit.=$punkt;
    $zeit.=date(i);
    $zeit.=$punkt;
    $zeit.=date(s);
    //Sonderzeichen beachten:
    $user=htmlspecialchars($user);
    $user=htmlentities($user);
    $betreff=htmlspecialchars($betreff);
    $betreff=htmlentities($betreff);
    $forumsbeitrag=htmlspecialchars($forumsbeitrag);
    $forumsbeitrag=htmlentities($forumsbeitrag);
```

```
$forumsbeitrag=nl2br($forumsbeitrag);
$db=mysql_connect("localhost","root","")
    or die("<b>Kein Connect zum
            Datenbankserver!</b>");
mysql_select_db("manitu")
    or die("<b>Datenbank konnte nicht angesprochen
              werden</b>");
$anfrage="INSERT INTO forum VALUES ('";
$anfrage.="0', '0', '";
$anfrage.=$user;
$anfrage.="', '";
$anfrage.=$mail;
$anfrage.="', '";
$anfrage.=$datum;
$anfrage.="', '";
$anfrage.=$zeit;
$anfrage.="', '";
$anfrage.=$betreff;
$anfrage.="', '";
$anfrage.=$forumsbeitrag;
$anfrage.="')";
mysql_query($anfrage)
    or die("<b>Fehler bei der
            Datenbankanfrage</b>");
mysql_close($db);
print("<p>Vielen Dank f&uuml;r Ihren
        Beitrag!</p>");
print("<a href='index.php'>Zur&uuml;ck zum
        Forums&uuml;berblick</a>");
?>
</body></html>
```

Der Code dürfte Ihnen teilweise bekannt vorkommen. Er ist ähnlich dem PHP-Code aus Kapitel 10.3, in dem die Lesersites per Datenbank eingetragen wurden. Zuerst ermitteln wir Datum und Uhrzeit. Anschließend holen wir uns die vier übergebenen Variablen:

```
$user=$HTTP_POST_VARS['user'];
$mail=$HTTP_POST_VARS['mail'];
```

```
$betreff=$HTTP_POST_VARS['betreff'];
$forumsbeitrag=$HTTP_POST_VARS['forumsbeitrag'];
```

Anders als im letzten Abschnitt nutzen wir jetzt statt *$HTTP_GET_VARS* nun *$HTTP_POST_VARS*, da ja die Variablen vom Formularfeld über die *POST*-Methode gesendet werden. In den nächsten Zeilen müssen wir die Variablen *$user, $betreff* und *$forumsbeitrag* nachbearbeiten, indem wir die Sonderzeichen codieren und im Beitragstext noch Zeilenumbrüche über *<br>* hinzufügen.

Dann erstellen wir den SQL-Befehl *INSERT INTO*:

```
$anfrage="INSERT INTO forum VALUES ('";
$anfrage.="0', '0', '";
$anfrage.=$user;
$anfrage.="', '";
$anfrage.=$mail;
$anfrage.="', '";
$anfrage.=$datum;
$anfrage.="', '";
$anfrage.=$zeit;
$anfrage.="', '";
$anfrage.=$betreff;
$anfrage.="', '";
$anfrage.=$forumsbeitrag;
$anfrage.="')";
```

Die vier übergebenen Variablen, das Datum und die Uhrzeit werden nacheinander in die Variable *$anfrage* gepackt. Achten Sie aber besonders auf die ersten beiden Werte, die ja in der Datenbanktabelle den Primärschlüssel und einen Bezugswert (für eine Antwort) angeben. Beide sind hier interessanterweise auf 0 gesetzt. Es könnten bei dieser Fassung auch andere Werte stehen. Die erste Spalte in der Datenbanktabelle ist immer der Primärschlüssel, der von der Datenbank automatisch hochgezählt wird. Wir übergeben hier eine 0, doch dieser Wert ist egal. Er wird auf jeden Fall von der Datenbank überschrieben. Der zweite Wert ist ebenfalls 0. Diesen werden wir erst später ändern, daher kann dieser zunächst 0 sein. Der Rest des Code ist nicht neu, Sie kennen ihn aus dem letzten Kapitel.

Schreiben Sie jetzt über die Datei *new.html* mehrere neue Test-Beiträge in das Diskussionsforum. Sie werden sehen, dass die Datei *index.php* alle neuen Beiträge auflistet. Sie können jeden Beitrag anklicken und lesen. Sehen Sie sich auch die Beiträge in der Datenbank über phpMyAdmin einmal an (siehe nachfolgende Abbildung). Sie erkennen die Beiträge wieder und sehen sofort, dass der Primärschlüssel immer hochgezählt wird – egal was Sie bei *INSERT INTO* als ersten Wert übergeben haben.

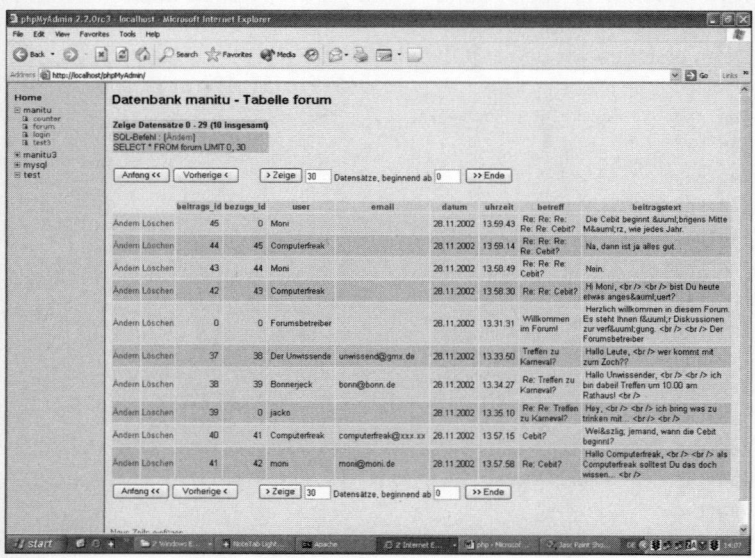

## 11.3 Antworten auf Beiträge berücksichtigen

Wir haben in unserem Diskussionsforum Antworten auf Beiträge noch nicht berücksichtigt. Diese Antworten müssen auch entsprechend grafisch dargestellt werden, d. h., bei dem Forumsüberblick muss erkennbar sein, welche Antwort zu welchem Beitrag gehört (siehe nachfolgende Abbildung).

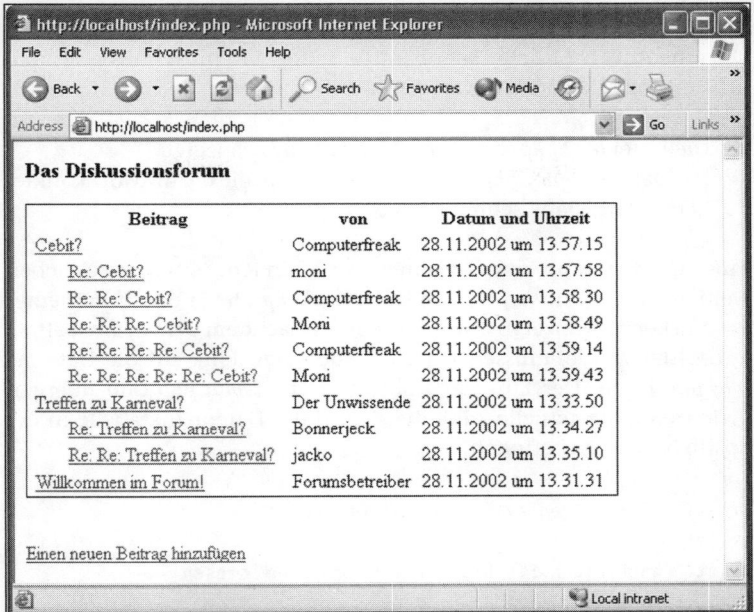

Dies erreichen wir in zwei Schritten. Zunächst wird jede Antwort als normaler Forumsbeitrag angesehen. Dabei müssen wir jedoch den Ursprungsbeitrag, auf den die Antwort geschrieben wird, aktualisieren. Wir müssen in der zweiten Spalte der Datenbanktabelle jetzt die Zahl des Primärschlüssels der Antwort angeben, d. h. die Zahl aus der Spalte *beitrags_id* der Antwort. Bei dem Forumsüberblick müssen wir im zweiten Schritt den Inhalt dieser Spalte auslesen und entsprechend unterhalb des Ursprungsbeitrags anzeigen. Dieses Vorgehen führen wir in zwei Schritten aus:

1. Die Antwort erstellen, in die Datenbank schreiben und Ursprungsbeitrag aktualisieren.
2. Den Forumsüberblick neu programmieren und die Antworten berücksichtigen.

324 Ein Diskussionsforum mit PHP und MySQL

## 11.3.1 Eine Antwort schreiben

Um eine Antwort in die Datenbank zu schreiben, muss Folgendes modifiziert bzw. neu erstellt werden:

▪ Die Datei *read.php*, die einen Forumsbeitrag anzeigt.
▪ Die Dateien *replay.php* und *replay_entry.php*, die die Antwort konkret in die Datenbank schreibt.

Eine Antwort kann nur auf einen existierenden Beitrag geschrieben werden. Daher müssen wir die Datei *read.php*, die ja den Inhalt eines Forumsbeitrags anzeigt, etwas verändern. Nachdem der Forumsbeitrag aufgelistet wurde, müssen wir am Ende einen Link auf die Datei *replay.php* legen. Der Link zeigt auf die Datei *replay.php* und übergibt gleichzeitig die aktuelle Zahl, die sich in der Datenbanktabelle in der Spalte *beitrags_id* befindet:

```
print("<a href='replay.php?forums_id=");
print($id);
print("'>Schreiben Sie hier eine Antwort auf diesen
        Beitrag!</a>");
```

In der Variablen *$id* befindet sich die aktuelle Zahl aus der Spalte *beitrags_id*, die wir an *replay.php* übergeben und dort als Variable *forums_id* bezeichnen. Warum müssen wir diese überhaupt übergeben? Dies liegt daran, dass wir später den Ursprungsbeitrag, auf den wir die Antwort schreiben (über die Dateien *replay.php* und *replay_entry.php*), in der Datenbank aktualisieren müssen. In der zweiten Datenbankspalte *(bezugs_id)* müssen wir die Zahl des Primärschlüssels der Antwort einfügen.

Interessant sind jetzt die beiden Dateien *replay.php* und *replay_entry. php*. Sehen uns zuerst *replay.php* an. Diese enthält die Formularfelder, um die konkrete Antwort auf den Beitrag zu schreiben, während *replay_entry.php* den Eintrag in der Datenbank vornimmt. Wir müssen die übergebene Zahl an *replay_entry.php* weiterreichen. Daher muss *replay.php* eine PHP-Datei sein und keine HTML-Datei:

```
<!DOCTYPE html PUBLIC "-//W3C//DTD HTML 4.01 Transitional//EN">
<html><head>
```

```
<title>PHP-Forumsbeitrag - Antwort</title></head>
<body>
<div style="font-family:arial">
<h2>Ihre Antwort auf den Forumsbeitrag:</h2>
<form method="post" action="replay_entry.php">
<table border="0">
<tr>
<td>Ihr Name</td>
<td><input type="text" name="user"></td></tr>
<tr>
<td>Ihre E-Mail-Adresse</td>
<td><input type="text" name="mail"></td></tr>
<tr>
<td>Betreff-Zeile</td>
<td>
<?php
   $id=$HTTP_GET_VARS['forums_id'];
   $db=mysql_connect("localhost","root","");
   mysql_select_db("manitu");
   $anfrage="SELECT * FROM forum WHERE beitrags_id LIKE '";
   $anfrage.=$id;
   $anfrage.="'";
   $ergebnis=mysql_query($anfrage);
   $zeile=mysql_fetch_row($ergebnis);
   $betreff="<input type='text' name='betreff' value='";
   $betreff.="Re: ";
   $betreff.=$zeile[6];
   $betreff.="'>";
   print($betreff);
   print("<input type='hidden' name='forums_id' value='");
   print($id);
   print("'>");
?>
</td></tr>
<tr><td>Ihr Eintrag</td>
<td><textarea name="forumsbeitrag" cols="40" rows="5">
</textarea></td></tr>
```

```
<tr>
<td><input type="submit" value="Abschicken">
<input type="reset" value="Löschen"></td></tr>
</table>
</form></div>
</body></html>
```

Zu Beginn der Datei befinden sich die bekannten Formularfelder. Die Datei ist im Prinzip sehr ähnlich zu *new.html* für einen neuen Forumsbeitrag. Anders als bei *new.html* haben wir zwei Änderungen im Code:

■ Die Betreff-Zeile wird automatisch aus der Datenbank ermittelt und mit einem *Re:* (für Replay) versehen.
■ Wir müssen den Primarschlüssel des Forumsbeitrags an die Datei *replay_entry.php* zur dortigen Auswertung weiterreichen.

Im PHP-Code ermitteln wir zuerst die übergebene Variable:

```
$id=$HTTP_GET_VARS['forums_id'];
```

Diese werden wir weiter unten in der Datei an *replay_entry.php* weiterreichen.
Sehr sinnvoll ist es, die Betreff-Zeile aus der Datenbank zu ermitteln und diese im Formularfeld anzeigen zu lassen. Dazu müssen wir einen Datenbankzugriff durchführen:

```
$db=mysql_connect("localhost","root","");
mysql_select_db("manitu");
$anfrage="SELECT * FROM forum WHERE beitrags_id LIKE '";
$anfrage.=$id;
$anfrage.="'";
$ergebnis=mysql_query($anfrage);
$zeile=mysql_fetch_row($ergebnis);
```

Wir müssen dazu den *SELECT*-Befehl einsetzen und als Suchkriterium den Primärschlüssel (*$id*) in der Spalte *beitrags_id* angeben. Aus dem Ergebnis in *$zeile* benötigen wir nur die Betreff-Zeile, die sich in *$zeile[6]* befindet. Jetzt erstellen wir von PHP aus das Formularfeld, das die Betreff-Zeile anzeigt, und fügen die ausgelesene Betreff-Zeile direkt ein:

```
$betreff="<input type='text' name='betreff' value='";
$betreff.="Re: ";
$betreff.=$zeile[6];
$betreff.="'>";
print($betreff);
```

Um die Betreff-Zeile in das Formularfeld zu bekommen, verwenden wir das Attribut *value* des *<input>*-Tags, das eine Vorgabe für das Formularfeld tätigt. Die Betreff-Zeile wird noch mit *Re:* versehen, Sie können auch statt dessen das verbreitete *AW:* (für Antwort) verwenden.

Abschließend erstellen wir noch ein weiteres Formularfeld. Dieses ist versteckt und enthält den Primärschlüssel, den wir ja an *replay_entry.php* übergeben müssen:

```
print("<input type='hidden' name='forums_id' value='");
print($id);
print("'>");
```

Über das Attribut *type='hidden'* wird das Formularfeld versteckt, d. h., es ist für den Internet-Surfer nicht sichtbar. Über das Attribut *value* schreiben wir den Wert der Variablen *$id* in das unsichtbare Formularfeld hinein.

Warum hängen wir die Variable *$id* nicht einfach über das Fragezeichen (*?*) an die URL an? Der Grund liegt darin, dass wir zur Versendung des Formulars die *POST*-Methode einsetzen. Das Fragezeichen ist für die *GET*-Methode vorgesehen. Wir können immer nur eine Methode beim Versand der Formulardaten benutzen.

Alternativ könnten wir natürlich genrell auf die GET-Methode umstellen, dann würden aber alle Formulardaten an die URL angehängt werden und sichtbar sein – das ist nicht unbedingt sehr schön. Daher verstecken wir die Variable *$id* als unsichtbares Formularfeld, das zusammen mit den anderen Feldern mit Hilfe der *POST*-Methode übertragen wird.

Klickt der Internet-Surfer auf den Schaltknopf *Abschicken*, wird die Datei *reply_entry.php* aufgerufen, die Antwort in die Datenbank geschrieben und der Forumsbeitrag, auf den sich die Antwort bezieht, aktualisiert. Die Datei *replay_entry.php* sieht so aus:

```
<!DOCTYPE html PUBLIC "-//W3C//DTD HTML 4.01 Transitional//EN">
<html><body>
<?php
    $id=$HTTP_POST_VARS['forums_id'];
    $user=$HTTP_POST_VARS['user'];
    $mail=$HTTP_POST_VARS['mail'];
    $betreff=$HTTP_POST_VARS['betreff'];
    $forumsbeitrag=$HTTP_POST_VARS['forumsbeitrag'];
    //Zuerst Datum und Uhrzeit generieren:
    $punkt=".";
    $datum=date(d);
    $datum.=$punkt;
    $datum.=date(m);
    $datum.=$punkt;
    $datum.=date(Y);
    $zeit=date(G);
    $zeit.=$punkt;
    $zeit.=date(i);
    $zeit.=$punkt;
    $zeit.=date(s);
    //Sonderzeichen beachten:
    $user=htmlspecialchars($user);
    $user=htmlentities($user);
    $betreff=htmlspecialchars($betreff);
    $betreff=htmlentities($betreff);
    $forumsbeitrag=htmlspecialchars($forumsbeitrag);
    $forumsbeitrag=htmlentities($forumsbeitrag);
    $forumsbeitrag=nl2br($forumsbeitrag);
    //Antwort in die DB schreiben:
    $db=mysql_connect("localhost","root","")
        or die("<b>Kein Connect zum
                Datenbankserver!</b>");
    mysql_select_db("manitu")
        or die("<b>Datenbank konnte nicht angesprochen
                werden</b>");
```

```
$anfrage="INSERT INTO forum VALUES ('0','0','";
$anfrage.=$user;
$anfrage.="', '";
$anfrage.=$mail;
$anfrage.="', '";
$anfrage.=$datum;
$anfrage.="', '";
$anfrage.=$zeit;
$anfrage.="', '";
$anfrage.=$betreff;
$anfrage.="', '";
$anfrage.=$forumsbeitrag;
$anfrage.="')";
mysql_query($anfrage)
    or die("<b>Fehler bei der Datenbankanfrage</b>");
//Jetzt die neue beitrags_id
//der soeben eingetragenen
//Antwort ermitteln:
$antwort_id=mysql_insert_id($db);
//Usprungsbeitrag, auf dem die Antwort
//geschrieben wurde, aktualisieren:
$anfrage="SELECT * FROM forum WHERE beitrags_id LIKE '";
$anfrage.=$id;
$anfrage.="'";
$ergebnis=mysql_query($anfrage);
$zeile=mysql_fetch_row($ergebnis);
$update="UPDATE forum SET bezugs_id='";
$update.=$antwort_id;
$update.="' WHERE beitrags_id='";
$update.=$id;
$update.="'";
mysql_query($update)
    or die(mysql_errno().": ".mysql_error());
mysql_close($db);
print("<p>Vielen Dank f&uuml;r Ihren
        Beitrag!</p>");
print("<a href='index.php'>Zur&uuml;ck zum
        Forums&uuml;berblick</a>");
```

```
?>
</body></html>
```

Der Code enthält einige bekannte Elemente. Zuerst ermitteln wir wieder das Datum und die Uhrzeit, anschließend lesen wir wieder die Variablen aus den Formularfeldern aus:

```
$id=$HTTP_POST_VARS['forums_id'];
$user=$HTTP_POST_VARS['user'];
$mail=$HTTP_POST_VARS['mail'];
$betreff=$HTTP_POST_VARS['betreff'];
$forumsbeitrag=$HTTP_POST_VARS['forumsbeitrag'];
```

Dann konvertieren wir eventuell vorhandene Sonderzeichen und schreiben die Antwort über den SQL-Befehl *INSERT INTO* in die Datenbank. Dieser Abschnitt ist identisch mit dem Schreiben eines neuen Forumsbeitrags. Wir müssen noch die Zahl des Primärschlüssels der Antwort kennen, damit im Ursprungsbeitrag diese Zahl für die Antwort eingetragen werden kann. Soeben haben wir ja einen neuen Datensatz in die Datenbank geschrieben, und dieser hat einen neuen Wert für die erste Tabellenspalte *beitrags_id* erhalten. Diese ermitteln wir über eine einfache PHP-Funktion:

```
$antwort_id=mysql_insert_id($db);
```

*mysql_insert_id()* gibt die Zahl des Primärschlüssels zurück, die zuletzt geschrieben wurde. Dabei muss die Funktion sich auf eine *INSERT-INTO*-Operation beziehen. Diese Zahl speichern wir in *$antwort_id*. Dann müssen wir den Datensatz aktualisieren, der den Ursprungsbeitrag enthält, auf den sich die Antwort bezieht. Dazu müssen wir zuerst den Ursprungsbeitrag ermitteln. Wir haben ja dessen Primärschlüssel, also können wir diesen über eine *SELECT*-Abfrage erhalten:

```
$anfrage="SELECT * FROM forum WHERE beitrags_id LIKE '";
$anfrage.=$id;
$anfrage.="'";
$ergebnis=mysql_query($anfrage);
$zeile=mysql_fetch_row($ergebnis);
```

In *$zeile* liegt jetzt der gesamte Datensatz vor. Wir müssen nur die zweite Spalte aktualisieren. Hier muss der Primärschlüssel der Antwort (die liegt ja in *$antwort_id* vor) eingetragen werden. Dazu greifen wir zum SQL-Befehl *UPDATE*, da ja der Datensatz nur aktualisiert werden muss:

```
$update="UPDATE forum SET bezugs_id='";
$update.=$antwort_id;
$update.="' WHERE beitrags_id='";
$update.=$id;
$update.="'";
mysql_query($update)
    or die(mysql_errno().": ".mysql_error());
```

Der *UPDATE*-Befehl ist kurz, denn wir geben über *SET* nur die Spalte an, die im Datensatz aktualisiert werden muss. Wir müssen nicht alle sieben Spalten des Datensatzes aktualisieren. Das könnte man zwar auch machen, ist aber nicht sinnvoll, da sich ja nur die zweite Spalte ändert. Um den Datensatz auszuwählen, verwenden wir bei *UPDATE* das Statement *WHERE*. Das Suchkriterium ist ja der Primärschlüssel des Ursprungsbeitrags, den wir hier angeben *($id)*. Dann wird das Update des Datensatzes ausgeführt.

Geben Sie jetzt einmal mehrere Beiträge ein, schreiben Sie Antworten auf die Beiträge (auch z. B. Antworten auf Antworten). Sehen Sie sich die Tabelle dann einmal in phpMyAdmin an (siehe Abbildung am Ende von Kapitel 11.2). Sie erkennen deutlich, dass die Beiträge, die keine Antwort besitzen, in der zweiten Spalte *bezugs_id* eine 0 tragen, während alle Beiträge mit Antworten einen anderen Wert enthalten. Dies werden wir im nächsten Schritt ausnutzen.

## 11.3.2 Die Antworten im Forumsüberblick anzeigen

Bisher hatten wir uns noch nicht um eine Ausgabe der Antworten im Forumsüberblick *(index.php)* gekümmert. Alle Datensätze werden nacheinander ausgegeben. Die Ausgabe muss so umgestellt werden, dass sich eine Antwort unterhalb des Ursprungsbeitrags befindet. Die nachfolgende Abbildung zeigt eine derartige korrekte Ausgabe im Browser.

Unterhalb eines Ursprungsbeitrags befinden sich eine oder mehrere Antworten. Auf jede Antwort kann auch wieder ein Antwort geschrieben werden. Die Antworten werden immer unterhalb des Ursprungs-

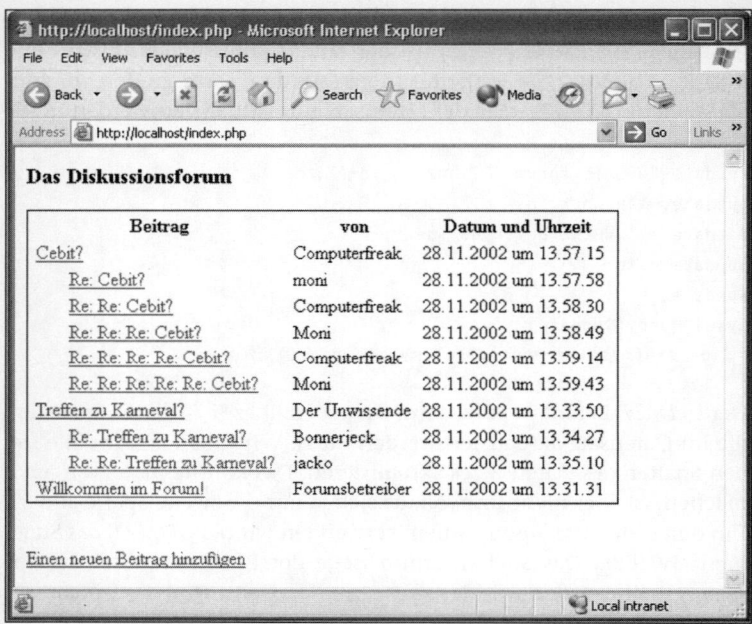

beitrags angezeigt. Die Antworten werden auch gleichzeitig nach rechts eingerückt, damit sofort erkennbar ist, auf welchen Forumsbeitrag sich die Antworten beziehen.

Wir müssen dazu den Forumsüberblick in *index.php* überarbeiten. Den Code müssen wir komplett umstellen. Der generelle «Trick» hierbei: Die Ausgabe eines Forumsbeitrags befindet sich in einer separaten Funktion. Innerhalb dieser Funktion wird geprüft, ob eine Antwort auf den Beitrag vorliegt. Ist dies der Fall, wird jetzt unterhalb des Beitrags die Antwort ermittelt und durch einen erneuten Aufruf dieser Funktion die Anwort ausgegeben. Hier wird abermals geprüft, ob eine Antwort vorliegt. Ist dies der Fall, wird die Antwort auf die Antwort ermittelt und erneut die Funktion zur Ausgabe aufgerufen. Wir müssen hier rekursiv arbeiten, d.h., die Funktion muss sich immer dann wieder selbst aufrufen, wenn eine Antwort auf einen Beitrag vorliegt. Der Code zu *index.php* sieht jetzt so aus:

```
<!DOCTYPE html PUBLIC "-//W3C//DTD HTML 4.01 Transitional//EN">
<html><body>
<h3>Das Diskussionsforum</h3>
<table style="border:black solid;border-width: 1px;border-
style:inset" width="500">
<th>Beitrag</th>
<th>von</th>
<th>Datum und Uhrzeit</th>
<?php
    $db=mysql_connect("localhost","root","");
    mysql_select_db("manitu");
    $anfrage="SELECT * FROM forum";
    $ergebnis=mysql_query($anfrage);
    $anz=mysql_num_rows($ergebnis);
    for($a=$anz-1;$a>-1; $a--) {
        mysql_data_seek($ergebnis,$a);
        $zeile=mysql_fetch_row($ergebnis);
        $antw=strstr($zeile[6],"Re:");
        if($antw==false) {
            ausgabe($zeile);
        }
    }
    print("</table>");
    mysql_close($db);
    function ausgabe($datensatz) {
        print("<tr align='left'>");
        print("<td>");
        $antw=strstr($datensatz[6],"Re:");
        if($antw==false) {
            print(" ");
        }
        else {
            print("    ");
            print("    ");
        }
        print("<a href='read.php?forums_id=");
        print($datensatz[0]);
        print("'>");
        print($datensatz[6]);
```

```
        print("</a>");
        print("</td>");
        print("<td>");
        print($datensatz[2]);
        print("</td>");
        print("<td>");
        print($datensatz[4]);
        print(" um ");
        print($datensatz[5]);
        print("</td>");
        print("</tr>");
        if($datensatz[1]>0) {
            antwort_holen($datensatz[1]);
        }
    }
    function antwort_holen($id) {
    $anf="SELECT * FROM forum WHERE beitrags_id='";
    $anf.=$id;
    $anf.="'";
    $er=mysql_query($anf);
    $z=mysql_fetch_row($er);
    ausgabe($z);
}
?>
<br><br>
<a href="new.html">Einen neuen Beitrag hinzuf&uuml;gen</a>
</body></html>
```

Der Anfang des Codes sieht noch ähnlich wie der Code des letzten Abschnitts aus. Die *for*-Schleife ist verändert, denn die Ausgabe eines Beitrags befindet sich in einer Funktion:

```
for($a=$anz-1;$a>-1;$a--) {
    mysql_data_seek($ergebnis,$a);
    $zeile=mysql_fetch_row($ergebnis);
    $antw=strstr($zeile[6],"Re:");
    if($antw==false) {
        ausgabe($zeile);
    }
}
```

Neu in der *for*-Schleife ist der Aufruf der Funktion *strstr()*. Hier prüfen
wir, ob in der Betreff-Zeile die Zeichenkette *Re:* enthalten ist. Damit
stellen wir fest, ob der gerade ausgelesene Beitrag eine Antwort ist oder
nicht. Wir prüfen in der *if*-Abfrage auf den Rückgabewert. Ist dieser
*false*, wurde die Zeichenkette nicht gefunden, und es handelt sich um
einen Ursprungsbeitrag. Damit können wir den Forumsbeitrag ausgeben, in dem wir die selbst geschriebene Funktion *ausgabe()* aufrufen.
An die Funktion übergeben wir den Parameter *$zeile*, d. h. den aktuel-
len Datensatz.

Handelt es sich bei dem ausgelesenen Datensatz um eine Antwort, befindet sich in der Betreff-Zeile die Zeichenkette *Re:*. Damit darf der Beitrag nicht an dieser Stelle ausgeben werden. Die Ausgabe einer Antwort
erfolgt am Ende der Funktion *ausgabe()*.

Die Funktion *ausgabe()* enthält jetzt im Prinzip alles das, was sich im
letzten Abschnitt in der *for*-Schleife befand. Hier wird der konkrete Forumsbeitrag als HTML-Tabellenzeile ausgegeben. Bei der Ausgabe der
Betreff-Zeile müssen wir jedoch noch einmal darauf prüfen, ob der Beitrag, der ausgebenen wird, ein Ursprungsbeitrag oder eine Antwort ist:

```
$antw=strstr($datensatz[6],"Re:");
if($antw==false) {
    print(" ");
}
else {
    print("    ");
    print("    ");
}
```

An dieser Stelle wird nämlich eine Antwort nach rechts eingerückt. Dazu prüfen wir wie vorher über *strpos()*, ob die Zeichenkette *Re:* in der Betreff-Zeile vorhanden ist. Ist dies nicht der Fall, liegt ein Ursprungsbeitrag vor, und wir geben ein geschütztes Leerzeichen (* *) aus. Liegt
jedoch eine Antwort vor, wird der *else*-Block ausgeführt und werden
dort mehrere geschützte Leerzeichen ausgegeben. Dadurch wird die Betreff-Zeile eingerückt.

Der weitere Code der Funktion *ausgabe()* ist bekannt. Erst am Ende der
Funktion *ausgabe()* müssen wir jetzt feststellen, ob zu dem soeben aus-
gegebenen Beitrag eine Antwort vorliegt:

```
if($datensatz[1]>0) {
    antwort_holen($datensatz[1]);
}
```

Dazu lesen wir den Inhalt in der zweiten Spalte aus. Liegt eine Antwort auf den Beitrag vor, muss hier der Primärschlüssel eingetragen sein. Ist der Wert 0, liegt keine Antwort vor. Das bedeutet, dass wir nur auf einen Wert größer 0 prüfen müssen. Ist dies der Fall, liegt eine Antwort vor, und wir rufen die Funktion *antwort_holen()* auf. An die Funktion übergeben wir noch einen Parameter, und zwar die Zahl des Primäschlüssels aus der zweiten Spalte. Dies ist ja die *beitrags_id* der Antwort. Die Funktion *antwort_holen()* liest jetzt die Antwort aus der Datenbank aus:

```
function antwort_holen($id) {
    $anf="SELECT * FROM forum WHERE beitrags_id='";
    $anf.=$id;
    $anf.="'";
    $er=mysql_query($anf);
    $z=mysql_fetch_row($er);
    ausgabe($z);
}
```

Die Funktion macht nichts anderes, als eine weitere Datenbankabfrage durchzuführen – und zwar ermittelt sie über den *SELECT*-Befehl die Antwort. Dazu wird als Suchkriterium die übergebene Zahl des Primärschlüssels benutzt, die ja in der Spalte *beitrags_id* angegeben ist. In *$z* liegt das Ergebnis vor. Es kann sich nur um einen Datensatz handeln. Wir müssen jetzt diesen Datensatz nur ausgeben. Dazu rufen wir wieder die Funktion *ausgabe()* auf und übergeben *$z* an die Funktion. Am Ende der Funktion *ausgabe()* wird geprüft, ob eine Antwort auf diese Antwort vorliegt. Ist dies der Fall, wird *antwort_holen()* erneut aufgerufen. Liegt keine Antwort vor, wird der nächste Beitrag ausgelesen und ausgegeben.

## 11.3.3 Die Antworten auf einen Beitrag auflisten

Auf der Basis des Codes des letzten Abschnitts können wir beim Lesen eines Forumsbeitrags auch die einzelnen Antworten auflisten. Dies hat den Vorteil, dass der Internet-Surfer gleich die weiteren Antworten le-

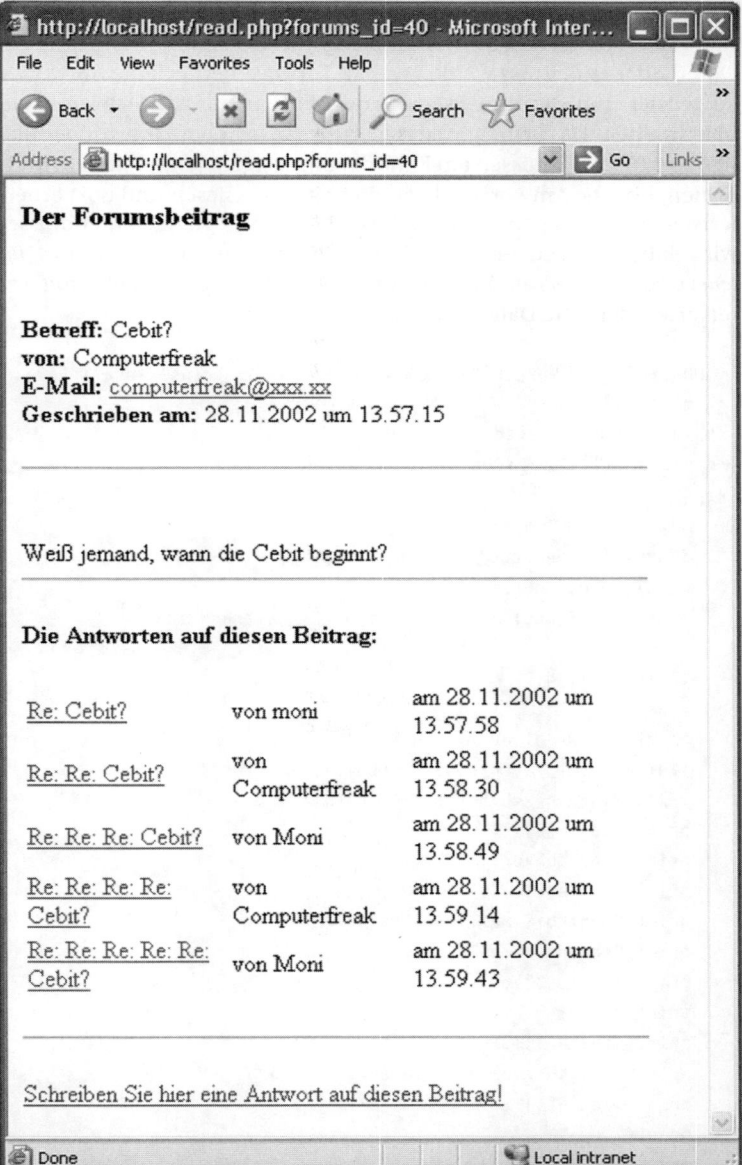

http://localhost/read.php?forums_id=40 - Microsoft Inter...

File   Edit   View   Favorites   Tools   Help

Back   •   ×   🔄   🏠   Search   Favorites

Address   http://localhost/read.php?forums_id=40   Go   Links

## Der Forumsbeitrag

**Betreff:** Cebit?
**von:** Computerfreak
**E-Mail:** computerfreak@xxx.xx
**Geschrieben am:** 28.11.2002 um 13.57.15

Weiß jemand, wann die Cebit beginnt?

### Die Antworten auf diesen Beitrag:

| | | |
|---|---|---|
| Re: Cebit? | von moni | am 28.11.2002 um 13.57.58 |
| Re: Re: Cebit? | von Computerfreak | am 28.11.2002 um 13.58.30 |
| Re: Re: Re: Cebit? | von Moni | am 28.11.2002 um 13.58.49 |
| Re: Re: Re: Re: Cebit? | von Computerfreak | am 28.11.2002 um 13.59.14 |
| Re: Re: Re: Re: Re: Cebit? | von Moni | am 28.11.2002 um 13.59.43 |

Schreiben Sie hier eine Antwort auf diesen Beitrag!

Done   Local intranet

sen kann, indem er diese anklickt (siehe Abbildung S. 337). Er braucht
nicht mehr auf den Forumsüberblick zurückzukehren.

Unterhalb des Beitrags werden wie im Forumsüberblick die Antworten
aufgelistet. Um dies umzusetzen, müssen wir nur die Datei *read.php*
überarbeiten. Das Prinzip ist das gleiche wie bei dem Forumsüberblick
in *index.php*. Wir müssen am Ende des angezeigten kompletten Beitrags
prüfen, ob eine Antwort vorliegt, diese dann auslesen und dort erneut
feststellen, ob eine Antwort auf die Antwort vorliegt. Auch hier müssen
wir rekursiv vorgehen. Dazu können wir die Funktionen *antwort_ho-
len()* und *ausgabe()* aus dem Forumsüberblick fast ohne Änderung weiterverwenden. Die Datei *read.php* sieht so aus:

```
<!DOCTYPE html PUBLIC "-//W3C//DTD HTML 4.01 Transitional//EN">
<html><body>
<h3>Der Forumsbeitrag</h3>
<div style="width: 400px">
<?php
    $id=$HTTP_GET_VARS['forums_id'];
    $db=mysql_connect("localhost","root","");
    mysql_select_db("manitu");
    $anfrage="SELECT * FROM forum WHERE beitrags_id
                LIKE '";
    $anfrage.=$id;
    $anfrage.="'";
    $ergebnis=mysql_query($anfrage);
    $zeile=mysql_fetch_row($ergebnis);
    print("<br><br><b>Betreff: </b>");
    print($zeile[6]);
    print("<br><b>von: </b>");
    print($zeile[2]);
    print("<br><b>E-Mail: </b>");
    print("<a href='mailto:");
    print($zeile[3]);
    print("'>");
    print($zeile[3]);
    print("</a><br><b>Geschrieben am: </b>");
    print($zeile[4]);
    print(" um ");
    print($zeile[5]);
```

```
print("<br><br><hr><br><br>");
print($zeile[7]);
if($zeile[1]>0) {
    print("<hr>");
    print("<br><b>Die Antworten auf diesen
            Beitrag:</b><br>");
    print("<table>");
    antwort_holen($zeile[1]);
    print("</table>");
}
mysql_close($db);
print("<br><hr><br>");
print("<a href='replay.php?forums_id=");
print($id);
print("'>Schreiben Sie hier eine Antwort auf
        diesen Beitrag!</a>");
function antwort_holen($id) {
    $anf="SELECT * FROM forum WHERE
            beitrags_id='";
    $anf.=$id;
    $anf.="'";
    $er=mysql_query($anf);
    $z=mysql_fetch_row($er);
    ausgabe($z);
}
function ausgabe($datensatz) {
    print("<tr align='left'>");
    print("<td>");
    print("<a href='read.php?forums_id=");
    print($datensatz[0]);
    print("'>");
    print($datensatz[6]);
    print("</a>");
    print("</td>");
    print("<td> von ");
    print($datensatz[2]);
    print("</td>");
    print("<td> am ");
    print($datensatz[4]);
```

```
        print(" um ");
        print($datensatz[5]);
        print("</td>");
        print("</tr>");
        if($datensatz[1]>0) {
            antwort_holen($datensatz[1]);
        }
    }
?>
</div></body></html>
```

Bevor die Verbindung zur Datenbank beendet wird, prüfen wir, ob auf den angezeigten Beitrag eine Antwort vorliegt. Dazu lesen wir wieder die zweite Spalte des aktuell angezeigten Datensatzes aus:

```
if($zeile[1]>0) {
    print("<hr>");
    print("<br><b>Die Antworten auf diesen
            Beitrag:</b><br>");
    print("<table>");
    antwort_holen($zeile[1]);
    print("</table>");
}
```

Die Antworten werden selbst wieder in einer kleinen HTML-Tabelle ausgegeben. Die Antwort wird über die Funktion *antwort_holen()* ermittelt. Dazu übergeben wir an die Funktion die Zahl des Primärschlüssels der Antwort.

Die Funktion *antwort_holen()* ist identisch mit der Funktion des letzten Abschnitts. Hier haben wir keine Änderungen durchgeführt. Am Ende der Funktion wird die Funktion *ausgabe()* aufgerufen, indem die Antwort als Datensatz an *ausgabe()* übergeben wird. Die Funktion *ausgabe()* ist ebenfalls identisch mit dem letzten Code. Am Ende der Funktion *ausgabe()* prüfen wir, ob eine Antwort auf die Antwort vorliegt. Entsprechend wird wieder die Funktion *antwort_holen()* aufgerufen.

## 11.3.4 Verbesserungen

Das Diskussionsforum hat noch den Nachteil, dass bei dem Auflisten der Antworten auf die Zeichenkette *Re:* in der Betreffzeile geprüft wird.

Es tritt aber häufiger der Fall auf, dass zwar eine Antwort auf einen Beitrag geschrieben, die Betreff-Zeile aber geändert wird. Die Folge: Die Antwort mit geändertem Betreff würde nicht als Antwort unterhalb des Ursprungsbeitrags aufgelistet werden.

Dieses Problem lässt sich jetzt nicht so ohne weiteres umgehen. Auf den Inhalt der Spalte *bezugs_id* können wir nicht prüfen. Denn Beiträge ohne Antwort enthalten dort immer eine 0 – dies gilt gleichermaßen für Ursprungsbeiträge ohne Antworten und Antworten, auf die wiederum keine Antworten geschrieben wurden. Wie wollen wir das voneinander differenzieren? Die Lösung: Wir verwenden eine weitere Spalte, in der wir eintragen, ob es sich um eine Antwort handelt oder nicht. Es geht nicht darum, ob ein Beitrag eine Antwort hat, sondern ob der Beitrag (egal ob es ein Ursprungsbeitrag oder ein Antwort ist) selbst eine Antwort ist oder nicht.

Zu diesem Zweck müssen wir unsere Tabelle *forum* um eine Spalte erweitern. Dazu verwenden wir wieder den SQL-Befehl *ALTER TABLE*:

```
<!DOCTYPE html PUBLIC "-//W3C//DTD HTML 4.01 Transitional//EN">
<html><body>
<p>Spalte hinzuf&uuml;gen</p>
<?
    $db=mysql_connect("localhost","root","");
    mysql_select_db("manitu");
    $anfrage="ALTER TABLE forum ADD antwort
                VARCHAR(10)";
    mysql_query($anfrage);
    mysql_close($db);
?>
</body></html>
```

Die neue Spalte *antwort* wird über *ADD* hinzugefügt. Der Spaltentyp von *antwort* ist *VARCHAR*. Wir tragen je nach Inhalt des Beitrags entweder *true* (es handelt sich um eine Antwort) oder *false* (es ist ein Ursprungsbeitrag) ein. Wir müssen jetzt unsere Codes weiter überarbeiten, denn wir müssen ja den Wert *true* oder *false* bei den Datenbankzugriffen hinzufügen. Wird ein komplett neuer Beitrag geschrieben, muss der Beitrag den Wert *false* haben. Wir müssen also die Datei *new.php* erweitern und am Ende des *INSERT-INTO*-Befehls explizit *false* hinzuschreiben:

```
$anfrage="INSERT INTO forum VALUES ('";
$anfrage.="0', '0', '";
$anfrage.=$user;
$anfrage.="', '";
$anfrage.=$mail;
$anfrage.="', '";
$anfrage.=$datum;
$anfrage.="', '";
$anfrage.=$zeit;
$anfrage.="', '";
$anfrage.=$betreff;
$anfrage.="', '";
$anfrage.=$forumsbeitrag;
$anfrage.="','false')";
```

Wird eine Antwort geschrieben, müssen wir in *replay_entry.php* das Gleiche durchführen, jedoch muss hier dann *true* hineingeschrieben werden:

```
$anfrage="INSERT INTO forum VALUES ('0','0','";
$anfrage.=$user;
$anfrage.="', '";
$anfrage.=$mail;
$anfrage.="', '";
$anfrage.=$datum;
$anfrage.="', '";
$anfrage.=$zeit;
$anfrage.="', '";
$anfrage.=$betreff;
$anfrage.="', '";
$anfrage.=$forumsbeitrag;
$anfrage.="','true')";
```

Im nächsten Schritt müssen wir noch den Forumsüberblick in *index.php* überarbeiten. Wir müssen explizit auf *true* oder *false* prüfen. In der ersten *for*-Schleife müssen wir die *if*-Abfrage

```
$antw=strstr($zeile[6],"Re:");
if($antw==false) {
```

```
    ausgabe ($zeile);
}
```

**durch**

```
if($zeile[8]=="false") {
    ausgabe($zeile);
}
```

ersetzen. In der Funktion *ausgabe()* ist ebenfalls die erste *if-else*-Abfrage duch diese Abfrage zu ersetzen:

```
if($datensatz[8]=="false") {
    printf(" ");
}
else {
    printf("    ");
    printf("    ");
}
```

Führen Sie diese Änderungen durch und sehen Sie sich das Forum an, ergibt sich bei dem Anzeigen im Browser keine Änderung gegenüber der letzten Fassung. Der einzige Unterschied besteht jetzt darin, dass Sie die Betreff-Zeile ändern können, wenn Sie eine Antwort schreiben und diese auch als Antwort angesehen wird.

## 11.3.5 Erweiterungen des Forums

Das Diskussionsforum lässt sich jetzt noch um weitere Elemente bereichern. Denkbar ist zum Beispiel, dass über eine Schaltfläche immer zur nächsten Antwort auf den Beitrag geschaltet werden kann (oder auch zur vorhergehenden Antwort). Denkbar ist auch bei dem Ursprungsbeitrag die Anzahl der Antworten anzuzeigen. Dazu muss nur eine globale Variable bei der Ermittlung der Antworten hochgezählt werden, die dann ausgegeben wird. Ist ein bestimmter Wert erreicht oder sogar überschritten (z. B. 10 Antworten), wird eine Grafik angezeigt, die darauf hinweist, das es sich hier um ein «heißes» Thema handelt, zu dem es viele Antworten gibt. Eine zusätzliche Erweiterung kann darin bestehen, dass der Internet-Surfer, der einen Beitrag geschrieben hat und der eine Antwort im Forum erhält, per E-Mail über die Antwort benachrichtigt wird. Eine Erweiterung könnte auch darin bestehen, dass das Forum nur registrierten Benutzern (mit Benutzername und Passwort) zugänglich ist.

Foren lassen sich in vielen Bereichen weiter verbessern und verschönern. Denken Sie sich neue Optionen aus und sehen Sie sich verschiedene Foren einmal an, wie diese gestaltet sind. Holen Sie sich bei diesen Diskussionsforen Anregungen:

*http://board.webxsite.de/*

*http://www.woltlab.info/de/forum/*

*http://www.chip.de/community_events/chip-foren/uebersicht.html*

*http://www.dasboard.de*

*http://www.parsimony.de/*

Es gibt auch viele vorbereitete PHP-Codes für Diskussionsforen. Sehen Sie sich diese Foren auch einmal an:

*http://www.webmart.de/*

*http://www.tforum.de*

*http://www.blue-universe.de/blueboard.php*

*http://www.cynox.ch/cyphor/*

*http://phorum.org/*

*http://www.b1g-online.de/*

## 11.4 Zusammenfassung

■ MySQL kann einen so genannten Primärschlüssel erstellen und verwenden. Dies ist eine eindeutige Zahl, die in der entsprechenden Spalte nur einmal vorkommen kann. Über den Primärschlüssel kann ein Datensatz eindeutig identifiziert werden.

■ Bei neuen Einträgen in die Datenbank wird der Primärschlüssel von der Datenbank automatisch aktualisiert.

■ Die *GET*-Methode zum Übergeben von Variablen und deren Werte kann manuell über das Fragezeichen *(?)* eingesetzt werden, indem das Fragezeichen sowie die Variable und deren Wert an die URL angehängt wird.

■ Die Funktion *mysql_data_seek()* bewegt den Zeiger nach einer Datenbankanfrage an eine bestimmte Position, um dann über *mysql_fetch_row()* den Datensatz an dieser Position zu ermitteln.

# 11.5 Übung

## Aufgabe 32

Der nachfolgende Code liest Datensätze aus einer Tabelle aus. Dabei soll der Code mit dem aktuellsten Eintrag beginnen und diesen zuerst ausgeben. Der älteste Eintrag erscheint in der Ausgabe ganz unten. In dem nachfolgenden Code befinden sich zwei Fehler. Finden Sie diese und korrigieren Sie den Code.

```
<!DOCTYPE html PUBLIC "-//W3C//DTD HTML 4.01 Transitional//EN">
<html><body>
<table>
<?php
    $d=mysql_connect("localhost","root","");
    mysql_select_db("test200");
    $a="SELECT * FROM test";
    $e=mysql_query($a);
    $an=mysql_num_rows($e);
    $b=$an-1;
    while($b>$an-1) {
        $b++;
        mysql_data_seek($e,$b);
        $z=mysql_fetch_row($e);
        print("<tr><td>");
        print($z[0]);
        print("</td><td>");
        print($z[1]);
        print("</td><td>");
        print($z[2]);
        print("</td><td>");
        print($z[3]);
        print("</td></tr>");
    }
    print("</table>");
    mysql_close($db);
?>
</body></html>
```

# 12 Installation von Apache, PHP, MySQL und phpMyAdmin

In diesem Abschnitt befassen wir uns mit der Installation der wichtigen Tools Apache, PHP, MySQL und phpMyAdmin. Die Installationen wird hier für die Betriebssysteme Windows, Linux und Mac OS X beschrieben. Haben Sie Web-Space bei einem Web-Hoster angemietet (z.B. Puretec, Hosteurope, Strato, Schlund & Partner usw.), ist eine Installation von Apache, PHP und MySQL nicht nötig. Diese sind schon installiert und können von Ihnen gleich genutzt werden. Die Installation wird nur notwendig, wenn Sie einen eigenen Web-Server betreiben oder Ihre Codes lokal auf Ihrem Computer ausführen möchten.

## 12.1 Installation von Apache

In diesem Abschnitt befassen wir uns mit der Installation des Apache-Web-Servers. Dieser ist kostenlos und eine Grundvoraussetzung für die Nutzung von PHP. Statt Apache kann auch ein anderer Web-Server genutzt werden. Der Vorteil von Apache liegt darin, dass dieser seit 1995 konsequent weiterentwickelt wurde und der am meisten eingesetzte Web-Server im Internet ist. Er ist über diese URL erhältlich:

*http://httpd.apache.org/*

Auf dieser Site finden Sie den Web-Server Apache für verschiedene Betriebssysteme zum Download, inklusive Sourcecode und Dokumentation. Für die Installation benötigen Sie nur die so genannten Binaries, d. h. die ausführbaren Dateien. Diese sind für die Betriebssysteme jeweils unterschiedlich. Die allgemeine URL zum Download von Apache lautet:

*http://www.apache.org/dist/httpd/binaries/*

Apache liegt derzeit in der Version 1.3.27 und 2.0.45 vor (Redaktionsschluss dieses Buches: Mitte April 2003). Die Version 1.3.x ist die stabilste und verbreitetste Fassung. Die Version 2.0.x ist sehr neu. Viele

Web-Server laufen noch mit der Version 1.3.x. Welche Version Sie installieren, liegt bei Ihnen. Sie können beide Versionen installieren.

Die Installation unterscheidet sich für die verschiedenen Betriebssysteme (Windows, Linux, Mac OS X), sodass Sie hier verschiedene Anleitungen für die Installation lesen und nachvollziehen können. Die Installation für einen Online-Betrieb, d. h. für einen echten Web-Server, und für einen Offline-Betrieb, d. h. für eine Testumgebung, in der Sie Ihre Programmierungen prüfen können, unterscheidet sich nicht.

Apache selbst bietet keine PHP-Funktionalitäten. Apache liefert nur statische HTML-Dateien aus. Die Idee von Apache ist es, weitere Funktionen (z. B. PHP, Python, verschlüsselte Verbindungen usw.) über separate Module zu nutzen. Je nachdem, was Sie alles verwenden möchten, müssen Sie weitere Module zu Apache hinzufügen. Dies bedeutet ein bisschen Arbeit, denn teilweise müssen diese umfangreich konfiguriert werden. PHP ist ein derartiges Zusatzmodul für Apache (das auch in Verbindung mit anderen Web-Servern genutzt werden kann). Wie Sie PHP neben einer existierenden Apache-Installation hinzufügen, können Sie in Kapitel 12.2 nachlesen.

## 12.1.1 Installation unter Windows

Die Installation von Apache unter Windows 95/98/ME/NT/2000/XP vollzieht sich relativ einfach. Dabei ist es egal, ob Sie die Version 1.3.x oder 2.x installieren. Der Installationsablauf ist für beide Versionen identisch. Über diese URL können Sie die spezielle Fassung für Windows herunterladen:

*http://www.apache.org/dist/httpd/binaries/win32/*

Sie finden unter dieser Adresse diverse Dateien zum Download, z. B. können Sie sich die Datei *apache_1.3.27-win32-x86-no_src.exe* herunterladen. Dies ist Apache in der Version 1.3.27. Die Datei ist ca. 5 Megabyte groß. Alternativ können Sie auch die kleinere *msi*-Datei (z. B. *apache_1.3.27-win32-x86-no_src.msi*) laden. Dazu muss bei Ihnen jedoch der Microsoft Windows Installer vorhanden sein.

Nach dem Download führen Sie die Datei aus. Während der Installation fragt Sie das Installationsprogramm nach einigen Server-Informationen. Installieren Sie Apache lokal auf Ihren Computer für einen Offline-Betrieb, geben Sie bei *Networkname* und *Servername* jeweils *localhost* ein. Bei der E-Mail-Adresse können Sie eine beliebige Adresse eingeben. Für den Offline-Betrieb ist dies nicht nötig.

Installieren Sie Apache für einen echten Online-Betrieb, tragen Sie beim *Networkname* den Namen der Domain ein (z. B. *seebi.de*) und beim *Servernamen* den Namen des Servers (z. B. *www.seebi.de*). Die E-Mail-Adresse sollte auch eine existierende Adresse sein.

Nach erfolgreicher Installation wird Apache automatisch gestartet. Es öffnet sich dazu die Eingabeaufforderung bzw. MS-DOS-Box. Zusätzlich finden Sie im Menü *Start/Programme* eine neue Gruppe mit dem Namen *Apache http Server* eingetragen. In dieser Gruppe können Sie jetzt den Apache-Server starten und stoppen. Rufen Sie dazu in der Gruppe den Eintrag *Control Apache Server / Start* bzw. *Stop* auf.

Jetzt führen wir einen ersten Test durch, ob die Installation erfolgreich war. Starten Sie dazu einen Web-Browser und geben in der URL-Leiste diese Adresse ein:

*http://localhost*

oder

*http://127.0.0.1*

Im Web-Browser sollte jetzt eine Apache-Standardseite zu sehen sein. Die Darstellung sollte so ähnlich sein wie in der nachfolgenden Abbildung. Die Installation war somit erfolgreich, Apache läuft, und wir können uns nun mit der Installation von PHP befassen.

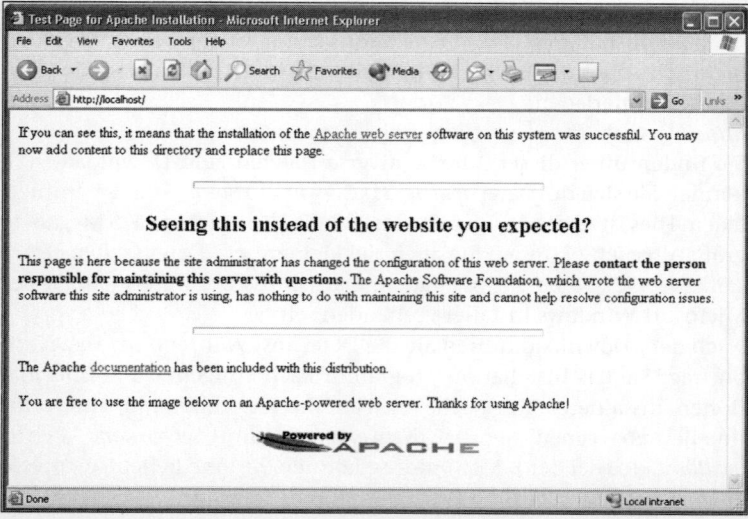

Bevor wir jetzt PHP installieren, sollten wir uns noch eine Apache-Datei ansehen. Es handelt sich um die Datei *httpd.conf*. Dies ist die Konfigurationsdatei für Apache. Normalerweise müssen Sie sich um diese Datei nicht kümmern. Bei der Installation von PHP werden Sie diese Datei ändern müssen. *httpd.conf* finden Sie in dem Apache-Installationsverzeichnis im Ordner *conf*. Öffnen Sie die Datei mit einem normalen Text-Editor. Suchen Sie in der Datei nach folgenden Zeilen:

```
#
# DocumentRoot: The directory out of which you will
# serve your
# documents. By default, all requests are taken
# from this directory, but
# symbolic links and aliases may be used to point
# to other locations.
DocumentRoot "C:/Programme/Apache/htdocs"
```

Über den Eintrag *DocumentRoot* wird das Verzeichnis angegeben, in dem sich die HTML- und auch späteren PHP-Dateien befinden müssen, damit diese beim Aufruf über *localhost* ausgeliefert werden. Standardmäßig müssen sämtliche HTML-Dateien (und auch PHP-Dateien) in das Verzeichnis *htdocs* gepackt werden (*htdocs* steht für *HyperText Documents*). Der Ordner befindet sich in dem Apache-Installationsverzeichnis. Über die Einstellung *DocumentRoot* kann das Verzeichnis, das die HTML- und PHP-Dateien enthält, auch verändert werden. Geben Sie beispielsweise Folgendes an

```
DocumentRoot "D:/htdocs"
```

sucht Apache beim Anfordern einer HTML- oder PHP-Datei in dem Verzeichnis *htdocs* auf der Festplatte mit dem Laufwerksbuchstaben *D* und liefert diese Dateien aus (wenn sie gefunden wurden). Sie können auch einen anderen Ordnernamen als *htdocs* verwenden (z. B. *www*). Achten Sie nur darauf, dass Sie Ihre HTML- und PHP-Dateien in das Verzeichnis legen, das über *DocumentRoot* angegeben ist!
Wenn Sie Apache 2 installieren, erscheint in der Systray rechts unten die so genannte *Apache Konsole*. Hierüber können Sie sehen, welche Apache-Versionen installiert sind. Sie können verschiedene Versionen nebeneinander installieren und über die Konsole die gewünschte Ver-

sion starten oder stoppen. Die nachfolgende Abbildung zeigt Ihnen die Konsole mit Apache 1.3.26 und Apache 2.0.40.

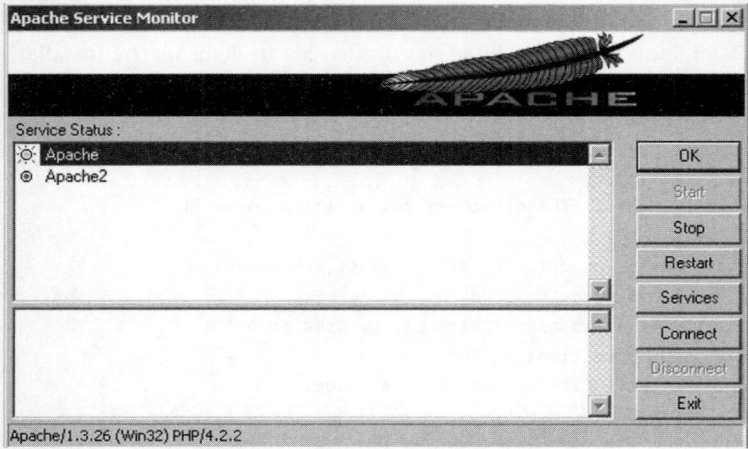

## 12.1.2 Installation unter SuSE Linux

Die Installation unter SuSE Linux kann sich sehr einfach gestalten. Denn bei SuSE Linux ist in der Professional-Version alles enthalten: Apache, PHP und MySQL. Sie benötigen unbedingt die Professional-Version von SuSE Linux. In der Personal-Version ist keines dieser Programme enthalten. Ein nachträgliches Installieren der Programme für die Personal-Version ist sehr mühselig, denn es müssen neben den Programmen auch noch viele Zusatzbibliotheken installiert werden, die Sie sich vorher besorgen müssen. Bei SuSE Linux Professional sind alle Programme auf der CD bzw. DVD enthalten.

Starten Sie das Kontrollzentrum und klicken Sie auf der linken Seite den Eintrag *YaST2 Module* an. Klicken Sie auf den weiteren Eintrag *Software,* anschließend auf *Software installieren.* Sie werden nun aufgefordert, sich als Benutzer *root* zu identifizieren (falls Sie sich nicht als *root* eingeloggt haben), denn nur der *root* kann diese Installation durchführen. Nachdem Sie das *root*-Passwort eingegeben haben, startet *YaST2.* Hier können Sie jetzt einzelne Pakete und Programme nachträglich installieren. Wählen Sie links oben in der Rubrik *Gruppe* den Eintrag *Netzwerk/Daemonen* (SuSE 7.x) bzw. *Produktivität/Netzwerk/Web/*

*Server* (SuSE 8.x) aus, indem Sie diesen doppelt anklicken. Rechts werden jetzt alle zu dieser Gruppe gehörigen Tools angezeigt. Der erste Eintrag sollte *Apache* sein. Wenn das Programm nicht installiert ist, sollte es nicht markiert sein. Klicken Sie zweimal auf den Eintrag, und es wird mit einem *x* markiert. Klicken Sie anschließend auf *Übernehmen* und dann auf *OK*. Apache wird jetzt nachträglich installiert. Führen Sie anschließend einen Neustart durch.

Der Web-Server befindet sich in dem Verzeichnis */usr/sbin/*. Der Server wird automatisch bei jedem Start des Betriebssystems gestartet. Jetzt laden Sie in einen Text-Editor die Konfigurationsdatei *httpd.conf*, die sich in dem Verzeichnis */etc/httpd/* befindet. Sie können die Einstellung von *DocumentRoot* ändern, d. h. das Verzeichnis, in dem die HTML- und PHP-Dateien abgelegt werden. Standardmäßig ist folgender Eintrag vorhanden:

```
DocumentRoot /usr/local/httpd/htdocs/
```

In dieses Verzeichnis können Sie HTML- und PHP-Dateien nur als *root*-Benutzer speichern. Geben Sie in *DocumentRoot* gegebenenfalls ein anderes Verzeichnis an, wenn Sie als ein anderer Benutzer HTML- und PHP-Dateien speichern möchten. Die Änderung der *httpd.conf*-Datei können Sie nur als *root* durchführen.

## Testen der Apache-Installation

Nach der Installation von Apache sollten Sie die Installation testen. Starten Sie einen Web-Browser und geben Sie direkt in der URL-Leiste des Browsers ein:

*http://localhost*

Damit sollte dann die Testseite des Apache-Servers zu sehen sein. Die nachfolgende Abbildung zeigt die Testseite im Opera-Browser unter SuSE Linux.

Sollte eine Fehlermeldung auftauchen oder das Bild nicht erscheinen, ist vermutlich Apache nicht gestartet worden. Sie müssen dies jetzt manuell durchführen. Gehen Sie in der Konsole als *root*-Benutzer in das Verzeichnis */usr/bin/* und starten Sie den Web-Server über diesen Befehl:

```
apachectl start
```

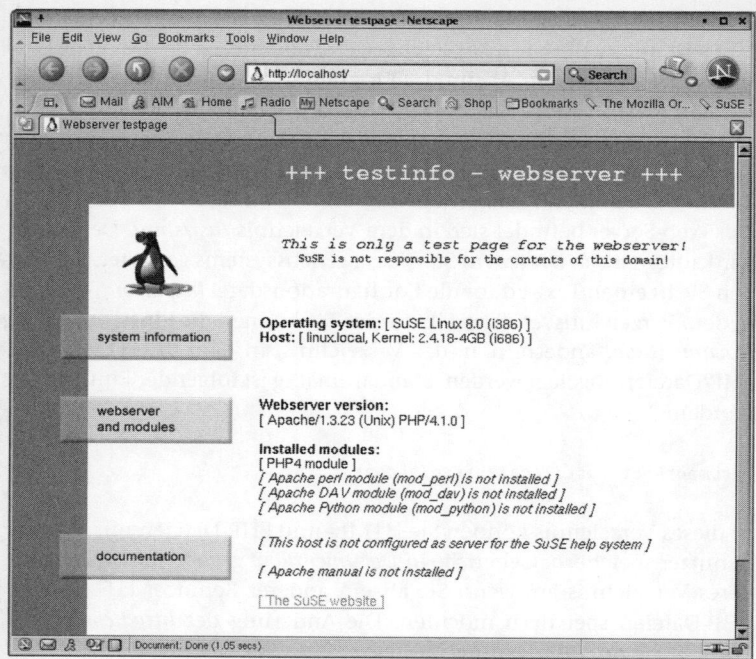

Dann können Sie sich als *root*-Benutzr wieder ausloggen und als ein anderer Benutzer einloggen. Apache läuft weiterhin im Hintergrund.

## 12.1.3 Installation unter Mac OS X

Die Installation von Apache unter Mac OS X gestaltet sich extrem einfach – Apache ist nämlich schon installiert. Sie müssen Apache nur aktivieren, dann läuft der Web-Server immer im Hintergrund. Dazu gehen Sie in den Systemeinstellungen in die Rubrik *Sharing* und aktivieren den Eintrag *Web-Sharing*. Dies startet den Web-Server. Mac OS X enthält Apache in der Version 1.3.20. Öffnen Sie Ihren Browser und geben Sie in der URL-Leiste die Adresse
*http://localhost*
ein, und die Apache-Startseite wird im Browser angezeigt (siehe nachfolgende Abbildung).

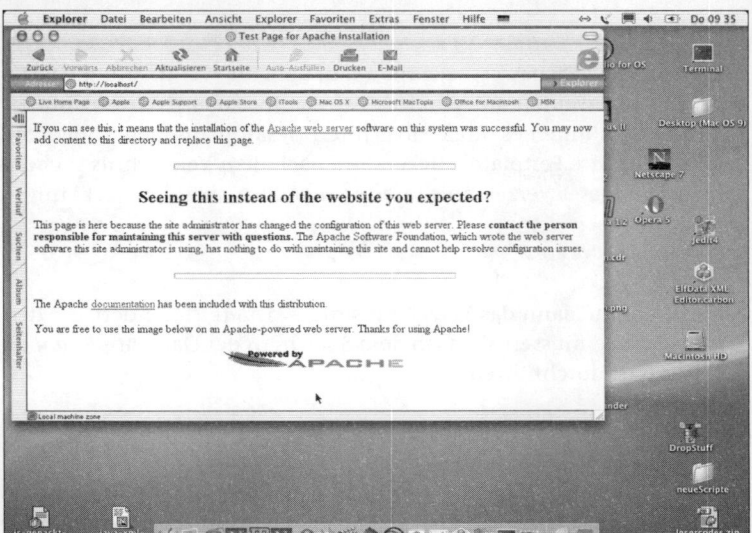

Die Basis von Mac OS X ist das freie UNIX FreeBSD, das im Prinzip ähnlich wie Linux arbeitet (abgesehen von der grafischen Oberfläche). Wenn Sie versuchen, Apache und dessen Konfigurationsdateien zu suchen, werde Sie ihn nicht finden. Denn Apple hat viele Systemdateien des Betriebssystems (und damit auch Apache) versteckt. Die bekannten UNIX-Verzeichnisse wie *bin, usr* usw. sind vorhanden, sie werden aber nicht angezeigt.

Um die Ordner zu sehen (und auch um Apache zu konfigurieren), benötigen Sie einen Text-Editor, der versteckte Dateien anzeigen kann. Dies ist beispielsweise BBEdit (*http://web.barebones.com*). Innerhalb von BBEdit können über das Menü *File/Open Hidden* versteckte Dateien geladen werden.

Apache ist bei Mac OS X im Verzeichnis */usr/libexec* zu finden. Dort existiert das Verzeichnis *httpd*. In diesem befinden sich Apache und weitere Module (u. a. auch das PHP-Modul!). Die Apache-Konfigurationsdatei *httpd.conf* befindet sich jedoch an einer anderen Stelle, im Verzeichnis */etc/httpd*. Laden Sie diese Datei mit Hilfe von BBEdit, denn Sie werden sie nachher zur Konfiguration von PHP benötigen. Suchen Sie in der *httpd.conf*-Datei auch diese Stelle heraus:

```
DocumentRoot "/Library/WebServer/Documents"
```

*DocumentRoot* gibt das Verzeichnis an, in dem die HTML- und PHP-Dateien abgelegt werden müssen. Das Verzeichnis *Library* ist ohne BBEdit sichtbar. Sie können es direkt über Ihren Desktop ansehen, indem Sie zweimal auf Ihre Festplatte klicken und nach dem Verzeichnis suchen. Sie können dieses Verzeichnis in *httpd.conf* auch abändern, z. B. in:

```
DocumentRoot "/sites"
```

Natürlich sollte dann das Verzeichnis *sites* existieren... Ändern Sie den *DocumentRoot*, müssen Sie nach dem Speichern der Datei *httpd.conf* einen Neustart durchführen.

## 12.2 Installation von PHP

Nach einer erfolgreichen Installation von Apache müssen Sie jetzt PHP installieren. Apache besitzt nach der Installation zunächst keinerlei PHP-Funktionalitäten. PHP muss nachträglich hinzugefügt werden. Dies erfolgt für jedes Betriebssystem anders, sodass Sie hier die Installation von PHP (nach einer Apache-Installation) für die verschiedenen Betriebssysteme nachlesen und nachvollziehen können.
Die generelle Informationsseite über PHP finden Sie im Internet unter dieser URL:
*http://www.php.net/*
Auf dieser Site finden Sie News zu PHP, die Dokumentation und natürlich auch die Installationsdateien. Die aktuelle Version von PHP ist 4.3.2 (Redaktionsschluss dieses Buches: Mitte April 2003). Der Download von PHP erfolgt über diese Adresse:
*http://www.php.net/downloads.php*
Hier finden Sie den Sourcecode von PHP und auch die Binaries, d. h. die ausführbaren Dateien für Windows und andere Betriebssysteme.

### 12.2.1 Installation unter Windows

Je nachdem, ob Sie Apache 1.3.x oder Apache 2.x verwenden, unterscheidet sich die Installation ein klein wenig. Über die Site
*http://www.php.net/downloads.php*

können Sie zwei Windows-Fassungen herunterladen: eine ZIP-Datei und eine MSI-Datei. Die ZIP-Datei ist größer (ca. 5 Megabyte). Laden Sie sich die ZIP-Datei herunter und entpacken Sie die Datei in ein neues Verzeichnis (z. B. *C:\Programme\PHP*). In dem Installationsverzeichnis finden Sie eine Datei mit dem Namen

*php.ini-dist*

Kopieren Sie diese Datei in Ihr Windows-Systemverzeichnis. Benutzen Sie Windows 95/98/ME, so ist dieses Windows-Systemverzeichnis in der Regel *C:\WINDOWS*. Benutzen Sie Windows NT/2000/XP, so lautet das Verzeichnis in der Regel *C:\WINNT*. Hier kopieren Sie die Datei hinein und benennen Sie auch gleich um, und zwar in:

*php.ini*

Diese Datei ist eine Konfigurationsdatei für PHP. Wir müssen in der Datei keine Änderungen durchführen. Dies ist erst dann der Fall, wenn Erweiterungen (so genannte Extensions) hinzukommen sollen. Im nächsten Schritt müssen wir eine weitere Datei umkopieren:

*php4ts.dll*

Diese Datei befindet sich im Basisverzeichnis der PHP-Installation. Diese Datei müssen Sie in das Verzeichnis *WINDOWS\SYSTEM* (wenn sie Windows 95/98/ME benutzen) oder in *WINNT\SYSTEM32* (wenn Sie Windows NT/2000/XP verwenden) kopieren.

Als letzten Schritt müssen wir die Konfigurationsdatei von Apache erweitern, indem wir PHP als Modul hinzufügen. Beenden Sie dazu Apache und öffnen Sie die Datei

*httpd.conf*

in einen normalen Text-Editor. Die Datei befindet sich im Apache-Installationsverzeichnis in dem Ordner *conf*. Suchen Sie in der Datei nach diesem Eintrag:

```
AddType application/x-tar .tgz
```

Wir müssen jetzt drei Codezeilen vor dieser Zeile einfügen. Für Apache 1.3.x sind es die folgenden drei Zeilen:

```
LoadModule php4_module c:/programme/php/sapi/php4apache.dll
AddType application/x-httpd-php .php4 .php .php3 .inc
AddType application/x-httpd-php-source .phps
```

Für Apache 2.x sind es die folgenden drei Zeilen:

```
LoadModule php4_module c:/programme/php/sapi/php4apache2.dll
AddType application/x-httpd-php .php4 .php .php3 .inc
AddType application/x-httpd-php-source .phps
```

Über die erste Zeile wird PHP als Modul in Apache eingeladen. Unter Windows liegt PHP als DLL-Datei vor. Es handelt sich um die Datei *php4apache.dll* für Apache 1.3.x bzw *php4apache2.dll* für Apache 2.x. Der genaue Pfad zu dieser Datei muss in der ersten Zeile über *LoadModule* angegeben werden. Hier ist es *c:/programme/php/sapi/php4apache.dll* bzw. *c:/programme/php/sapi/php4apache2.dll.* Suchen Sie in Ihrer PHP-Installation nach der Datei *php4apache.dll* und geben Sie diesen Pfad an. In der zweiten und dritten Zeile wird der MIME-Typ mit der Dateiendung verknüpft. Dazu verwenden wir auf jeden Fall die drei möglichen Dateiendungen *.php, .php4, .php3* und *.inc.* Wenn Sie möchten, können Sie auch *.phtml* hinzufügen. Damit ist alles erledigt. Starten Sie Apache und PHP wird automatisch mitgestartet.

## 12.2.2 Installation unter SuSE Linux

Wenn Sie ein neues Linux-System installieren, sollten Sie gleich bei der Installation von SuSE Linux PHP mit installieren. Die nachträgliche Installation erfolgt wie bei Apache mit SuSE Linux über das Kontrollzentrum in der Rubrik *YaST2 Module/Software/Software installieren.* Wählen Sie in *Gruppe* den Eintrag *Netzwerk/Daemonen* (SuSE 7.x) *Produktivität/Netzwerk/Web/Server* (SuSE 8.x) aus. Suchen Sie auf der rechten Seite folgende Pakete heraus:

```
mod_php4
mod_php4-core
```

Klicken Sie beide Einträge an, sodass diese mit einem *x* markiert werden. Anschließend können Sie die Installation durchführen. PHP wird entsprechend konfiguriert. Führen Sie nach der erfolgreichen Installation einen Neustart durch. Geben Sie in einem Browser die Adresse *http://localhost* ein. Es wird die bekannte Testseite angezeigt. Achten Sie jedoch auf den Eintrag *Installed Modules.* Hier sollte *PHP 4 module* stehen. Als nächstes können Sie noch den *DocumentRoot* abändern, d. h. das Verzeichnis, in dem die HTML- und PHP-Datei abgelegt werden sollen (falls Sie das noch nicht bei der Apache-Installation erledigt haben). Dazu laden die Konfigurationsdatei *httpd.conf* aus dem Verzeichnis */etc/httpd/httpd. conf*.

## 12.2.3 Installation unter Mac OS X

Das Verwenden von PHP unter Mac OS X gestaltet sich auch recht einfach. Denn PHP ist zusammen mit Apache schon installiert – aber leider nicht aktiviert. Sie müssen lediglich in der Datei *httpd.conf* das Modul PHP aktivieren. Laden Sie dazu die Konfigurationsdatei von Apache *httpd.conf* mit BBEdit (oder einen anderen Editor, der versteckte Dateien anzeigen kann). *httpd.conf* befindet sich in */etc/httpd/conf*. Suchen Sie zuerst nach dieser Zeile:

```
#LoadModule php4_module libexec/httpd/libphp4.so
```

Das Zeichen # bedeutet, dass diese Zeile auskommentiert ist. Entfernen Sie einfach das Zeichen # und speichern Sie die Datei. Suchen Sie nun noch nach dieser Zeile (die etwas weiter unten in der Datei auftaucht):

```
#AddModule mod_php4.c
```

Diese Zeile ist ebenfalls auskommentiert. Entfernen Sie auch hier bitte das Zeichen # und speichern Sie die Datei. Jetzt suchen Sie noch nach diesen Zeilen:

```
#AddType application/x-httpd-php3 .php3
#AddType application/x-httpd-php-source .phps
#AddType application/x-httpd-php .php
```

Diese Zeilen sind ebenfalls auskommentiert. Auch hier müssen Sie das Zeichen # entfernen. Speichern Sie die Datei und führen Sie jetzt einen Neustart durch.

## 12.2.4 Testen der PHP-Installation

Kopieren Sie eine funktionsfähige PHP-Datei (z. B. *start.php*) in das Verzeichnis, das Sie bei der Installation von Apache als *DocumentRoot* angegeben haben. Die Datei *start.php* ist eine einfache Datei, die so aussieht:

```
<!DOCTYPE html PUBLIC "-//W3C//DTD HTML 4.01 Transitional//EN">
<html><body>
<?
    print("Hurra!!!<br><br>PHP l&auml;uft!");
?>
</body></html>
```

Diese Testdatei befindet sich auch in der ZIP-Datei (im Verzeichnis *start*) mit den Quellcodes zum Buch, die Sie von meiner Web-Site im Internet herunterladen können (siehe Kapitel 1.6). Öffnen Sie jetzt einen beliebigen Web-Browser und laden Sie über *localhost* diese PHP-Datei in den Browser:

*http://localhost/start.php*

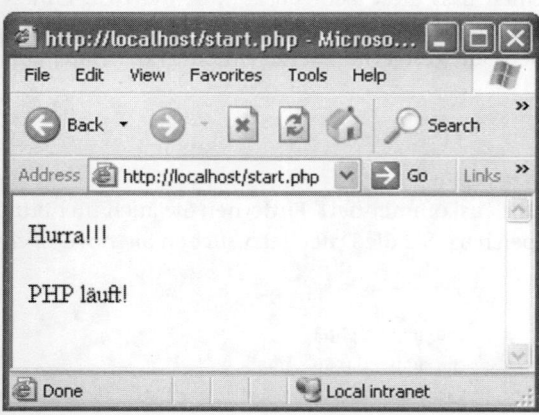

Wenn Sie diese Datei aufrufen, sollte im Browser der Text *Hurra!!! PHP läuft!* zu lesen sein.

Achten Sie darauf, das die PHP-Datei in dem Verzeichnis liegt, das in der *httpd.conf*-Datei von Apache als *DocumentRoot*-Verzeichnis eingegeben haben. Standardmäßig ist dies ja das Verzeichnis *htdocs* in dem Apache-Ordner.

Öffnen Sie eine PHP-Datei in den Browser immer nur über die URL-Leiste im Browser, indem Sie *localhost* und den Dateinamen der PHP-

Datei angeben. Laden Sie **NIE** eine PHP-Datei über das Menü *Datei/Öffnen*. Der PHP-Code wird dann nicht ausgeführt. Warum??? Sie haben sich einen Web-Server installiert, der PHP-Code beim Ausliefern der Datei ausführt. Dazu müssen Sie immer über den Domainnamen des Web-Servers gehen. Bei dem Offline-Betrieb muss das immer *localhost* sein. *localhost* ist das, was im Online-Betrieb der Domainname ist, z. B. *http://www.seebi.de.*

# 12.3 Installation von MySQL

Im nächsten Schritt müssen wir die Datenbank MySQL installieren. Wie bei Apache unterscheidet sich der Installationsvorgang für Windows, Linux und Mac OS X voneinander. Die aktuelle Version von MySQL ist 4.0.12 (Redaktionsschluss dieses Buches: Mitte April 2003).

## 12.3.1 Installation unter Windows

Laden Sie sich von der MySQL-Homepage die Binaries, d. h. das ausführbare Programm von MySQL:

*http://www.mysql.com/downloads/index.html*

Für Windows liegt die Datenbank als ZIP-Datei vor und ist ca. 20 Megabyte gross. Entpacken Sie die heruntergeladene ZIP-Datei in ein temporäres Verzeichnis und führen Sie die Datei *setup.exe* aus.

Bei der Installation wird MySQL standardmäßig in *C:\mysql* installiert. Sie können dies auch ändern (z. B. in *C:\Programme\mysql4*). Wenn Sie das Verzeichnis ändern, müssen Sie dies beim Starten von MySQL berücksichtigen.

Nach der Installation kann die Datenbank direkt gestartet werden. Dies geschieht manuell über die MS-DOS-Box (Windows 95/98/ME) bzw. die Eingabeaufforderung (Windows NT/2000/XP). Wechseln Sie in der MS-DOS-Box bzw. Eingabeaufforderung in das Verzeichnis, in das Sie MySQL installiert haben, z. B. in *C:\Programme\mysql4*. In diesem Verzeichnis befinden sich diverse Ordner. Das ausführbare Programm findet sich in dem Verzeichnis *bin*. Wechseln Sie in dieses Verzeichnis und starten Sie die Datenbank für Windows 95/98/ME über:

```
mysqld --basedir c:\Programme\mysql4
```

oder für Windows NT/2000/XP über:

```
mysqld-nt --basedir c:\Programme\mysql4
```

Wichtig ist hier, das Sie die Datenbank mit dem Parameter *--basedir* aufrufen. Dies ist immer dann nötig, wenn Sie MySQL **NICHT** in dem Standard-Verzeichnis *c:\mysql* installiert haben. Über *--basedir* geben Sie an, in welchem Verzeichnis die Datenbank installiert ist. Direkt nach *--basedir* geben Sie den Pfad zu dem Installationsverzeichnis an. Haben Sie die Datenbank in *c:\mysql* installiert, können Sie auf *--basedir* verzichten. Dies liegt daran, dass *c:\mysql* das Standardverzeichnis von MySQL ist. In diesem Fall wechseln Sie in der MS-DOS-Box bzw. Eingabeaufforderung in das Verzeichnis *c:\mysql\bin* und starten die Datenbank für Windows 95/98/ME direkt über

```
mysqld
```

oder für Windows NT/2000/XP mit

```
mysqld-nt
```

Beim Starten der Datenbank bekommen Sie keinerlei Ausgabeinformationen oder Anzeigen (siehe nachfolgende Abbildung). Die Datenbank ist vom Aussehen her sehr rudimentär. Sie besitzt keine grafische Oberfläche (wie Access oder Oracle).

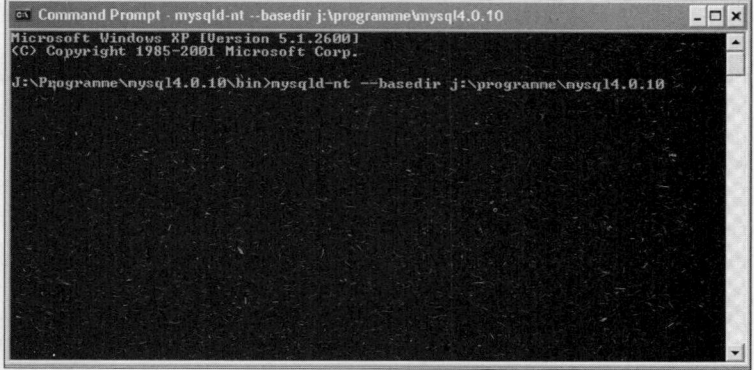

Wenn Sie MySQL das erste Mal starten, legt das Programme zwei Datenbanken an (*test* und *mysql*). *test* ist leer und in *mysql* werden die Benutzer gespeichert. In der Datenbank *mysql* befinden sich mehrere Tabellen, u. a. auch eine Tabelle mit dem Namen *user*. Hier werden die einzelnen Benutzer und deren Passwörter für die Datenbank eingetragen. MySQL legt einen Standardbenutzer mit dem Namen *root* an.

Im nächsten Schritt sollten Sie einen Benutzernamen und ein Passwort festlegen. Dazu gehen in der MS-DOS-Box bzw. in der Eingabeaufforderung in das *bin*-Verzeichnis innerhalb des MySQL-Ordners. Zuerst ändern Sie das Passwort für den so genannten *root*. Sie rufen auf:

```
mysql -u root mysql
```

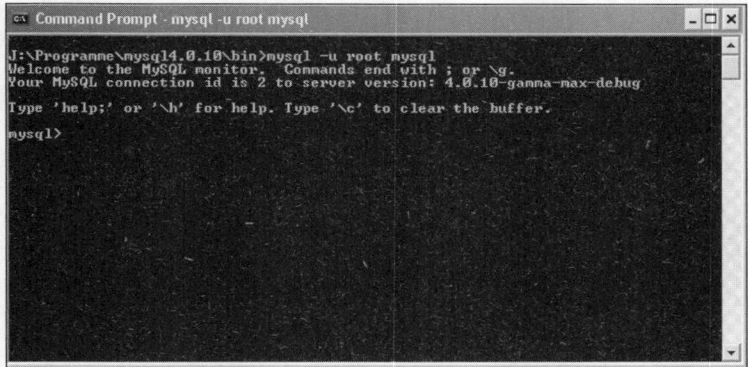

Dies startet den so genannten *MySQL Monitor*. Intern legt MySQL die einzelnen Benutzer in einer Tabelle an. Das Ändern des Passwortes für *root* geschieht jetzt über:

```
SET PASSWORD FOR root=PASSWORD("pw");
```

Für *pw* geben Sie ein beliebiges Passwort ein. Im nächsten Schritt erzeugen Sie einen weiteren Benutzer und setzen für diesen das Passwort:

```
GRANT ALL PRIVILEGES ON *.* TO user@localhost IDENTIFIED BY "pw" WITH
GRANT OPTION;
```

Für *user* geben Sie einen Benutzernamen an und für *pw* das Passwort. Das Schlüsselwort *GRANT ALL PRIVILEGES* gibt dem Benutzer eine Berechtigung für alles (Tabellen können erzeugt und gelöscht werden, ebenso einzelne Datensätze). Diese Berechtigung bezieht sich auf *ON* *:*, d. h. auf sämtliche Datenbankserver und Tabellen sowie deren Datensätze. Statt *:* kann man auch nur bestimmte Datenbanken bzw. Tabellen angeben, auf die der Zugriff des Benutzers beschränkt wird. Sie können beliebig viele Benutzer anlegen. Für den Offline-Betrieb lohnen sich jedoch nur ein oder zwei Benutzer.
Den MySQL Monitor verlassen Sie jetzt über den Befehl

```
quit
```

Das Datenbank-Programm starten Sie wie oben erwähnt. Das Beenden von MySQL geschieht ebenfalls über die Eingabeaufforderung bzw. MS-DOS-Box. Gehen Sie dazu in das *bin*-Verzeichnis der MySQL-Installation und geben diesen Befehl ein:

```
mysqladmin -u root shutdown
```

## 12.3.2 Installation unter Linux

Die nachträgliche Installation über den *root*-Benutzer erfolgt wie bei Apache und PHP mit SuSE Linux Professionell über das Kontrollzentrum in der Rubrik *YaST2 Module/Software/Software installieren*. Wählen Sie in *Gruppe* den Eintrag *Anwendungen/Datenbanken* (SuSE 7.x) bzw. *Produktivität/Datenbanken/Server* (SuSE 8.x) aus. Suchen Sie auf der rechten Seite folgendes Paket heraus:

```
mysql
```

Klicken Sie den Eintrag an, sodass dieser mit einem *x* markiert wird. Anschließend können Sie die Installation durchführen. MySQL wird entsprechend konfiguriert. Führen Sie nach der erfolgreichen Installation einen Neustart durch.

Die Datenbank befindet sich in dem Verzeichnis */usr/bin*. Wechseln Sie in der Konsole in dieses Verzeichnis. Starten Sie dazu in dem Verzeichnis */usr/bin/* das Installationsskript:

```
./mysql_install_db
```

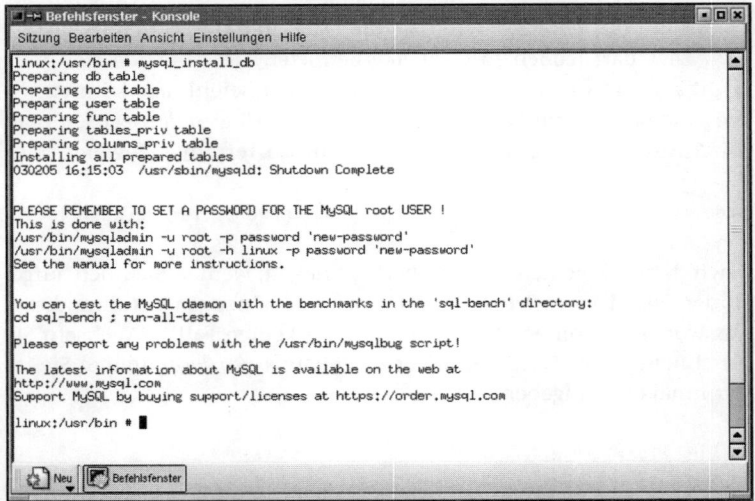

Dies richtet zwei Datenbanken (*mysql* und *test*) sowie einen *root*-Benutzer ohne Passwort ein. Das Datenbank-Programm starten Sie vom Verzeichnis */usr/bin/* aus über den Befehl

```
safe_mysqld --user=root &
```

Anschließend können Sie sich als *root*-Benutzer ausloggen und als normaler Benutzer einloggen. Das Datenbank-Programm läuft wie Apache im Hintergrund.

### 12.3.3 Installation unter Mac OS X

Für Mac OS X gibt es eine spezielle Distribution, die Sie über die Download-Seite der MySQL-Homepage herunterladen können. Die Datei kann beispielsweise *mysql-4.0.10-apple-darwin6.1-powerpc.tar.gz* lauten. Dies ist MySQL in der Version 4.0.10 für Mac OS X (Apple, Darwin 6.1, PowerPC). Jetzt müssen Sie die Datei in das Verzeichnis *usr* kopieren. Dies können Sie nicht grafisch erledigen, sondern müssen dies über das Terminal durchführen. Dies liegt daran, dass das Verzeichnis */usr/* im Finder nicht sichtbar ist. Starten Sie das Terminal und wechseln Sie in das Verzeichnis, in dem die *gz*-Datei liegt. Über den UNIX-Befehl *mv* (dies steht für *move*) kopieren Sie die Datei in das Verzeichnis */usr/local/*. Dies darf jedoch nur der *root*-Benutzer. Sie brauchen sich jetzt nicht ab- und wieder anzumelden – über den Befehl *sudo* können wir dies auch als «normaler» Benutzer erledigen. Über *sudo* wechselt man kurzfristig in den *root*-Benutzer. Geben Sie im Terminal Folgendes ein:

```
sudo mv -fi mysql-4.0.10-apple-darwin6.1-powerpc.tar.gz /usr/local
```

Nach dem Sie die Return-Taste betätigt haben, werden Sie noch aufgefordert, das Passwort für den Administrator einzugeben (ohne dieses Passwort funktioniert die Installation auf keinen Fall!). Wechseln Sie anschließend im Terminal in das Verzeichnis */usr/local*, indem Sie im Terminal dies eingeben:

```
cd /usr/local
```

Im nächsten Schritt müssen Sie die Datei entpacken. Dazu wird der UNIX-Befehl *tar* eingesetzt. Auch dies dürfen Sie nur als Administrator machen, sodass Sie wieder *sudo* verwenden. Geben Sie im Terminal Folgendes ein:

```
sudo tar -zxvf mysql-4.0.10-apple-darwin6.1-powerpc.tar.gz
```

Die Datei wird entpackt, und im Terminal erscheinen einige Ausgaben. Wenn dies beendet ist, müssen Sie ein Installationsskript aufrufen. Gehen Sie jetzt in das Verzeichnis, in dem sich die Datenbank befindet:

```
cd mysql-4.0.10-apple-darwin6.1-powerpc
```

Von hier führen Sie das Installationsskript aus. Auch dieses Skript darf nur vom Administrator ausgeführt werden, sodass wir wieder *sudo* nutzen müssen:

```
sudo ./scripts/mysql_install_db
```

Damit ist alles erledigt, und Sie können die Datenbank jetzt starten:

```
sudo ./bin/safe_mysqld --user=root &
```

Dies startet die Datenbank mit dem Benutzer *root*. Die Datenbank läuft jetzt im Hintergrund, und Sie können über PHP-Codes eine Datenbank erzeugen, eine Tabelle erstellen, Daten hineinschreiben usw.
Wenn Sie Ihren Computer jetzt immer wieder neu starten, brauchen Sie im Terminal immer nur noch diese Zeile einzugeben:

```
sudo ./bin/safe_mysqld --user=root &
```

Dies ist der letzte Schritt, den Sie oben ausgeführt haben. Dies startet konkret MySQL. Die Datenbank läuft so lange, bis Sie den Computer herunterfahren.

## 12.4 Installation von phpMyAdmin

Zum Abschluss müssen Sie noch das Wartungstool für MySQL installieren: phpMyAdmin. Die Installation vollzieht sich leicht und ist für alle Betriebssysteme identisch, da phpMyAdmin in PHP geschrieben ist. Die aktuelle Version von phpMyAdmin ist 2.4.0 (Redaktionsschluss des Buchs: Mitte April 2003). Über diese Adresse können Sie sich php-MyAdmin herunterladen:

*http://phpmyadmin.sourceforge.net*

Das Tool ist in verschiedenen gepackten Formaten erhältlich. Die ZIP-Datei ist ca. 1 Megabyte groß. Es existieren noch andere Fassungen in den Formaten *gzip* und *bzip*. Laden Sie sich eine Datei herunter und ent-packen Sie diese in Ihr Verzeichnis, in die Sie die HTML- und PHP-Da-teien ablegen (standardmäßig ist dies ja *htdocs* innerhalb der Apache-Installation). phpMyAdmin wird dort in einem eigenen Verzeichnis abgelegt. Damit ist fast schon alles erledigt. Wir müssen im letzten Schritt noch eine Konfigurationsdatei von phpMyAdmin editieren. Es handelt sich um diese Datei:

*config.inc.php*

Diese Datei befindet sich innerhalb des phpMyAdmin-Ordners. Laden Sie diese in einen Text-Editor. Wir müssen nur zwei Änderungen durch-führen: Und zwar müssen wir einen Benutzernamen und ein Passwort angeben, die wir bei der MySQL-Installation erstellt haben. Dies ist nötig, damit phpMyAdmin auf die Datenbank, die Tabellen und deren Datensätze zugreifen kann. Die Bedingung dabei ist, das Sie einen Be-nutzer bei MySQL angelegt haben. Standardmäßig ist dies ja immer *root* (ohne ein Passwort). Es ist gut, auch noch einen zweiten Benutzer an-gelegt zu haben (mit einem anderen Passwort). Haben Sie dies bei der MySQL-Installation durchgeführt, können Sie diesen Benutzer jetzt hier angeben. Andernfalls legen Sie einen weiteren Benutzer bei MyS-QL an (siehe Kapitel 12.3).

Suchen Sie in der Datei *config.inc.php* nach diesen beiden Zeilen:

```
$cfg['Servers'][$i]['user']='root';// MySQL user
$cfg['Servers'][$i]['password']='';// MySQL password...
```

Geben Sie hier statt *root* den zweiten angelegten MySQL-Benutzer an und in der zweiten Zeile dessen Passwort, z. B.:

```
$cfg['Servers'][$i]['user']='seebi';
$cfg['Servers'][$i]['password']='test17';
```

Beachten Sie, dass der Benutzer *seebi* mit dem Passwort *test17* in MySQL existieren muss. Starten Sie nun Apache, und die Datenbank phpMy-Admin rufen Sie jetzt in Ihrem Web-Browser auf:

*http://localhost/phpMyAdmin-2.4.0/index.php*
Dies ruft die Startseite von phpMyAdmin auf (siehe nachfolgende Abbildung).

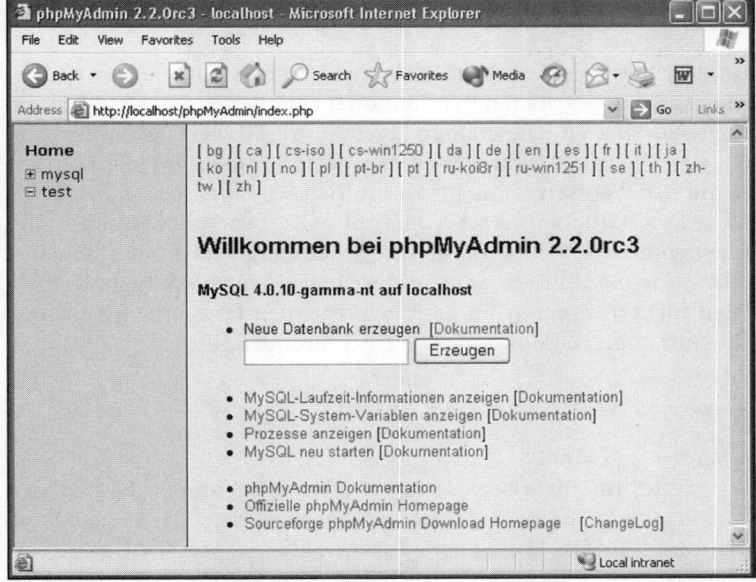

Da Sie noch keine Datenbank angelegt haben, können Sie dies jetzt über die Startseite durchführen.

Im Online-Betrieb, d. h bei dem Betrieb eines konkreten Web-Servers, gehen Sie genauso vor. Entpacken Sie die ZIP-Datei von phpMyAdmin und erstellen Sie auf Ihrem Server ein neues Verzeichnis (z. B. *phpMy-Admin*). Überspielen Sie per ftp die aus der ZIP-Datei entpackten php-MyAdmin-Dateien in das neue Verzeichnis auf Ihren Server. Haben Sie bei einem Web-Hoster Web-Space gemietet, entfällt das Starten von Apache und MySQL. Denn dann läuft Apache und MySQL sowieso schon! Denken Sie daran, die Datei *config.inc.php* wie oben anzupassen, d. h. den Benutzernamen und das Passwort einzutragen. Sie bekommen diese Daten von Ihrem Hoster. Überspielen Sie dann diese Datei ebenfalls mit auf Ihren Server in das phpMyAdmin-Verzeichnis. Sie rufen dann phpMyAdmin über Ihren Domainnamen auf, z. B.:
*http://www.domainname/phpMyAdmin/main.php*

Jetzt können Sie eine neue Datenbank mit neuen Tabellen online anlegen.

# 12.5 Alternative Distributionen

Statt die Programme Apache, PHP, MySQL und phpMyAdmin einzeln zu installieren, existieren Distributionen, mit denen Sie diese Tools installieren können. Diese alternativen Distributionen haben den Vorteil, dass die Installation sehr einfach abläuft und Sie mit der Konfiguration des Web-Servers nichts zu tun haben. In der Regel installieren diese Distributionen Apache, PHP, MySQL sowie phpMyAdmin und übernehmen die Anpassung an Ihre Arbeitsumgebung. Damit sind diese Tools schnell einsatzbereit, und Sie brauchen die Konfigurationsdateien nicht anzufassen. In der nachfolgenden Liste finden Sie einen Überblick über diese alternativen Distributionen.

### FoxServ

*http://www.foxserv.net*
Komplettes Installationspaket für Windows, das immer die neuesten Versionen enthält. FoxServ installiert Apache, PHP, MySQL, phpMyAdmin und WinSQL. Das gesamte Paket ist über 30 Megabyte groß. FoxServ ist nur für Windows erhältlich. Die letzte Version ist 3.1. Schneller geht keine Installation! FoxServ ist natürlich kostenlos.

### Apachefriends

*http://www.apachefriends.org/*
Ein weiteres alternatives Installationspaket, das ähnlich wie FoxServ eine Komplettinstallation bietet: Apache, PHP, MySQL, phpMyAdmin und Perl. Das Paket ist kostenlos und für Windows und Linux erhältlich.

### PHPTriad

*http://sourceforge.net/projects/phptriad*
Alternatives Installationspaket von Apache, PHP und MySQL für Windows. PHPTriad ist ebenfalls kostenlos.

# 13 Anhang

In diesem Anhang finden Sie umfangreiche Web-Adressen zum Thema PHP im Internet, damit Sie sich auf dem Laufenden halten und Ihr Wissen, das Sie in diesem Buch erworben haben, vertiefen können. Hier sind auch Adressen von Text- und PHP-Editoren zum Programmieren aufgelistet.

## 13.1 PHP im Internet

In diesem Abschnitt finden Sie Web-Adressen mit Seiten im Internet, die sich mit PHP beschäftigen. Ein Besuch dieser Seiten lohnt sich immer.

| Adresse | Beschreibung |
| --- | --- |
| http://www.php.net | Zentrale Seite des Projekts von PHP. Hier werden neue PHP-Versionen veröffentlicht |
| http://www.zend.com/ | Web-Site von Zend Technologies, die PHP 3.x und 4.x entwickelt haben. Tools rund um PHP. |
| http://www.phpkochbuch.de | Einführung in PHP |
| http://www.phparchiv.de | Umfangreiches PHP-Codearchiv mit vielen Nachrichten rund um PHP |
| http://www.phpwelt.de | Ein weiteres Codearchiv im Internet mit News zum Thema PHP |
| http://www.it-development.de/ | PHP-Ressourcen-Seite mit Codes, Links, News und Tutorials |
| http://www.php-area.de/ | Ein weiteres PHP-Archiv mit diversen freien PHP-Codes und Tutorials |
| http://www.phptotal.de/ | Noch ein PHP-Codearchiv mit Links und Tutorials |

| Adresse | Beschreibung |
|---|---|
| http://www.php-homepage.de/ | News, Tutorials und Artikel rund um PHP |
| http://www.php-center.de/ | PHP-Center mit News, Links, FAQs, Diskussionsforen für PHP |
| http://www.selfphp.info/ | SelfPHP – Einführung in PHP von Damir Enseleit |
| http://www.phpfinder.de/ | PHP-Portal mit FAQs, Tutorials, Diskussionsforen |
| http://www.sonium-portal.de/ | Sonium PHP, News speziell zu PHP, MySQL und Linux |
| http://www.php4-forum.de/ | Diskussionsforum zu PHP |
| http://www.phpforum.de/ | Eine weitere Site mit umfangreichem Diskussionforum zu PHP und allen verwandten Themen |
| http://www.scriptingtown.de/ | Skripte, News, Tutorials und Foren zu PHP und Perl |
| http://www.dokuwelt.de/ | Site mit Dokumentationen, Tutorials und Links zu vielen Themen, u. a. auch zu PHP und MySQL |
| http://www.tutorialsuche.de/ | Suchen Sie eine bestimmte Anleitung? Hier werden Sie ganz bestimmt fündig. Tutorials und Links auch zu PHP und MySQL sind auf dieser Site vorhanden. |
| http://www.phpfreaks.com/ | Englischsprachige Site speziell zum Thema PHP und MySQL |
| http://ftp.proventum.net/pub/php/ | Das PHP-Museum – ältere PHP-Versionen zum Download |

# 13.2 Text-Editoren zum Programmieren

In diesem Abschnitt finden Sie einen Überblick über verschiedene Text-Editoren, die zum Programmieren geeignet sind. Die Editoren sind nach den gängigen Betriebssystemen Windows, Linux und Mac OS X geordnet.

## 13.2.1 Windows

| Name | Adresse | Beschreibung |
|------|---------|--------------|
| NoteTab | http://www.notetab.com | Von dem Editor existiert eine Freeware-Fassung (NoteTab Light) und eine Shareware-Fassung (Note Tab Pro). |
| Crimson Editor | http://www.crimsoneditor.com/ | Freeware-Editor |
| UltraEdit | http://www.ultraedit.com | Das Programm ist Shareware und läuft im Testmodus 45 Tage. |
| ConTEXT | http://www.fixedsys.com/context/ | Freeware-Editor |
| Programmer's | http://www.lancs.ac.uk/people/cpaap/pfe/ | Ein Freeware-Text-Editor, der jedoch nicht mehr weiterentwickelt wird |

## 13.2.2 Linux

Sämtliche hier aufgelisteten Editoren sind Freeware.

| Name | Adresse |
|------|---------|
| ViM | http://www.vim.org/ |
| Edith Professional | http://www.zfc.nl/ |
| Ted | http://www.nllgg.nl/Ted/ |
| Nano Editor | http://www.nano-editor.org/ |
| Moleskine | http://www.micampe.it/software/moleskine/ |
| Katy | http://katy.sourceforge.net/ |
| aee | http://mahon.cwx.net/ |

## 13.2.3 Mac OS X

| Name | Adresse | Beschreibung |
|---|---|---|
| Tex-Edit Plus | http://www.tex-edit.com/ | Shareware |
| BBEdit | http://web.barebones.com/ | Kommerzieller Editor, auch eine Demo-Version ist verfügbar |
| Jedit | http://www.artman21. net/product/Jedit4/index_ E.html | Shareware |

# 13.3 PHP-Editoren

Neben den reinen Text-Editoren gibt es eine Reihe von speziellen PHP-Editoren, die auf das Programmieren in PHP abgestimmt sind. Zunächst sind diese PHP-Editoren reine Text-Editoren, bieten aber erhebliche Zusatzfunktionalitäten, z. B. Syntax-Highlighting, d. h. bestimmte PHP-Codes werden farblich markiert. Nachfolgend finden Sie eine Liste dieser sehr praktischen Editoren. Einige davon sind Freeware, andere sind kommerzielle Programme.

| Name | Adresse | Beschreibung |
|---|---|---|
| PHPEdit | http://www.phpedit.com/ | Ein Freeware-Editor, der nur unter Windows läuft. Aktuelle Version ist 0.6. |
| Maguma Studio for PHP (Light) | http://www.maguma.com/ | Ein weiterer Freeware-Editor, von dem es auch eine kommerzielle Fassung gibt. Aktuelle Version ist 1.0.3. Läuft ebenfalls nur unter Windows |
| Weaverslave | http://www.weaverslave.ws/ | In Deutschland entwickelter Freeware-Editor, der insbesondere auf die Kombination von HTML und PHP abzielt. Der Editor ist in mehreren Sprachen erhältlich und läuft nur unter Windows. |

| Name | Adresse | Beschreibung |
|------|---------|--------------|
| PHP Coder | http://www.phpide.de/ | Ein Freeware-Programm, das ähnlich wie Weaverslave auf die enge Verbindung von HTML und PHP wert legt. Der Editor läuft nur unter Windows. |
| PHPEd | http://www.nusphere.com/ | Kommerzieller Editor, von dem Fassungen für Windows und Linux existieren. Eine Testversion muss per E-Mail angefragt werden. Aktuelle Version ist 3.1. |
| Zend Studio | http://www.zend.com/ | Kommerzieller Editor von den PHP-Entwicklern. Eine Testversion ist über die Web-Seite verfügbar. Der Editor ist in Java geschrieben und läuft unter Windows, Linux und Mac OS X. Aktuelle Version ist 2.5. |
| Komodo | http://www.activestate.com/ | Ein weiterer kommerzieller Editor, von dem keine Testversion erhältlich ist. Der Editor läuft unter Windows und Linux. Aktuelle Version ist 2.0. |

# 13.4 Zeichenkodierung nach ISO-Latin1

| Zeichen | Dezimale Entität | Namens-entität | Zeichen | Dezimale Entität | Namens-entität |
|---|---|---|---|---|---|
| — | &#00; | — | — | &#29; | — |
| — | &#01; | — | — | &#30; | — |
| — | &#02; | — | — | &#31; | — |
| — | &#03; | — | | &#32; | — |
| — | &#04; | — | ! | &#33; | — |
| — | &#05; | — | " | &#34; | &quot; |
| — | &#06; | — | # | &#35; | — |
| — | &#07; | — | $ | &#36; | — |
| — | &#08; | — | % | &#37; | — |
| — | &#09; | — | & | &#38; | &amp; |
| — | &#10; | — | ' | &#39; | — |
| — | &#11; | — | ( | &#40; | — |
| — | &#12; | — | ) | &#41; | — |
| — | &#13; | — | * | &#42; | — |
| — | &#14; | — | + | &#43; | — |
| — | &#15; | — | , | &#44; | — |
| — | &#16; | — | - | &#45; | — |
| — | &#17; | — | . | &#46; | — |
| — | &#18; | — | / | &#47; | — |
| — | &#19; | — | 0 | &#48; | — |
| — | &#20; | — | 1 | &#49; | — |
| — | &#21; | — | 2 | &#50; | — |
| — | &#22; | — | 3 | &#51; | — |
| — | &#23; | — | 4 | &#52; | — |
| — | &#24; | — | 5 | &#53; | — |
| — | &#25; | — | 6 | &#54; | — |
| — | &#26; | — | 7 | &#55; | — |
| — | &#27; | — | 8 | &#56; | — |
| — | &#28; | — | 9 | &#57; | — |

| Zeichen | Dezimale Entität | Namens- entität | Zeichen | Dezimale Entität | Namens- entität |
|---------|------------------|-----------------|---------|------------------|-----------------|
| : | &#58; | — | X | &#88; | — |
| ; | &#59; | — | Y | &#89; | — |
| < | &#60; | &lt; | Z | &#90; | — |
| = | &#61; | — | [ | &#91; | — |
| > | &#62; | &gt; | \ | &#92; | — |
| ? | &#63; | — | ] | &#93; | — |
| @ | &#64; | — | ^ | &#94; | — |
| A | &#65; | — | _ | &#95; | — |
| B | &#66; | — | ` | &#96; | — |
| C | &#67; | — | a | &#97; | — |
| D | &#68; | — | b | &#98; | — |
| E | &#69; | — | c | &#99; | — |
| F | &#70; | — | d | &#100; | — |
| G | &#71; | — | e | &#101; | — |
| H | &#72; | — | f | &#102; | — |
| I | &#73; | — | g | &#103; | — |
| J | &#74; | — | h | &#104; | — |
| K | &#75; | — | i | &#105; | — |
| L | &#76; | — | j | &#106; | — |
| M | &#77; | — | k | &#107; | — |
| N | &#78; | — | l | &#108; | — |
| O | &#79; | — | m | &#109; | — |
| P | &#80; | — | n | &#110; | — |
| Q | &#81; | — | o | &#111; | — |
| R | &#82; | — | p | &#112; | — |
| S | &#83; | — | q | &#113; | — |
| T | &#84; | — | r | &#114; | — |
| U | &#85; | — | s | &#115; | — |
| V | &#86; | — | t | &#116; | — |
| W | &#87; | — | u | &#117; | — |

| Zeichen | Dezimale Entität | Namens-entität | Zeichen | Dezimale Entität | Namens-entität |
|---|---|---|---|---|---|
|  | &#118; | — | „ | &#148; | — |
| w | &#119; | — | • | &#149; | — |
| x | &#120; | — | - | &#150; | — |
| y | &#121; | — | - | &#151; | — |
| z | &#122; | — | - | &#152; | — |
| { | &#123; | — | ™ | &#153; | — |
| | | &#124; | — |  | &#154; | — |
| } | &#125; | — | > | &#155; | — |
| ~ | &#126; | — | œ | &#156; | — |
|  | &#127; | — | _ | &#157; | — |
| - | &#128; | — | _ | &#158; | — |
| _ | &#129; | — | Ÿ | &#159; | — |
| , | &#130; | — |  |   |   |
| ƒ | &#131; | — | ¡ | &#161; | &iexcl; |
| " | &#132; | — | ¢ | &#162; | &cent; |
| … | &#133; | — | £ | &#163; | &pound; |
|  | &#134; | — | ¤ | &#164; | &curren; |
| † | &#135; | — | ¥ | &#165; | &yen; |
| ^ | &#136; | — | | | &#166; | &brvbar; oder &brkbar; |
| ‰ | &#137; | — | § | &#167; | &sect; |
| R | &#138; | — | ¨ | &#168; | &uml; oder &die; |
| < | &#139; | — |
| Œ | &#140; | — | © | &#169; | &copy; |
| - | &#141; | — | ª | &#170; | &ordf; |
| - | &#142; | — | « | &#171; | &laquo; |
| - | &#143; | — | ¬ | &#172; | &not; |
| - | &#144; | — | - | &#173; | &shy; |
| ' | &#145; | — | ® | &#174; | &reg; |
| , | &#146; | — |
| " | &#147; | — |

| Zeichen | Dezimale Entität | Namens- entität | Zeichen | Dezimale Entität | Namens- entität |
|---------|------------------|-----------------|---------|------------------|-----------------|
| ¯ | &#175; | &macr; oder &hibar; | Ì | &#204; | &Igrave; |
| | | | Í | &#205; | &Iacute; |
| ° | &#176; | &deg; | Î | &#206; | &Icirc; |
| ± | &#177; | &plusmn; | Ï | &#207; | &Iuml; |
| 2 | &#178; | &sup2; | | &#208; | &ETH; |
| 3 | &#179; | &sup3; | Ñ | &#209; | &Ntilde; |
| ´ | &#180; | &acute; | Ò | &#210; | &Ograve; |
| µ | &#181; | &micro; | Ó | &#211; | &Oacute; |
| ¶ | &#182; | &para; | Ô | &#212; | &Ocirc; |
| · | &#183; | &middot; | Õ | &#213; | &Otilde; |
| , | &#184; | &cedil; | Ö | &#214; | &Ouml; |
| 1 | &#185; | &sup1; | x | &#215; | &times; |
| º | &#186; | &ordm; | Ø | &#216; | &Oslash; |
| » | &#187; | &raquo; | Ù | &#217; | &Ugrave; |
| _ | &#188; | &frac14; | Ú | &#218; | &Uacute; |
| _ | &#189; | &frac12; | Û | &#219; | &Ucirc; |
| _ | &#190; | &frac34; | Ü | &#220; | &Uuml; |
| ¿ | &#191; | &iquest; | Y | &#221; | &Yacute; |
| À | &#192; | &Agrave; | _ | &#222; | &THORN; |
| Á | &#193; | &Aacute; | ß | &#223; | &szlig; |
| Â | &#194; | &Acirc; | à | &#224; | &agrave; |
| Ã | &#195; | &Atilde; | á | &#225; | &aacute; |
| Ä | &#196; | &Auml; | â | &#226; | &acirc; |
| Å | &#197; | &Aring; | ã | &#227; | &atilde; |
| Æ | &#198; | &AElig; | ä | &#228; | &auml; |
| Ç | &#199; | &Ccedil; | å | &#229; | &aring; |
| È | &#200; | &Egrave; | æ | &#230; | &aelig; |
| É | &#201; | &Eacute; | ç | &#231; | &ccedil; |
| Ê | &#202; | &Ecirc; | è | &#232; | &egrave; |
| Ë | &#203; | &Euml; | é | &#233; | &eacute; |

| Zeichen | Dezimale Entität | Namens- entität | Zeichen | Dezimale Entität | Namens- entität |
|---|---|---|---|---|---|
| ê | &#234; | &ecirc; | ö | &#246; | &ouml; |
| ë | &#235; | &euml; | ÷ | &#247; | &divide; |
| ì | &#236; | &igrave; | ø | &#248; | &oslash; |
| í | &#237; | &iacute; | ù | &#249; | &ugrave; |
| î | &#238; | &icirc; | ú | &#250; | &uacute; |
| ï | &#239; | &iuml; | û | &#251; | &ucirc; |
| ∂ | &#240; | &eth; | Ü | &#252; | &uuml; |
| ñ | &#241; | &ntilde; | Y | &#253; | &yacute; |
| ò | &#242; | &ograve; | _ | &#254; | &thorn; |
| ó | &#243; | &oacute; | Ÿ | &#255; | &yuml; |
| ô | &#244; | &ocirc; | € | &#8364 | |
| õ | &#245; | &otilde; | | | |

## 13.5 Reservierte Wörter in PHP

In PHP gibt es eine Reihe von reservierten Wörtern, die Sie für eigene Variablen- und Funktionsnamen nicht verwenden sollten. Generell sollten Sie Funktionsnamen aus PHP (z. B. *print()* oder *mysql_connect()*) nicht für eigene Variablen- und Funktionsnamen nutzen. Daher sind alle Funktionen aus PHP reservierte Namen. Die nachfolgende Tabelle gibt einen kurzen Überblick über weitere Statements aus PHP, die Sie nicht für eigene Variablen- oder Funktionsnamen einsetzen sollten.

| | | | |
|---|---|---|---|
| and | as | break | case |
| cfunction | class | continue | declare |
| default | do | die() | echo() |
| else | elseif | empty() | enddeclare |
| endfor | endforeach | endif | endswitch |
| endwhile | E_ALL | E_PARSE | E_ERROR |
| E_WARNING | eval | exit() | extends |
| FALSE | for | foreach | function |

| if | include() | include_once() | global |
|---|---|---|---|
| list() | new | not | NULL |
| old_function | or | parent | PHP_OS |
| PHP_VERSION | print() | require() | require_once() |
| return() | static | switch | stdClass |
| TRUE | var | xor | virtual() |
| while | __FILE__ | __LINE__ | __sleep |
| __wakeup | | | |

Zusätzlich kennt PHP einige vordefinierte Variablen, die Sie nicht als eigene Variablennamen verwenden sollten. Diese vordefinierten Variablen enthalten beispielsweise Informationen über den Server, das HTTP-Protokoll oder den verwendeten Browser, der die PHP-Dateien aufruft. Die nachfolgende Tabelle listet diese so genannten Systemvariablen auf. Die Namen dieser Variablen sollten Sie auf keinen Fall für selbst definierte Variablen einsetzen.

| $_COOKIE | $_ENV | $_FILES |
|---|---|---|
| $_GET | $_POST | $_REQUEST |
| $_SERVER | $_SESSION | $argc |
| $argv | $DOCUMENT_ROOT | $GATEWAY_INTERFACE |
| $HTTP_ACCEPT | $HTTP_ACCEPT_CHARSET | $HTTP_ACCEPT_LANGUAGE |
| $HTTP_CONNECTION | $HTTP_COOKIE_VARS | $HTTP_ENCODING |
| $HTTP_ENV_VARS | $HTTP_GET_VARS | $HTTP_HOST |
| $HTTP_POST_FILES | $HTTP_POST_VARS | $HTTP_SERVER_VARS |
| $HTTP_SESSION_VARS | $HTTP_REFERER | $HTTP_USER_AGENT |
| $PATH_TRANSLATED | $PHP_SELF | $QUERY_STRING |
| $REMOTE_ADDR | $REMOTE_PORT | $REQUEST_METHOD |
| $REQUEST_URI | $SCRIPT_FILENAME | $SCRIPT_NAME |
| $SERVER_ADMIN | $SERVER_NAME | $SERVER_PORT |
| $SERVER_PROTOCOL | $SERVER_SIGNATURE | $SERVER_SOFTWARE |
| $this | | |

# 13.6 Lösungen zu den Aufgaben

## Aufgabe 1

Der korrekte Code lautet:

```
<!DOCTYPE html PUBLIC "-//W3C//DTD HTML 4.01 Transitional//EN">
<html>
<body>
<?php
    /* Jetzt die Begrüßung: */
    print("Guten Morgen, lieber Surfer");
    print("<h1>");
    print("Willkommen auf meiner Site</h1>");
?>
</body>
</html>
```

## Aufgabe 2

Das Problem des Codes sind die Anführungszeichen, die innerhalb der *print()*-Funktion eingesetzt werden. Innerhalb der ersten *print()*-Zeile wird zur Einleitung und zum Abschluss das doppelte Anführungszeichen eingesetzt. Daher muss sich innerhalb dieser Anführungszeichen nicht das doppelte, sondern das einfache Anführungszeichen befinden. Für die zweite *print()*-Zeile gilt das Gleiche, nur hier wird das einfache Anführungszeichen zur Einleitung und zum Abschluss eingesetzt. Innerhalb dieser einfachen Anführungszeichen muss das doppelte Anführungszeichen verwendet werden. Korrekt müsste der Code so lauten:

```
<!DOCTYPE html PUBLIC "-//W3C//DTD HTML 4.01 Transitional//EN">
<html>
<body>
<?php
    print("<p style='color:black;
        font-size: 15pt'>Wir lieben PHP</p>");
    print('<span style="color:blue;
        font-size: 10pt">PHP bereichert
```

```
      HTML</span>');
?>
</body>
</html>
```

## Aufgabe 3

Nein, der Code ist nicht korrekt. Der Buchstabe *ä* und das *$*-Zeichen sollten nicht in einem Variablennamen verwendet werden. Korrekt müsste es lauten:

```
$aetzende_variablen=100;
```

## Aufgabe 4

Eine Konstante wird einmalig innerhalb des PHP-Codes über die Funktion *define()* definiert. Die Konstante kann innerhalb des PHP-Codes nicht geändert werden, während sich der Inhalt einer Variablen zu jeder Zeit beliebig ändern lässt.

## Aufgabe 5

In der *if*-Abfrage wird auf den Wert 1000 der Variablen *$wert4* geprüft. Dieser ergibt sich jedoch nicht aus den Berechnungen in der Zeile davor. Der sich ergebende Wert ist 1200.

## Aufgabe 6

Eine mögliche Lösung sieht so aus:

```php
<?php
    define("t",2);
    define("x",2);
    $wert1=2;
    $wert2=t*x;
    $wert3=$wert1*$wert2;
    switch($wert3) {
        case 0:
        case 1:
        case 2:
        case 3:
```

```
        case 4:
        case 5:
        case 6:
        case 7:
        case 8:
           print("Bingo!");
        break;
   }
?>
```

## Aufgabe 7

Bei der *GET*-Methode werden die Daten aus den Formularfeldern an die URL angehängt und sind damit im Browser sichtbar. Bei der *POST*-Methode werden die Daten nicht an die URL angehängt, sondern der Server holt die Daten beim Client ab. Die Daten werden innerhalb des HTTP-Protokolls übertragen. Für Kontaktformulare und sensiblere Daten ist die *POST*-Methode besser geeignet.

## Aufgabe 8

Der Grund liegt in der Versandart der Variablen. Im *<form>*-Tag wird kein *method*-Attribut eingesetzt, daher werden die Daten über die *GET*-Methode verschickt. Der PHP-Code erwartet die Daten jedoch über die *POST*-Methode, da dort *$HTTP_POST_VARS* verwendet wird. Dieses müsste gegen

```
$zahl=$HTTP_GET_VARS['zahl'];
```

ausgetauscht werden. Gleichzeitig wird im *<input>*-Tag

```
<input type="text" size="5">
```

kein Variablenname gesetzt. Daher müsste in diesem Tag das *name*-Attribut hinzugefügt werden:

```
<input type="text" name="zahl" size="5">
```

## Aufgabe 9

Die Funktion *strstr($a, $b)* sucht innerhalb eines Strings *$a* nach einem String *$b*, während *substr()* aus einem String einen Teil ausschneidet.

## Aufgabe 10

Es ergibt sich gar keine Ausgabe, da die Laufbedingung *$test>$wert* in der *for*-Schleife beim ersten Ausführen falsch ist. Die *for*-Schleife wird sofort abgebrochen.

## Aufgabe 11

Zuerst sollte geprüft werden, ob die zu öffnende Datei existiert. Dies geschieht über die Funktion *file_exists()*. Ist dies der Fall, kann die Datei über *fopen()* geöffnet werden. Der erste Parameter gibt den Dateinamen an. Der zweite Parameter muss auf *r* zum Lesen gesetzt werden. Anschließend muss über *filesize()* die Größe der Datei ermittelt werden. Im nächsten Schritt kann die Datei über *fread()* geladen werden. Die beiden Übergabeparameter sind dabei der Zeiger, der über *fopen()* erzeugt wurde und die Größe der Datei.

## Aufgabe 12

@ unterdückt jedwede Fehlermeldungen, d. h., bei einem aufgetretenen Fehler werden diese im Browser nicht angezeigt. *or die()* dagegen beendet das Skript sofort. Dabei kann als Übergabeparameter ein Text angegeben werden, der beim Beenden des Skripts angezeigt wird.

## Aufgabe 13

Dies ist notwendig, damit die geöffnete Datei geschlossen wird. Ansonsten bleibt die Datei geöffnet und kann eventuell von anderen PHP-Codes nicht mehr geöffnet werden.

## Aufgabe 14

Der korrekte Code müsste so lauten:

```php
<?php
    $d="dat.txt";
    $text="Dies ist ein Test";
    if(file_exists($d)) {
        //Semikolon in der nachfolgenden Zeile
        //entfernen
```

```
    $datei=fopen($d,"w")
        or die("Kann nicht &ouml;ffnen...");
    if($datei) {
        //Die Funktion filesize() ist überflüssig
        //Semikolon in der nachfolgenden Zeile
        //entfernen
        fwrite($datei,$text)
            or die("Kann nicht schreiben...");
    }
    fclose($datei);
}
?>
```

## Aufgabe 15

Bei der *while*-Schleife befindet sich die Laufbedingung der Schleife im Schleifenkopf. Bevor die *while*-Schleife das erste Mal ausgeführt wird, wird die Laufbedingung geprüft. Sollte diese nicht zutreffen, wird der Programmblock nicht betreten. Bei der *do-while*-Schleife wird der Programmblock auf jeden Fall betreten. Nach dem ersten Durchlauf der Schleife wird die Laufbedingung geprüft.

## Aufgabe 16

Eine Variable kann nur einen Wert enthalten. Ein Array ist praktisch eine Ansammlung von mehreren Werten unter einem Namen. Der Zugriff auf die einzelnen Werte in einem Array erfolgt entweder über die Indexnummer oder über einen Namen. Der Inhalt von Elementen in einem Array kann wie bei einer Variablen aus Zahlen, Zeichenketten oder Wahrheitswerten bestehen.

## Aufgabe 17

Der korrekte Code lautet:

```
<body>
<?php
    $ip=$REMOTE_ADDR;
    $punkt=".";
    $dpunkt=":";
    $trenner=";";
```

```
    $datum=date(d);
    $datum.=$punkt;
    $datum.=date(m);
    $datum.=$punkt;
    $datum.=date(Y);
    $zeit=date(G);
    $zeit.=$dpunkt;
    $zeit.=date(i);
    $zeit.=$dpunkt;
    $zeit.=date(s);
    $info=$ip;
    $info.=$trenner;
    $info.=$datum;
    $info.=$trenner;
    $info.=$zeit;
    $info.="\n";
    $bol=file_exists("ip.csv");
    if($bol) {
        $da=fopen("ip.csv","a");
        if($da) {
            $ou=fwrite($da,$info);
        }
        fclose($da);
    }
?>
</body>
</html>
```

## Aufgabe 18

Die *while*-Schleife wird sechs Mal durchlaufen, und zwar für die Werte 100, 87, 74, 61 und 48. Es wird noch der Wert 35 ausgeben, der sich ergibt, wenn $i vorher 48 war. Danach wird die Schleife abgebrochen.

## Aufgabe 19

Der korrekt Code lautet:

```
mail("test@test.de","E-mail","Dies ist ein Demo-Text", "From:web-
master@xxx.xx\nCC:webmaster@yy.yy,books@zzz.zz");
```

## Aufgabe 20

Zuerst muss eine Variable erzeugt werden, die die HTML-Tags für eine HTML-Seite enthält. In diese wird der Inhalt der E-Mail hineinge-schrieben. Beim Versenden der E-Mail muss der MIME-Typ *text/html* als *Content-Type* eingestellt werden:

```
mail("aaa@aa.aa","HTML-Test",$mailtext,
"Content-Type:text/html\nFrom: bbb@bbb.bb");
```

## Aufgabe 21

Der korrekte Code lautet:

```php
<?php
   $test=10;
   function meine_funktion() {
       global $test;
       $test++;
       return $test;
   }
?>
```

## Aufgabe 22

Eine lokale Variable ist nur innerhalb einer Funktion verwendbar. Glo-bale Variablen sind dagegen außerhalb von Funktion einsetzbar, kön-nen aber auch über eine bestimmte Deklaration *(global)* innerhalb von Funktionen genutzt werden.

## Aufgabe 23

Ein Übergabewert wird bei dem Aufruf einer Funktion an diese überge-ben. In der Funktion wird damit gearbeitet. Der Rückgabewert gibt ei-nen Wert aus der Funktion an die aufrufende Stelle zurück. Dort kann der Rückgabewert in einer Variablen gespeichert werden.

## Aufgabe 24

Der korrekte Code lautet:

```
<!DOCTYPE html PUBLIC "-//W3C//DTD HTML 4.01 Transitional//EN">
<html><body>
<?php
    $d=mysql_connect("localhost","root","");
    mysql_select_db("test");
    $sql="SELECT * FROM test200";
    $e=mysql_query($sql);
    mysql_close($d);
?>
</body></html>
```

## Aufgabe 25

Beide Funktionen wählen eine Tabelle aus einer Datenbank aus. Dabei wird im ersten Fall der SQL-Befehl *USE* innerhalb von *mysql_query()* verwendet, im zweiten Fall die PHP-spezifische Funktion zum Auswählen über *mysql_select_db()*.

## Aufgabe 26

Der Rückgabewert von *mysql_query()* bei dem SQL-Befehl *SELECT* ist ein so genannter Zeiger. Erst die Funktion *mysql_fetch_row()* liefert den konkreten Datensatz als Array zurück. *mysql_query()* liefert dies nicht.

## Aufgabe 27

Nach einer erfolgreichen Datenbankanfrage über *mysql_query()* liefert *mysql_num_fields()* die Anzahl der zurückgegebenen Datensätze, die dann über *mysql_fetch_row()* ausgegeben werden können. *mysql_field_name()* liefert dagegen die Namen der Spalten der ausgewählten Tabelle.

## Aufgabe 28

Der SQL-Befehl *SELECT * FROM test200* wählt sämtliche Spalten der Tabelle *test200* aus, während *SELECT Vorname,Nachname FROM test200* nur die beiden Spalten *Vorname* und *Nachname* aus der Tabelle *test200* auswählt.

## Aufgabe 29

Der SQL-Befehl *UPDATE* aktualisiert einen vorhandenen Datensatz in einer Tabelle, während *INSERT* einen neuen Datensatz in eine Tabelle einfügt.

## Aufgabe 30

Der korrekte SQL-Befehl lautet:

```
SELECT * FROM test WHERE Vorname LIKE 'otto'
```

## Aufgabe 31

Der korrekte SQL-Befehl lautet:

```
UPDATE test200 SET Vorname='halligalli'
```

## Aufgabe 32

Der korrekte Code lautet:

```
<!DOCTYPE html PUBLIC "-//W3C//DTD HTML 4.01 Transitional//EN">
<html><body>
<table>
<?php
    $d=mysql_connect("localhost","root","");
    mysql_select_db("test200");
    $a="SELECT * FROM test";
    $e=mysql_query($a);
    $an=mysql_num_rows($e);
    $b=$an-1;
    while($b>0) {
        $b--;
        mysql_data_seek($e,$b);
        $z=mysql_fetch_row($e);
        print("<tr><td>");
        print($z[0]);
        print("</td><td>");
        print($z[1]);
        print("</td><td>");
        print($z[2]);
        print("</td><td>");
```

```
      print($z[3]);
      print("</td></tr>");
   }
   print("</table>");
   mysql_close($db);
?>
</body></html>
```

## 13.7 Abkürzungen

**ASP**   Active Server Pages
**CSV**   Comma Separated Value
**HTML**  Hypertext Markup Language
**IDE**   Integrated Development Environment
**IE**    Internet Explorer
**JSP**   Java Server Pages
**PDF**   Portable Document Format
**PHP**   PHP Hypertext Preprocessor
**SQL**   Structured Query Language

# 13.8 Glossar

| | |
|---|---|
| **Apache** | Der Name des verbreitetsten Web-Servers |
| **Client** | Kommuniziert mit einem Server, um bestimmte Dienste vom Server zu erhalten |
| **CSV** | Einfaches Format einer Textdatei, bei der die Datensätze in einer Zeile stehen. Die Daten werden innerhalb eines Datensatzes durch einen Trenner voneinander unterschieden. |
| **Dezimale Entität** | Festgelegte Kürzel für deutsche Umlaute und Sonderzeichen. Verwendet Zahlenkombinationen in den Kürzeln, z. B. &#228; für den Buchstaben *ä* |
| **Freeware** | Ein kostenloses Programm |
| **IDE** | Entwicklerpaket für eine vereinfachte Programmierung |
| **Java** | Eine Programmiersprache |
| **JavaScript** | Eine clienseitige Skriptsprache, die nur in Web-Browsern ausgeführt werden kann. Darf nicht mit Java verwechselt werden |
| **JSP** | Eine serverseitige Programmiertechnologie, die auf Java basiert |
| **Namensentität** | Festgelegte Kürzel für deutsche Umlaute und Sonderzeichen. Verwendet kurze Namen in den Kürzeln, z. B. &auml; für den Buchstaben *ä* |
| **MySQL** | Der Name einer Datenbank |
| **Open Source** | Der Sourcecode ist frei verfügbar. |
| **phpMyAdmin** | Administrationstool für die Datenbank MySQL |
| **Primärschlüssel** | Bei Datenbanken die Bezeichnung für die Verwendung eines eindeutig identifizierbaren Datensatzes anhand einer einmaligen Zahl |
| **Server** | Zentraler Rechner, der über bestimmte Programme weitere Dienste zur Verfügung stellt |

**Sourcecode**    Bezeichnung für den Programmiercode

**Statement**    Eine Befehl in PHP, z. B. *if, switch* oder *break*

**SQL**    Abfragesprache für Datenbanken

**Web-Server**    Ein Programm, das Anfragen von Web-Browsern entgegennimmt und HTML- sowie PHP-Dateien (eventuell auch weitere Formate) ausliefert

# 13.9 Stichwortverzeichnis

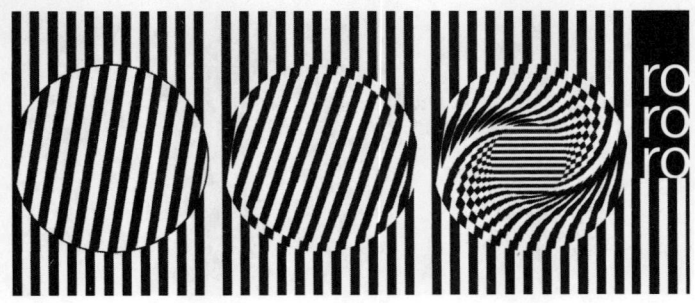

**Gewusst wie:**
**rororo computer für effektives Gestalten**
**in Print und Web**

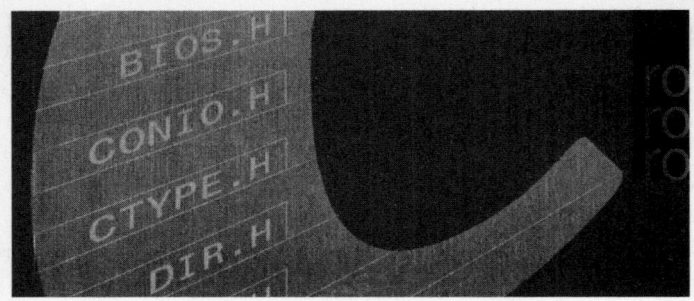

## Erfolgsprogramm:
## rororo computer für sicheres Programmieren

Benno Brudermanns/
Gregor Kuhlmann
**Access programmieren**
3-499-60067-6

Reiner Backer
**Assembler**
*Maschinennahes Programmieren
von Anfang an (Überarbeitete und
erweiterte Neuausgabe)*
3-499-61224-0

Helmut Erlenkötter
**C** *Programmieren von Anfang an*
3-499-60074-9

Helmut Erlenkötter
**C** *Bibliotheksfunktionen sicher
anwenden* 3-499-61223-2

Helmut Erlenkötter
**C++** *Objektorientiertes
Programmieren von Anfang an*
3-499-60077-3

Helmut Erlenkötter
**C++** *Objektorientiertes
Programmieren für Windows*
3-499-61205-4

Helmut Erlenkötter
**Java**
*Programmieren von Anfang an*
3-499-61203-8

Helmut Erlenkötter
**JavaScript**
*Programme für die Website*
3-499-61201-1

Helmut Erlenkötter
**HTML**
*Von der Baustelle bis JavaScript*
3-499-60085-4

Gregor Kuhlmann/
Friedrich Müllmerstadt
**MySQL mit PHP**
*Der Schlüssel zu Datenbank-
Design und -Programmierung*
3-499-61222-4

Gregor Kuhlmann/
Friedrich Müllmerstadt
**SQL**
3-499-61206-2